Joachim Grehn – Joachim Krause

Metzler Physik

Lösungen

D1618988

Schroedel

Metzler Physik

3. Auflage

Lösungen

Herausgegeben von Joachim Grehn und Joachim Krause

Bearbeitet von

Dr. Joachim Bolz
Joachim Grehn
Joachim Krause
Herwig Krüger
Dr. Herbert Kurt Schmidt
Dr. Heiner Schwarze

Unter Mitarbeit
der Verlagsredaktion

ISBN 3-507-**10701**-5

© 1999 Schroedel Verlag
im Bildungshaus Schroedel Diesterweg Bildungsmedien GmbH & Co. KG, Hannover

Druck [6 5]/Jahr 2007 2006 2005

Zeichnungen: Günter Schlierf

Satz: Satz-Offizin Hümmer GmbH, Waldbüttelbrunn
Druck: pva, Druck und Medien-Dienstleistungen GmbH, Landau

Inhaltsverzeichnis

Liebe Kollegin, lieber Kollege,

in dem vorliegenden Buch finden Sie die *Lösungen der 771 Aufgaben* aus der 3. Auflage der Metzler Physik. Darüber hinaus sind einige weitere Zusatzaufgaben mit ihren Lösungen aufgeführt, die aus der vorhergehenden Auflage übernommen sind und die Sie nach Belieben in Ihrem Unterricht einsetzen können.

Neben dem Ergebnis sind im Allgemeinen auch – außer bei einfacheren Aufgaben – die *Lösungswege* skizziert. Diese sind soweit aufbereitet, dass Sie zum einen in der Unterrichtsvorbereitung den Schwierigkeitsgrad und die Besonderheiten der Aufgaben leicht überblicken und zum anderen bei der Besprechung der Hausaufgaben Ansatz, Lösungsweg und Ergebnis schnell nachlesen können.

Bei manchen Aufgaben sind verschiedene Lösungswege gangbar, von denen hier jeweils nur einer aufgeführt ist. Je nach dem Vorgehen wird man zu Werten kommen, die möglicherweise in der Genauigkeit von den vorgelegten Ergebnissen abweichen. Darauf wird besonders derjenige zu achten haben, der – ohne selbst die Aufgaben durchzurechnen (dies Ihnen zu ersparen, ist ja gerade die Absicht dieses Lösungsbuches) – die Lösungen des Lehrerbegleitheftes zur Kontrolle z. B. der *Hausaufgaben* heranzieht. Die Genauigkeit in den Stellen nach dem Komma hängt ja davon ab, mit welcher Stellenzahl Ausgangswerte und Konstanten in die Rechnung eingehen oder Zwischenergebnisse abgerundet und weiter verwendet werden.

Schwierige Aufgaben sind besonders gekennzeichnet. Sie mögen selbst entscheiden, ob und in welcher Form Sie Hilfen zur Lösung einzelner Aufgaben geben wollen. In jedem Fall lohnt sich ein Blick auf den Lösungsweg, bevor man die Aufgaben stellt, um vor unerwarteten Schwierigkeiten sicher zu sein, vor denen sonst Ihre Schülerinnen und Schüler z. B. in ihrer häuslichen Arbeit stehen könnten.

Inzwischen stehen in allen Schulen auch im Physikunterricht *Computer* zur Verfügung. So können in heutiger Zeit auch Methoden zur Bearbeitung von Problemen eingesetzt werden, die früher aufgrund ihrer mathematischen Schwierigkeiten einer Behandlung nicht zugänglich waren.

Das betrifft insbesondere das *iterative Verfahren*, bei dem es sich im Grundsatz um die Methode der graphischen Integration handelt. Sie wird in der Metzler Physik mit dem einfachen Ganzschritt- oder Halbschrittverfahren nach Runge-Kutta im Abschnitt „Numerische Methode" auf *Seite 24* des Lehrbuches eingeführt. Zahlreiche interessante Fragestellungen lassen sich mit diesem leicht verständlichen Iterationsverfahren behandeln und für den Unterricht fruchtbar machen. Beispiele für Aufgaben, die mit dieser Methode bearbeitet werden können, findet der Leser an vielen Stellen. Wir haben Wert darauf gelegt, dass die Anwendung dieses Verfahrens an allen Stellen des Buches nach einem einheitlichen Muster geschieht.

Die Anwendung dieser eleganten Methode mag an einigen Stellen auch ausgespart werden können, ohne dass der Erkenntnisgewinn damit grundsätzlich eingeschränkt wird. Für die Behandlung anderer Gebiete, wie sie hier in der Metzler Physik erstmals vorgestellt werden, sind sie aber unabdingbar, will man sich auf den Unterrichtsgang des Buches einlassen. Das betrifft z. B. das *Kapitel 10, Einführung in die Quantenphysik*, speziell hier die Behandlung der *Schrödinger-Gleichung*, die uns aufgrund dieser Methode dem Unterricht auf der Oberstufe zugänglich zu sein scheint.

Die Lösung der Aufgaben dieses Kapitels setzen hier doch eine sorgfältige unterrichtliche Behandlung der mathematischen Methode voraus, damit der mathematische Formalismus den physikalischen Inhalt nicht überdeckt. Darauf sollte man in der Unterrichtsplanung achten. Je früher das Instrument wie hier in der Aufgabensammlung vorgeschlagen, eingesetzt und geübt wird, umso einfacher werden es die Schülerinnen und Schüler auch bei der Behandlung komplizierter Aufgaben handhaben können.

Wir haben für die Aufgabensammlung des Buches aber auch Problemlösungen vorgeschlagen, die doch schon einige Kenntnis in der *Behandlung von Programmen* voraussetzen. Solche Methodenanwendungen finden Sie in *Kapitel 7.3* und *7.4, Optik*, wo es um die *Intensitätsberechnung von Beugungsfiguren* geht, und weiter im *Kapitel 8, Chaos*. Wir waren der Meinung, dass Schülerinnen und Schüler anhand dieser Beispiele, die physikalisch von einigem Interesse sind, erfahren sollten, wie auf einfachen physikalischen Überlegungen aufbauend, ein Programm als Werkzeug zu weitreichenden Erkenntnissen führen kann. Sie werden diese Aufgaben sicherlich nicht ohne Vorbesprechung im Unterricht bearbeiten lassen können.

Der Hinweis sei hier angebracht, dass Iterationsmethoden und Programme nicht nur an den in den Aufgaben vorgeschlagenen Stellen eingesetzt werden können. Sie werden sicherlich an vielen anderen Stellen von der Möglichkeit ihres Einsatzes Gebrauch machen.

Ein letztes Wort, obwohl es nicht im engeren Sinne die Aufgaben des Lehrbuches betrifft, deren Lösungen hier in diesem Lösungsbuch zusammengestellt sind, gilt den Zusatzinformationen, die – mit gelbem Strich gekennzeichnet – über das ganze Lehrbuch verstreut sind. Sie erfüllen verschiedene Zwecke. Einmal zeigen sie als interessante Zusatzinformation, wie die vielleicht abstrakte Physik doch in Technik und Umwelt überall *Anwendung* findet. Sie stellen aber auch – und deshalb sind sie hier im Lösungsbuch erwähnt – „Aufgaben" eigener Art dar. Der Auftrag an einzelne oder die ganze Lerngruppe kann dann z. B. lauten, die Zusatzinformationen durchzuarbeiten und durch eigenen Recherchen anzureichern.

Die Autoren haben sich größte Mühe bei der Bearbeitung der Aufgaben und Lösungen gegeben. Sie hoffen, Ihnen mit dem vorliegenden Buch einen zuverlässigen Helfer zur Verfügung zu stellen. Der Teufel kann aber auch hier im Detail stecken. Daher sind die Herausgeber jedem dankbar, der sie auf Fehler und Unrichtigkeiten hinweist.

Kiel und Neumünster, im Herbst 1999

Joachim Grehn und Joachim Krause

1.1.1 Beschreibung einer Bewegung

Seite
13

1 In einem Zug (auf gerader Strecke mit konstanter Geschwindigkeit) lässt man einen Ball fallen. Beschreiben Sie seine Bewegung vom Zug und vom Gleis als Bezugssystem aus.

Lösung:
Vom Zug aus: senkrecht nach unten;
vom Gleis aus: Parabelbahn, wie beim waagerechten Wurf.

1.1.2 Die geradlinige Bewegung mit konstanter Geschwindigkeit

Seite
17

1 Ein Wagen durchfährt eine 1,6 km lange Strecke in 24 s. Wie groß ist die Geschwindigkeit in m/s, km/h, m/min?

Lösung:
$v = \Delta s/\Delta t = 1{,}6 \text{ km}/24 \text{ s} = 66{,}7 \text{ m/s}$
$= 240 \text{ km/h} = 4000 \text{ m/min}.$

2 Wie groß sind die Geschwindigkeiten in m/s und km/h, mit der **a)** die Erde um die Sonne, **b)** der Mond um die Erde läuft? (Astronomische Daten im Anhang).

Lösung:
a) Als (wahre) Umlaufzeit der Erde um die Sonne legt man das siderische Jahr zugrunde, weil nach dieser Zeit die mittlere Sonne wieder am selben Punkt (Stern) (sidus (lat.), Stern) der Himmelskugel steht.

$$v = \frac{2\pi R}{T} = \frac{2\pi \cdot 149{,}6 \cdot 10^9 \text{ m}}{3{,}1557 \cdot 10^7 \text{ s}}$$
$$= 29{,}78 \cdot 10^3 \text{ m/s} = 1{,}072 \cdot 10^5 \text{ km/h}.$$

b) Entsprechend hat nach einem siderischen Monat der Mond wieder die gleiche Stellung vor den Sternen.

$$v = \frac{2\pi R}{T} = \frac{2\pi \cdot 3{,}844 \cdot 10^8 \text{ m}}{27{,}3217 \cdot 24 \cdot 60 \cdot 60 \text{ s}}$$
$$= 1{,}023 \cdot 10^3 \text{ m/s} = 3{,}683 \cdot 10^3 \text{ km/h}.$$

3 Zu einer geradlinigen Bewegung gehört das rechts stehende Zeit-Weg-Diagramm.
a) Berechnen Sie die Intervallgeschwindigkeiten.
b) Zeichnen Sie das Zeit-Geschwindigkeit-Diagramm.

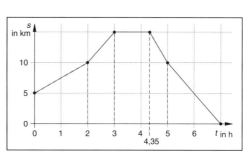

Lösung:
a) $v_{0-2} = 2{,}5 \text{ km/h}$, $v_{2-3} = 5{,}0 \text{ km/h}$,
$v_{3-4{,}35} = 0$, $v_{4{,}35-5} = -7{,}14 \text{ km/h}$,
$v_{5-7} = -5{,}0 \text{ km/h}$.
Die Indizes geben die Anfangs- und Endzeiten der Intervalle in Sekunden an.

b)

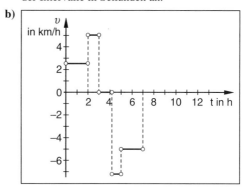

4 a) Zeichnen Sie das Zeit-Weg-Diagramm der folgenden linearen Bewegung (zwischen den Punkten verläuft die Bewegung gleichförmig):

	P_0	P_1	P_2	P_3	P_4	P_5
t in s	0,0	1,5	4,5	6,0	9,0	10,5
s in m	4,0	5,0	6,0	6,0	3,0	0,0

b) Berechnen Sie die Wege und Zeiten zwischen je zwei aufeinander folgenden Punkten und die zugehörigen Geschwindigkeiten.
c) Stellen Sie die Zeit-Weg-Funktionen für die fünf Wegabschnitte auf. Beachten Sie die Vorzeichen.

Lösung:

a)

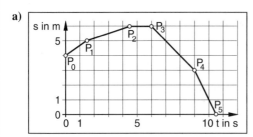

b)

Weg	Zeit	Geschwindigkeit
$s_{01} = 1,0$ m	$t_{01} = 1,5$ s	$v_{01} = 0,67$ m/s
$s_{12} = 1,0$ m	$t_{12} = 3,0$ s	$v_{12} = 0,33$ m/s
$s_{23} = 0$ m	$t_{23} = 1,5$ s	$v_{23} = 0$
$s_{34} = -3,0$ m	$t_{34} = 3,0$ s	$v_{34} = -1,0$ m/s
$s_{45} = -3,0$ m	$t_{45} = 1,5$ s	$v_{45} = -2,0$ m/s

c) Von P_0 nach P_1: $\quad s = (0,67$ m/s$)\, t + 4,0$ m,
von P_1 nach P_2: $\quad s = (0,33$ m/s$)\, t + 4,5$ m,
von P_2 nach P_3: $\quad s = 6,0$ m,
von P_3 nach P_4: $\quad s = (-1,0$ m/s$)\, t + 12,0$ m,
von P_3 nach P_4: $\quad s = (-2,0$ m/s$)\, t + 21,0$ m.

5 In A startet um 9.00 Uhr ein LKW und fährt mit der Geschwindigkeit $v_1 = 50$ km/h zum 80 Kilometer entfernten B. 30 Minuten später startet ein zweiter LKW mit der Geschwindigkeit $v_2 = 78$ km/h von B aus nach A.
  a) Wann und wo treffen sich die Fahrzeuge?
  b) Zeichnen Sie das Zeit-Weg-Diagramm und lösen Sie die Aufgabe auch grafisch.

Lösung:
  a) Lkw I ist nach einer halben Stunde $s_1 = v_1 t_1 = 50$ km/h $\cdot$ 0,5 h $= 25$ km weit von A entfernt, hat also bis B noch 55 km zurückzulegen.
  Jetzt startet Lkw II. Von 9 Uhr 30 ab haben I und II bis zum Treffpunkt zusammen 55 km zurückzulegen, also $\quad v_1 \Delta t + v_2 \Delta t = 55$ km oder $\Delta t = 25,8$ min.
  Sie treffen sich also 25,8 min nach 9 Uhr 30, also 9 Uhr 55,8 min an der Stelle $s_0 = 25$ km $+ v_1 \Delta t = 46,5$ km von A nach B.

b)

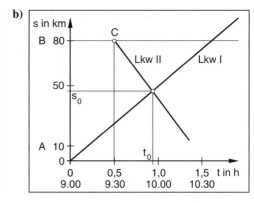

*6 Ein Wagen fährt von A nach B (Entfernung 150 km) mit der Durchschnittsgeschwindigkeit $v_1 = 120$ km/h.
  a) Wann muss ein zweiter Wagen von C (C liegt zwischen A und B, und zwar 76 km vor B) aus starten, wenn er mit der Geschwindigkeit $v_2 = 80$ km/h gleichzeitig mit dem ersten Wagen in B ankommen will?
  b) Wie weit ist der erste Wagen beim Start des zweiten noch vom Ziel entfernt?
  c) Zeichnen Sie das Zeit-Weg-Diagramm und lösen Sie die Aufgabe auch zeichnerisch.

Lösung:
  a) W_1 trifft nach
  $t_e = s_{AB}/v_1 = 150$ km$/(120$ km/h$)$
    $= 1,25$ h $= 1$ h 15 min in B ein.
  W_2 benötigt von C nach B:
  $\Delta t_2 = s_{CB}/v_2 = 76$ km$/(80$ km/h$)$
    $= 0,95$ h $= 57$ min.
  Also startet W_2 um $t_{02} = 1,25$ h $- 0,95$ h $= 0,3$ h $= 18$ min später als W_1.
  b) Zu dieser Zeit ist W_1 die Strecke $s_1 = v_1 t_{02} = 120$ km/h $\cdot$ 0,3 h $= 36$ km gefahren. W_1 ist also zu diesem Zeitpunkt $\Delta s_1 = 150$ km $- 36$ km $= 114$ km von B entfernt.

c)

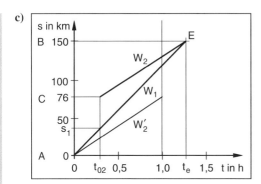

Zeichnerische Lösung: $t_{02} = 18$ min, $s_1 = 34$ km, also 116 km vor B. Wichtig ist die geeignete Wahl der Achseneinteilung, z. B. auf der t-Achse 1 h $\hat{=}$ 6,0 cm, auf der s-Achse 100 km $\hat{=}$ 5,0 cm.

Zusatzaufgaben

7 An der Straße von A-Stadt nach der 20 km entfernten C-Stadt liegt 4 km von A-Stadt entfernt B-Dorf. Ein Radfahrer (I) startet in B-Dorf und kommt nach 1,5 Std. in C-Stadt an. Zur gleichen Zeit wie Radfahrer I in B-Dorf fährt ein anderer Radfahrer (II) in C-Stadt los und erreicht zur selben Ankunftszeit wie Radfahrer I A-Stadt.
   a) Zeichnen Sie das Zeit-Weg-Diagramm (1 km $\hat{=}$ 0,5 cm; 1 h $\hat{=}$ 6 cm).
   b) Berechnen Sie die Geschwindigkeit beider Radfahrer.
   c) Konstruieren Sie das Zeit-Geschwindigkeit-Diagramm (1 km/h $\hat{=}$ 0,5 cm; 1 h $\hat{=}$ 6 cm).
   d) Wann begegnen sich die Radfahrer? Zeichnerische und rechnerische Lösung.

Lösung:

a)

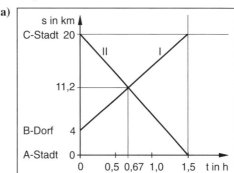

b) I: $v = \Delta s / \Delta t = 16$ km/1,5 h $= 10,67$ km/h $= 2,96$ m/s,
   II: $v = \Delta s / \Delta t = 20$ km/1,5 h $= 13,33$ km/h $= 3,70$ m/s.

c)

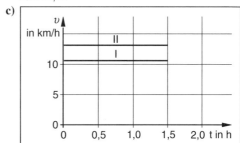

d) Zeichnerische Lösung aus a):
   $t_0 = 0,67$ h, $s_0 = 11,2$ km.
   Rechnerische Lösung:
   Zeit-Weg-Funktion I:
   $s = 4$ km $+ (10,67$ km/h$)\, t$,
   Zeit-Weg Funktion II:
   $s = 20$ km $+ (-13,33$ km/h$)\, t$.

   Gleichsetzen liefert
   $t_0 = \frac{2}{3}$ h $= 0,67$ h, $s_0 = 11\frac{1}{9}$ km $= 11,1$ km.

1.1.3 Die geradlinige Bewegung mit konstanter Beschleunigung

Seite **20**

1 Ein Bob hat vom Start an die gleich bleibende Beschleunigung von 2 m/s².
   a) Wie schnell fährt er 5 Sekunden nach dem Start?
   b) Welchen Weg hat er bis dahin zurückgelegt?
   c) Wie groß ist bis zu dieser Zeit seine Durchschnittsgeschwindigkeit?
   d) Wie weit ist er gefahren, wenn seine Geschwindigkeit auf 20 m/s angewachsen ist?

Lösung:
Mit $a = 2$ m/s² ist nach $s = \frac{1}{2} a\, t^2$ und $v = a\, t$

   a) $v = 10$ m/s,   **b)** $s = 25$ m,
   c) $v = 5$ m/s,   **d)** für $t = 10$ s wird $s = 100$ m.

2 Ein Auto wird aus dem Stand in 10,2 s auf eine Geschwindigkeit von 100 km/h konstant beschleunigt und dann nach einem Bremsweg von 96 m wieder zum Stehen gebracht.

a) Wie groß sind die Beschleunigungen (m/s^2, km/h^2)?

b) Wie groß sind der Weg beim Anfahren und die Zeit beim Bremsen?

Lösung:

a) Beschleunigungsvorgang:
$a = 2{,}72 \ \text{m/s}^2 = 3{,}53 \cdot 10^4 \ \text{km/h}^2$,
Bremsvorgang:
$a = 4{,}02 \ \text{m/s}^2 = 5{,}21 \cdot 10^4 \ \text{km/h}^2$.

b) Beschleunigungsweg:
$s = \frac{1}{2} a t^2 = 141{,}5 \ \text{m}$,
Bremszeit:
$t = v/a = 6{,}91 \ \text{s}$.

3 Eine U-Bahn legt zwischen zwei Stationen einen Weg von 3 km zurück. Berechnen Sie aus der mittleren (betragsmäßig gleichen) Anfahrts- und Bremsbeschleunigung $a = 0{,}6 \ \text{m/s}^2$ und der Höchstgeschwindigkeit $v_{\max} = 90 \ \text{km/h}$ Anfahrweg, Bremsweg, Wegstrecke der gleichförmigen Bewegung und die einzelnen Fahrzeiten.

Lösung:

Anfahrtsweg = Bremsweg:
$s_0 = v^2 / 2 a = 520{,}8 \ \text{m}$,

Anfahrtszeit = Bremszeit:
$t_0 = v/a = 41{,}7 \ \text{s}$,

Weg mit konst. Geschwindigkeit:
$s_1 = s - 2 s_0 = 1\,958{,}3 \ \text{m}$,

Zeit dort:
$t_1 = s_1 / v_1 = 79{,}4 \ \text{s}$,

Gesamtfahrzeit:
$t = 2 t_0 + t_1 = 162{,}8 \ \text{s}$.

4 Welche Beschleunigung ergibt sich aus der Regel: „Den Bremsweg in m erhält man, indem man die Geschwindigkeit in km/h durch 10 teilt und das Ergebnis quadriert"?

Lösung:

Mit der Geschwindigkeit v_{km} in km/h, der Geschwindigkeit v_{m} in m/s, der Beschleunigung a_{m} in m/s^2 und dem Weg s_{m} in m lautet die Regel

$$(v_{\text{km}}/10)^2 = s_{\text{m}}.$$

(Für v_{km}, s_{m} werden nur die Zahlenwerte der Größen eingesetzt; es ergeben sich auch nur die Zahlenwerte.)

Es gilt nämlich mit $v_{\text{km}} = 3{,}6 \, v_{\text{m}}$ und $v^2 = 2 \, a \, s$
für den Weg $\quad s_{\text{m}} = v_{\text{m}}^2 / 2 a_{\text{m}}$

und damit die Regel

$$\left(\frac{3{,}6 \, v_{\text{m}}}{10} \right)^2 = s_{\text{m}} = \frac{v_{\text{m}}^2}{2 \, a_{\text{m}}}.$$

Daraus ergibt sich die Beschleunigung
$a_{\text{m}} = 3{,}86 \ \text{m/s}^2$.
Die Regel geht also von einer geringen, aber realistischen Beschleunigung aus.

5 Welche der beiden Geschwindigkeiten v_1 und v_2 zu den Zeiten t_1 und t_2 ist in den drei Zeit-Weg-Kurven der folgenden Abbildung jeweils größer als die andere? Begründen Sie.

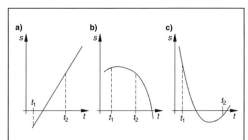

Lösung:

a) $v_1 = v_2$ (Die Steigung, die die Geschwindigkeit angibt, ist konstant.)

b) $v_1 > v_2$ (Die Steigung nimmt ab.)

c) $v_1 < v_2$ (Die Steigung nimmt zu: erst negativ, dann positiv.)

6 Entscheiden und begründen Sie, um welche Beschleunigungen es sich bei den Zeit-Weg-Kurven in der folgenden Abbildung handelt.

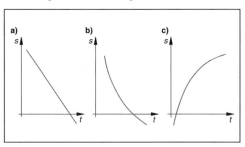

Lösung:

a) $a = 0$,   **b)** $a > 0$,   **c)** $a < 0$.

*7 Zu einer bestimmten Zeit $t_1 = 3{,}0 \ \text{s}$ bewegt sich ein Körper mit der Geschwindigkeit $v_1 = 2{,}6 \ \text{m/s}$; zur Zeit $t_2 = 8{,}0 \ \text{s}$ ist seine Geschwindigkeit $v_2 = -1{,}5 \ \text{m/s}$. Wie groß ist seine mittlere Beschleunigung?

Lösung:

$$a = \frac{\Delta v}{\Delta t} = \frac{-1,5\,\text{m/s} - 2,6\,\text{m/s}}{8,0\,\text{s} - 3,0\,\text{s}} = -\frac{4,1\,\text{m/s}}{5,0\,\text{s}}$$

$$= -0,82\,\text{m/s}^2.$$

8 Zu einer geradlinigen Bewegung gehört das Zeit-Geschwindigkeit-Diagramm der folgenden Abbildung.

a) Berechnen Sie die Beschleunigungen in den drei Intervallen und zeichnen Sie das zugehörige Zeit-Beschleunigung-Diagramm.

b) Wie lauten die Zeit-Geschwindigkeit-Funktionen in den drei Intervallen?

c) Wie groß sind die Teilwege und der Gesamtweg?

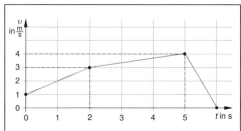

Lösung:

a) Beschleunigung in den Intervallen
$a_{0-2} = 1,0\,\text{m/s}^2$, $a_{2-5} = 0,33\,\text{m/s}^2$,
$a_{5-6} = -4,0\,\text{m/s}^2$. (Die Indizes geben die Zeit in Sekunden an.)

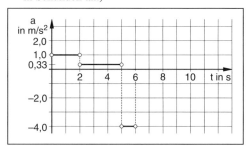

b) Zeit-Geschwindigkeit-Funktionen:
$v = (1,0\,\text{m/s}^2)\,t + 1\,\text{m/s}$ für $0\,\text{s} \le t \le 2\,\text{s}$,
$v = (0,333\,\text{m/s}^2)\,t + 2,333\,\text{m/s}$ für $2\,\text{s} \le t \le 5\,\text{s}$,
$v = (-4,0\,\text{m/s}^2)\,t + 24\,\text{m/s}$ für $5\,\text{s} \le t \le 6\,\text{s}$.

c) Die Teilwege errechnen sich zu:
$\Delta s_{0-2} = \frac{1}{2}(1,0\,\text{m/s}^2)\,((2\,\text{s})^2 - 0^2)$
     $+ (1\,\text{m/s})\,(2\,\text{s} - 0) = 4\,\text{m}$,
$\Delta s_{2-5} = \frac{1}{2}(0,333\,\text{m/s}^2)\,((5\,\text{s})^2 - (2\,\text{s})^2)$
     $+ (2,333\,\text{m/s})\,(5\,\text{s} - 2\,\text{s}) = 10,5\,\text{m}$,
$\Delta s_{5-6} = \frac{1}{2}(-4,0\,\text{m/s}^2)\,((6\,\text{s})^2 - (5\,\text{s})^2)$
     $+ (24\,\text{m/s})\,(6\,\text{s} - 5\,\text{s}) = 2\,\text{m}$.
Der Gesamtweg beträgt 16,5 m.

9 Die folgende Tabelle zeigt die Wertetabelle eines Fahrbahnversuchs.

a) Zeichnen Sie das Zeit-Weg-Diagramm.

b) Berechnen Sie die Intervallgeschwindigkeiten und zeichnen Sie das zu a) gehörige Zeit-Geschwindigkeit-Diagramm. Tragen Sie dazu die Geschwindigkeiten über der Mitte der Intervallzeiten ab.

c) Beschreiben und charakterisieren Sie die Bewegung.

t in s	0,0	0,2	0,4	0,6	0,8	1,0
s in cm	3,2	4,5	8,4	14,8	23,8	35,4
t in s	1,2	1,4	1,6	1,8	2,0	
s in cm	49,6	65,1	80,6	96,0	111,5	

Lösung:

a)

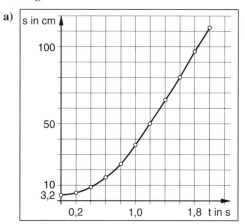

b) Intervallgeschwindigkeiten:

t in s	0,0	0,2	0,4	0,6	0,8	1,0
v in cm/s		6,5	19,5	32,0	45,0	58,0
t in s	1,0	1,2	1,4	1,6	1,8	2,0
v in cm/s		70,5	77,5	77,5	77,0	77,5

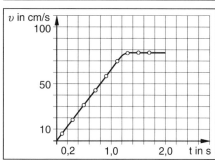

c) Von $t_0 = 0,0\,\text{s}$ bis $t_1 = 1,2\,\text{s}$ eine gleichmäßige beschleunigte Bewegung, danach eine gleichförmige Bewegung.

*10 Die gleichmäßig beschleunigte Bewegung eines Fahrbahnwagens wird mit Messlatte und elektrischer Stoppuhr registriert. (In der letzten Zeile der Tabelle wird die Zeit Δt angegeben, in der ein $\Delta s = 1,48$ cm breiter Bügel des Fahrbahnwagens eine Lichtschranke passiert.)

a) Berechnen Sie (Mittelwertbildung) die Beschleunigung und geben Sie die Bewegungsgleichungen an.

b) Berechnen Sie die mit der Lichtschranke gemessenen (Intervall-)Geschwindigkeiten.

c) Bestimmen Sie aus den (Intervall-)Geschwindigkeiten in b) ebenfalls durch Mittelwertbildung die Beschleunigung.

d) Geben Sie für a) und c) die mittleren Fehler an und überprüfen Sie, ob die Beschleunigungen innerhalb der Fehlergrenzen der anderen Messung liegen *(→ S. 29)*.

e) Überprüfen Sie die Geschwindigkeiten in b) mit den aus dem Weg s und der in a) rechnerisch ermittelten Beschleunigung a.

f) Zeichnen Sie das Zeit-Weg- und nach den Rechnungen wie in b) das Zeit-Geschwindigkeit-Diagramm.

s in cm	0	10	20	30	40	50
t in s	0	1,05	1,51	1,83	2,13	2,37
Δt in ms	–	–	54,9	–	39,7	–
s in cm		60	70	80	90	100
t in s		2,63	2,85	3,04	3,23	3,37
Δt in ms		32,6	–	28,3	–	25,4

Lösung:

	s in cm	0	10	20	30	40	50
a)	$a_1 = \dfrac{2s}{t^2}$ in cm/s^2		18,1	17,5	17,9	17,6	17,8
b)	$v_m = \dfrac{\Delta s}{\Delta t}$ in cm/s			27,0		37,3	
c)	$a_2 = \dfrac{v_m}{t}$ in cm/s^2			17,9		17,5	
d)	$v_m = \sqrt{2a_1 s}$ in cm/s			26,5		37,5	

	s in cm	60	70	80	90	100
a)	$a_1 = \dfrac{2s}{t^2}$ in cm/s^2	17,3	17,2	17,3	17,3	17,6
b)	$v_m = \dfrac{\Delta s}{\Delta t}$ in cm/s	45,4		52,3		58,3
c)	$a_2 = \dfrac{v_m}{t}$ in cm/s^2	17,3		17,2		17,3
d)	$v_m = \sqrt{2a_1 s}$ in cm/s	45,9		53,0		59,3

a) Die mittlere Beschleunigung ist $\bar{a}_1 = 17,56$ cm/s^2 mit dem Fehler $\Delta a_1 = 0,30$ cm/s^2.
Die Bewegungsgleichungen lauten
$s = (8,78 \text{ cm/s}^2)\, t^2, \quad v = (17,56 \text{ cm/s}^2)\, t,$
$a_1 = 17,56$ cm/s^2.

b) Siehe oben.

c) Die mittlere Beschleunigung, die sich aus dem Messungen mit der Lichtschranke ergibt, ist $\bar{a}_2 = 17,44$ cm/s^2 mit dem Fehler $\Delta a_2 = 0,28$ cm/s^2.

d) Siehe a) und c). Da $\Delta a = \bar{a}_1 - \bar{a}_2 = 0,12$ cm/s^2, liegt jede mittlere Beschleunigung $\bar{a}_1$ und $\bar{a}_2$ innerhalb der Fehlergrenzen der anderen.

e) Siehe oben.

f)

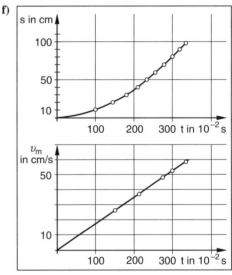

*11 Vor einem Zug, der mit der Geschwindigkeit $v_1 = 120$ km/h dahinfährt, taucht plötzlich aus dem Nebel in 1 km Entfernung ein Güterzug auf, der in derselben Richtung mit $v_2 = 40$ km/h fährt. Der Schnellzug bremst (konstante Beschleunigung) und hält nach 4 km.

a) Wie lange dauert der Bremsvorgang des Zuges?

b) Wie lässt sich mit der Antwort zu a) entscheiden, ob beide Züge zusammenstoßen?

c) Wie berechnet man Zeit und Ort eines möglichen Zusammenstoßes mithilfe der Bewegungsgleichungen?

Lösung:

a) Aus $v_1^2 = 2\,a\,s_1$ und $v_1 = a\,t_1$ erhält man mit $a = -1,389 \cdot 10^{-1}$ m/s^2 die Bremszeit $t_1 = 240$ s.

b) In dieser Zeit durchfährt der Güterzug die Strecke $s_2 = v_2 t_1 = 2\,667$ m; es gibt einen Zusammenstoß.

c) Die Zeit t_s des Zusammenstoßes ergibt sich mit $a < 0$ aus

$$s_{\text{Schnellzug}} = v_1 t_s + \frac{1}{2} \cdot a t_s^2 =$$

$$s_{\text{Güterzug}} = v_2 t_s + s_0 \text{ für } t_s \le 240 \text{ s}$$

über die quadratische Gleichung

$$t_s^2 + 2\frac{v_1 - v_2}{a} t_s - \frac{2 s_0}{a} = 0 \text{ zu}$$

$$t_{s1} = 54{,}2 \text{ s } (t_{s2} = 265{,}8 \text{ s}).$$

Der Zusammenstoß ereignet sich (für den Schnellzug) $s_{s1} = 1602$ m nach Beginn des Bremsvorganges.

*12 Der ICE 3 beschleunigt in 50 Sekunden auf eine Geschwindigkeit von 100 km/h, in 130 s auf 200 km/h, in 6 min auf 300 km/h und in 11 min auf seine Höchstgeschwindigkeit von 330 km/h.
a) Berechnen Sie die (mittleren) Beschleunigungen.
b) Stellen Sie den zeitlichen Verlauf der Geschwindigkeit grafisch dar und berechnen Sie in den Intervallen jeweils die mittlere Beschleunigung.
c) Aus der Höchstgeschwindigkeit von 330 km/h bremst der ICE 3, wenn Generator-, Wirbelstrom- und Druckluftbremsen 100%ig wirksam sind, mit der mittleren Beschleunigung von 1,24 m/s². Wie lang ist der Bremsweg? Nach welcher Zeit kommt der Zug zum Stehen?

Lösung:
a) Von 0 bis 50 s $a = v/t = 0{,}556$ m/s²,
von 0 bis 130 s $a = v/t = 0{,}427$ m/s²,
von 0 bis 300 s $a = v/t = 0{,}231$ m/s²,
von 0 bis 660 s $a = v/t = 0{,}139$ m/s².

b) Von 0 bis 50 s $a = v/t = 0{,}556$ m/s²,
von 50 bis 130 s $a = \Delta v / \Delta t = 0{,}347$ m/s²,
von 130 bis 300 s $a = \Delta v / \Delta t = 0{,}163$ m/s²,
von 300 bis 660 s $a = \Delta v / \Delta t = 0{,}023$ m/s².

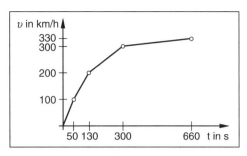

c) $\Delta t = \dfrac{\Delta v}{a} = \dfrac{330 \text{ km/h}}{1{,}24 \text{ m/s}^2}$

$\quad = \dfrac{330 \text{ m/s}}{3{,}6 \cdot 1{,}24 \text{ m/s}^2} = 73{,}9$ s,

$\Delta s = \frac{1}{2} a \Delta t^2 = \frac{1}{2} \cdot 1{,}24 \text{ m/s}^2 \cdot (73{,}9 \text{ s})^2$

$\quad = 3\,385{,}95 \approx 3{,}4$ km.

Zusatzaufgaben

13 Ein Auto steigert seine Geschwindigkeit gleichmäßig von $v_1 = 120$ km/h auf $v_2 = 150$ km/h. Wie groß ist die Beschleunigung, wenn die Geschwindigkeitserhöhung
a) in der Zeit von 10 Sekunden,
b) entlang einer Strecke von 500 m erfolgt.
Berechnen Sie jeweils zusätzlich den Weg bzw. die Zeit des Beschleunigungsvorganges.

Lösung:
a) Nach $a = \Delta v / \Delta t$ ist $a = 0{,}833$ m/s².

b) Aus $v_i^2 = 2 a s_i$ mit $i = 1, 2$ gewinnt man
$(v_2^2 - v_1^2) = 2 a (s_2 - s_1)$ oder
$a = (v_2^2 - v_1^2)/2 \Delta s$.

Mit $\Delta s = 500$ m ist $a = 0{,}625$ m/s².

14 Reicht die bekannte Regel für den Sicherheitsabstand „Tachometerabstand (Abstand in m wie die Geschwindigkeit in km/h) halten" bei einer Geschwindigkeit von 100 km/h, wenn zwei Wagen mit der polizeilich verlangten Verzögerung von 2,5 m/s² bremsen können und der Fahrer des zweiten Wagens eine Reaktionszeit von $t_1 = 1{,}0$ s bzw. $t_2 = 4{,}0$ s besitzt?

Lösung:
Das Zeit-Weg-Diagramm zeigt, dass unabhängig von der für beide Wagen geltenden Bremsbeschleunigung ein Zusammenstoß immer dann erfolgt, wenn der zweite Wagen innerhalb der Reaktionszeit einen Weg durchfährt, der größer als der Sicherheitsabstand ist.

Nach der Regel ist der Sicherheitsabstand 100 m. In der Zeit $t_1 = 1{,}0$ s durchfährt der zweite Wagen den Weg $s_1 = 27{,}8$ m, bevor er bremst.
In $t_1 = 4{,}0$ s durchläuft der zweite Wagen den Weg $s_2 = 111{,}0$ m (bei gleicher Bremsbeschleunigung).

15 Ein Auto (A) startet bei Grün vor einer Ampel und erreicht nach 5 Sekunden bei konstanter Beschleunigung die Geschwindigkeit $v_A = 60\,\text{km/h}$, mit der es weiterfährt. Im Moment des Starts wird es von einem anderen Auto (B) mit der (konstanten) Geschwindigkeit $v_B = 40$ km/h überholt.

a) Wie lange dauert es, bis A so schnell fährt wie B?

b) Welchen Vorsprung besitzt zu dieser Zeit B vor A?

c) Welcher Wagen liegt am Ende des Beschleunigungsvorganges von A vorne? Wie weit?

d) In welcher Zeit und in welcher Entfernung von der Ampel holt A das andere Auto ein?

e) Wie sieht der Vorgang im t-v-Diagramm und im t-s-Diagramm aus? (Zeichnung in den Einheiten m und s).

Lösung:

a) Aus $v_A = a_A\, t_A$ ($t_A = 5$ s) wird $a_A = 3{,}33\,\text{m/s}^2$ und aus $a_A\, t_0 = v_B$ ergibt sich $t_0 = 3{,}33$ s.

b) Für A gilt $s_A = \frac{1}{2} a_A\, t_0^2 = 18{,}52$ m und für B $s_B = v_B\, t_0 = 37{,}04$ m. B hat vor A den Vorsprung $s_B - s_A = 18{,}52$ m.

c) Für A gilt mit $t_A = 5$ s: $s_A = \frac{1}{2} a_A\, t_A^2 = 41{,}67$ m, für B gilt $s_B = v_B\, t_A = 55{,}56$ m.
Nach dem Beschleunigungsvorgang liegt B noch mit $s_B - s_A = 13{,}89$ m vor A.

d) Beim Zusammentreffen gilt $s_A = s_B$ oder $\frac{1}{2} a_A\, t_A^2 + v_A\,(t_s - t_A) = v_B\, t_s$ und daraus $t_S = 7{,}50$ s. Zu diesem Zeitpunkt sind beide Wagen um die Strecke $s_A = s_B = 83{,}33$ m von der Ampel entfernt.

e) t-v-Diagramm

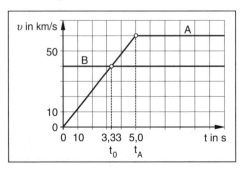

t-s-Diagramm

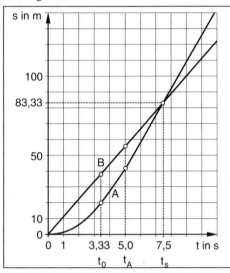

Zur Zeit t_0 erreicht A dieselbe Geschwindigkeit wie B, zur Zeit t_A hat A seinem Beschleunigungsvorgang beendet, zur Zeit t_s überholt A den Wagen von B.

16 Ein Autofahrer, der sich auf einer Ausfallstraße (zugelassene Höchstgeschwindigkeit 60 km/h) mit $v_1 = 100$ km/h bewegt, entdeckt plötzlich 150 m vor sich eine parkenden Streifenwagen der Polizei.

a) Mit welcher Beschleunigung müsste der Fahrer (Reaktionszeit $t = 0{,}5$ s) bremsen, wenn er den Streifenwagen mit 60 km/h passieren möchte?

b) Leider hatte der Fahrer einen ersten Polizeiposten übersehen, der 250 m vor dem zweiten stand. Welche Durchschnittsgeschwindigkeit misst die Polizei, wenn das Auto am zweiten Posten mit der vorgeschriebenen Höchstgeschwindigkeit vorbeifährt?

c) Wie groß hätte die Bremsbeschleunigung (statt der in a) sein müssen, wenn die Polizei zwischen beiden Posten eine (Durchschnitts-) Geschwindigkeit von 70 km/h hätte messen sollen?

Lösung:

a) Zwischen der Bremsstrecke $\Delta s = 150\ \text{m} - v_1\, t_r = 136{,}11$ m (t_r Reaktionszeit), der Beschleunigung a ($a < 0$), der Anfangsgeschwindigkeit v_1 sowie der Endgeschwindigkeit $v_e = 60$ km/h gilt die Beziehung $v_e^2 = v_1^2 + 2\, a\, \Delta s$ und daraus $a = -1{,}81\,\text{m/s}^2$.

b) Für das Bremsen benötigt der Fahrer nach der Beziehung $v_1 + a\,\Delta t = v_e$ die Zeit $\Delta t = 6{,}12$ s.

Damit erreicht er auf der 250 m langen Strecke die Durchschnittsgeschwindigkeit
$v_m = 250\ \text{m}/(t_1 + t_r + \Delta t) = 24{,}46\ \text{m/s}$
$= 88{,}06\ \text{km/h}$,
wobei $t_1 = 3{,}60$ s die Zeit zum Durchfahren der ersten 100 m mit der Geschwindigkeit v_1 ist.

c) Die Bremsstrecke Δs (siehe a)) muss derart mit einer Bremsbeschleunigung a $(a < 0)$ in der Zeit $\Delta t'$ durchfahren werden, so dass im Durchschnitt auf der 250 m langen Strecke die geforderte Durchschnittsgeschwindigkeit von $v_m = 70\ \text{km/h}$ erreicht wird.

Mit $v_m = 250\ \text{m}/(t_1 + t_r + \Delta t')$ wird $\Delta t' = 8{,}76$ s.

In dieser Zeit geht die Geschwindigkeit von $v_1 = 100$ km/h auf die (noch unbekannte) Geschwindigkeit v_e zurück. In derselben Zeit könnte die Bremsstrecke auch mit der mittleren Geschwindigkeit aus v_1 und v_e durchfahren werden: $(v_1 + v_e)/2 = \Delta s/\Delta t$, woraus sich $v_e = 3{,}31$ m/s $= 11{,}91$ km/h und mit $v_1 + a\,\Delta t' - v_e$ die Bremsbeschleunigung $a = -2{,}79$ m/s^2 berechnen.

1.1.4 Bewegungsgesetze und mathematische Methoden

Seite 22

1 Ein Körper bewegt sich längs der s-Achse nach der Zeit-Weg-Funktion
$s = (1/2\ \text{m/s}^3)\,t^3 + (2\ \text{m/s}^2)\,t^2 + 3$ m.
Bestimmen Sie Geschwindigkeit und Beschleunigung und berechnen Sie ihre Werte für **a)** $t = 2{,}0$ s, **b)** $t = 3{,}0$ s.

Lösung:
Zeit-Weg-Funktion und ihre Ableitungen
$s\,(t) = (0{,}5\ \text{m/s}^3)\,t^3 + (2\ \text{m/s}^2)\,t^2 + 3$ m,
$v\,(t) = (1{,}5\ \text{m/s}^3)\,t^2 + (4\ \text{m/s}^2)\,t$,
$a\,(t) = (3\ \text{m/s}^3)\ t + (4\ \text{m/s}^2)$.

a) $t = 2{,}0$ s: $s = 15$ m; $v = 14$ m/s; $a = 10$ m/s^2,
b) $t = 3{,}0$ s: $s = 34{,}5$ m; $v = 25{,}5$ m/s; $a = 13$ m/s^2.

2 Zu gleicher Zeit starten bei $t_0 = 0$ zwei Körper nach den Zeit-Weg-Gesetzen $s_1 = \frac{1}{20}\ \text{m/s}^2 \cdot t^2$ und $s_2 = \frac{1}{2}\ \text{m/s} \cdot t$.

a) Berechnen Sie Geschwindigkeit und Beschleunigung und zeichnen Sie die Diagramme bis $t_e = 12$ s.

b) Ermitteln Sie analytisch und zeichnerisch: Wann und wo überholt der erste Körper den zweiten? Wo haben beide dieselbe Geschwindigkeit?

Lösung:
a) $\dot{s}_1 = v_1 = (0{,}1\ \text{m/s}^2)\,t$, $\ddot{s}_1 = a_1 = 0{,}1$ m/s^2
$\dot{s}_2 = v_2 = 0{,}5$ m/s, $\ddot{s}_2 = a_2 = 0$.
(*Anmerkung:* In der Aufgabenstellung muss die Gleichung für s_2 folgendermaßen lauten:
$s_2 = \frac{1}{2}\ \text{m/s} \cdot t$.)

Zeit-Weg-Diagramm

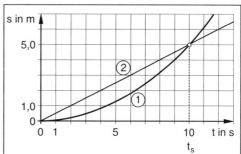

Zeit-Geschwindigkeit-Diagramm

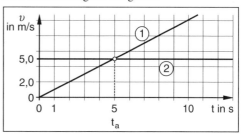

Zeit-Beschleunigung-Diagramm

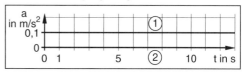

b) $s_1 = (0{,}05\ \text{m/s}^2)\,t_s^2 = s_2 = (0{,}5\ \text{m/s})\,t_s$ ergibt rechnerisch $t_s = 10$ s, und aus
$v_1 = (0{,}1\ \text{m/s}^2)\,t_a = v_2 = 0{,}5$ m/s wird $t_a = 5$ s.

Seite
23

*3 Ein Körper bewegt sich mit konstanter Beschleunigung $a_0 = -3,0\ \text{m/s}^2$. Zu Beginn hat er die Ausgangslage $s_0 = 24\ \text{m}$ und die Anfangsgeschwindigkeit $v_0 = 6\ \text{m/s}$.

a) Stellen Sie die drei Bewegungsgleichungen auf.

b) Wo und zu welcher Zeit kehrt der Körper seine Bewegungsrichtung um?

c) Wann erreicht er wieder die Ausgangslage?

d) Zeichnen Sie die drei Diagramme der t-s-, der t-v- und der t-a-Funktion.

Lösung:

a) $s = -(1,5\ \text{m/s}^2)\,t^2 + (6\ \text{m/s})\,t + 24\ \text{m}$,

$v = -(3,0\ \text{m/s}^2)\,t + 6\ \text{m/s}$,

$a = -(3,0\ \text{m/s}^2)$.

b) Der Körper kehrt um, wenn $v = 0$ ist:

$t_u = 2,0\ \text{s}$, und daraus $s_u = 30\ \text{m}$.

c) Der Körper erreicht seine Ausgangslage, falls $s_0 = 24\ \text{m}$ ist: $t_{a_1} = 0$, $t_{a_2} = 4,0\ \text{s}$.

d) t-s-Diagramm

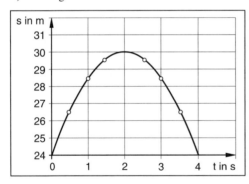

t-v-Diagramm

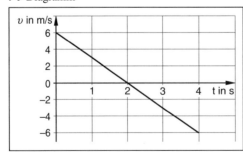

t-a-Diagramm

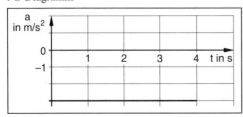

*4 Die Beschleunigung eines Körpers auf der s-Achse nimmt ständig proportional mit der Zeit nach der Gleichung $a = 4,0\ \text{m/s}^2 - (2,0\ \text{m/s}^3)\,t$ vom Anfangswert $a_0 = 4,0\ \text{m/s}^2$ ab. Zur Zeit $t_0 = 0$ besitzt der Körper im Nullpunkt der s-Achse die Geschwindigkeit $v_0 = -5/3\ \text{m/s}$.

a) Wie lauten die Bewegungsgleichungen?

b) Wann und an welcher Stelle ändert der Körper seine Bewegungsrichtung?

c) Wann und mit welcher Geschwindigkeit passiert der Körper den Nullpunkt der s-Achse?

d) Zeichnen Sie die zugehörigen Diagramme. Wie kann man an ihnen die Antwort zu b) erkennen?

Lösung:

a) Nach Aufgabenstellung ist

$a = (4,0\ \text{m/s}^2) - (2,0\ \text{m/s}^3)\,t$.

Integration liefert

$v = (4,0\ \text{m/s}^2)\,t - (1,0\ \text{m/s}^3)\,t^2 - (\tfrac{5}{3}\ \text{m/s})$

mit der Integrationskonstanten $v_0 = -(\tfrac{5}{3}\ \text{m/s})$. Nochmalige Integration ergibt sich mit $s_0 = 0$:

$s = (2,0\ \text{m/s}^2)\,t^2 - (\tfrac{1}{3}\ \text{m/s}^3)\,t^3 - (\tfrac{5}{3}\ \text{m/s})\,t$.

b) Für $v = 0$ erhält man über

$t_{1,2} = (2,0\ \text{s}) \pm \sqrt{(4,0\ \text{s}^2) - (\tfrac{5}{3}\ \text{s}^2)}$

$t_1 = 0,476\ \text{s}$, $s_1 = -0,376\ \text{m}$;

$t_2 = 3,528\ \text{s}$, $s_2 = 4,376\ \text{m}$.

c) Für $s = 0$ ergeben sich die Lösungen $t_1 = 0$, $t_2 = 1,0\ \text{s}$ und $t_3 = 5,0\ \text{s}$ mit $v_1 = -\tfrac{5}{3}\ \text{m/s}$, $v_2 = \tfrac{4}{3}\ \text{m/s}$ und $v_3 = -6\tfrac{2}{3}\ \text{m/s}$.

d) t-s-Diagramm

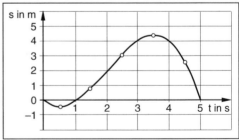

t-v-Diagramm

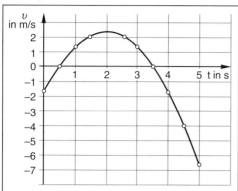

t-a-Diagramm

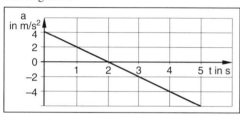

5 Berechnen Sie iterativ die Zeit-Weg-Tabelle der gleichmäßig beschleunigten Bewegung für $s_0 = 0{,}2$ m, $v_0 = 1{,}5$ m/s und $a_0 = -0{,}4$ m/s^2 mit $\Delta t = 1$ s von $t_0 = 2$ s bis $t_9 = 10$ s und zeichnen Sie den Graphen.

Lösung:

Iterationsvorschrift: $v(t+\Delta t) = v(t) + a\,\Delta t$,
$s(t+\Delta t) = s(t) + v(t)\,\Delta t$.

Startwerte: $a_0 = -0{,}4$ m/s^2; $v_0 = 1{,}5$ m/s;
$s_0 = 0{,}2$ m;

$\Delta t = 1$ s mit $t_0 = 2$ s und $t_9 = 10$ s.

1. Interationsschritt

$v(3\,\text{s}) = 1{,}5\ \text{m/s} - 0{,}4\ \text{m/s}^2 \cdot 1\ \text{s} = 1{,}1\ \text{m/s}$

$s(3\,\text{s}) = 0{,}2\ \text{m} + 1{,}5\ \text{m/s}^2 \cdot 1\ \text{s} = 1{,}7\ \text{m}$

t in s	2	3	4	5	6
v in m/s	1,5	1,1	0,7	0,3	$-0{,}1$
s in m	0,2	1,7	2,8	3,5	3,8

t in s	7	8	9	10
v in m/s	$-0{,}5$	$-0{,}9$	$-1{,}3$	$-1{,}7$
s in m	3,7	3,2	2,3	1,0

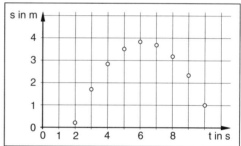

Seite
24

---

6 Berechnen Sie iterativ eine gleichmäßig beschleunigte Bewegung für $s_0 = 0{,}5$ m, $v_0 = 0{,}25$ m/s und $a_0 = -0{,}1$ m/s^2 von $t_0 = 0$ bis $t_e = 10$ s. Wählen Sie **a)** $\Delta t = 1$ s, **b)** $\Delta t = 0{,}1$ s und **c)** $\Delta t = 0{,}001$ s und vergleichen Sie.

Lösung:

Iterationsvorschrift: $v(t+\Delta t) = v(t) + a\,\Delta t$,
$s(t+\Delta t) = s(t) + v(t)\,\Delta t$.

Startwerte: $s_0 = 0{,}5$ m; $v_0 = 0{,}25$ m/s^2;
$a_0 = -0{,}1$ m/s^2; $t_0 = 0$, $t_e = 10$ s
a) $\Delta t = 1$ s; b) $\Delta t = 0{,}1$ s, c) $\Delta t = 0{,}01$ s.

1. Interationsschritt

$v(1\,\text{s}) = 0{,}25\ \text{m/s} + (-0{,}1\ \text{m/s}^2) \cdot 1\ \text{s} = 0{,}15\ \text{m/s}$,

$s(1\,\text{s}) = 0{,}5\ \text{m} + 0{,}25\ \text{m/s}^2 \cdot 1\ \text{s} = 0{,}75\ \text{m/s}$.

t in s	0	1	2	3	4	5	6	7	8	9	10
v in m/s	0,25	0,15	0,05	$-0{,}05$	$-0{,}15$	$-0{,}25$	$-0{,}35$	$-0{,}45$	$-0{,}55$	$-0{,}65$	$-0{,}75$
s in m	0,50	0,75	0,90	0,95	0,90	0,75	0,50	0,15	$-0{,}30$	$-0{,}85$	$-1{,}50$

b) $\Delta t = 0,1$ s

Tabelle mit den Werten bis 1 s

t in s	0	0,1	0,2	0,3	0,4	0,5	0,6	0,7	0,8	0,9	0,1
v in m/s	0,25	0,24	0,23	0,22	0,20	0,19	0,19	0,18	0,17	0,16	0,15
s in m	0,50	0,525	0,549	0,572	0,594	0,615	0,635	0,654	0,672	0,689	0,705

c) $\Delta t = 0,01$ s

Tabelle mit den Werten bis 0,1 s

t in s	0	0,01	0,02	0,03	0,04	0,05	0,06	0,07	0,08	0,09	0,1
v in m/s	0,25	0,249	0,248	0,247	0,246	0,245	0,244	0,243	0,242	0,241	0,240
s in m	0,50	0,5025	0,50499	0,50747	0,50994	0,5124	0,51485	0,51729	0,51972	0,52214	0,52455

Seite
25

Verhalten im Straßenverkehr

1 Berechnen Sie den Sicherheitsabstand für $v = 30$ km/h, 50 km/h (Ortsverkehr) und für $v = 50$ km/h, 80 km/h, 100 km/h, 140 km/h (außerorts).

Lösung:

	„Ein-Sekunden-Abstand"		„Zwei-Sekunden-Abstand"			
v in km/h	30	50	50	80	100	140
s in m	8,3	13,9	27,8	44,4	55,6	77,8

2 Zeichnen Sie das s-v-Diagramm für den Sicherheitsabstand s (siehe oben) von $v = 0$ bis 50 km/h innerhalb und bis 140 km/h außerhalb geschlossener Ortschaften.

Lösung:

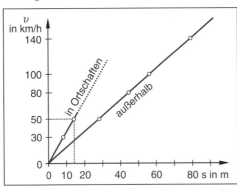

3 Berechnen Sie Reaktions-, Brems- und Anhalteweg für einen Motorroller und einen PKW auf trockner Straße, die bei 30 km/h bzw. 50 km/h zu bremsen beginnen.

Lösung:

Reaktionsweg (in 1 s) $s = v \, \Delta t$ $\Delta t = 1$ s

Bremsweg $s = \frac{1}{2} a \, v^2$

	PKW		Motorroller					
			beide Räder		Vorderrad		Hinterrad	
v im km/h	30	50	30	50	30	50	30	50
Reaktionsweg in m	8,3	13,9	8,3	13,9	8,3	13,9	8,3	13,9
Bremsweg in m	4,3	12,1	4,3	12,1	6,7	18,5	12,4	34,4
Anhalteweg in m	12,6	26,0	12,6	26,0	15,0	32,4	20,7	48,3

4 Stellen Sie tabellarisch die Anhaltewege zusammen

a) für die angegebenen Bremsmöglichkeiten des Motorrollers bei 30 km/h, 50 km/h, 70 km/h, 90 km/h;

b) für die obigen Beschleunigungen des PKWs bei 30 km/h, 50 km/h, 80 km/h, 100 km/h, 140 km/h.

Lösung:

Anhalteweg $s = v \, \Delta t + \dfrac{v^2}{2 \, a}$, Angaben in m

a)

v in km/h	beide Räder	Vorderrad	Hinterrad
30	12,7	15,0	20,7
50	26,0	32,4	48,3
70	43,1	55,8	87,0
90	64,1	85,1	136,6

b)

v in km/h	trocken	nass	Schnee/Eis	Glatteis
30	12,7	17,0	25,7	43,1
50	26,0	38,0	62,1	110,3
80	53,1	84,0	145,7	269,1
100	76,0	124,2	220,7	413,6
140	133,4	227,9	417,0	795,1

*5 Welche Beschleunigung ergibt sich aus der Regel für den Anhalteweg bei **a)** 50 km/h, **b)** 100 km/h?

Lösung:

Der Anhalteweg (in m) berechnet sich nach der Regel $s_a = 3\,(v/10) + (v/10)^2$ (v in km/h).

Nach der Formel ist der Anhalteweg $s_a = v\,\Delta t + v^2/(2\,a)$ mit $\Delta t = 1$ s.

Daraus ergibt sich die Beschleunigung a zu

$$a = \frac{v^2}{2\,(s_a - v\,\Delta t)}.$$

	a) $v = 50$ km/h	**b)** $v = 100$ km/h
Anhalteweg in m	40	130
Beschleunigung nach Formel in m/s^2	3,69	3,77

6 Ein Motorroller überholt auf einer Landstraße mit 50 km/h einen Trecker, der mit 25 km/h dahinfährt.
   a) Berechnen Sie Überholzeit und Überholweg, wenn der Motorroller beim Aus- und Einscheren den Sicherheitsabstand einhält.
   b) Zeichnen Sie das t-s- und das t-v-Diagramm.

Lösung:

a) Der Trecker hat bei Beginn des Überholvorgangs den Vorsprung „Sicherheitsabstand", der sich berechnet zu $s_ü = v_t \cdot 2\,\mathrm{s} = 27,8$ m. Am Ende des Überholungsvorgangs hat der Motorroller denselben Vorsprung $s_ü$.
Die Überholzeit t_e ist die Zeit, in der der Motorroller beim Start beider Fahrzeuge an derselben Stelle den Vorsprung $2\,s_ü$ herausgeholt haben würde: $2\,s_ü = v_M\,t_e - v_r\,t_e$, also Überholzeit $t_e = 8$ s und Überholweg $s_e = 111$ m.
(Länge von Trecker und Motorroller bleiben in der Aufgabe unberücksichtigt.)

b)

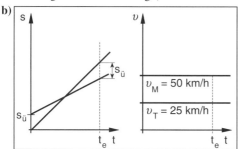

*7 Im Moment, als ein PKW einen anderen überholt, erkennen beide Fahrer ein Hindernis vor sich und bremsen. Der langsamere Wagen kommt kurz vor dem Hindernis zum Stehen. Berechnen Sie die Geschwindigkeit, mit der der schnellere am Hindernis vorbeifährt für die Geschwindigkeit $v_1 = 50$ km/h des langsameren und $v_2 = 60$ km/h bzw. 70 km/h des schnelleren bei gleicher Bremsbeschleunigung $a = 6$ m/s^2.

Lösung:

Der Anhalteweg für den langsameren Wagen ist $s_e = v_0^2/(2\,a)$, also $s_e = 16,1$ m.
Längs der Strecke s_e vermindert sich die Geschwindigkeit der schnelleren Wagen von v_{01} auf v_{e1} (bzw. von v_{02} auf v_{e2}) nach $v_{01}^2 - v_{e1}^2 = 2\,a\,s_e$.
Da $2\,a\,s_e = v_0^2$ ist, ergibt sich
$$v_{01}^2 - v_{e1}^2 = v_0^2,\ \text{also}\ v_{e1} = \sqrt{v_{01}^2 - v_0^2}.$$
Bei $v_{01} = 70$ km/h ist $v_{e1} = 49$ km/h,
bei $v_{02} = 60$ km/h ist $v_{e2} = 33$ km/h,

*8 Ein PKW ($l_A = 5,0$ m) fährt einige Zeit hinter einem LKW ($l_B = 18$ m) mit der Geschwindigkeit $v_A = v_B = 90$ km/h her und überholt dann den LKW mit der als konstant angesetzten Beschleunigung $a_A = 1,86$ m/s^2. Der PKW schert mit dem geforderten Sicherheitsabstand ein bzw. aus.
   a) Berechnen Sie Überholzeit, Überholstrecke sowie die Geschwindigkeit des PKW am Ende des Überholens.
   b) Zeichnen Sie das t-s-, t-v- und t-a-Diagramm des Überholvorgangs im Bezugssystem Straße und LKW.
   c) Formulieren Sie die Zusammenhänge beim Überholen im Bezugssystem Straße und LKW.

Lösung:

a) Der PKW mit der Geschwindigkeit $v_A = v_B = 90$ km/h steigert sie von Beginn des Beschleunigungsvorganges ab mit der Beschleunigung $a = 1,86$ m/s^2 und legt während der gesamten Überholzeit t_e damit den Weg $s_e = v_B\,t_e + \frac{1}{2}\,a\,t_e^2$ zurück.
Bis zum Ende des Beschleunigungsvorganges muss der PKW dabei den Sicherheitsabstand $s_ü$ vor dem LKW und diesen noch einmal nach dem Vorbeifahren einholen, wobei der Sicherheitsabstand die Strecke ist, die der LKW in zwei Sekunden zurücklegt: $s_ü = v_B \cdot 2\,\mathrm{s}$; weiter muss er die Länge des LKWs und seine eigene Länge abfahren und schließlich noch die Strecke durchfahren, die der LKW während der Überholzeit t_e mit seiner Geschwindigkeit v_B weitergekommen ist: $s_B = v_B\,t_e$, also $v_B\,t_e + \frac{1}{2}\,a\,t_e^2 = 2\,s_ü + l_B + l_A + v_B\,t_e$. Daraus berechnen sich die Überholzeit $t_e = 11,5$ s, der Überholweg $s_e = 410,5$ m und die Geschwindigkeit des PKW beim Ende des Überholvorganges $v_e = 46,4$ m/s oder $v_e = 167,0$ km/h.

b) Bezugssystem Straße

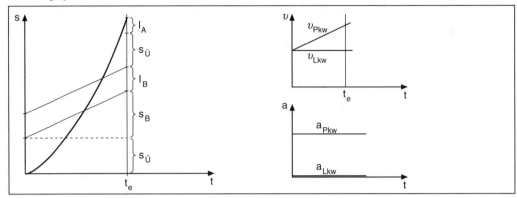

Bezugssystem LKW

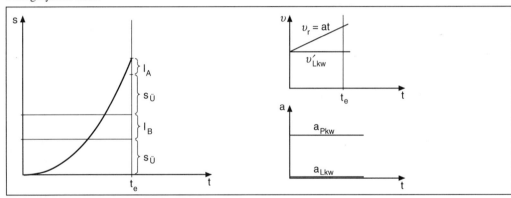

c) Für die Verhältnisse im Bezugssystem Straße siehe **a)**.

Im Bezugssystem LKW berücksichtigt man nur die Relativgeschwindigkeit $v_R = a\,t$ des PKW gegenüber dem LKW, mit der der PKW relativ zum LKW nur den zweifachen Sicherheitsabstand $s_ü$ sowie die Länge vom LKW und vom PKW $l_A + l_B$ zurücklegen muss.

Seite **28**

1.1.5 Der freie Fall

1 Ein Körper fällt aus einer Höhe von 130 m frei herab.

  a) Welche Strecke hat er nach 2 bzw. 4 Sekunden durchfallen, welche Geschwindigkeit besitzt er dann?

  b) Nach welcher Zeit und mit welcher Geschwindigkeit trifft er auf dem Boden auf (ohne Luftwiderstand)?

Lösung:

  a) Der durchfallene Weg ist nach $s = \frac{1}{2}\,g\,t^2$ für

    $t_1 = 2\,\text{s}$ $s_1 = 19,62\,\text{m}$, also $h_1 = 110,38\,\text{m}$

    und für

    $t_2 = 4\,\text{s}$ $s_2 = 78,48\,\text{m}$, also $h_2 = 51,52\,\text{m}$;

    nach $v = g\,t$ ist für die Geschwindigkeit

    $v_1 = 19,63\,\text{m/s}$ und $v_2 = 39,42\,\text{m/s}$.

  b) Aus $s = 130\,\text{m}$ wird $t_e = 5,15\,\text{s}$ und

    $v_e = 50,50\,\text{m/s}$.

2 Von der Spitze eines Turms lässt man einen Stein fallen. Nach 4 Sekunden sieht man ihn auf den Boden aufschlagen. (Vom Luftwiderstand werde abgesehen.)

  a) Wie hoch ist der Turm?

  b) Mit welcher Geschwindigkeit trifft der Stein auf dem Erdboden auf?

  c) Nach welcher Zeit hat der Stein die Hälfte seines Fallweges zurückgelegt?

  d) Welche Zeit braucht der Stein zum Durchfallen der letzten 20 m?

  e) Nach welcher Zeit (seit dem Loslassen) hört man den Stein aufschlagen? (Schallgeschwindigkeit 320 m/s)

Lösung:

a) $h = 78,48$ m, **b)** $v_e = 39,24$ m/s

c) $t = 2,83$ s, **d)** $\Delta t = 0,547$ s, **e)** $t = 4,245$ s.

3 Welche der unten dargestellten Kurven stellt das Zeit-Geschwindigkeit-Diagramm eines Steines dar, der zur Zeit $t = 0$ senkrecht in die Höhe geworfen wird und zur Zeit $t = t_e$ wieder den Boden erreicht? Beschreiben Sie die Bewegungen in den beiden anderen Diagrammen.

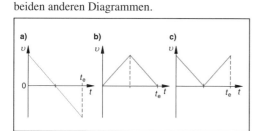

Lösung:

Diagramm a) stellt die Fallbewegung des Steines dar.

Diagramm b): Die Bewegung beginnt mit konstanter Beschleunigung, erreicht bei $t = 0,5\, t_e$ die Höchstgeschwindigkeit und bremst nun mit gleicher, aber negativer Beschleunigung.

Diagramm c): Aus der Höchstgeschwindigkeit bremst hier ein Körper mit negativer konstanter Beschleunigung, bis er zum Stehen kommt, um dann sogleich mit gleich großer, aber positiver Beschleunigung wieder anzufahren.

*4 Schreiben Sie ein Programm zur iterativen Berechnung ($\Delta t = 0,01$ s) für den Weg (Fallweg 20 m) und die Geschwindigkeit der Fallbewegung eines Fußballs in Luft ($c_w = 0,45$, $r = 11$ cm, $m = 0,4$ kg) und stellen Sie beide grafisch dar. Vergleichen Sie mit dem freien Fall.

Lösung:

Iterationsvorschrift: $v(t + \Delta t) = v(t) + a(t)\,\Delta t$,

$\qquad\qquad\quad\ s(t + \Delta t) = s(t) + v(t)\,\Delta t$,

$\qquad\qquad\quad\ a(t) = -g\,(1 - k\,v(t)^2)$.

Für k gilt:

$k = \frac{1}{2} c_w \varrho A / G$

$\ = \frac{1}{2} \cdot 0,45 \cdot 1,29$ kg/m$^3 \cdot 0,038$ m^2/

$\quad (3,924$ m kg/s$^2)$

$\ = 2,81 \cdot 10^{-3}$ s^2/m^2.

Startwerte: $a(0) = -9,81$ m/s^2; $v(0) = 0$;

$\qquad\qquad s(0) = 20,0$ m; $\Delta t = 0,01$ s.

1. Iterationsschritt:

$v(0,01$ s$) = 0 + (-9,81$ m/s$^2) \cdot 0,01$ s

$\qquad\qquad = -0,0981$ m/s,

$s(0,01$ s$) = 20,0$ m $+ 0 \cdot 0,01$ s $= 20,0$ m,

$a(0,01$ s$) = -9,81$ m/s$^2 \cdot [1 - k\,(-0,0981$ m/s$)^2]$

$\qquad\qquad = -9,8097$ m/s^2.

Endwerte der Iteration:

t in s	$a(t)$ in m/s^2	$v(t)$ in m/s	$s(t)$ in m
2,21	$-3,2295$	$-15,4277$	0,04663
2,22	$-3,2019$	$-15,460$	$-0,1076$

Beim freien Fall ergibt sich aus

$s_e = 0 = 20,0$ m $-\frac{1}{2} g\, t_e^2$ und $v_e = -g\, t_e$.

2,019	$-9,81$	$-19,806$	0,00

t-v-Diagramm

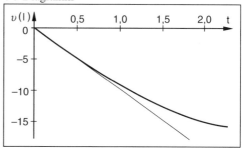

t-s-Diagramm

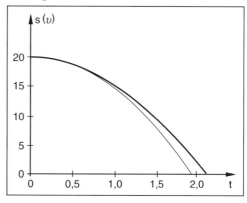

5 Zur Bestimmung der Erdbeschleunigung lässt man mehrmals einen Stein von einem $s = 19,85$ m hohen Turm herabfallen und bestimmt mit verschiedenen Stoppuhren jeweils die Fallzeit. Bestimmen Sie g aus dem Mittel von neun Zeitmessungen:

$t_i = 2,00$ s; 2,04 s; 1,99 s; 2,02 s; 2,06 s; 1,96 s; 1,97 s; 2,01 s; 2,07 s.

Lösung:

Mit dem Mittel der Fallzeiten $\bar{t} = 2,013$ s mit dem Fehler $\Delta\bar{t} = 0,038$ s wird $g = 9,797$ m/s^2.

*6 Messung der Reaktionszeit: Jemand drückt ein vertikal gehaltenes Lineal (Skala von unten nach oben) mit der einen Hand an eine Wand und verdeckt sie mit der anderen durch ein Stück Papier. Die Testperson hält einen Finger wenige Millimeter über der Nullmarke. Wenn die erste Person nun plötzlich das Lineal fallen lässt, muss die zweite zudrücken. Aus der (Fall-)Strecke zwischen Null-

marke und der Stelle, an der die Testperson das Lineal festhält, berechnet man die Reaktionszeit. Stellen Sie eine Tabelle von 0 cm bis 20 cm auf und überprüfen Sie Ihre Reaktionszeit und die anderer Personen.

Lösung:
—

Seite
33

1.1.6 Der Wurf; Überlagerung von Bewegungen

1 a) Berechnen Sie Wurfweiten und Fallwege der waagerechten Würfe für $v_0 = 5$ m/s bzw. 10 m/s nach $t = 0,1$ s; 0,5 s; 1,0 s; 1,5 s; 2,0 s. Zeichnen Sie die Bahnkurven.

b) Berechnen Sie dazu Wurfweiten und Wurfzeiten, wenn die geworfenen Körper 5 m; 10 m gefallen sind.

Lösung:

a) Wurfweite $s_x = v \cdot t$ Fallweg $s_y = \frac{1}{2} g t^2$

t in s		0,1	0,5	1,0	1,5	2,0
$v_0 = 5 \frac{m}{s}$	s_x	0,5	2,5	5,0	7,5	10,0
	s_y	0,05	1,23	4,91	11,04	19,62
$v_0 = 10 \frac{m}{s}$	s_x	1,0	5,0	10,0	15,0	20,0
	s_y	0,05	1,23	4,91	11,04	19,62

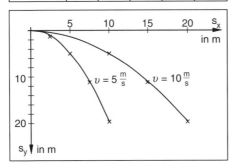

b) Für die Fallzeit $t_w = \sqrt{\dfrac{2h}{g}}$ und die Wurfweite $s_{xw} = v_0 \sqrt{\dfrac{2h}{g}}$ ergibt sich:

v_0	5 m		10 m	
	t_w	s_{xw}	t_w	s_{xw}
$5 \frac{m}{s}$	1,01 s	5,05 m	1,43 s	7,14 m
$10 \frac{m}{s}$	1,01 s	10,10 m	1,43 s	14,3 m

*2 Ein Stein wird mit der Geschwindigkeit $v_0 = 20$ m/s horizontal von der Höhe h aus abgeworfen. Er erreicht in der Horizontalen eine Wurfweite von $x_E = 40$ m.

a) Wie groß sind die Abwurfhöhe und die Flugzeit?

b) Mit welcher Geschwindigkeit und unter welchem Winkel zur Horizontalen trifft der Stein auf den Boden?

c) Wie lauten die Lösungen zu a) und b) allgemein?

Lösung:

a) Aus $x = v_0 t$ und $y = -\frac{1}{2} g t^2$ ergibt sich

$$y = -\frac{g}{2 v_0^2} x^2, \quad \text{und daraus mit } x_E = 40 \text{ m}$$

$y_E = -519,62$ m $= -h$ und $t_E = \sqrt{\dfrac{2h}{g}} = 2,0$ s.

b) Den Winkel zur Horizontalen und die Geschwindigkeit erhält man aus den Geschwindigkeitskomponenten am Auftreffpunkt

$$v_{xE} = v_0, \quad v_{yE} = -g t \text{ mit } \tan \alpha = -\frac{g t_E}{v_0}$$

und

$$v_E = \sqrt{v_x^2 + v_y^2} = \sqrt{v_0^2 + g^2 t_E^2}$$

zu

$\alpha = -44,5°$ und $v_E = 28,0$ m/s.

c) Siehe *Lösung zu b)*.

3 Ein Körper wird mit der Geschwindigkeit $v_0 = 18$ m/s senkrecht nach oben geworfen. (Vom Luftwiderstand sehe man ab.)

a) Stellen Sie die speziellen Bewegungsgleichungen auf.

b) Berechnen Sie die Wurfhöhe, Wurfzeit und die Zeit bis zum Erreichen des höchsten Punktes der Bahn.

Lösung:

a) $s = (18 \text{ m/s}) t - \frac{1}{2} (9,81 \text{ m/s}^2) t^2,$
$v = (18 \text{ m/s}) - (9,81 \text{ m/s}^2) t.$

b) $s_h = \dfrac{v_0^2}{2g} = 16{,}51$ m,

Steigzeit $\quad t_h = \dfrac{v_0}{g} = 1{,}83$ s,

Wurfzeit $\quad t_e = 2\,t_h = 3{,}67$ s.

4 Ein Geschoss verlässt ein Gewehr mit der Geschwindigkeit $v_0 = 780$ m/s. (Vom Luftwiderstand soll abgesehen werden.) Welche Höhe und Weite erreicht das Geschoss, wenn es unter den Winkeln $90°$, $60°$, $45°$, $30°$ zur Waagerechten abgeschossen wird?

Lösung:

α	90°	60°	45°	80°
h in m	31 009	23 257	15 504	7 752
w in m	0	53 709	62 018	5 3709

*5 Ein Wasserstrahl, der unter einem Winkel von $40°$ zur Horizontalen die Düse eines Gartenschlauchs verlässt, erreicht das in 30 m Entfernung stehende Buschwerk in gleicher Höhe wie die Düse.
   a) Mit welcher Geschwindigkeit verlässt der Strahl die Düse? (Vom Luftwiderstand absehen!)
   b) Wie groß ist die Gipfelhöhe des Wasserstrahls?
   c) Welche Zeit benötigt ein einzelner Wassertropfen vom Verlassen der Düse bis zum Auftreffen?

Lösung:
   a) $v_0 = 17{,}3$ m,
   b) $h = y_s = 6{,}29$ m,
   c) $t_e = 2{,}27$ s.

*6 Ein Körper wird von einer Klippe der Höhe h mit der Geschwindigkeit v_0 unter dem Winkel α (von der Horizontalen nach unten gemessen) abgeschossen.
   Stellen Sie die Gleichungen auf, die die Bewegung in horizontaler und vertikaler Richtung beschreiben, und ermitteln Sie die Gleichung der Wurfparabel.

Lösung:
Ersetzt man in den Bewegungsgleichungen α durch $-\alpha$
$$s_x = v_0 \cos\alpha\, t \quad \text{und} \quad s_y = -v_0 \sin\alpha\, t - \tfrac{1}{2} g t^2,$$
löst dann s_x nach t auf und setzt t in s_y ein, so erhält man als Gleichung der Wurfparabel
$$s_y = -\frac{g}{2 v_0^2 \cos^2\alpha}\, s_x^2 - \tan\alpha\, s_x.$$

Nach Umformen
$$s_y = -\frac{g}{2 v_0^2 \cos^2\alpha} \left(s_x + \frac{v_0^2 \sin 2\alpha}{2g} \right)^2 + \frac{v_0^2 \sin^2\alpha}{2g}$$
liest man für den Scheitelpunkt (im 2. Quadraten) ab:
$$\mathrm{S}\left(-\frac{v_0^2 \sin 2\alpha}{2g} \,\middle/\, \frac{v_0^2 \sin^2\alpha}{2g} \right).$$

*7 Ein Motorrad fährt mit der Geschwindigkeit v_0 auf eine unter dem Winkel α gegenüber der Horizontalen ansteigenden Rampe an einen Graben mit der Breite b heran und landet auf der gegenüberliegenden Seite des Grabens auf einem Plateau, das um die Höhe h höher gelegen ist als die höchste Stelle der Absprungrampe.
   a) Bestimmen Sie bei gegebener Endgeschwindigkeit $v_0 = 50$ km/h auf der Rampe, bei gegebenem $\alpha = 30°$ und $b = 5{,}0$ m die obere Grenze für die Höhe h, bei der das Motorrad den Graben noch überspringen kann.
   b) Wie groß muss die Geschwindigkeit v_0 mindestens sein, wenn die Höhe $h = 1{,}0$ m beim Winkel $\alpha = 20°$ und der Breite $b = 5{,}0$ m erreicht werden soll?
   Vernachlässigen Sie die Ausmaße des Motorrads und lösen Sie die Aufgabe allgemein und mit Zahlenwerten.

Lösung:
   a) Aus der Gleichung der Wurfparabel
$$s_y = s_x \tan\alpha - \frac{1}{2} \frac{g}{v_0^2 \cos^2\alpha}\, s_x^2$$
erhält man die maximale Höhe $s_y = h$ im Abstand $s_x = b$ zu $h_{max} = 2{,}04$ m.

   b) Die Gleichung der Wurfparabel löst man nach v_0 auf und erhält mit $s_x = b$ und $s_y = h$ über
$$v_0 = \frac{b}{\cos\alpha} \sqrt{\frac{g}{2\,(b \tan\alpha - h)}}$$
die Mindestgeschwindigkeit $v_0 = 13{,}01$ m/s oder $v_0 = 46{,}85$ km/h.

Zusatzaufgaben

8 Ein Stein fällt aus der Höhe $h = 40$ m senkrecht zur Erde. Gleichzeitig wird von unten ein zweiter Stein mit der Geschwindigkeit $v_0 = 20$ m/s senkrecht hoch geworfen.
   a) Nach welcher Zeit und in welcher Höhe fliegen die beiden Steine aneinander vorbei?

b) In welchem zeitlichen Abstand treffen die beiden Steine auf dem Boden auf?

c) Welche Anfangsgeschwindigkeit müsste der zweite Stein haben, wenn beide zu gleicher Zeit auf dem Boden auftreffen sollen?

Lösung:

a) Für den ersten Stein gilt $s_1 = h - \frac{1}{2} g t^2$, für den zweiten $s_2 = v_0 t - \frac{1}{2} g t^2$. Sie fliegen aneinander vorbei für $s_1 = s_2$, ausgerechnet $t_0 = 2,0$ s in der Höhe $s_0 = 20,38$ m.

b) Der erste Stein trifft zur Zeit $t_{e1} = \sqrt{\dfrac{2h}{g}} = 2,86$ s, der zweite zur Zeit $t_{e2} = \dfrac{2 v_0}{g} = 4,08$ s auf den Boden auf. Die Differenz ist also $\Delta t = 1,22$ s.

c) Dazu muss $t_{e1} = t_{e2}$ sein, also $\sqrt{\dfrac{2h}{g}} = \dfrac{2 v_0}{g}$ oder $v_0 = \sqrt{\dfrac{g h}{2}}$, also $v_0 = 14,01$ m/s.

*9 Ein Sportler stößt die Kugel aus der Höhe $h = 1,8$ m unter dem Winkel $\alpha = 30°$ zur Horizontalen und erreicht die Weite von 19,3 m.

Mit welcher Anfangsgeschwindigkeit v_0 hat er die Kugel gestoßen?

Lösung:

Aus den beiden Bewegungsgleichungen

$$s_x = v_0 \cos \alpha \, t \quad \text{und} \quad s_y = v_0 \sin \alpha \, t - \frac{1}{2} g t^2$$

gewinnt man über die erste Gleichung mit $s_x = x_e = 19,3$ m und der Zeit t_e des gesamten Vorgangs die Geschwindigkeit

$$v_0 = \frac{x_e}{t_e \cos \alpha}.$$

Setzt man dies in die zweite Gleichung mit $s_y = y_e = -h = -1,8$ m ein, so erhält man

$$t_e = \sqrt{\frac{2(x_e \tan \alpha + h)}{g}} = 1,624 \text{ s}$$

und über den obigen Ausdruck für v_0 schließlich $v_0 = 13,72$ m/s.

1.1.7 Die gleichförmige Kreisbewegung

1 Berechnen Sie die Winkelgeschwindigkeit des Sekunden-, Minuten- und Stundenzeigers einer Uhr.

Lösung:

Sekundenzeiger $\omega = 6,283$ s^{-1};
Minutenzeiger $\omega = 1,047 \cdot 10^{-1}$ s^{-1};
Stundenzeiger $\omega = 1,745 \cdot 10^{-3}$ s^{-1}.

2 Wie groß sind die Radialbeschleunigungen absolut und im Vergleich zur Erdbeschleunigung ($g = 9,81$ m/s^2)

a) einer Wäschetrommel ($d = 32$ cm, 3000 U/min),

b) einer Astronautentestmaschine (Abstand Drehachse–Kabine 6,5 m, 20 U/min),

c) auf der Erde am Äquator bzw. auf 45° Breite infolge der Drehung der Erde um ihre Achse,

d) des Mondes infolge seines Umlaufs um die Erde,

e) der Erde infolge ihrer Bewegung um die Sonne?

Lösung:

a) Wäscheschleuder
$a_R = 1,579 \cdot 10^4$ m/s$^2 = 1,610 \cdot 10^3$ g,

b) Astronautentestmaschine
$a_R = 28,5$ m/s$^2 = 2,91$ g,

c) Erde am Äquator
$a_R = 3,369 \cdot 10^{-2}$ m/s$^2 = 3,434 \cdot 10^{-3}$ g,
auf 45° Breite
$a_R = 2,382 \cdot 10^{-2}$ m/s$^2 = 2,428 \cdot 10^{-3}$ g,

d) Mond (siderischer Monat)
$a_R = 2,724 \cdot 10^{-3}$ m/s$^2 = 2,777 \cdot 10^{-4}$ g,

e) Erde um Sonne (siderisches Jahr)
$a_R = 5,930 \cdot 10^{-3}$ m/s$^2 = 6,045 \cdot 10^{-4}$ g.

3 Berechnen Sie die Winkelgeschwindigkeit, die Bahngeschwindigkeit und die Radialbeschleunigung eines Punktes auf dem Radkranz ($d = 875$ mm) eines ICE 3, der mit 330 km/h dahinfährt.

Lösung:

Bahngeschwindigkeit des Radkranzes
$v = 330$ km/h als Ansatz
$v = 330$ km/h $= 91,67$ m/s,
$\omega = v/r = 209,53$ s^{-1},
$a_R = v^2/r = 19,208 \cdot 10^3$ m/s$^2 = 1,958 \cdot 10^3$ g.

*4 a) Wie ändert sich im weiteren Verlauf die Bahnkurve in *Abb. 35.2* bei der angegebenen Lage von *a*?

b) Welche Bewegung liegt vor, wenn der Beschleunigungsvektor von konstantem Betrag ständig **a)** parallel oder **b)** senkrecht zum Geschwindigkeitsvektor zeigt?

Lösung:
Die Aufgabe bezieht sich auf *Abb. 35.2*.
a) Die Komponente von a tangential an den Kreis erhöht die Bahngeschwindigkeit; die Komponente von a in Richtung auf den Mittelpunkt verringert – bei Vergrößerung dieser Komponente – oder vergrößert – bei Verkleinerung – den Bahnradius.
b) a) Lineare Bewegung mit konstanter Beschleunigung,
b) Kreisbewegung mit konstantem Radius.

*5 Entwickeln Sie ein Computerprogramm zur iterativen Berechnung der Kreisbewegung: Radius $r = 1$ m, Bahngeschwindigkeit $v = 2\pi$ m/s, Startpunkt $(x_0 = 1\ \text{m} \mid y_0 = 0)$ und $\Delta t = 0{,}001$ s. (Hinweis: Bei konstanter Beschleunigung steht der Beschleunigungsvektor stets senkrecht zum Geschwindigkeitsvektor.)

Lösung:
Iterationsvorschrift s. *Abb. 24.1* mit
$$a_x(t) = \frac{4\pi^2 x(t)}{\sqrt{x^2(t) + y^2(t)}}, \quad a_y = -\frac{4\pi^2 y(t)}{\sqrt{x^2(t) + y^2(t)}}$$
Startwerte
$x_0 = 1; y_0 = 0; v_{x0} = 0; v_{y0} = 2\pi; a_{x0} = -4\pi^2; a_{y0} = 0.$

Zusatzaufgaben

6 Die Radien der Außenrille bzw. Innenrille einer Langspielplatte mit 33 U/min betragen $r_1 = 16{,}2$ cm bzw. $r_2 = 6{,}8$ cm.
a) Wie groß sind die Winkel- und Bahngeschwindigkeiten eines Punktes der Außen- bzw. der Innenrille?
b) Welche Radialbeschleunigungen ergeben sich?

Lösung:
a) $\omega_1 = \omega_2 = 3{,}456\ \text{s}^{-1}$, $v_1 = 5{,}598 \cdot 10^{-1}$ m/s, $v_2 = 2{,}350 \cdot 10^{-1}$ m/s.
b) $a_1 = 1{,}935\ \text{m/s}^2$, $a_2 = 8{,}121 \cdot 10^{-1}\ \text{m/s}^2$.

7 Ein Körper durchläuft mit konstanter Winkelgeschwindigkeit einen Kreis. Drücken Sie die Umlaufzeit T, die Frequenz f und die Anzahl der Umläufe n in einer Minute durch die Winkelgeschwindigkeit aus.

Lösung:
Umlaufzeit $T = 2\pi/\omega$,
Frequenz $f = 1/T = \omega/2\pi$,
Umlaufzahl pro Minute $n = (\omega/2\pi)\,60\ \text{s/min}$.

1.1.8 Vektorielle Darstellung von Bewegungen

Seite **37**

1 Ein Schiff steuert auf See mit 10 Knoten den Kurs N 100° O (1 Knoten = 1 Seemeile/Stunde; 1 Seemeile = 1,852 km). Die See weist eine Strömung von 3 Knoten in Richtung N 20° W auf.
a) Zeichnen Sie den Weg des Schiffes in einer Stunde über dem Grund (der See) und bestimmen Sie aus der Zeichnung Kurs und Geschwindigkeit (in Knoten) über dem Grund (1 Knoten $\triangleq$ 1 cm).
b) Lösen Sie die Fragen zu a) rechnerisch und geben Sie die Geschwindigkeit auch in km/h an.

Lösung:
a)

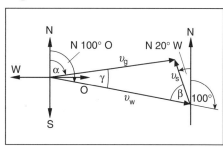

Man liest ab $v_g = 8{,}9$ Knoten, $\gamma = 17{,}2°$, also Kurs über dem Grund $\alpha = $ N 82,8° O.
b) $\vec{v}_w + \vec{v}_s = \vec{v}_g$.
c) Aus der Abb. ergibt sich für den der Seite v_g gegenüberliegenden Winkel $\beta = 60°$. Nach dem Cosinus-Satz erhält man aus
$$v_g^2 = v_w^2 + v_s^2 - 2\,v_w\,v_s \cos\beta \quad \text{oder}$$

$v_g = 8{,}89$ Knoten $= 16{,}5$ km/h.

Den Winkel zwischen den Seiten v_g und v_w erhält man nach dem Sinussatz über

$$\sin \gamma = \frac{v_s}{v_g} \sin \beta$$

zu $\gamma = 17{,}00°$ und daraus $\alpha = 100° - 17{,}00° = 83{,}00°$.

*2 Ein Flugzeug startet von einem Flugplatz aus in westlicher Richtung mit 300 km/h Fluggeschwindigkeit und steigt dabei 500 m pro Minute. Nach 20 Minuten Flugzeit dreht es nach Norden ab und steigt weiter zu denselben Bedingungen.

a) Welche Höhe hat das Flugzeug 30 Minuten nach dem Start erreicht?

b) In welcher direkten Entfernung und in welcher Richtung vom Startpunkt aus gesehen (Höhenwinkel zur Horizontalen, Winkel zur Nordrichtung) befindet sich das Flugzeug zu dieser Zeit?

c) Berechnen Sie die Orts- und Geschwindigkeitsvektoren vom Startpunkt bis zum Ort nach 20 min und nach 30 min mit ihren drei Komponenten.

Lösung:

a) $h = 15{,}0$ km.

b) In westlicher Richtung über dem Boden $s_w = 99{,}50$ km, dann in nördlicher $s_N = 49{,}75$ km; damit über dem Boden vom Ausgangspunkt entfernt $s = 111{,}24$ km. Daraus der Kurswinkel über dem Boden N 63,44° W. Entfernung Flugzeug–Startpunkt $e = 112{,}25$ km.

c) Nach 20 min hat das Flugzeug die Höhe (z-Komponente) $h_{20} = 10\,000$ m erreicht, nach weiteren 30 min die Höhe $h_{30} = 15\,000$ m. Die Ortsvektoren zu diesen Punkten sind (Osten $\triangleq$ Richtung der positiven x-Achse, Norden $\triangleq$ Richtung der positiven y-Achse)

$$\vec{r}_{20} = \begin{pmatrix} -99{,}50\ \text{km} \\ 0 \\ 10{,}00\ \text{km} \end{pmatrix} \text{ und } \vec{r}_{30} = \begin{pmatrix} -99{,}50\ \text{km} \\ 49{,}75\ \text{km} \\ 15{,}00\ \text{km} \end{pmatrix},$$

die Geschwindigkeitsvektoren

$$\vec{v}_{20} = \begin{pmatrix} 297{,}31\ \text{km/h} \\ 0 \\ 40{,}09\ \text{km/h} \end{pmatrix} \text{ und } \vec{v}_{30} = \begin{pmatrix} 0 \\ 297{,}31\ \text{km/h} \\ 40{,}00\ \text{km/h} \end{pmatrix}.$$

*3 Die Spitze des Vektors $\vec{r}$ beschreibt als Funktion der Zeit t einen Kreis mit dem Radius r um den Nullpunkt eines x-y-Koordinatensystems (Abbildung unten)

$$\vec{r} = \begin{pmatrix} r \cos \omega t \\ r \sin \omega t \end{pmatrix} = (r \cos \omega t)\,\vec{e}_x + (r \sin \omega t)\,\vec{e}_y.$$

Der Vektor $\vec{r}$ rotiert bei der gleichförmigen Kreisbewegung mit der Winkelgeschwindigkeit ω um den Nullpunkt des Koordinatensystems; $\vec{e}_x$ und $\vec{e}_y$ sind so genannte Einheitsvektoren (Vektoren der Länge 1).

a) Fertigen Sie eine Zeichnung an und tragen Sie für die Zeiten $t = 0, \frac{1}{12}T, \frac{1}{4}T, \frac{1}{2}T$ den Vektor $\vec{r}$ ein.

b) Einen Vektor leitet man nach der Zeit ab, indem man die Komponenten nach der Zeit ableitet. Bilden Sie den Geschwindigkeitsvektor $\vec{v} = \dot{\vec{r}}$ und den Beschleunigungsvektor $\vec{a} = \dot{\vec{v}}$ und zeigen Sie, dass $\vec{a} = -\omega^2\,\vec{r}$ ist.

c) Berechnen Sie für $t = \frac{1}{2}T$ die Vektoren $\vec{v}$ und $\vec{a}$ und ihre Komponenten und tragen Sie die Ergebnisse in die Zeichnung zu a) ein ($T = 3\pi$ s, $r = 5$ cm).

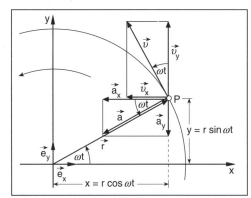

Lösung:

a) Vektoren für $t = \frac{1}{12}T$ eingezeichnet

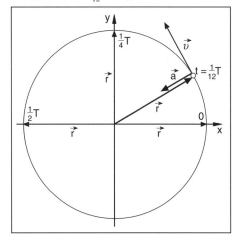

b) Man erhält durch Differentiation

$$\vec{v} = \dot{\vec{r}} = \begin{pmatrix} -\omega r \sin \omega t \\ \omega r \cos \omega t \end{pmatrix} \quad \text{und}$$

$$\vec{a} = \ddot{\vec{r}} = \begin{pmatrix} -\omega^2 r \cos \omega t \\ -\omega^2 r \sin \omega t \end{pmatrix} = -\omega^2 \begin{pmatrix} r \cos \omega t \\ r \sin \omega t \end{pmatrix},$$

also $\vec{a} = -\omega^2 \, \vec{r}$.

c) Für $t = \frac{1}{2} T$ und $T = 3\pi\, s$ wird $\omega = \frac{2}{3}\, s^{-1}$ und damit $\omega t = \pi$ und mit $r = 5{,}0$ cm ergibt sich also

$$\vec{v} = \begin{pmatrix} -\frac{10}{3} \text{cm} \sin \pi \\ \frac{10}{3} \text{cm} \cos \pi \end{pmatrix} = \begin{pmatrix} 0 \\ 3{,}33 \text{ cm} \end{pmatrix},$$

$$\vec{a} = \begin{pmatrix} -\frac{20}{9} \text{cm} \cos \pi \\ \frac{20}{9} \text{cm} \sin \pi \end{pmatrix} = \begin{pmatrix} 2{,}22 \text{ cm} \\ 0 \end{pmatrix}.$$

Zusatzaufgaben

4 Ein Flugzeug fliegt mit der Geschwindigkeit $v_f = 250$ km/h in Richtung N 30° O. Es weht ein Wind aus Südwest mit einer Geschwindigkeit von $v_w = 60$ km/h. Wie groß ist die Geschwindigkeit des Flugzeuges, und welchen Kurs steuert es, jeweils orientiert an der Erdoberfläche? Die Aufgabe ist zeichnerisch (vektoriell) und rechnerisch zu lösen.

Lösung:

Rechnerisch ergibt sich die Geschwindigkeit v_0 über der Erde aus

$v_0^2 = v_f^2 + v_w^2 - 2\, v_f\, v_w \cos 165°$ zu

$v_0 = 308$ km/h und der Kurs über der Erde aus

$\sin \alpha / v_w = \sin 165° / v_0$ und daraus

$\alpha = 2{,}89°$ zu N 32,89° O.

*5 Ein Körper wird unter dem Winkel α zur Horizontalen mit der Anfangsgeschwindigkeit v_0 geworfen. Luftwiderstand usw. vernachlässige man. Bestimmen Sie als Funktion der Zeit in Vektorform

a) den Beschleunigungsvektor,

b) daraus den Geschwindigkeitsvektor und

c) daraus den Wegvektor.

d) Berechnen Sie als Funktion der Zeit den Betrag der Geschwindigkeit und den Tangens des Winkels, den die Bahnrichtung jeweils mit der Horizontalen bildet.

Lösung:

a) $\vec{a} = \begin{pmatrix} 0 \\ -g \end{pmatrix},$

b) $\vec{v} = \begin{pmatrix} 0 \\ -g\, t \end{pmatrix} + \begin{pmatrix} v_0 \cos \alpha \\ v_0 \sin \alpha - g\, t \end{pmatrix}$

c) $\vec{s} = \begin{pmatrix} v_0 \cos \alpha\, t \\ v_0 \sin \alpha\, t - \frac{1}{2} g\, t^2 \end{pmatrix}$

d) $|\vec{v}| = \sqrt{v_x^2 + v_y^2} = \sqrt{v_0^2 - 2\, g\, v_0 \sin \alpha\, t + g^2 t^2},$

$$\tan \alpha = \frac{v_y}{v_x} = \frac{v_0 \sin \alpha - g\, t}{v_0 \cos \alpha}$$

$$= \tan \alpha - \frac{g}{v_0 \cos \alpha}\, t.$$

*6 Der Ortsvektor einer Bewegung sei durch die zeitabhängige Vektorform

$$\vec{r} = \begin{pmatrix} (2 \text{ m/s})\, t \\ (8 \text{ m/s})\, t - (2 \text{ m/s}^2)\, t^2 \end{pmatrix}$$

gegeben.

a) Ermitteln Sie die Gleichung der Bahnkurve im x-y-Koordinatensystem, und zeichnen sie (1 m $\hat{=}$ 1 cm).

b) Bestimmen Sie durch Ableiten den Geschwindigkeitsvektor und den Beschleunigungsvektor.

c) Berechnen Sie den Orts-, den Geschwindigkeits- und den Beschleunigungsvektor für $t = 0{,}1$ s, 2 s, ... 5 s, und tragen Sie die Vektoren in die Zeichnung der Bahnkurve ein (1 m/s $\hat{=}$ 1 cm; 1 m/s^2 $\hat{=}$ 1 cm).

d) Beschreiben Sie die Bewegung, und vergleichen Sie sie mit den Ihnen bekannten Bewegungsformen.

Lösung:

a) Aus $\vec{r}$ liest man $x = (2 \text{ m/s})\, t$ und $y = (8 \text{ m/s})\, t - (2 \text{ m/s}^2)\, t^2$ ab. Durch Elimination von t gewinnt man

$$y = 4\, x - \left(\frac{1}{2} \frac{1}{\text{m}} \right) x^2 \quad \text{oder}$$

$$y = -\frac{1}{2} \frac{1}{\text{m}} (x - 4 \text{ m})^2 + 8 \text{ m}.$$

Das ist die Gleichung einer Parabel mit dem Scheitelpunkt S (4 m/8 m).

b) Differenzieren ergibt

$$\vec{v} = \dot{\vec{r}} = \begin{pmatrix} 2 \text{ m/s} \\ 8 \text{ m/s} - (4 \text{ m/s}^2)\, t \end{pmatrix} \quad \text{und}$$

$$\vec{a} = \ddot{\vec{r}} = \begin{pmatrix} 0 \\ -4 \text{ m/s}^2 \end{pmatrix}.$$

c) Für $t_0 = 0$, $t_1 = 1$ s, $t_2 = 2$ s, $t_3 = 3$ s, $t_4 = 4$ s, $t_5 = 5$ s ergibt sich

$$\vec{v}_0 = \begin{pmatrix} 2 \text{ m/s} \\ 8 \text{ m/s} \end{pmatrix}, \vec{v}_1 = \begin{pmatrix} 2 \text{ m/s} \\ 4 \text{ m/s} \end{pmatrix}, \vec{v}_2 = \begin{pmatrix} 2 \text{ m/s} \\ 0 \end{pmatrix},$$

$$\vec{v}_3 = \begin{pmatrix} 2 \text{ m/s} \\ -4 \text{ m/s} \end{pmatrix}, \vec{v}_4 = \begin{pmatrix} 2 \text{ m/s} \\ -8 \text{ m/s} \end{pmatrix},$$

$$\vec{v}_5 = \begin{pmatrix} 2 \text{ m/s} \\ -12 \text{ m/s} \end{pmatrix},$$

$$\vec{a}_0 = \vec{a}_1 = \vec{a}_2 = \vec{a}_3 = \vec{a}_4 = \vec{a}_5 = \begin{pmatrix} 0 \\ -4 \text{ m/s}^2 \end{pmatrix}.$$

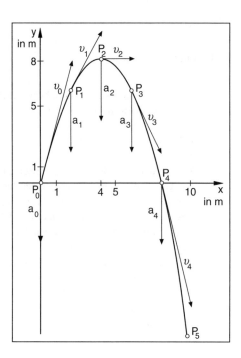

d) In x-Richtung ist die Geschwindigkeit konstant, in y-Richtung ergibt sich eine konstante negative Beschleunigung.

1.2.1 Trägheitsprinzip

Seite
39

1 Beschreiben Sie das Verhalten eines Mitfahrers in einem Auto bei verschiedenen Verkehrssituationen und begründen Sie es mit dem Trägheitsprinzip.

Lösung:
—

2 Geben Sie drei Beispiele aus anderen Bereichen als oben erwähnt für die Gültigkeit des Trägheitsprinzips an (mit Begründung).

Lösung:
—

3 Legt man eine Postkarte zusammen mit einem Geldstück auf ein Glas, so fällt das Geldstück ins Glas, wenn man die Karte ruckartig wegzieht. Führen Sie den Versuch aus. Begründen Sie.

Lösung:
—

4 Man legt ein dünnes Brett auf eine Tischkante und breitet über dem auf dem Tisch liegenden Teil eine Zeitung aus. Drückt man das über die Tischkante herausragende Brett leicht herunter, so hebt man die Zeitung. Schlägt man dagegen schnell und kräftig auf das Brett, so bleibt die Zeitung liegen und das Brett zerbricht. Führen Sie den Versuch aus und begründen Sie.

Lösung:
—

*5 In einem mit der konstanten Geschwindigkeit v_Z fahrenden Zug wird ein Ball mit der Geschwindigkeit v_0
a) senkrecht hoch geworfen,
b) unter dem Winkel α nach hinten geworfen.
c) Wie lauten die Bewegungsgleichungen im Bezugssystem eines Beobachters, der den Zug an sich vorbeifahren sieht, für a) und für b), wenn in diesem Fall der Beobachter den Ball senkrecht nach oben geworfen sieht?

Lösung:
c) Bewegung des Zuges in x-Richtung; die y-Achse zeigt nach oben.
a) Bewegungsgleichungen für den Ball, der vom fahrenden Zug senkrecht nach oben geworfen wird
$s_x = v_Z t; \quad v_x = v_t; \quad a_x = 0$
$s_y = v_0 t - \frac{1}{2} g t^2; \; v_y = v_0 - g t; \; a_y = -g$
b) Bewegungsgleichungen für den Fall, daß der Beobachter von Bahndamm den Ball senkrecht nach oben geworfen sieht.
Bedingung $\quad v_x = -v_0 \cos \alpha = -v_Z$.
$s_x = 0; \quad v_x = 0; \quad a_x = 0$
$s_y = v_0 \sin \alpha t - \frac{1}{2} g t^2; \quad v_y = v_0 \sin \alpha - g t;$
$a_y = -g.$

1.2.2 Masse und Impuls

Seite
41

1 Zwei Gleiter A ($m_A = 0{,}4$ kg) und B bewegen sich nach dem Abbrennen der Schnur (Versuch 1) mit den Geschwindigkeiten $v_A = -3{,}2$ m/s und $v_B = 4{,}8$ m/s in entgegengesetzter Richtung voneinander fort.
a) Berechnen Sie die Masse von B.
b) Berechnen Sie die Impulse und zeichnen Sie beide als Vektoren in eine Skizze des Versuchs ein.

Lösung:
a) $v_A / v_B = -m_B / m_A; \quad m_B = 0{,}267$ kg.

b) $p_A = -1{,}28$ m kg/s
$p_B = 1{,}28$ m kg/s.

1.2.3 Impuls und Impulserhaltung

Seite
45

1 Ein stehender Güterwagen ($m_1 = 20$ t) wird durch einen anderen Güterwagen ($m_2 = 30$ t) mit einer Geschwindigkeit von $v_2 = 5$ km/h gerammt. Welche Geschwindigkeit ergibt sich, wenn die Wagen nach dem Zusammenstoß miteinander zusammengekoppelt sind?

Lösung:
Aus $m_2 v_2 = (m_1 + m_2) v'$ folgt $v' = 3$ km/h.

2 Ein Körper A mit der Masse $m_A = 4$ kg stößt unelastisch und in einem zweiten Fall elastisch mit der Geschwindigkeit $v_A = 2$ m/s auf einen Körper B mit $m_B = 6$ kg, der sich in gleicher Richtung mit $v_B = 1,5$ m/s bewegt.

a) Berechnen Sie die Geschwindigkeiten und Impulse für beide Fälle vor und nach dem Stoß.

b) Was ergibt sich, wenn sich die Körper mit den obigen Geschwindigkeitsbeträgen aufeinander zu bewegen?

Lösung:

a) Beim unelastischen Stoß:

$$v' = \frac{p_A + p_B}{m_A + m_B} = 1,7 \frac{m}{s};$$
$$p' = (m_A + m_B)\, v' = 17 \frac{m\,kg}{s};$$

beim elastischen Stoß:

$$v'_A = 1,4 \tfrac{m}{s}; \quad p'_A = 5,6 \tfrac{m\,kg}{s},$$
$$v'_B = 1,9 \tfrac{m}{s}; \quad p'_B = 11,4 \tfrac{m\,kg}{s};$$

b) mit entgegengesetzten Geschwindigkeiten, d. h. $v_B = -1,5 \tfrac{m}{s}$,

beim unelastischen Stoß:

$$v' = -0,1\tfrac{m}{s}; \quad p' = -1\tfrac{m\,kg}{s};$$

beim elastischen Stoß:

$$v'_A = 2,2\tfrac{m}{s}; \quad p'_A = 8,8\tfrac{m\,kg}{s},$$
$$v'_B = 2,9\tfrac{m}{s}; \quad p'_B = 17,4\tfrac{m\,kg}{s}$$

3 Von einem Rollwagen ($m_1 = 20$ kg), der sich mit einer Geschwindigkeit $v_1 = 2,0$ m/s bewegt, springt ein Junge ($m = 60$ kg) in Fahrtrichtung ab. Beim Auftreffen auf den Boden

a) bewegt der Junge sich mit der gleichen Geschwindigkeit, die der Wagen hat, bevor der Junge abspringt;

b) ist der Junge gegenüber dem Boden in Ruhe;

c) bewegt sich der Junge mit der doppelten Anfangsgeschwindigkeit des Wagens.

Wie ändert sich jeweils die Geschwindigkeit des Wagens, nachdem der Junge abgesprungen ist?

Lösung:

Allgemein gilt $(m_1 + m_2)\, v_1 = m_1 v'_1 + m_2 v'_2$.

a) Aus $v'_2 = v_1$ folgt auch $v'_1 = v_1$,

b) Aus $v'_2 = 0$ folgt $v'_1 = 8,0$ m/s,

c) Aus $v'_2 = 2\, v_1$ folgt $v'_1 = 4,0$ m/s.

4 Zwei Wagen ($m_1 = 200$ g, $m_2 = 500$ g) fahren mit $v_1 = 32$ cm/s und $v_2 = -21$ cm/s aufeinander zu. Bestimmen Sie die Geschwindigkeit nach einem elastischen und nach einem unelastischen Stoß.

Lösung:

Die Wagen laufen aufeinander zu, weil $v_1 > 0$ und $v_2 < 0$.

a) $v'_1 = -43,7$ cm/s, $v'_2 = 0,29$ cm/s.

b) $v' = -5,86$ cm/s.

5 Ein Wagen ($m_1 = 4$ kg) trifft mit einer Geschwindigkeit $v_1 = 1,2$ m/s auf einen zweiten ($m_2 = 5$ kg), der sich in gleicher Richtung mit $v_2 = 0,6$ m/s bewegt.

Wie groß sind ihre Geschwindigkeiten nach dem zentralen elastischen Stoß?

Lösung:

$$v'_1 = 0,533 \text{ m/s}; \quad v'_2 = 1,133 \text{ m/s}$$

*6 Eine Explosion zersprengt einen Stein in drei Teile. Zwei Stücke ($m_1 = 1,0$ kg, $m_2 = 2,0$ kg) fliegen rechtwinklig zueinander mit $v_1 = 12$ m/s bzw. mit $v_2 = 8,0$ m/s fort. Das dritte Stück fliegt mit $v_3 = 40$ m/s weg.

Ermitteln Sie aus einem Diagramm Richtung und Masse des dritten Stücks und berechnen Sie seine Masse.

Lösung:

a) Aus der Zeichnung erhält man mit $\tan \alpha = \dfrac{m_1 v_1}{m_2 v_2}$ die Richtung von v_2 gegenüber $-v_3$ zu $\alpha = 36,87°$ und die von v_2 entsprechend zu $\beta = 90° + \alpha = 126,87°$.

Nach dem Impulssatz bewegen sich alle drei Stücke in einer Ebene.

b) Aus dem Impuls $m_3 v_3 = \sqrt{(m_1 v_1)^2 + (m_2 v_2)^2}$ folgt $m_3 = 0,5$ kg.

*7 Ein Satellit bewegt sich horizontal mit einer Geschwindigkeit $v_1 = 8$ km/s relativ zur Erde. Er soll eine Ladung in horizontaler Richtung rückwärts ausstoßen, sodass diese senkrecht auf die Erde fällt. Satellit und Ladung wiegen 450 kg, die Ladung allein beträgt 50 kg.

Mit welcher Geschwindigkeit relativ zur Erde muss die Ladung ausgestoßen werden? Welche Geschwindigkeit relativ zur Erde besitzt danach der Satellit?

Lösung:

Die Frage geht nach der Geschwindigkeit der Ladung relativ zum Satelliten beim Ausstoßen.

Mit (450 kg) $v_1 = 50$ kg $v'_1 + 400$ kg v'_2 folgt nach $v'_1 = 0$, $v'_2 = 9,0$ km/s. Der Satellit bewegt sich mit v'_2 gegenüber der Erde weiter. Im System des Satelliten, das sich mit der Geschwindigkeit von Satellit und Ladung vor dem Anstoß bewegt, gilt $0 = u'_1 \, 50$ kg $+ u'_2 \, 400$ kg und damit $u'_2 = -8\, u'_1$ und mit $u'_2 = v'_2 - v_1 = 1,0$ km/s schließlich $u'_1 = -8,0$ km/h.

Die Ladung gewegt sich zum Satelliten mit $u_1' = -8{,}0$ km/h (wie man auch ohne Rechnung sofort einsieht).

*8 Führen Sie die Rechnungen zur Bestimmung der Endgeschwindigkeit beim zentralen elastischen Stoß *(S. 44)* im Einzelnen durch.

Lösung:
—

*9 Vater ($m_1 = 70$ kg) und Tochter ($m_2 = 30$ kg) stehen zusammen auf dem Eis und stoßen sich gegenseitig ab. Wie weit sind beide nach 5 s voneinander entfernt, wenn der Vater sich mit $v_1 = 0{,}3$ m/s wegbewegt?

Lösung:
Aus $m_1 v_1 = m_2 v_2$ folgt $v_2 = 0{,}7$ m/s und aus $s = vt$ schließlich $s_1 = 1{,}5$ m und $s_2 = 3{,}5$ m.

*10 Ein Gleiter der Masse $m_1 = 300$ g trifft mit der Geschwindigkeit $v_1 = 64{,}3$ cm/s elastisch auf einen zweiten mit der Masse $m_2 = 220$ g, der sich in Ruhe befindet.
Berechnen Sie im Schwerpunktsystem beide Geschwindigkeiten und Impulse nach dem Stoß.

Lösung:
Die Geschwindigkeit des Schwerpunktsystems ist gleich der Geschwindigkeit nach einem angenommenen unelastischen Stoß zu $v' = 31{,}7$ cm/s. Im Schwerpunktsystem ergibt sich

$u_1 = v_1 - v' = 27{,}2$ cm/s und
$u_2 = v_2 - v' = -37{,}1$ cm/s.

Nach den Formeln für den elastischen Stoß, bezogen auf das Schwerpunktsystem, erhält man

$u_1' = -27{,}2$ cm/s $= -u_1$ und
$u_2' = 37{,}1$ cm/s $= -u_2$

sowie $q_1' = -8160$ cm g/s
$q_2' = 8162$ cm g/s ≈ 8160 cm g/s.

Vergleich mit $q_1 = 8160$ cm g/s und
$q_2 = -8162$ cm g/s
≈ -8160 cm g/s:

Im Schwerpunktsystem tauschen beide Impulse sich gegenseitig aus.

*11 Zwei Gleiter mit $m_1 = 300$ g und $m_2 = 180$ g stoßen mit den Geschwindigkeiten $v_1 = 35{,}0$ cm/s und $v_2 = -39{,}5$ cm/s elastisch aufeinander.
a) Bestimmen Sie Geschwindigkeiten und Impulse im *Schwerpunktsystem* vor und nach dem Stoß.

b) Berechnen Sie damit im *System der Fahrbahn* die Geschwindigkeiten und Impulse nach dem Stoß.

Lösung:
Die Geschwindigkeit des Schwerpunktesystems ist $v' = 7{,}06$ cm/s.

Damit wird
$u_1 = v_1 - v' = 27{,}94$ cm/s;
$u_2 = v_2 - v' = -46{,}56$ cm/s.

Im Schwerpunktsystem ergibt sich *(Aufgabe 10 oder nachrechnen mit Formeln für die Geschwindigkeiten nach dem elastischen Stoß)*

$u_1' = -u_1 = 27{,}94$ cm/s; $u_2' = -u_2 = 46{,}56$ cm/s.

Daraus berechnen sich die Geschwindigkeiten im System der Fahrbahn nach $u_i' = v_i' - v'$ oder $v_i' = u_i' + v'$ (i = 1,2) zu $v_1' = -20{,}88$ cm/s; $v_2' = 53{,}62$ cm/s.

Diese Geschwindigkeiten erhält man auch durch unmittelbare Anwendung der Formeln für den elastischen Stoß auf die ursprünglich gegebenen Geschwindigkeiten v_1 und v_2.

*12 Beschreiben Sie, wieso beim Schießen ein Rückstoß entsteht. Schätzen Sie ab, wie groß er ist.

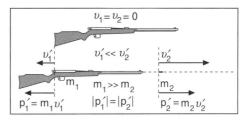

Lösung:
—

Zusatzaufgaben

13 Zwei Gleiter einer Luftkissenfahrbahn (A mit der Masse $m_A = 120$ g und B mit der unbekannten Masse m_B) bewegen sich mit den Geschwindigkeiten $v_A = 0{,}12$ m/s und $v_B = 0{,}15$ m/s aufeinander zu. – Welche Masse besitzt jeweils B, wenn sich beide Gleiter nach dem unelastischen Stoß
a) in der Richtung wie A vor dem Stoß mit $v' = 0{,}08$ m/s,
b) in der Richtung wie B vor dem Stoß mit $v' = 0{,}06$ m/s weiterbewegen?

c) Nunmehr trifft der Gleiter A unter denselben Bedingungen wie vorher wieder im unelastischen Stoß auf den ruhenden Gleiter B mit der Masse aus a) bzw. mit der Masse aus b).

Lösung:
Es ist nach $\quad m_A v_A + m_B v_B = (m_A + m_B) v'$
$$m_B = m_A \frac{v_A - v'}{v' - v_B}.$$

a) $m_B = 21$ g, $\qquad$ **b)** $m_B = 240$ g,

c) Für $v'_B = 0$ ist $v' = v_A \dfrac{m_A}{m_A + m_B}$, also im Fall

$\qquad$ **a)** $v' = 0{,}102$ m/s, $\quad$ **b)** $v' = 0{,}04$ m/s.

14 Ein Wagen A der Masse m_1 trifft in einem ersten Versuch in zentralem Stoß auf ein ruhenden Wa-gen B der Masse m_2 mit der Geschwindigkeit $v_1 = 50$ cm/s. Nach dem Zusammenstoß bewegt sich A in umgekehrter Richtung mit der Geschwindigkeit $v'_1 = 10$ cm/s, während sich B mit $v'_2 = 30$ cm/s bewegt. In einem zweiten Versuch wird A mit einem Gewicht der Masse 1 kg beladen und stößt wiederum auf B mit der Geschwindigkeit von $v_1 = 50$ cm/s. Nach dem Stoß bleibt A in Ruhe, während B mit $v'_2 = 50$ cm/s weiterfährt. – Man berechne die Masse beider Wagen.

Lösung:
Aus $\quad m_1 v_1 = -m_1 v'_1 + m_2 v'_2 \quad$ und
$\qquad (m_1 + m_0) v_1 = m_2 v_1$
folgt mit $m_0 = 1$ kg, $m_1 = 1{,}0$ kg, $m_2 = 2{,}0$ kg.

Seite
47
1.2.4 Erstes und zweites Newton'sches Axion; Grundgleichung der Mechanik

1 Ein PKW ($m = 900$ kg) erfährt eine Beschleunigung $a = 4{,}5$ m/s^2. Welche Kraft muss dabei von den Rädern auf den Wagen übertragen werden?

Lösung:
$F = m\,a = 900$ kg $\cdot\ 4{,}5$ m/s$^2 = 4050$ N.

2 Ein Junge bringt einen Ball der Masse $m = 0{,}5$ kg in der Zeit $t = 0{,}2$ s auf die Geschwindigkeit $v = 8$ m/s. Welche (durchschnittliche) Kraft übt er auf den Ball aus?

Lösung:
$$F = \frac{m\,v}{t} = \frac{0{,}5\ \text{kg} \cdot 8\ \text{m/s}}{0{,}2\ \text{s}} = 20\ \text{N}.$$

3 Ein Zug der Gesamtmasse $m = 600$ t erreicht beim Anfahren von der Haltestelle aus auf der Strecke von 2,45 km die Fahrgeschwindigkeit 120 km/h. Wie groß ist die als konstant angenommene Kraft, mit der die Lokomotive den Zug zieht?

Lösung:
$$F = \frac{m\,v^2}{2\,s} = \frac{600 \cdot 10^3\ \text{kg} \cdot \left(\dfrac{120}{3{,}6}\right)^2\ \text{m}^2/\text{s}^2}{2 \cdot 2{,}45 \cdot 10^3\ \text{m}}$$
$$= 1{,}361 \cdot 10^5\ \text{N mit } a = v^2/(2\,s) \text{ in } F = m\,a.$$

4 Ein PKW mit der Masse $m = 600$ kg wird auf einer Strecke von 50 m durch die konstante Kraft $F = 900$ N abgebremst. Wie groß war die Anfangsgeschwindigkeit?

Lösung:
Aus $F = m\,a$ und $v = \sqrt{2\,a\,s}$ wird
$v = 1{,}225 \cdot 10^1$ m/s $= 44{,}1$ km/h.

5 Ein Körper der Masse $m = 2$ kg wird geradlinig nach der Zeit-Geschwindigkeit-Kurve der folgenden Grafik bewegt. Berechnen Sie daraus für die einzelnen Intervalle der Bewegung die wirkende Kraft und zeichnen Sie das Zeit-Kraft-Diagramm.

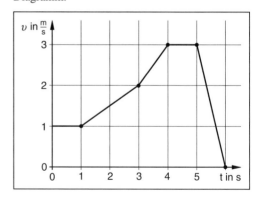

Lösung:
Von 0 s bis 1 s : $F = 0$,
von 1 s bis 3 s : $F = 1{,}0$ N,
von 3 s bis 4 s : $F = 2{,}0$ N,
von 4 s bis 5 s : $F = 0$,
von 5 s bis 6 s : $F = -6{,}0$ N.

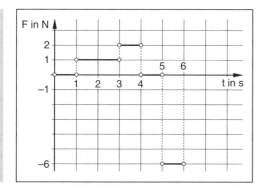

Lösung:

a) Aus $a = F/m = 6{,}07$ m/s^2 errechnet man mit $v_0^2 - (\frac{1}{2} v_0)^2 = 2 \, a \, \Delta s$ die Anfangsgeschwindigkeit zu $v_0 = 33{,}2$ m/s $= 119{,}5$ km/h.

b) $\Delta v/\Delta t = \frac{1}{2} v_0/\Delta t = a$ ergibt die Zeit des Bremsvorganges $\Delta t = 1/2 \, v_0/a = 2{,}74$ s.

*8 Ein PKW ($m = 900$ kg) soll auf einer Strecke von $l = 150$ m von der Geschwindigkeit $v_1 = 10$ m/s auf die Geschwindigkeit $v_2 = 40$ m/s beschleunigt werden.

a) In welcher Zeit geht der Beschleunigungsvorgang vor sich?

b) Wie groß ist die Beschleunigung?

c) Welche (konstante) Kraft ist erforderlich?

Lösung:

a) Aus $\Delta v/\Delta t = a$ mit $\Delta v = v_2 - v_1$ und $v_2^2 - v_1^2 = 2 \, a \, \Delta s$ gewinnt man durch Gleichsetzen von a
$\Delta t = 2 \Delta s/(v_1 + v_2) = 6{,}0$ s.

b) Die Beschleunigung a errechnet man direkt aus der zweiten Gleichung in (a) oder mit dem Ergebnis aus (a) zu $a = \Delta v/\Delta t$ oder zu $a = 5{,}0$ m/s^2.

c) Die beschleunigende Kraft ist $F = m \, a = 5{,}40 \cdot 10^3$ N.

*6 Ein PKW ($m = 1000$ kg) fährt bergan auf einer Straße mit dem Steigungswinkel $\alpha = 20°$. Welche Kraft erzeugt der Motor, wenn das Auto bergan fährt

a) mit konstanter Geschwindigkeit;

b) mit einer (konstanten) Beschleunigung von $0{,}2$ m/s^2?

c) Mit welcher Kraft drückt das Auto in beiden Fällen auf die Straße?

d) Wie lautet die Antwort, wenn das Auto unter den Bedingungen a) und b) bergab fährt?

Lösung:

a) Die Antriebskraft F ist gleich der Hangabtriebskraft $F = G \sin \alpha = 3{,}355 \cdot 10^3$ N.

b) Die Antriebskraft wie in a) wird vermehrt um die beschleunigende Kraft zu
$F = m \, (g \sin \alpha + a) = 3{,}555 \cdot 10^3$ N.

c) Die Kraft, die auf die Straße wirkt (Normalkraft F_N), ist $F_\text{N} = G \cos \alpha = 9{,}218 \cdot 10^3$ N.

d) Bei konstanter Geschwindigkeit müßte das Auto mit der Kraft $F_\text{B} = 3{,}355 \cdot 10^3$ N bremsen. Soll das Auto mit der Beschleunigung $0{,}2$ m/s^2 bergab fahren, muss es eine Bremskraft entwickeln, die die Hangabtriebskraft teilweise aufhebt, $m \, a = m \, g \sin \alpha - F_\text{B}$ und daraus $F_\text{B} = 3{,}155 \cdot 10^3$ N.

*7 Ein PKW ($m = 720$ kg) wird durch eine (konstante) Bremskraft $F = 4{,}37$ kN auf einem Weg $s = 68$ m auf die Hälfte seiner Geschwindigkeit abgebremst.

a) Aus welcher Geschwindigkeit wurde er abgebremst?

b) Wie lange dauert der Bremsvorgang?

*9 Über eine feste Rolle wird eine Schnur gehängt, an die an den beiden Enden zwei Körper mit den Massen m_1 und m_2 ($m_1 < m_2$) gehängt werden. Was geschieht? Beschreiben und analysieren Sie den Bewegungsvorgang.

Lösung:

Auf die beiden Körper wirken einzeln die Gewichtskräfte

$G_1 = m_1 \, g$ und $G_2 = m_2 \, g$.

Beide zusammen mit der Masse $m = m_1 + m_2$ bewegen sich unter dem Einfluß der Differenz der Gewichtskräfte $F = m \, a = G_1 - G_2$.

Daraus erhält man die Beschleunigung

$$a = \frac{m_1 - m_2}{m_1 + m_2} g.$$

Das ist das Prinzip der Atwoodschen Fallmaschine (Georg Atwood, 1745–1807), mit der man bei geeigneter Wahl von m_1 und m_2 die Beschleunigung a bequem messen und damit die Fallbeschleunigung g bestimmen kann.

1.2.5 Dynamische und statische Kraftmessung

1 Eine Schraubenfeder wird mit Wägestücken belastet. Die Stellung x des unteren Federendes wird gemessen.
Bestimmen Sie aus den folgenden Messwerten die Federkonstante.

Belastung F in N	0,00	0,50	1,00	1,50	2,00	2,50
Stellung x in cm	49,6	51,1	52,6	54,2	55,7	57,3

Lösung:
Die Auswertung in einer Tabelle ergibt:

F in N	0,00	0,50	1,00	1,50	2,00	2,50
x in cm	0,0	1,5	3,0	4,6	6,1	7,7
D in N/cm	–	0,333	0,333	0,326	0,328	0,325

Gemittelt wird $\overline{D} = 0,329 \text{ N/cm} = 3,29 \cdot 10^1 \text{ N/m}$.

2 Ein Körper wird auf einer schiefen Ebene (Steigungswinkel α) durch eine Kraft F im Gleichgewicht gehalten. Wie muss F gewählt werden, wenn sie
a) parallel zur schiefen Ebene,
b) horizontal,
c) unter dem Winkel β zur Horizontalen wirkt?

Lösung:

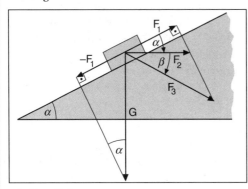

a) $F_1 = G \sin \alpha$,
b) $F_2 = G \sin \alpha$,
c) $F_3 = \dfrac{F_2}{\cos(\alpha - \beta)} = G \, \dfrac{\sin \alpha}{\cos(\alpha - \beta)}$.

3 Überprüfen Sie die Gültigkeit des Hooke'schen Gesetzes an einer Gummischnur. Was zeigt sich?

Lösung:
Die Auslenkungen einer Gummischnur bei Belastung entsprechen nicht dem Hookeschen Gesetz.

*4 Zwei Schraubenfedern mit den Federkonstanten D_1 und D_2 werden nebeneinander bzw. hintereinander zusammengefügt. Wie lauten die Gesetze für die beiden Kombinationen der Schraubenfedern jeweils? Vergleichen Sie.

Lösung:
Die Schrauben hängen nebeneinander.
Beide werden um die gleiche Strecke x_1 ausgelenkt und erzeugen die Kräfte $F_1 = D_1 \, x_1$ und $F_2 = D_2 \, x_1$, die in ihrer Stimme der Gewichtskraft G das Gleichgewicht halten:
$G = D \, x_1 = F_1 + F_2 = D_1 \, x_1 + D_2 \, x_1$.
Daraus gewinnt man $D = D_1 + D_2$.
Die Schrauben hängen aneinander.
Auf beide Schraubenfedern wirkt die gleiche Kraft
$F_1 = F_2 = G$ oder
$G = D_1 \, x_1$, $\quad G = D_2 \, x_2$.
Die Kombination wird um die Strecke $x_1 + x_2$ ausgelenkt:
$G = D \, x = D \, (x_1 + x_2)$.
Löst man nach x, x_1 und x_2 auf, so erhält man aus
$x = x_1 + x_2$
$\dfrac{G}{D} = \dfrac{G}{D_1} + \dfrac{G}{D_2}$ oder $\dfrac{1}{D} = \dfrac{1}{D_1} + \dfrac{1}{D_2}$.

*5 Zur Messung des Volumens von Körpern unregelmäßiger Form benutzt man das Archimedes'sche Prinzip. Man hängt den Körper frei an eine Schraubenfeder, Dehnung s_1, und taucht ihn dann in eine Flüssigkeit bekannter Dichte ϱ_{Fl}, z. B. Wasser, Verlängerung an der Schraubenfeder nunmehr s_2.
a) Zeigen Sie, dass damit für die Dichte des Körpers gilt:
$\varrho = \varrho_{\text{Fl}} \, s_1 / (s_1 - s_2)$.
b) Ein Versuch ergibt $s_1 = 20,4$ cm und $s_2 = 12,9$ cm ($\varrho_{\text{Wasser}} \approx 1,00 \cdot 10^3 \text{ kg/m}^3$). Bestimmen Sie die Dichte des Körpers.

Lösung:
a) Hängt man den Körper, Volumen V, Dichte ϱ, an die Schraubenfeder, gilt
$G = g \, \varrho \, V = D \, s_1$.

In der Flüssigkeit wirkt der Auftrieb $A = g \, \varrho_{\text{Fl}} \, V$ der Gewichtskraft entgegen:
$G - A = g \, (\varrho - \varrho_{\text{Fl}}) \, V = D \, s_2$.

Löst man beide Gleichungen nach D auf und setzt die Terme gleich, so fällt $g \, V$ heraus, und man erhält nach Auflösen nach ϱ
$\varrho = \varrho_{\text{Fl}} \, s_1 / (s_1 - s_2)$.

b) Man erhält $\varrho = 2,72 \cdot 10$ kg/m^3. Der Körper könnte aus Aluminium sein.

1.2.7 Reibungskräfte

Seite
53

1 Legt man einen Besenstiel waagerecht auf die beiden Zeigefinger bei vorgestreckten Armen und bewegt die Hände nun langsam aufeinander zu, bleibt der Besenstiel stets im Gleichgewicht. Erklären Sie.

Lösung:
Der Versuch demonstriert den Unterschied zwischen Haft- und Gleitreibung. Wo das kürzere Stück des Besenstiels über die Hand hinausragt, ist die Auflagekraft auf die Hand und damit die Reibungskraft geringer als auf der anderen Seite. Der Stiel beginnt hier über die Hand zu gleiten, bis die Gleitreibung auf dieser Seite größer ist als die Haftreibung auf der anderen. Dann beginnt der Stiel dort zu gleiten, bis sich die Verhältnisse zwischen gleitender und haftender Reibung wieder umkehren.
Dieses Spiel setzt sich fort, bis sich die Hände schließlich genau unter dem Schwerpunkt des Besenstiels befinden.

2 Ein Schlepper zieht vier hintereinander gekoppelte Lastkähne (gleiche Masse, gleicher Widerstand bei der Fahrt durch das Wasser) mit der Kraft $F = 2000\,\text{N}$.
a) Wie groß ist jeweils die Kraft, die das Seil zwischen dem ersten und zweiten, dem zweiten und dritten und dem dritten und vierten Kahn belastet?
b) Macht es einen Unterschied, ob der Schlepper den Zug beschleunigt oder ihn mit konstanter Geschwindigkeit zieht?

Lösung:
a) Ist der Widerstand eines einzelnen Lastkahns bei der Fahrt durch das Wasser F_w, so zieht der Schlepper mit der Kraft $F = 4\,F_w$ alle Kähne. Die Zugkraft des Seils zwischen erstem und zweitem Kahn ist $3\,F_w = 1500\,\text{N}$, zwischen zweitem und drittem $2\,F_w = 1000\,\text{N}$ und zwischen drittem und viertem $F_w = 500\,\text{N}$.
b) Bei Beschleunigung muss entsprechend der Masse der Kähne (und ihrer Beschleunigung) die Zugkraft größer sein; sie verteilt sich aber auf die Seile in gleicher Weise wie oben.

*3 Auf einer schiefen Ebene aus Holz (Neigungswinkel $\alpha = 30°$) ruht ein Holzklotz mit der Gewichtskraft $G = 2{,}0\,\text{N}$, an dem zusätzlich parallel zur schiefen Ebene nach oben eine Kraft F angreift.

a) Wie groß muss F mindestens und darf F höchstens sein, damit der Klotz auf der Unterlage haften bleibt?
b) Was ergibt sich bei $\alpha = 20°$?

Lösung:
Der Holzklotz gleitet von selbst die schiefe Ebene hinab, wenn die Hangabtriebskraft $F_A = G \sin \alpha$ größer als die Haftreibungskraft $F_H = f_H\,G \cos \alpha$ ist.
In diesem Fall muss die äußere, nach oben parallel zur schiefen Ebene wirkende Kraft mindestens die Größe
$F_{min} = F_A - F_H = G\,(\sin \alpha - f_H \cos \alpha)$
besitzen. Sie darf aber auch nicht größer werden als die Summe aus der Hangabtriebskraft F_A und der (dann schräg nach unten wirkenden) Haftreibungskraft F_H:
$F_{max} = F_A + F_H = G\,(\sin \alpha + f_H \cos \alpha)$.
a) $\alpha = 30°$: $F_{min} = 0{,}134\,\text{N}$, $F_{max} = 1{,}866\,\text{N}$.
b) $\alpha = 20°$: $F_A - F_H = -0{,}256\,\text{N} < 0$.
Der Körper gleitet von selbst die Ebene nicht hinab, hier wäre $F_{min} = 0$. $F_{max} = 1{,}624\,\text{N}$.

Zu Aufgabe 4, 5 und 6 siehe den Exkurs Seite 53

*4 Für ein Auto ($m = 1000\,\text{kg}$) mit Hinterradantrieb betrage die Normalkraft auf die Hinterachse die Hälfte der Gesamtnormalkraft ($f_H = 0{,}7$). Wie groß ist die Beschleunigung beim Anfahren auf ebener Straße und beim Anfahren auf einer Straße mit 20% Steigung?

Lösung:
Es ist $F_A \leqq F_H$ und $F_H = f_H\,F_{N_1} = f_H\,\frac{1}{2}\,G$.
Die Beschleunigung ist $a \leqq F_H/m$ oder mit $F_H = f_H\,\frac{1}{2}\,mg$ folgt $a \leqq f_H\,\frac{1}{2}\,g = 3{,}43\,\text{m/s}$.
Bei einer Steigerung von 20% (arc tan $0{,}2 = 11{,}31°$) beträgt die Normalkraft $F_{N_1} = \frac{1}{2}\,G \cos \alpha$ und die Hangabtriebskraft $F_H = G \sin \alpha$, so dass für den Beschleunigungsvorgang die Kraft $F = f_H\,F_{N_1} - F_H$ zur Verfügung steht.
Daher ist $a \leqq f_H\,\frac{1}{2}\,g \cos \alpha - g \sin \alpha = 1{,}44\,\text{m/s}^2$.

*5 Welche Antriebskraft ist erforderlich, um ein Auto ($m = 1300\,\text{kg}$) auf horizontaler Straße unter Berücksichtigung seines Luftwiderstandes ($A = 1{,}9\,\text{m}^2$, $c_W = 0{,}4$) und seiner Rollreibung ($f_R = 0{,}03$) auf der Geschwindigkeit $v = 50$; 100; 150; 200 km/h zu halten?

Lösung:
Die Antriebskraft F_A muss der Bedingung genügen:
$$F_A = F_R + F_L = f_R\, G + \tfrac{1}{2}\, c_W\, A\, \varrho\, v^2.$$
Die Kraft F_A muß bei der Geschwindigkeit v mindestens betragen:

v in km/h	50	100	150	200
F_A in N	477	762	1236	1899

*6 Ein Auto ($m = 1000$ kg, $A = 2{,}0$ m^2, $c_W = 0{,}4$, $f_R = 0{,}03$) mit Allradantrieb fährt auf einer Straße ($f_H = 0{,}6$) mit dem Steigungswinkel $\alpha = 10°$ bergauf. Berechnen Sie einschließlich Luftwiderstand und Rollreibung, welche Beschleunigung aus der Geschwindigkeit $v = 0$; 50; 100; 150; 200 km/h noch möglich wäre.
(Allradantrieb heißt: Das gesamte Gewicht trägt zur Normalkraft bei.)

Lösung:
Zur Beschleunigung steht die Kraft
$F = F_A - F_R - F_L$ oder
$F = (f_H - f_R)\, G \cos \alpha - \tfrac{1}{2} c_W A \varrho v^2$
zur Verfügung. Die mögliche Beschleunigung ist
also $a = (f_H - f_R)\, g \cos \alpha - \tfrac{1}{2} c_W A \varrho v^2$. Dann ist
bei der Geschwindigkeit v die Beschleunigung a
möglich.

v in km/h	0	50	100	150	200
F_a in m/s^2	5,507	5,407	5,108	4,609	3,911

Zusatzaufgaben

7 Ein Klotz ($m = 0{,}85$ kg) wird auf einer horizontalen Tischfläche mit einer konstanten Kraft $F = 1{,}9$ N gezogen und legt dabei aus der Ruhe in $t = 6{,}2$ s den Weg $s = 4{,}5$ m zurück.
a) Welche Beschleunigung erfährt der Körper?
b) In welchem Verhältnis steht die Kraft F zur Masse m?
c) Die Antwort b) stimmt nicht mit der zu a) überein. – Was kann man daraus über die Bewegung schließen? Die Antwort ist möglichst zahlenmäßig zu ergänzen.
d) Wie groß ist die Gleitreibungszahl f_G?

Lösung:
Die Kraft wirkt parallel zur Tischfläche.
a) Die Beschleunigung der (gleichmäßig beschleunigten) Bewegung ist
$$a_1 = \frac{2\,s}{t^2} = 0{,}234 \text{ m/s}^2.$$
b) Die Kraft F würde nach dem Grundgesetz der Mechanik die Beschleunigung
$$a_2 = \frac{F}{m} = 2{,}235 \text{ m/s}^2 \text{ bewirken.}$$
c) Der antreibenden Kraft F muss eine Reibungskraft R entgegenwirken:
$$R = F - F_1 = F - m a_1 = 1{,}701 \text{ N.}$$
Die Gleitreibungszahl $f_G = F_R/G \approx 0{,}4$ entspricht etwa der Gleitreibung eines Holzklotzes auf Holz *(siehe Tab. 52.3)*.

*8 Für den Luftwiderstand eines Fallschirmes ist A seine auf die Horizontale projizierte Fläche. Für die hier betrachtete Fallschirmsorte sei $c_W = 2{,}0$.
a) Mit welcher (konstanten) Geschwindigkeit fällt ein Springer vom 100 kg Masse, Radius des Schirms 1,8 m?
b) Aus welcher Höhe würde ein Körper im freien Fall dieselbe Geschwindigkeit erreichen? Vergleichen Sie: Für einen geübten Springer ist ein Sprung aus einer Höhe bis zu 4 m noch ungefährlich.
c) Wie groß ist der Fallschirm zu wählen, wenn mit ihm ein Auto ($m = 1000$ kg) abgesetzt werden soll? Dabei gehe man davon aus, dass das Auto bei freiem fall aus einer Höhe von zu 3 m fast unbeschädigt bleibt.

Lösung:
a) Es muss gelten $G = F_L$, also $v^2 = 2\,m\,g/(c_W\,A\,\varrho)$ oder $v = 8{,}63$ m/s. Vergleich mit freiem Fall aus 4 m Höhe: $v_0 = \sqrt{2\,g\,h} = 8{,}86$ m/s.
b) Für 3 m Höhe ist $v_0 = \sqrt{2\,g\,h} = 7{,}67$ m/s.
Mit $v \leq v_0$ ist $A = \dfrac{2\,m\,g}{c_W\,v^2\,\varrho}$ oder $A = \dfrac{m}{c_W\,h\,\varrho}$
(mit $v^2 = 2\,g\,h$) und $A = 128{,}98$ m^2 oder $r = 6{,}41$ m.

1.2.8 Kräfte bei der Kreisbewegung

Seite
55

1 Im einfachen Atommodell des Wasserstoffatoms umkreist das Elektron ($m_E = 9,1 \cdot 10^{-31}$ kg) das Proton auf einer Kreisbahn mit dem Radius $r = 0,5 \cdot 10^{-10}$ m mit einer Geschwindigkeit $v = 2,2 \cdot 10^6$ m/s. Wie groß müsste danach die Kraft zwischen Elektron und Proton sein?

Lösung:
Nach $F = m\,v^2/r$ ist die Kraft $F = 8,81 \cdot 10^{-8}$ N.

2 Ein Körper ($m = 0,1$ kg) wird an einer Schnur ($l = 0,5$ m) auf einem Kreis herumgeschleudert, dessen Ebene senkrecht zur Erdoberfläche steht.
a) Wie groß müssen mindestens die Winkelgeschwindigkeit und die Drehzahl pro Minute sein, damit der Körper im oberen Punkt seiner Bahn nicht herunterfällt?
b) Welche Reißfestigkeit (in N) muss die Schnur haben?

Lösung:
a) Für die Zentrifugalkraft gilt $|F_Z| > |G|$ oder $\omega^2\,r > g$, d.h. $\omega > \sqrt{g/r} = 4,43$ s^{-1} oder $n = 60\,f > 42,3$ 1/min^{-1}.
b) Für die Zerreißfestigkeit gilt $F_R > F_g + F_Z = 2\,m\,g = 1,96$ N.

3 Ein Körper bewegt sich mit konstanter Geschwindigkeit v auf einer Kreisbahn mit dem Radius r.
a) Wie ändert sich die Radialbeschleunigung, wenn sich die Geschwindigkeit bzw. der Radius verdoppelt?
b) Warum kann sich kein Körper exakt rechtwinkelig um eine Ecke bewegen?

Lösung:
a) Bei Verdoppelung der Bahngeschwindigkeit vervierfacht sich die Radialbeschleunigung, bei Verdoppelung des Radius halbiert sie sich.
b) Wegen $r \to 0$ würde gelten $a = v^2/r \to \infty$.

4 Ein Körper ($m = 0,4$ kg) wird an einer 0,8 m langen Schnur 80-mal in der Minute auf einem Kreis, der in einer waagerechten Ebene liegt, herumgeschleudert.
a) Welche Zugkraft muss die Schnur aushalten?
b) Bei welcher Umdrehungszahl reißt die Schnur, wenn ihre Zugfestigkeit mit 500 N angegeben ist?

Lösung:
a) Mit $T = 60$ s$/80$ ist die Zugkraft ist $Z = m\,(2\,\pi/T)^2\,r = 2,25 \cdot 10^1$ N.
b) Mit $n = 60\,$s$/T$ folgt aus $F_Z = 500$ N und $F_Z <$

$m\,(2\,\pi\,n/60\,s)^2\,r$ für die Umdrehungszahl pro Minute $n < 377$.

5 Welche Zentripetalkraft wird aufgrund der täglichen Drehung der Erde um ihre Achse auf einen mit ihr fest verbundenen Körper ($m = 70$ kg) auf der geografischen Breite $\varphi = 0°$; $30°$; $60°$; $90°$ ausgeübt?

Lösung:
Der Abstand von der Erdachse ist $r = R\cos\alpha$, die Zentrifugalkraft also $F_Z = m\,\omega^2\,R\cos\alpha$ mit $\omega = 2\,\pi/T$.

Man erhält für die Zentrifugalkräfte

$\varphi = 0°$	$F_Z = 2,359$ N
$\varphi = 30°$	$F_Z = 2,043$ N
$\varphi = 60°$	$F_Z = 1,179$ N
$\varphi = 90°$	$F_Z = 0.$

6 Ein Wagen ($m = 1200$ kg) fährt mit einer Geschwindigkeit $v = 120$ km/h durch eine Kurve mit einem Krümmungsradius von $r = 2500$ m. Wie groß ist die Zentripetalkraft, die ihn auf der Bahn hält? Wie groß ist das Verhältnis Zentripetalkraft zu Gewichtskraft des Wagens? Was bedeutet das für die Haftreibungskraft?

Lösung:
a) $F_Z = m\,v^2/r = 533,2$ N.
b) $F_G = m\,g = 11\,772$ N; $F_R = 4,5/100\;F_G$.

7 Ein Schnellzug durchfährt mit der Geschwindigkeit $v = 120$ km/h eine Kurve vom Radius $r = 2500$ m. Wie groß muss man die Überhöhung $ü$ (in mm) der äußeren Schiene (Spurweite $w = 1435$ mm) wählen, damit beide Schienen gleich belastet werden?

Lösung:
Es gilt $\tan\alpha = \dfrac{F_R}{G}$ und $\sin\alpha = \dfrac{ü}{w}$, also

$ü = w\,\sin(\text{arc tan}(F_R/G))$

$= w\,\sin(\text{arc tan}(v^2/(r\,g))) = 64,9$ mm.

*8 Eine Straßenkurve mit dem Radius 300 m sei nicht überhöht, sodass ein Auto ($m = 900$ kg) in der Kurve allein durch die Haftreibungskraft zwischen Reifen und Straße gehalten wird. (Das reale Kurvenverhalten eines Autos kann auf diese Weise allerdings nicht erfasst werden, da die Verhältnisse komplizierter als hier darstellbar sind.) Mit welcher Höchstgeschwindigkeit kann ein Auto die Kurve auf **a)** trockener ($f_H = 0,8$), **b)** nasser

($f_H = 0,5$) und **c)** vereister ($f_H = 0,1$) Straße durchfahren?

Lösung:
Die Zentripetalkraft soll durch die Haftreibungskraft aufgebracht werden:

$$m\,v^2/r \leqq f_H\,m\,g \quad \text{oder} \quad v \leqq \sqrt{f_H\,rg}.$$

a) Auf trockener Straße $v \leqq 48,5\,\text{m/s} = 175\,\text{km/h}$,
b) auf nasser Straße $v \leqq 38,4\,\text{m/s} = 138\,\text{km/h}$,
c) auf vereister Straße $v \leqq 17,2\,\text{m/s} = 61,8\,\text{km/h}$.

Nach dieser Rechnung hat die Masse keinen Einfluß auf die Kurvengeschwindigkeit, solange sich die Haftreibungszahl nicht ändert.
Die Mechanik der Kurvenfahrt ist zu kompliziert, als dass man sie hier darstellen könnte.
Die Rechnung liefert daher auch kein realistisches Bild der wirklichen Verhältnisse.

*9 Ein Pkw ($m = 1300\,\text{kg}$) fährt mit konstanter Geschwindigkeit $v = 40\,\text{km/h}$ über eine gewölbte Brücke. Der Radius des Brückenbogens beträgt $R = 50\,\text{m}$. Mit welcher Normalkraft belastet der Pkw die Brückenmitte? Bei welcher Geschwindigkeit würde der Wagen abheben?

Lösung:
Auf der Brückenmitte wirkt bei normaler Geschwindigkeit ein Teil der Gewichtskraft als Zentripetalkraft, so dass der Wagen die Brücke mit der Kraft

$$F = G - F_R = m\,(g - v^2/r) = 9,54 \cdot 10^3\,\text{N}$$

statt mit der vollen Gewichtskraft von $G = 1,2753 \cdot 10^4\,\text{N}$ belastet.
Hebt der Wagen ab, wäre die Gewichtskraft gleich der Zentripetalkraft:

$$F_R = G \quad \text{oder} \quad v^2 = r\,g \quad \text{oder} \quad v = 79,9\,\text{km/h}.$$

*10 Stößt man ein Fadenpendel (Masse m, Pendellänge l) so an, dass sich das Pendel mit der Win-

kelgeschwindigkeit ω auf einem Kreis bewegt, wobei Pendelfaden und Drehachse den Winkel α bilden, so gehört zu jeder Winkelgeschwindigkeit ω ein fester Winkel α (Abbildung unten).
a) Berechnen Sie die Zentripetalkraft F und zeigen Sie, dass $\cos\alpha = g/(\omega^2\,l)$ gilt.
b) Berechnen Sie Winkelgeschwindigkeit, Bahngeschwindigkeit und die Zugkraft auf den Pendelfaden ($l = 0,6\,\text{m}$), wenn das Kreispendel ($m = 2\,\text{kg}$) einen Winkel $\alpha = 15°$ mit der Drehachse bildet.

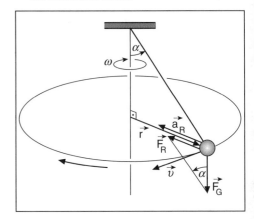

Lösung:
a) Zerlegung von $G = m\,g$ in eine Komponente längs des Pedalfadens und eine für die Zentripetalkraft ergibt mit $r = l\,\sin\alpha$ und $F_Z = G\,\tan\alpha$ aus $m\,\omega^2\,l\,\sin\alpha = m\,g\,\tan\alpha$ schließlich $\cos\alpha = \dfrac{g}{\omega^2\,l}$.

b) Aus $\omega^2 = \dfrac{g}{l\,\cos\alpha}$ folgt $\omega = 4,11\,\text{s}^{-1}$ und $v = \omega\,r = l\,\sin\alpha = 6,39 \cdot 10^{-1}\,\text{m/s}$ sowie $Z = \dfrac{G}{\cos\alpha} = 2,03 \cdot 10^{-1}\,\text{N}$.

1.2.9 Trägheitskräfte im beschleunigten Bezugssystem: Galilei-Transformation und Inertialsystem

1 Ein Fahrzeug durchfährt eine Kurve mit der konstanten Geschwindigkeit $v = 90\,\text{km/h}$. Ein Kraftmesser, an dem eine Kugel ($m = 500\,\text{g}$) hängt, zeigt während der Kurvenfahrt die Kraft $F = 6,0\,\text{N}$ an.
Beschreiben Sie den Vorgang von beiden Bezugssystemen aus und berechnen Sie den Kurvenradius.

Lösung:
Im bewegten Bezugssystem registriert der Beobachter, daß die Kugel mit der Gewichtskraft $G = 4,905\,\text{N}$ durch eine waagerecht wirkende Kraft $F_Z = \sqrt{F^2 - G^2} = 3,456\,\text{N}$ aus der Vertikalen herausgezogen wird. Er deutet F_Z als Zentrifugalkraft. Im ruhenden Bezugssystem sieht der Beobachter,

dass sich die Kugel auf einem Kreis bewegt. Durch die Auslenkung entsteht eine rücktreibende Kraft $F_R = \sqrt{F^2 - G^2} = 3{,}456$ N, die die Kugel als Zentripetalkraft auf der Kreisbahn hält.

Den Bahnradius erhält man zu $r = m\dfrac{v^2}{F_R} = 90{,}43$ m.

*2 Konstruieren Sie die Bahn einer Kugel, die auf einer mit der Winkelgeschwindigkeit $\omega = \frac{1}{12}\,s^{-1}$ rotierenden Scheibe vom Mittelpunkt gegenüber dem Laborsystem mit der Geschwindigkeit $v = 6$ cm/s abgeschossen wird, im Laborsystem und im System der drehenden Scheibe.

Lösung:
Im Laborsystem bewegt sich die Kugel in erster Näherung geradlinig mit der Geschwindigkeit $v = 6$ cm/s vom Mittelpunkt weg.
Im bewegten System konstruiert man eine Spiralbewegung. (Für die Zeichnung wähle man einen geeigneten Maßstab, z. B. 6 m/s $\widehat{=}$ 1 cm.)

*3 Ein Fahrstuhl bewegt sich mit konstanter Beschleunigung $a < g$ nach unten. Im Fahrstuhl hängt an einem Kraftmesser eine Kugel.
Beschreiben und skizzieren Sie mit Angabe der Kräfte,
a) was ein Beobachter A im System 1, in dem der Fahrstuhl beschleunigt wird, und **b)** ein Beobachter B im System 2, das mit dem Fahrstuhl verbunden ist, beobachten und feststellen.

Lösung:
a) Im System 1 folgert man, daß der Kraftmesser die Kraft $F = m\,(g - a)$ deshalb anzeigt, weil der Fahrstuhl mit konstanter Beschleunigung a in der Richtung bewegt wird, in der auch die Schwerkraft wirkt.
b) Im System 2 schließt man auf eine Trägheitskraft $F_T = m\,a$, nach oben wirkend, die der Gewichtskraft $G = m\,g$ entgegenwirkt, so daß die Kugel den Kraftmesser mit der Kraft $F = m\,(g - a)$ dehnt.

*4 In einem Fahrstuhl steht ein Mann auf einer Personen-(Feder-)waage. Sie zeigt beim Anfahren des Fahrstuhls $F = 950$ N, beim Halten $F = 880$ N an.
a) In welcher Richtung fährt der Fahrstuhl an?
b) Berechnen Sie die Beschleunigung.
c) Was ergibt sich, wenn der Fahrstuhl mit einer betragsmäßig gleichen Beschleunigung anhält?
d) Zeichnen Sie die Verhältnisse beim Anfahren und Anhalten.

Lösung:
a) Der Fahrstuhl wird nach oben beschleunigt, denn im System des Fahrstuhls wirkt auf den Mann zusätzlich zur Gewichtskraft $G = m\,g$ die Trägheitskraft $F_T = m\,a$. Der Körper drückt daher mit der Gesamtkraft $F_1 = m\,(g + a) = 950$ N auf die Waage.
b) Aus der Gewichtskraft $G = m\,g$, der Kraft $G = 880$ N beim Halten, berechnet sich die Masse $m = 89{,}7$ kg und daraus die Beschleunigung beim Anfahren zu $a = (990\text{ N} - 880\text{ N})/m = 0{,}78$ m/s^2.
c) Die Beschleunigung beim Anhalten wirkt in Richtung der Schwerkraft, also zeigt die Waage die Kraft $F_2 = G - (F_1 - G) = 770$ N an.
d) –

*5 Ein Körper wird mit der Geschwindigkeit v_0 unter dem Winkel α zur Horizontalen abgeworfen. Von welchem Bezugssystem aus erscheint die Bewegung
a) als freier Fall;
b) als waagerechter Wurf;
c) als senkrechter Wurf?

Lösung:
In **a)** dürfte sich der Körper im neuen System in waagerechter Richtung (orientiert am Laborsystem) nicht bewegen: Das neue Bezugssystem müßte daher in dieser Richtung die Geschwindigkeit $v_0 \cos\alpha$ gegenüber dem Laborsystem besitzen. In vertikaler Richtung dürfte man nur eine reine Fallbewegung registrieren: In vertikaler Richtung müsste daher das neue System gegenüber dem Laborsystem mit der Geschwindigkeit $v_0 \sin\alpha$ bewegt werden.
Ähnlich überlegt man für **b)**: Das neue System müsste sich gegenüber dem Laborsystem nach oben mit $v_0 \sin\alpha$ bewegen. Man registriert im neuen Bezugssystem die Bewegung eines waagerechten Wurfes mit der horizontalen Anfangsgeschwindigkeit $v_0 \cos\alpha$.
Umgekehrt bewegt sich in **c)** das neue Bezugssystem gegenüber dem alten in waagerechter Richtung mit der Geschwindigkeit $v_0 \cos\alpha$.
Allgemein setzt man für die Galilei-Transformation an, wenn $x\,(t)$, $y\,(t)$ die Gleichungen der Bewegungen im Laborsystem, $x'(t)$, $y'(t)$ die im neuen Bezugssystem und $x_0\,(t)$, $y_0\,(t)$ diejenigen für den Ursprung des bewegten Systems sind:

$$x\,(t) = x_0\,(t) + x'(t), \quad y\,(t) = y_0\,(t) + y'(t).$$

Setzt man für $x(t)$, $y(t)$ die Gleichung des schrägen Wurfs $(\rightarrow 1.1.6)$ und für $x'(t)$, $y'(t)$ die der gewünschten Bewegung in neuen Bezugssystem ein, so ergeben sich für $x_0(t)$, $y_0(t)$ die gesuchten Bewegungsgleichungen für den Ursprung des neuen Systems gegenüber dem Laborsystem.

In **a)** wäre $x'(t) = 0$, $y'(t) = -\frac{1}{2} g t^2$ zu setzen, es ergibt sich $x_0(t) = v_0 \cos \alpha\, t$, $y_0(t) = v_0 \sin \alpha\, t$. In **b)** setzt man wieder $y'(t) = -\frac{1}{2} g t^2$ und weiter $x'(t) = v'_0(t)$ mit z. B. $v'_0 = v_0 \cos \alpha$ und erhält $x_0(t) = 0$ sowie $y_0(t) = v_0 \sin \alpha\, t$: Der Körper scheint (mit dem genannten v'_0 als Beispiel) im neuen Bezugssystem waagerecht mit der Geschwindigkeit $v_0 \cos \alpha$ abgeworfen worden zu sein. In **c)** erhält man mit dem Ansatz $x'(t) = 0$ und $y'(t) = v'_0 t - \frac{1}{2} g t^2$ mit z. B. $v'_0 = v_0 \sin \alpha$ die Lösung $x_0(t) = v_0 \cos \alpha\, t$ und $y_0(t) = 0$: Im neuen Koordinatensystem scheint der Körper (mit den genannten v'_0 als Beispiel) nach oben mit $v_0 \sin \alpha$ abgeworfen zu sein.

Zusatzaufgabe

*6 Auf einem Tanker, der 15 Knoten (*s. Aufgabe 1, Seite 37*) Fahrt macht, startet vom Heck aus ein Moped mit konstanter Beschleunigung von $0{,}8 \ \mathrm{m/s^2}$. Wie lauten die Bewegungsgleichungen beim Beschleunigungsvorgang, bezogen auf ein mit dem Tanker bzw. dem Meeresgrund verbundenes System?

Lösung:
Gegenüber dem Tanker gilt

$$s = (0{,}4 \ \mathrm{m/s^2})\, t^2, \quad v = (0{,}8 \ \mathrm{m/s^2})\, t, \quad a = 0{,}8 \ \mathrm{m/s^2},$$

gegenüber dem Meeresgrund mit $v_g = 15$ Knoten $= 7{,}72 \ \mathrm{m/s}$

$$s = (0{,}4 \ \mathrm{m/s^2})\, t^2 + (7{,}72 \ \mathrm{m/s})\, t,$$
$$v = (0{,}8 \ \mathrm{m/s^2})\, t + (7{,}72 \ \mathrm{m/s}),$$
$$a = 0{,}8 \ \mathrm{m/s^2}.$$

1.3.1 Mechanische Energie

1 Ein Körper der Masse m werde auf lotrechtem Wege von der Höhe h_1 auf die Höhe h_2 gebracht. Dabei gelte $h_1 < h_2$ (Fall I) und $h_1 > h_2$ (Fall II). Fertigen Sie für beide Fälle eine Zeichnung an und berechnen Sie die erforderliche mechanische Energie.

Lösung:
Fall I: $\qquad E = m\,g\,(h_2 - h_1) > 0$,
Fall II: $\qquad E = m\,g\,(h_2 - h_1) < 0$.
Zeichnung: $\qquad$ –

2 Ein Körper der Masse m wird um die Strecke s eine schiefe Ebene hinaufgezogen bzw. hinabgelassen. (Die schiefe Ebene bilde mit der Waagerechten den Winkel α.) Fertigen Sie eine Zeichnung an und berechnen Sie für beide Fälle die mechanische Energie.

Lösung:
Beim Hinaufziehen: F wirkt in Richtung von s
$$E = F\,s = G\,s\,\sin\alpha > 0.$$
Beim Herablassen: F wirkt entgegengesetzt von s
$$E = -F\,s = -G\,s\,\sin\alpha < 0.$$

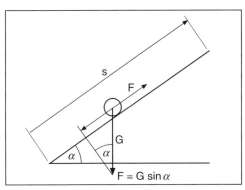

*3 Berechnen Sie die mechanische Energie für Aufgabe 1 und 2 mithilfe des skalaren Produktes, indem Sie für jeden einzelnen Fall eine Zeichnung mit den entsprechenden Vektoren anfertigen.

Lösung:
Zu Aufgabe 1:
Fall I: $\vec{F} = -\vec{G}$ zeigt wie $\vec{s}$ nach oben.
Fall II: Hier zeigt $\vec{s}$ nach unten.
Fall I: $h_2 > h_1$.
$E = \vec{F} \cdot \vec{s} = |F|\,|s|\cos\sphericalangle(\vec{F}, \vec{s})$
$\quad = m\,g(h_2 - h_1)\cos 0° = m\,g\,(h_2 - h_1) > 0,$
Fall II: $h_2 < h_1$.
$E = \vec{F} \cdot \vec{s} = |F|\,|s|\cos\sphericalangle(\vec{F}, \vec{s})$
$\quad = m\,g(h_1 - h_2)\cos 180°$
$\quad = -m\,g\,(h_1 - h_2) < 0.$

Zu Aufgabe 2:
Beim Hinaufziehen:
Ansatz wie Fall I oben.
$E = \vec{F} \cdot \vec{s}$ mit $\cos\sphericalangle(\vec{F}, \vec{s}) = \cos(90° - \alpha) = \sin\alpha$
mit α Steigungswinkel wie in Abb. Lösung *Aufgabe 2*.
Damit wird
$E = |F| \cdot |s|\sin\alpha = m\,g\,s\,\sin\alpha = G\,s\,\sin\alpha > 0.$
Beim Herablassen:
Ansatz wie Fall II oben
$E = \vec{F} \cdot \vec{s}$ mit $\cos\sphericalangle(\vec{F}, \vec{s}) = \cos(90° + \alpha) = -\sin\alpha.$
Also
$E = |F|\,|s|(-\sin\alpha) = -m\,g\,s\,\sin\alpha = -G\,s\,\sin\alpha < 0.$

*4 Berechnen Sie nach *Abb. 61.1* die Teilenergien und bilden Sie angenähert die Gesamtenergie ($1\,\text{cm} \cong 1\,\text{N}$ bzw. $1\,\text{m}$).

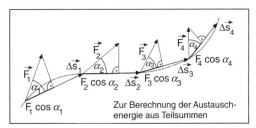

Zur Berechnung der Austauschenergie aus Teilsummen

Lösung:
Summiert werden die Produkte aus den Strecken, die die Projektionen der Kräfte auf die Wegrichtungen darstellen, und aus denen, die die Wege bilden.
$E = 1{,}0\,\text{N} \cdot 2{,}0\,\text{m} + 1{,}2\,\text{N} \cdot 1{,}8\,\text{m} + 0{,}8\,\text{N} \cdot 1{,}7\,\text{m}$
$\quad + 0{,}6\,\text{N} \cdot 1{,}3\,\text{m}$
$\quad = 2{,}0\,\text{J} + 2{,}16\,\text{J} + 1{,}36\,\text{J} + 0{,}78\,\text{J} = 6{,}3\,\text{J}.$

*5 Ein quaderförmiges Wasserbecken der Grundfläche A und der Höhe h werde durch einen am Beckenboden befindlichen Einlauf mit Wasser gefüllt.

a) Erläutern Sie, dass die mechanische Energie, um vom Einlauf auf dem Beckenboden aus das Becken mit Wasser zu füllen, $E = \frac{1}{2}\varrho A h^2 g = \frac{1}{2}\varrho V g h = \frac{1}{2}m_\text{w}\,g\,h$ ist, wobei V das Volumen des Beckens und m_W die Gesamtmenge des Wassers ist (Zeichnung).

b) Berechnen Sie die mechanische Energie mithilfe des Wegintegrals der Kraft, indem Sie davon ausgehen, dass, um eine Wasserschicht der Dicke Δx auf die Höhe x zu heben, die Teilenergie $\Delta E = \varrho\,g\,A\,x\,\Delta x$ erforderlich ist (Zeichnung).

Lösung:

a) Die Energie berechnet sich aus dem Weg, um den sich der Schwerpunkt des Wassers im gefüllten Becken gegenüber dem Boden erhebt, und der Gewichtskraft des gesamten Wassers:

$$G_{\text{w}} = m_{\text{w}} \, g = \varrho \, V g = \varrho \, A \, h \, g$$

und

$$E = m_{\text{w}} \, g \tfrac{1}{2} \, h = \tfrac{1}{2} \varrho \, g \, A \, h^2.$$

b) Das Wegintegral liefert

$$E = \int \Delta E = \int_0^h \varrho \, g \, A \, x \, \mathrm{d}x = \tfrac{1}{2} \varrho \, g \, A \, h^2.$$

Das Energiediagramm kann man wie folgt interpretieren: Um das Becken von der Höhe x auf die Höhe $x + \Delta x$ aufzufüllen, muss eine Wasserschicht der Dicke Δx vom Gewicht $\Delta m \, g = \varrho \, g \, A \, \Delta x$ um die Höhe x gehoben werden. Dabei wird die Energie $\Delta E = \varrho \, g \, A \, x \, \Delta x$ benötigt.

Das Energieintegral summiert dann sämtliche Teilarbeiten.

Zusatzaufgabe

6 Berechnen Sie die Energie die eine konstante Kraft $F = 12$ N entlang einer horizontalen Strecke $s = 7$ m, wenn Kraft und Weg einen Winkel von a) 0°, b) 60°, c) 90°, d) 145°, e) 180° einschließen.

Lösung:
Aus $E = F \, s \cos \alpha$ folgt

a) für 0° $E = 84{,}0$ J, d) für 145° $E = -68{,}8$ J,
b) für 60° $E = 42{,}0$ J, e) für 180° $E = -84{,}0$ J.
c) für 90° $E = 0$,

1.3.2 Existenzformen der Energie

1 Ein Auto ($m = 950$ kg) wird in 4 s von $v_1 = 50$ km/h auf $v_2 = 90$ km/h beschleunigt.
   a) Wie groß ist die dazu erforderliche Energie?
   b) Welche Geschwindigkeit hätte der Wagen mit der gleichen Energie erreicht, wenn er aus dem Stand beschleunigt worden wäre?

Lösung:
a) Es ist $E_{\text{kin}} = \tfrac{1}{2} m \, v_2^2 - \tfrac{1}{2} m \, v_1^2 = 2{,}052 \cdot 10^5$ J unabhängig von der Zeit, in der die Beschleunigung erfolgt.
b) Aus $E_{\text{kin}} = \tfrac{1}{2} m \, v_{\text{e}}^2 = 2{,}052 \cdot 10^5$ J folgt $v_{\text{e}} = 2{,}079 \cdot 10^1$ m/s $= 74{,}8$ km/h.

2 Ein Körper ($m = 25$ kg) wird eine 5,0 m lange schiefe Ebene (Steigungswinkel $\alpha = 30°$) hinaufgezogen.
   a) Wie groß ist die aufzubringende Energie?
   b) Wie groß müsste eine horizontal wirkende Zugkraft sein? Von der Reibung sehe man ab.

Lösung:
a) Die Energie ist $E_{\text{pot}} = G \, l \sin \alpha = 613{,}1$ J.
b) Mit $F_{\text{H}} = G \sin \alpha$ und $F_{\text{Z}} = F_{\text{H}}/\cos \alpha$ ist $F_{\text{Z}} = G \tan \alpha = 141{,}6$ N.

3 Welche Energie ist erforderlich, eine Schraubenfeder um 2 cm zu dehnen? Für die Feder gelte, dass ein Körper der Masse 4 kg, an die Feder gehängt, diese um 1,5 cm verlängert.

Lösung:
Mit $D = F \, s = 2{,}616 \cdot 10^3$ N/m ist $E_{\text{s}} = \tfrac{1}{2} D s^2 = 5{,}232 \cdot 10^{-1}$ J.

4 Eine Schraubenfeder wird durch eine Kraft $F = 0{,}6$ N um $s = 3{,}5$ cm gedehnt. Wie groß ist die Spannenergie, um die Feder um weitere 7,0 cm zu dehnen?

Lösung:
Es ist $D = F/s = 1{,}71 \cdot 10^1$ Nm und $E_{\text{s}} = \tfrac{1}{2} D \, (s_2^2 - s_1^2) = 8{,}4 \cdot 10^{-2}$ J.

5 Eine Schraubenfeder erhält schrittweise durch Wägestücke der Masse m die Dehnung s.

m in kg	50	100	150	200	250	300
s in cm	1,6	3,15	4,8	6,3	7,85	9,35

a) Ermitteln Sie die Federkonstante D und berechnen Sie die Spannenergie, die erforderlich ist, um die Feder auf die Endlänge zu dehnen.
b) Berechnen Sie zu jeder Teilstrecke Δs die Teilenergie ΔE, die beim Auflegen eines neuen Wägestückes aufgebracht wird, und vergleichen Sie die Summe der Teilenergien mit dem Ergebnis aus a).

Lösung:

a) m in g	50	100	150	200	250	300
s in cm	1,6	3,15	4,8	6,3	7,85	9,35
D in N/m	30,7	31,1	30,7	31,1	31,2	31,5
b) Δs in cm	1,6	1,55	1,65	1,50	1,55	1,50
ΔE in 10^{-2} J	0,78	1,52	2,43	2,94	3,80	4,56

a) $\bar{D} = 31{,}1$ N/m; $E_s = \frac{1}{2}\bar{D}\,s_e^2 = 0{,}1359$ J.

b) Die Teilenergien berechnen sich aus $\Delta E_s = m\,g\,\Delta s$, ihre Summe $E_s = \Sigma\Delta E = 0{,}1603$ J ist um 18% größer als der Wert aus a), weil die Teilenergien jeweils mit der größten Kraft des Intervalls berechnet sind.

*6 Ein Körper der Masse 40 kg werde auf horizontaler Fläche (Gleitreibungszahl $f_G = 0{,}25$; →1.2.7) über eine Strecke von 5 m mit konstanter Geschwindigkeit durch eine Kraft bewegt, die mit der Horizontalen einen Winkel von 30° einschließt.
Wie groß ist die Kraft und welche Energie wird durch sie übertragen?

Lösung:
Die Gleitreibungskraft $F_G = f_G\,m\,g$ wird durch die Kraft $F = F_G/\cos\alpha = f_G\,m\,g/\cos\alpha = 113$ N aufgewogen. Unter ihrem Einfluß wird die Energie $E = F_G\,s = 490{,}5$ N aufgebracht.

*7 Ein Güterzug ($m = 500$ t) erhöht auf einer Strecke von 1,8 km Länge und 8% Steigung die Geschwindigkeit von 30 km/h auf 55 km/h (Rollreibungszahl 0,005). Berechnen Sie die Reibungs-, die Hub-, die Bewegungsenergie sowie die gesamte übertragene Energie.

Lösung:
Die aufgebrachte Reibungsenergie beträgt $E_R = F_R\,s = f_R\,F_N\,s = f_R\,G\cos\alpha\,s$, also $E_R = 4{,}401\cdot10^7$ J.
Die aufgebrachte potentielle Energie beträgt $E_{pot} = G\,h = G\,s\sin\alpha = 7{,}035\cdot10^8$ J.
Die aufgebrachte kinetische Energie ist $E_{kin} = \frac{1}{2}m(v_2^2 - v_1^2) = 4{,}099\cdot10^7$ J
Damit wird die aufgebrachte Gesamtenergie $E_{ges} = E_R + E_{pot} + E_{kin} = 7{,}885\cdot10^8$ J.
Die Steigung ist, wie aus der Mathematik bekannt, definiert als Tangens des Steigungswinkels: $m = \tan\alpha$. Hier ist also mit $m = 8\%$ $\alpha = \arctan 0{,}08 = 4{,}57°$.

8 Eine Diesellokomotive zieht mit der Kraft 60 000 N einen Güterzug auf ebener Strecke mit konstanter Geschwindigkeit 50 km/h. Welche Energie bringt die Maschine auf 1 km Länge auf und welche Leistung entwickelt sie (ohne Berücksichtigung der Reibung usw.)?

Lösung:
$E = F\,s = 6{,}000\cdot10^7$ J, $P = F\,v = 8{,}333\cdot10^5$ J.

9 Ein Mann ($m = 80$ kg) geht mit einer Geschwindigkeit $v = 6$ km/h auf einer Straße mit der Steigung $\alpha = 10°$ bergan. Wie groß ist seine Leistung?

Lösung:
Die äußere Kraft ist $G = m\,g$, die mit der Wegrichtung auf der schiefen Ebene den Winkel $90° - \alpha$ einschließt. Damit ist $P = G\,v_0\cos(90° - \alpha) = G\,v_0\sin\alpha = 227{,}1$ W.

10 Ein Bootsmotor besitzt die Leistung 3000 W. Er treibt das Boot mit einer (konstanten) Geschwindigkeit von $v = 9$ km/h an. Wie groß ist die Kraft (Wasserwiderstandskraft), die der Bewegung entgegenwirkt?

Lösung:
Aus $P = F\,v$ wird $F = 1200$ N.

11 Ein Auto ($m = 1{,}2$ t) wird vom Stand aus in 12 s auf 100 km/h beschleunigt. Berechnen Sie die (konstante) beschleunigende Kraft, die Leistung des Motors und den Weg, auf dem die Endgeschwindigkeit erreicht wird sowie die kinetische Energie des Autos nach 12 s.

Lösung:
Mit $a = 2{,}31$ m/s² aus $v = a\,t$ ist $F = m\,a = 2772$ N, $E_{kin} = \frac{1}{2}m\,v^2 = 4{,}63\cdot10^6$ J und $s_e = \frac{1}{2}a\,t^2 = 166$ m. Die Leistung des Motors ist $P = F\,v$; sie steigt bis auf $P = 7{,}70\cdot10^4$ W an.

12 Ein Lastwagen ($m = 3{,}5$ t) fährt 4,8 km auf einer Straße mit 8% Steigung mit 40 km/h bergauf.
a) Berechnen Sie die erforderliche Energie.
b) Wie groß ist die Leistung des Motors, wenn man davon ausgeht, dass 1/3 für die potentielle Energie und 2/3 (nicht 1/3) für Reibungsenergie (Rollreibung, Luftwiderstand) zu veranschlagen sind?

Lösung:
a) Aus der Steigung von 8% erhält man über $\tan\alpha = 0{,}08$ den Steigungswinkel $\alpha = 4{,}57°$. Damit wird $E = G\sin\alpha\,s = 1{,}314\cdot10^7$ J.
b) Der Wagen fährt 432 s, so dass die für die potentielle Energie aufzubringende Leistung $P_h = 3{,}042\cdot10^4$ W $= 30{,}42$ kW ist. Die gesamte Leistung beträgt dann $P = 3\,P_h = 9{,}127\cdot10^4$ $= 91{,}27$ kW.

13 Ein Körper der Masse m wird an eine Feder (Federkonstante D) gehängt (Auslenkung $s = 0$) und langsam bis zur Gleichgewichtsstellung ($s = s_e$) herabgelassen. Auf dem Wege nach unten wirken auf den Körper die Gewichtskraft G und die Federkraft F_F.
a) Fertigen Sie eine Zeichnung an.

b) Berechnen Sie die auf den Körper wirkende Kraft in Abhängigkeit von der nach unten positiv gezählten Auslenkung s.

c) Berechnen Sie die Spannenergie als Wegintegral und zeigen Sie mithilfe der Gleichgewichtsbedingung für $s = s_e$, dass sich $E = \frac{1}{2} D s_e^2$ ergibt.

Lösung:

a) Während die Feder durch das angehängte Gewicht (langsam) ausgezogen wird, wirkt nach unten die stets gleiche Gewichtskraft G, nach oben die proportional zur Auslenkung wachsende Federkraft, bis im Gleichgewichtszustand beide (betrags-)gleich sind. Die auf den Körper wirkende (äußere) Kraft, die die Feder auszieht, muss also stets nach unten gerichtet sein:
$$\vec{F} = (\vec{G} - D\vec{s}).$$

b) Die aufzubringende Energie berechnet sich zu
$$E = \int_0^{s_e} \vec{F} \cdot d\vec{s} = \int_0^{s_e} (\vec{G} - D\vec{s}) \cdot d\vec{s}$$
$$= \int_0^{s_e} G \, ds - \int_0^{s_e} D s \, ds = G s_e - \frac{1}{2} D s_e^2.$$

c) Mit $\vec{G} = D\vec{s}$ im Gleichgewichtszustand ist schließlich
$$E = D s_e^2 - \frac{1}{2} D s_e^2 = \frac{1}{2} D s_e^2.$$

Zusatzaufgaben

14 Der Boden eines quaderförmigen Pumpspeichersees ($l = 60$ m, $b = 35$ m, Wassertiefe $t = 6,4$ m) liegt 72 m über dem Kraftwerk. – Berechnen Sie die im Wasser enthaltene potentielle Energie.

Lösung:
1. Lösungsweg:
Die potentielle Energie einer Wasserschicht der Dicke Δh in der Höhe h über dem Kraftwert ist $E_{pot} = l \, b \, g \, \varrho \, h \, \Delta h$, aus der sich durch Integration von $h_1 = 72,0$ m bis $h_2 = 78,4$ m die potentielle Energie des gesamten Wassers im Becken ergibt $\left(\text{mit } \varrho = 1 \cdot 10^3 \, \frac{\text{kg}}{\text{m}^3} \text{ für Wasser}\right)$:

$$E_{pot} = \int_{h_1}^{h_2} dE_{pot} = l \, b \, g \, \varrho \, \frac{1}{2}(h_2^2 - h_1^2) = 9,915 \cdot 10^9 \text{ J}.$$
2. Lösungsweg:
Mit denselben Bezeichnungen h_1 und h_2 wie oben liegt der Schwerpunkt des Quaders, den das Wasser im Becken bildet,
$$h = \frac{h_1 + h_2}{2} \text{ über dem Kraftwerk.}$$
Sein Gewicht ist $G = l \, b \, (h_2 - h_1) \, \varrho \, g$ und damit gilt für seine potentielle Energie
$$E_{pot} = l \, b \, (h_2 - h_1) \, \varrho \, g \, \frac{h_1 + h_2}{2}$$
$$= l \, b \, g \, \varrho \, \frac{1}{2} (h_2^2 - h_1^2).$$

15 Eine Kraft $F = 30$ N beschleunigt einen Körper ($m = 2,0$ kg) aus der Ruhe auf einer Strecke von 3,0 m auf ebener reibungsloser Unterlage. Dann ändert die Kraft ihren Betrag auf $F = 15$ N und wirkt weitere 2,0 m.

a) Welche kinetische Energie besitzt der Körper am Ende des Vorganges?

b) Wie groß ist dann seine Geschwindigkeit?

Lösung:

a) Die kinetische Energie ist gleich der längs des Weges aufzubringenden mechanischen Energie, also $E_{kin} = F_1 s_1 + F_2 s_2 = 120$ J.

b) Aus E_{kin} gewinnt man $v_e = 10,95$ m/s.

***16** Eine Feder ($D = 200$ N/m) wird um $s = 0,10$ m zusammengedrückt. Ein Körper ($m = 0,5$ kg) wird vor ihr Ende gesetzt, und dann wird die Feder losgelassen.

a) Mit welchem Impuls verlässt der Körper die Feder?

b) Wie groß ist seine kinetische Energie?

Lösung:
a) Mit $\frac{1}{2} D s^2 = \frac{1}{2} m v_e^2 = 2,0$ m/s   und $p = m v_e$ $= 1,0$ kg m/s.
b) Weiter ist $E_{kin} = \frac{1}{2} m v_e^2 = 1,0$ J.

1.3.3 Energieerhaltungssatz

1 Ein Schlitten der Masse 60 kg startet aus der Ruhe von einem Hügel aus 20 m Höhe und erreicht den Fuß des Hügels mit einer Geschwindigkeit von 16 m/s. Welchen Betrag an Energie hat er durch Reibung usw. verloren?

Lösung:
Durch Reibung geht verloren $\Delta E = E_{pot} - E_{kin}$ $= m g h - \frac{1}{2} m v_0^2 = 4,092 \cdot 10^3$ J.

2 Ein Auto ($m = 800$ kg) prallt mit der Geschwindigkeit $v = 60$ km/h gegen eine Mauer.

a) Wie groß ist seine kinetische Energie?

b) Aus welcher Höhe müsste das Auto frei fallen, um beim Auftreffen auf den Boden die gleiche kinetische Energie zu besitzen?

Lösung:
a) Es ist $E_{kin} = 1,11 \cdot 10^5$ J.
b) Das Auto müsste aus der Höhe $h = \frac{1}{2} v^2/g = 14,16$ m frei fallen.

3 Ein Stein ($m = 0,2$ kg) wird an einer 0,5 m langen Schnur mit 2 Umdrehungen pro Sekunde auf einer waagerechten Kreisbahn herumgeschleudert.
a) Welche kinetische Energie besitzt er?
b) Welche Zentripetalkraft wirkt auf ihn?
c) Wie groß ist die von der Zentripetalkraft bei einer Umdrehung übertragene Energie?

Lösung:
a) $E_{kin} = \frac{1}{2} m(2\,\pi\,r/T)^2 = 3,95$ J.
b) $F_R = 15,8$ N.
c) $E = 0$, da stets $\Delta \vec{s}$ senkrecht zu $\vec{F}_R$.

4 Ein Stein ($m = 100$ g) wird von einem hohen Turm fallen gelassen. Er erreicht nach einem Fallweg von 100 m die Geschwindigkeit $v = 20$ m/s. Welche Energie ist an die Luft übertragen worden?

Lösung:
Nach $h = 100$ m Fallweg müsste der Stein die Geschwindigkeit $v_e = \sqrt{2\,g\,h} = 44,3$ m/s statt $v = 20$ m/s erreicht haben.
$\Delta E = \frac{1}{2} m(v_e^2 - v^2) = 78,1$ J.

5 Eine Pendelkugel ($d = 2,4$ cm, $m = 300$ g) wird an einem Band ($l = 1,20$ m) auf die Höhe $h = 20$ cm gehoben. Im untersten Punkt braucht sie zum Durchlaufen der Lichtschranke ($\Delta s = d$) die Zeit $\Delta t = 0,012$ s. Berechnen Sie die kinetische Energie im untersten Punkt der Bahn auf zwei Arten.

Lösung:
Die Angaben ermöglichen die Beantwortung auf zwei Wegen:
Es ist $E_{kin} = \frac{1}{2} m\,(\Delta s/\Delta t) = 6,0 \cdot 10^{-1}$ J,
und nach dem Energiesatz
$E_{kin} = E_{pot} = m\,g\,h = 5,89 \cdot 10^{-1}$ J,
also E_{kin} gemessen an E_{pot} mit $-1,9\%$ Fehler.

6 Rechnen Sie die Ergebnisse des senkrechten und schiefen Wurfs mithilfe des Energieerhaltungssatzes nach.

Lösung:
Nach dem Energiesatz lässt sich in beiden Fällen die Steighöhe berechnen
Senkrechter Wurf: $E_{kin} = \frac{1}{2} m\,v_0^2 = E_{pot}\,m\,g\,h$ erhält man die Wurfhöhe

$h = \frac{1}{2}\,v_0^2/g$.
Schräger Wurf: Aus dem Ansatz
$\frac{1}{2}\,m\,(v_0 \sin \alpha)^2 = m\,g\,h$ erhält man die Steighöhe
$h = \frac{1}{2}\,v_0^2 \sin^2\alpha/g$.

7 Ein Wagen ($m = 0,32$ kg) rollt eine schiefe Ebene (Steigungswinkel $\alpha = 30°$) herab.
a) Welche Geschwindigkeit v_1 und v_2 hat er nach Durchlaufen der Strecken $s_1 = 15$ cm bzw. $s_2 = 65$ cm erreicht?
b) Wie groß ist der Zuwachs an kinetischer Energie von s_1 nach s_2?

Lösung:
Die beschleunigende Kraft ist $F = G \sin \alpha$ und die Beschleunigung ist $a = g \sin \alpha$.
a) Mit $v^2 = 2\,a\,s$ ergibt sich nach 15 cm $v_1 = 1,21$ m/s und nach 65 cm $v_2 = 2,53$ m/s.
b) Der Zuwachs an kinetischer Energie ist $\Delta E_{12} = \frac{1}{2} m\,(v_2^2 - v_1^2) = m\,a\,(s_2 - s_1) = 0,790$ J.

8 Ein Fahrbahnwagen ($m = 0,5$ kg) wird längs einer horizontalen Strecke $s = 1,00$ m durch Wägestücke (m_w), die auf den Auflageteller ($m_T = 5$ g) gelegt werden, beschleunigt. Am Ende der Strecke misst ein Kurzzeitmesser die Zeit Δt, während der $\Delta s = 1,45$ cm breite Bügel des Wagens die Lichtschranke durchläuft:

m_w in g	20	30	40	50
Δt in ms	15,12	12,54	11,38	10,09

Berechnen Sie für jeden Versuch
a) die Lageenergie von Wägestück und Auflageteller;
b) die kinetische Energie am Ende der Strecke.
c) Vergleichen Sie die Ergebnisse.

Lösung:
a) Die potentielle Energie ist $E_{pot} = (m_w + m_t)\,g\,s$.
b) Die kinetische Energie ist $E_{kin} = \frac{1}{2}\,(m + m_w + m_t)(\Delta s/\Delta t)^2$.
c) Siehe letzte Zeile der folgenden Tabelle:

m_w in g	20	30	40	50
Δt in 10^{-3} s	15,12	12,54	11,38	10,09
E_{Pot} in 10^{-1} J	2,45	3,43	4,41	5,40
E_{kin} in 10^{-1} J	2,41	3,58	4,42	5,73
$\frac{E_{pot} - E_{kin}}{E_{pot}}$ in %	$-1,6$	$-4,2$	$-0,2$	$-6,2$

*9 Ein Körper der Masse 0,20 kg wird mit der Anfangsgeschwindigkeit von 50 m/s senkrecht nach oben katapultiert. Berechnen Sie die kinetische, die potentielle und die gesamte Energie

a) zu Beginn der Bewegung,
b) nach 3 Sekunden,
c) in 100 m Höhe,
d) in einer Höhe, in der die kinetische Energie auf 80% ihres Ausgangswertes abgenommen hat.

Lösung:
a) Für $t_0 = 0$ ist $E_{pot} = m\,g\,h = 0$,
$E_{kin} = \frac{1}{2}\,m\,v^2 = 250$ J.
b) Nach der Zeit $t_1 = 3$ s ist mit $v = v_0 - g\,t_1 = 20{,}57$ m/s und $h_1 = v_0\,t_1 - \frac{1}{2}g\,t_1^2 = 105{,}9$ m dann $E_{pot} = 207{,}8$ J und $E_{kin} = 42{,}31$ J.
c) In $h_2 = 100$ m Höhe ist mit $v_0^2 - v_2^2 = 2\,g\,h_2$ oder $v_2 = \pm\sqrt{v_0^2 - 2\,g\,h_2} = 23{,}19$ m/s $(-23{,}19$ m/s$)$ $E_{pot} = 196{,}2$ J, $E_{kin} = 53{,}8$ J.
d) Für 80% der kinetischen Anfangsenergie
$E_{kin} = 200$ J ist mit
$v_3 = \pm\sqrt{2\,E_{kin}/m} = 44{,}72$ m/s $(-44{,}72$ m/s$)$
und $h_3 = \frac{1}{2}(v_0^2 - v_3^2)/g = 25{,}49$ m
dann $E_{pot} = 50{,}01$ J, $E_{kin} = 200$ J.
Die Werte in Klammern in c) und d) gelten für den zweiten Teil des Bewegungsvorganges, wenn der Körper wieder fällt.

*10 Lösen Sie die Aufgabe 9 für den Fall, dass der Abschuss des Körpers unter einem Winkel von 80° zur Horizontalen erfolgt.

Lösung:
a) Wie in *Aufgabe 9*
b) Nach der Zeit $t_1 = 3$ s ist mit
$v_1^2 = (v_0\cos\alpha)^2 + (v_0\sin\alpha - g\,t_1)^2$
$v_1 = 21{,}63$ m/s $(-21{,}63$ m/s$)$ und
$h_1 = v_0\sin\alpha\,t_1 - \frac{1}{2}g\,t_1^2$ oder $h_1 = 103{,}6$ m und damit $E_{pot} = 203{,}3$ J, $E_{kin} = 46{,}79$ J.
c) Für $h_2 = 100$ m Höhe gilt mit
$h_2 = v_0\sin\alpha\,t_2 - \frac{1}{2}g\,t_2^2$ oder
$$t_2 = v_0\sin\alpha/g \pm \sqrt{(v_0\sin\alpha)^2 - 2\,g\,h_2}/g$$
oder $t_2 = 2{,}827$ s $(7{,}212$ s$)$ und
$$v_2 = \pm\sqrt{(v_0\cos\alpha)^2 + (v_0\sin\alpha - g\,t_2)^2}$$
oder $v_2 = 23{,}19$ m/s $(-23{,}19$ m/s$)$ dann $E_{pot} = 192{,}2$ J, $E_{kin} = 53{,}78$ J.
d) Bei 80% der anfänglichen kinetischen Energie ist mit
$v_3 = 44{,}72$ m/s $(-44{,}72$ m/s$)$ und aus
$v_3^2 = (v_0\cos\alpha)^2 - (v_0\sin\alpha - g\,t_3)^2$
$t_3 = v_0\sin\alpha/g \pm \sqrt{v_3^2 - v_0^2\cos^2\alpha}/g$ oder
$t_3 = 0{,}548$ s $(9{,}053$ s$)$ dann $E_{pot} = 50{,}05$ J neben $E_{kin} = 200$ J.
Die Werte in Klammern gelten für den Bewegungteil des Fallens.

*11 Eine lotrecht stehende Schraubenfeder wird durch eine darauf gelegte Kugel ($m = 50$ g) um $\Delta s = 2$ mm zusammengedrückt. Wie hoch (vom oberen Rand der entspannten Feder aus gemessen) fliegt die Kugel, wenn die Feder um weitere 15 cm zusammengedrückt und dann plötzlich entspannt wird?

Lösung:
Mit $D = G/\Delta s = 2{,}45\cdot 10^2$ N/m und $E_s = \frac{1}{2}Ds^2$ $= E_{kin} = \frac{1}{2}\,m\,v_0^2 = 2{,}83$ J sowie $h = \frac{1}{2}v_0^2/g$ folgt $h = \frac{1}{2}(s + \Delta s)^2/\Delta s = 5{,}78$ m oder, gemessen an der Ausgangshöhe, $h_{eff} = h - 15{,}2$ cm $\approx 5{,}63$ m.

*12 Berechnen Sie mithilfe des Energiesatzes: Von welcher Höhe h (über dem tiefsten Punkt der Schleifenbahn) muss eine Kugel der Masse m entlang einer Schiene auf einer schiefen Ebene herablaufen, um danach eine kreisförmige Schleifenbahn ($d = 2\,r = 0{,}2$ m) zu durchlaufen, ohne im oberen Punkt der Schleifenbahn herabzufallen? (Von der Rotationsenergie sehe man ab.)

Lösung:
Auf den obersten Punkt P_1 der Bahn muss die Zentripedalkraft mindestens die Gewichtskraft der Kugel kompensieren. Daraus gewinnt man die kinetische Energie in diesem Punkt der Bahn, die zusammen mit der potentiellen Energie an dieser Stelle gleich der potentiellen Energie des Startpunktes P_0 mit der Höhe h über dem tiefsten Punkt der Schleifenbahn sein muss.
P_1: Aus $m v^2/r = m\,g$ wird $E_{kin} = \frac{1}{2}m\,v^2 = \frac{1}{2}\,m\,g\,r$ und $E_{kin} + E_{pot} = \frac{1}{2}\,m\,g\,r + m\,g\,2\,r = \frac{5}{2}\,m\,g\,r$.
P_0: Hier ist $E_{pot} = m\,g\,h$.
Vergleich beider Energien ergibt $h = \frac{5}{2}\,r$.

*13 Ein Pendel der Länge $l = 95$ cm wird um 15 cm angehoben und dann losgelassen. Im tiefsten Punkt der Bahn wird der Pendelkörper ($m = 150$ g) durch eine Rasierklinge vom Faden getrennt und fällt auf den 1,6 m tiefer gelegenen Boden.
a) Wo trifft der Körper auf?
b) Welche Geschwindigkeit (insgesamt und horizontal) besitzt er beim Auftreffen auf dem Boden?

Lösung:
a) Nach dem Energiesatz hat der Pendelkörper im tiefsten Punkt seiner Bahn die Geschwindigkeit $v_0 = \sqrt{2\,g\,\Delta h} = 1{,}72$ m/s.
Er fällt dann mit $s_y = \frac{1}{2}g\,t_e^2$ nach $t_e = 0{,}571$ s, in dem er in x-Richtung der Strecke $s_x = v_0\,t_e = 0{,}98$ m zurücklegt.

b) Nach dem Energiesatz gilt für die Gesamtge-
schwindigkeit $v^2 = 2\,g(\Delta h + s_y)$ oder
$v = \sqrt{v_0^2 + (g\,t_e)^2}$, also $v = 5{,}86$ m/s.
In waagerechter Richtung bleibt die Geschwindigkeit $v = v_0 = 1{,}72$ m/s.

14 Hakt man eine Kugel an eine entspannte Schraubenfeder, die an einem Stativ hängt, und lässt die
Kugel los, so zieht sie die Feder um das Doppelte
der Strecke nach unten, die sich ergibt, wenn man
die Kugel langsam mit der Hand nach unten führt,
bis sie ihre Gleichgewichtslage, an der Feder hän-
gend, erreicht hat. Begründen Sie Ihre Lösung mit
einer Energiebetrachtung.

Lösung:
Hängt man die Kugel an die entspannte Feder und
lässt sie dann los, so fällt sie um die Strecke h, hat
also die potentielle Energie $E_{pot} = m\,g\,h$ in
Spannenergie $E_s = \frac{1}{2}D\,h^2$ der Feder umgesetzt.
In der Gleichgewichtslage – die Feder ist um die
Strecke s gestreckt – ist die Federkraft gleich der
Gewichtskraft: $m\,g = D\,s$.
Aus dem Vergleich folgt $h = 2\,s$: Im ersten Fall
wird die Feder doppelt soweit gedehnt (Ver-
such!).

1.3.4 Stoßvorgänge und Erhaltungssätze

Seite

68

1 Ein Wagen (Masse $m_1 = 4$ kg) prallt mit einer Geschwindigkeit $v_1 = 1{,}2$ m/s auf einen zweiten
($m_2 = 5$ kg), der sich in gleicher Richtung mit der
Geschwindigkeit $v_2 = 0{,}6$ m/s bewegt.
  a) Wie ändern sich die kinetischen Energien beim
  zentralen elastischen Stoß?
  b) Wie lauten die Lösungen, wenn die Wagen aufeinander zulaufen?

Lösung:
  a) Mit $\quad v_1' = 0{,}533$ m/s, $\quad v_2' = 1{,}133$ m/s
  wird $\quad E_{kin1} = 2{,}88$ J, $\quad E_{kin2} = 0{,}9$ J.
  $\qquad E_{kin1}' = 0{,}596$ J, $\quad E_{kin2}' = 3{,}211$ J,
  $\qquad \Delta E_1 = -2{,}311$ J, $\quad \Delta E_2 = +2{,}311$ J.
  b) Es gilt $v_1 = 1{,}2$ m/s und $v_2 = -0{,}6$ m/s.
  $\qquad v_1' = -0{,}8$ m/s, $\quad v_2' = 1{,}0$ m/s.
  $\qquad E_{kin1} = 2{,}88$ J, $\quad E_{kin2} = 0{,}9$ J.
  $\qquad E_{kin1}' = 1{,}28$ J, $\quad E_{kin2}' = 2{,}5$ J,
  $\qquad \Delta E_1 = -1{,}6$ J, $\quad \Delta E_2 = +1{,}6$ J.

*2 Eine Stahlkugel der Masse m stößt zentral mit der
Geschwindigkeit v gegen mehrere gleiche, die hin-
tereinander liegen und sich berühren.
Weshalb fliegt nur eine Kugel fort?

Lösung:
Aus dem Ansatz, daß beim Auftreffen einer Kugel
mit dem Impuls $p = m\,v$ diese Kugel nach dem
Stoß in Ruhe bleibt ($v_1' = 0$) und dabei n Kugeln
mit der Geschwindigkeit v_2' fortfliegen, folgt nach
den Gesetzen des elastischen Stoßes für v_1'
$0 = m\,v + n\,m(-v)$, also $n = 1$; das bedeutet:
nur eine Kugel rollt fort, und für v_2'
$v' = m(2\,v)/(2\,m) = v$,
sie rollt mit der Geschwindigkeit v der ersten Kugel
fort.

Physikalisch kann man sich den Versuch wie folgt
erklären: Jede einzelne Kugel gibt beim Auftreffen
auf die Kugelreihe einzeln durch elastische Verfor-
mung ihre Energie und ihren Impuls an die nächste
weiter, bis jeweils die letzte mit der gleichen Geschwindigkeit wie die angekommene sich weiter-
bewegt.

*3 Ein leerer Güterwagen A mit der Masse
$m_A = 2{,}5 \cdot 10^4$ kg rollt auf einer horizontalen
Strecke mit $v_A = 2{,}0$ m/s gegen einen stehenden
Wagen B mit der Masse $m_B = 5{,}0 \cdot 10^4$ kg. Beide
Wagen sind sogleich gekoppelt.
Welches ist die gesamte Energie vor und nach dem
Stoß? Die Reibung bleibe unberücksichtigt.

Lösung:
$v_B' = 0{,}67$ m/s.
$E_A = 5 \cdot 10^4$ J, $\quad E' = 1{,}70 \cdot 10^4$ J.
Es liegt ein unelastischer Stoß vor.

*4 Eine Kugel mit der Masse $m_1 = 3$ kg stößt mit der
Geschwindigkeit $v_1 = 6$ m/s gegen eine zweite mit
der Masse $m_2 = 2$ kg, die ihr mit der Geschwindigkeit $v_2 = -8$ m/s genau entgegenkommt. Nach
dem Stoß hat die erste die Geschwindigkeit
$v_1' = -2{,}4$ m/s, die zweite die Geschwindigkeit
$v_2' = 4{,}6$ m/s, beide in umgekehrter Richtung als
ursprünglich.
  a) Berechnen Sie Impuls- und Energiesumme vor
  und nach dem Stoß.
  b) Was für ein Stoß liegt vor? Geben Sie den möglicherweise vorhandenen Unterschied betragsmäßig an.

Lösung:

a) Der Impulssatz gilt: $p = p' = 2,0$ kg m/s.
   Der Energiesatz gilt nicht:
   $E = 118$ J, $\quad E' = 29,8$ J, $\quad$ also $\Delta E = 88,2$ J.

b) Bei vollkommen elastischem Stoß würde gelten
   $v'_1 = -5,2$ m/s, $\quad v'_2 = 8,8$ m/s,
   bei einem rein unelastischen Stoß
   $v' = 0,4$ m/s.
   Nach den Daten der Aufgabe besitzt dann der erste Körper eine um $\Delta E' = 56,3$ J kleinere Energie.

Beim unelastischen Stoße verlören die Körper die Energie $\Delta E = 117,6$ J.

Die Versuchsdaten beschreiben einen teilweise elastischen Stoß, und damit den Normalfall wie es z. B. auch beim Zusammenstoß von Autos der Fall ist. Nur ein Teil der Energie geht in kinetische Energie nach dem Stoß über.

1.4.1 Die gleichmäßig beschleunigte Drehbewegung; Drehmoment

Seite
71

(Alle Aufgaben beziehen sich auf den Exkurs Seite 71)

*1 Berechnen Sie für ein Auto mit
  a) Vorderradantrieb,
  b) Allradantrieb die maximale Beschleunigung (ohne Rollreibung und Luftwiderstand).

Lösung:
  a) Für A als Drehpunkt lautet die Gleichgewichtsbedingung

$$G\,l_1 - F_2\,l - F_H\,h = 0.$$

Mit f_H multipliziert, wobei $f_H\,F_2 = F_H$ ist, erhält man

$$f_H\,l_1\,G - l\,F_H - f_H\,h\,F_H = 0$$

oder umgeformt

$$F_H = \frac{l_1\,f_H\,G}{l + f_H\,h}$$

oder mit $F_H = m\,a$ und $G = m\,g$ die maximale Beschleunigung

$$a = \frac{l_1\,f_H\,g}{l + f_H\,h}.$$

  b) Beim Vierradantrieb wird das Auto durch die beiden Haftreibungskräfte der Vorder- und Hinterräder angetrieben:

$$F_H = f_H\,F_1 + f_H\,F_2 = f_H\,G.$$

Damit wird die maximale Beschleunigung

$$a = f_H\,g.$$

Die Beschleunigung beim Hinterrad- bzw. Vorderradantrieb wird damit:

$$a_H = f_H\,g\,\frac{l_2}{l - f_H\,h} \quad \text{bzw.} \quad a_V = f_H\,g\,\frac{l_1}{l + f_H\,h}.$$

Für $l_1 = 0{,}5\,(l + f_H\,h)$ und $l_2 = 0{,}5\,(l - f_H\,h)$ (nachrechnen!) wäre die Beschleunigung für beide Fälle gleich.
Im *Fall b)* kommt man ohne den Ansatz über die Gleichgewichtsbedingung aus, sie führte im übrigen auch nicht weiter. Das Ziel ist ja auch in erster Linie, einen Ausdruck für F_H zu gewinnen, aus dem sich die Beschleunigung a berechnen läßt.

*2 Ein Pkw ($m = 800\,\text{kg}$) mit dem Radabstand 2,40 m hat seinen Schwerpunkt 0,55 m über dem Boden und 1,00 m vor der Hinterachse. Die Haftreibungs-

zahl sei 0,6. Berechnen Sie die mögliche Beschleunigung bei
  a) Hinterradantrieb, **b)** Allradantrieb.

Lösung:
Nach *Aufgabe 1* ist mit $l = 2{,}40\,\text{m}$, $l_1 = 1{,}00\,\text{m}$, also $l_2 = 1{,}40\,\text{m}$, und weiter $h = 0{,}55\,\text{m}$ sowie $f_H = 0{,}6$ für den
  a) Hinterradantrieb $a_{max} = 3{,}98\,\text{m/s}^2$,
  b) Allradantrieb $a_{max} = 4{,}89\,\text{m/s}^2$.
Die Masse m geht in die Beschleunigung nicht ein.

*3 Stellen Sie die Gleichgewichtsbedingung für ein Auto auf und wählen Sie dabei als Drehpunkt den Schwerpunkt des Autos, und zwar für eine Fahrt sowohl auf ebener Straße als auch bergan (Steigungswinkel α).

Lösung:
Wählt man den Schwerpunkt S als Drehpunkt, so gilt $l_1\,F_1 - l_2\,F_2 - h\,F_H = 0$.
Mit $F_2 = F_G - F$, und $l_1 = l - l_2$ wird daraus $l\,F_1 - l_2\,F_G - h\,F_H = 0$.
Das aber ist die oben abgeleitete Gleichgewichtsbedingung.

*4 Zeigen Sie: Die maximale Steigung für ein Auto mit Allradbetrieb berechnet sich zu $\tan\alpha = f_H - f_R$. (Vom Luftwiderstand sehe man ab.)
Zum Vergleich: Für $f_H = 0{,}8$ und $f_R = 0{,}015$ wird bei Allradantrieb $\tan\alpha = 0{,}78$, d.h. 78% bzw. 38° Steigung, bei Hinterradantrieb $\tan\alpha = 0{,}47$, d. h. 47% bzw. 25° Steigung und bei Vorderradantrieb $\tan\alpha = 0{,}33$, d. h. 33% bzw. 18° Steigung.
(Anmerkung: Die Angaben für Hinter- und Vorderradbetrieb können hier nicht begründet werden, da die Berechnung auch bei einfachsten Annahmen zu kompliziert ist.)

Lösung:
Die maximal wirksame Antriebskraft kann höchstens so groß sein wie die Haftreibungskraft F_H.
Bei Allradbetrieb ist die Haftreibungskraft insgesamt gleich der Summe der Haftreibungskräfte auf Vorder- und Hinterrad F_{Hv} und F_{Hh}

$$F_H = F_{Hv} + F_{Hh} = f_H\,F_N = f_H\,G\cos\alpha.$$

Bei konstanter Geschwindigkeit, wenn man bei Berganfahrt die Luftwiderstandskraft vernachlässigt, muss die Antriebskraft F_A die Rollreibungskraft F_R und die Hangabtriebskraft (Steigungswiderstandskraft) F_S aufwiegen:

$F_A = F_H = F_S + F_R$
mit $F_S = G \sin \alpha$ und
$F_R = F_{Rv} + F_{Rh} = f_R F_N = f_R G \cos \alpha$.
Damit wird
$F_H = F_S + F_R$
oder
$f_H\, G \cos \alpha = G \sin \alpha + f_R\, G \cos \alpha$ oder
$f_H - f_R = \tan \alpha$.

Der maximale Steigerungswinkel ist durch die Differenz von Haftreibungszahl und Rollreibungszahl gegeben.

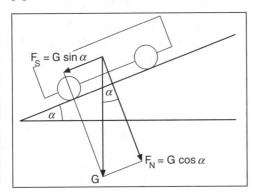

Zusatzaufgaben

5 Ein Radfahrer übt auf die Pedale ($r = 18$ cm) eine Kraft $F = 480$ N aus. Berechnen Sie das Drehmoment für den Fall, dass der eingeschlossene Winkel $0°$, $45°$, $90°$ und $180°$ beträgt.

Lösung:
$M = r F \sin \alpha = 84{,}4$ Nm $\cdot \sin \alpha$;
$M_1 = 0, M_2 = 61{,}1$ Nm, $M_3 = 86{,}4$ Nm, $M_4 = 0$.

6 Was kann ein Radfahrer tun, um das Drehmoment auf die Pedale zu vergrößern?

Lösung:
Man kann so treten, dass die Kraft senkrecht zur Pedale wirkt. Man kann aufstehen, um das volle Gewicht wirken zu lassen. Man kann den Körper nach unten ziehen, um eine zusätzliche Kraft zu erhalten.

*7 *(Die Aufgabe setzt die Kenntnis des Exkurses Seite 71 voraus.)*

a) Berechnen Sie das Drehmoment des Motors eines Autos mit der Leistung 90 kW bei 5100 Umdrehungen pro Minute.

b) Berechnen Sie die Antriebskraft, die auf die Hinterräder ($R = 0{,}31$ m) wirkt, wenn die Gangübersetzung $i = 1$ (im 4. Gang) ist und der Wirkungsgrad des Getriebes usw. mit $\eta = 0{,}8$ angesetzt wird.

c) Wie groß ist die Haftreibungskraft an den Hinterrädern und das Beschleunigungsvermögen, wenn der Radstand $l = 2{,}6$ m, der Abstand Hinterachse – Schwerpunkt $l_1 = 1{,}1$ m, die Höhe des Schwerpunktes $h = 0{,}58$ m und die Masse des besetzten Wagens $m = 1500$ kg betragen (Haftreibungszahl $f_H = 0{,}7$)?

Lösung:
a) Nach $P = M \omega$ mit $\omega = 2\,\pi/T$ und $T = 60$ s$/\,5100$ ist $M = P/\omega = 168{,}5$ Nm.

b) Antriebskraft F_A, Wirkungsgrad des Getriebes η:

$$F_A = \eta\, i\, \frac{M}{R} = 434{,}8 \text{ N.}$$

c) Nach *Aufgabe 1 Seite 71* ist mit $f_H = 0{,}7$, $l = 2{,}6$ m, $l_1 = 1{,}1$ m, also $l_2 = 1{,}5$ m, und $h = 0{,}58$ m bei Hinterradantrieb die maximale Beschleunigung $a_{max} = 4{,}69$ m/s^2.
Danach beträgt die mögliche Haftreibungskraft $F_H = 7035$ N. Die Antriebskraft des Motors dient voll der Beschleunigung.

1.4.2 Trägheitsmoment und Rotationsenergie

1 Eine Eiskunstläuferin dreht eine Pirouette. Ist ihr Trägheitsmoment größer oder kleiner als 20 kg m^2?

Lösung:
Eine Abschätzung ergibt, daß das Trägheitsmoment erheblich kleiner als 20 kg m^2 ist: Befände sich die Gesamtmasse (maximal 80 kg) im maximalen Abstand von der Drehachse (höchstens 30 cm), so ergäbe sich $J = m\, r^2 = 7{,}2$ kg m^2.

*2 An den vier Ecken eines Rechtecks mit den Seitenlängen von 30 cm und 40 cm befinden sich Kugeln mit der Masse von je 200 g. Berechnen Sie das Gesamtträgheitsmoment um eine Achse durch den Mittelpunkt des Rechtecks senkrecht zur Rechteckebene. (Der Durchmesser einer Kugel kann im Vergleich zu den Seitenlängen des Rechtecks als klein angesehen werden.)

Lösung:

$r = \frac{1}{2}\sqrt{0{,}3^2 + 0{,}4^2}$ m $= 0{,}5$ m, $m = 0{,}8$ kg;

$J = m\,r^2 = 0{,}2$ kg/m^2.

*3 Eine Vollkugel ($r = 4{,}4$ cm, $m = 0{,}62$ kg) rollt mit der Geschwindigkeit $v = 36$ cm/s auf dem Tisch. Berechnen Sie ihre Translations- und ihre Rotationsenergie.

Lösung:

$E_{kin} = \frac{1}{2}mv^2 = 4 \cdot 10^{-2}$ J; $J_{Ku} = \frac{2}{5}mr^2, \omega = v/r$.

$E_{rot} = \frac{1}{2}J\omega^2 = \frac{1}{5}mv^2 = 1{,}6 \cdot 10^{-2}$ J;

Verhältnis $E_{kin} : E_{rot} = 5 : 2$.

*4 Auf welche Höhe hat man die Kugel in einer Schleifenbahn ($\rightarrow$Aufgabe 12 in 1.3.3) zu bringen, wenn man die Rotationsenergie berücksichtigt?

Lösung:

Die potentielle Energie des Startpunktes muss die kinetische und die Rotationsenergie im höchsten Punkt der Schleifenbahn liefern:

$$m\,g\,h = \frac{1}{2}m\,v^2 + \frac{1}{5}m\,v^2 + m\,g\,2\,r.$$

Dabei ist (*Aufgabe 12, Seite 67*)

$m\,v^2/r \geqq m\,g$, also $m\,g\,h \geqq \frac{7}{10}\,r\,m\,g + 2\,r\,m\,g$ und daraus $h \geqq 2{,}7\,r$.

*5 Von einer schiefen Ebene (Länge $l = 1{,}2$ m, Neigungswinkel 30°) rollen eine Kugel, ein Hohlzylinder und ein Vollzylinder von der gleichen Masse ($m = 300$ g, $r = 2{,}1$ cm) herab (von Reibungskräften sehe man ab).

a) Mit welcher Bahn- und welcher Winkelgeschwindigkeit und nach welcher Zeit treffen die Körper am Ende der schiefen Ebene ein?

b) Wie groß ist dort ihre kinetische Energie der Translations- und der Rotationsbewegung?

c) Welche Bahn- und welche Winkelbeschleunigung erfahren sie?

Lösung:

	Kugel	Hohl-zylinder	Voll-zylinder
a) $E_{pot} :=$	$0{,}7\,m\,v^2$	$m\,v^2$	$0{,}75\,m\,v^2$
v in m/s	2,90	2,43	2,80
ω in 10^2 s^{-1}	1,38	1,16	1,33
$t_e = \dfrac{2\,s}{v}$ in s	0,828	0,988	0,857
b) E_{kin} in J	1,262	0,886	1,176
E_{rot} in J	0,505	0,886	0,588
c) a in m/s^2	3,50	2,46	3,27
α in 10^2 s^{-2}	1,66	1,17	1,55

Zu a): Aus $s = \frac{1}{2}a\,t^2$ und $v = a\,t$ ergibt sich $t = 2\,s/v$.

Zusatzaufgaben

*6 An einem Reifenapparat (Reifen $m = 0{,}823$ kg, $r = 0{,}31$ m, Trommeldurchmesser $d = 2{,}0$ cm) werden auf das Gewichtstellerchen ($m_0 = 0{,}54$ g) nacheinander eine bzw. zwei Scheiben von 10 g gelegt (Ausgleichsmasse für die Reibung $m_R = 0{,}65$ g).

Man misst jeweils für 2 Umdrehungen die Zeit t und danach die Geschwindigkeit mit einem Papierstreifen der Breite $\Delta s = 2{,}0$ cm, der die Lichtschranke für die Zeit Δt unterbricht, nachdem der Reifen unbeschleunigt weiterläuft.

Eine Scheibe: $t = 45{,}1$ s, $\Delta t = 1{,}17 \cdot 10^{-1}$ s.

Zwei Scheiben: $t = 31{,}8$ s, $\Delta t = 8{,}19 \cdot 10^{-2}$ s.

a) Bestimmen Sie jeweils die Winkelbeschleunigung α und die (End-)Winkelgeschwindigkeit ω, und überprüfen Sie den Zusammenhang.

b) Berechnen sie jeweils das Drehmoment M und mit a) das Trägheitsmoment J.

Lösung:

a) Die Winkelbeschleunigung $\alpha = 2\,\varphi/t^2$ und die Winkelgeschwindigkeit am Ende des Beschleunigungsvorganges $\omega = \alpha\,t$ kann man vergleichen mit der mittels des Papierstreifens, Breite Δs, Zeit der Unterbrechung Δt, gemessenen Winkelgeschwindigkeit $\omega = v/r = (\Delta s/\Delta t)/r$.

m_A in g	t in s	φ	α in 10^{-2}s^{-2}	ω in 10^{-1}s^{-1}
10	45,1	$4\,\pi$	1,24	5,59
20	31,8	$4\,\pi$	2,49	7,92

m_A in g	Δt in 10^{-2}s	v in 10^{-1}m/s	ω in 10^{-1}s^{-1}
10	11,7	1,71	5,51
20	8,19	2,44	7,87

Beide Messungen kommen zu übereinstimmenden Ergebnissen mit 1,4% bzw. 0,6% Fehler.

b)

m_A in g	m_A^* in g	F_A in 10^{-2} N
10	9,9	9,7
20	19,9	19,5

m_A in g	M in 10^{-2} Nm	J in 10^{-2} Nms^2
10	0,97	7,82
20	1,95	7,83

Dabei berechnet sich

$m_A^* = m_{\text{Scheiben}} + m_{\text{Tellerchen}} - m_{\text{Reibung}}.$
J erhält man mit den Ergebnissen aus a) für α mit
$J = M/\alpha.$

*7 Berechnen Sie das Trägheitsmoment des Reifens in *Aufgabe 6* und überprüfen Sie den Zusammenhang zwischen M, J und α.

Lösung:
Das Trägheitsmoment lässt sich aus $m = 0{,}823$ kg und $r = 0{,}31$ m über $J = m\,r^2$ berechnen zu $J = 7{,}91$ N m/s^2 mit einem am Ergebnis aus *Aufgabe 6 b)* gemessenen Fehler von 1,1%.

*8 Berechnen Sie mit einem Energieansatz für das Gerät in $\rightarrow$ *Abb. 72.2* ($m = 1{,}15$ kg, $r = 31$ cm) die Winkelgeschwindigkeit, die ein Gewicht ($F = 0{,}3$ N) mit einem Kraftarm von $r_0 = 1{,}0$ cm beim Herabsinken um $h = 34$ cm bewirkt.

Lösung:
$E_{\text{pot}} = E_{\text{rot}};\quad F\,h = \tfrac{1}{2}\,J\,\omega^2;\quad J = m\,r^2;$
$\omega = \sqrt{2\,F\,h/(m\,r^2)} = 1{,}36\ \text{s}^{-1}.$

1.4.3 Der Drehimpuls und seine Erhaltung

1 Ein Vollzylinder ($m = 350$ g, $r = 2{,}7$ cm) rollt mit einer konstanten Geschwindigkeit $v = 0{,}9$ m/s auf der Tischfläche. Berechnen Sie seinen Drehimpuls.

Lösung:
$L = J\,\omega,\quad J = \tfrac{1}{2}\,m\,r^2,\quad \omega = v/r;$
$L = \tfrac{1}{2}\,m\,r\,v = 4{,}25 \cdot 10^{-3}\ \text{kg m}^2/\text{s}.$

2 Wie groß ist der Drehimpuls eines Körpers der Masse 1 kg, der sich am Erdäquator auf Meereshöhe befindet?

Lösung:
$L = J\,\omega,\quad J = m\,r^2,$
$\omega = 2\,\pi/\alpha = 2\,\pi/(24 \cdot 60 \cdot 60\ \text{s}) = 7{,}27 \cdot 10^{-5}\ \text{s}^{-1};$
$L = m\,r^2\,\omega = 2{,}95 \cdot 10^9\ \text{kg m}^2/\text{s}.$

3 Vergleichen Sie den Drehimpuls der Erde aufgrund ihrer täglichen Umdrehung mit dem Drehimpuls des Mondes aufgrund seines Umlaufs um die Erde. Die Erde betrachte man dabei als homogene Kugel.

Lösung:
$L = J\,\omega;$
$J_E = \tfrac{2}{5}\,m_E\,r_E^2,$
$\omega_E = 2\,\pi/d = 2\,\pi\,(24 \cdot 3600)\ \text{s}^{-1} = 7{,}27 \cdot 10^{-5}\ \text{s}^{-1};$
$J_M = m_M\,r^2,\quad \omega_M = 2\,\pi/(27{,}3\ d) = 2{,}66 \cdot 10^{-6}\ \text{s}^{-1};$
$L_E = 7{,}05 \cdot 10^{33}\ \text{kg m}^2/\text{s},$
$L_M = 2{,}88 \cdot 10^{34}\ \text{kg m}^2/\text{s},$
$L_M/L_E \approx 4.$

2.1.1 Das Sonnensystem

Seite
80

1 Berechnen Sie aus den Angaben für die großen Planeten (Anhang) die Konstanten nach dem 3. Kepler'schen Gesetz und bestimmen Sie ihren Mittelwert.

Lösung:

	T^2/r^3 in 10^{-34} a^2/m^3	T^2/r^3 in 10^{-19} s^2/m^3
Merkur	2,97	2,96
Venus	3,05	3,04
Erde	3,02	3,01
Mars	2,98	2,97
Jupiter	3,01	2,99
Saturn	2,98	2,96
Uranus	2,98	2,96
Neptun	2,99	2,98
Pluto	2,98	2,97

Im Mittel: $T^2/r^3 = 2{,}996 \cdot 10^{-34}$ a^2/m^3 oder
$T^2/r^3 = 2{,}983 \cdot 10^{-19}$ s^2/m^3

mit den Streuungen $\sigma = 2{,}45 \cdot 10^{-36}$ a^2/m^3 oder
$\sigma = 2{,}49 \cdot 10^{-21}$ s^2/m^3.

*2 Setzt man die mittlere Entfernung der Erde von der Sonne gleich 1, so folgen die relativen Entfernun-

gen der großen Planeten, Neptun ausgenommen, dem *Titius-Bode'schen Gesetz*: $d_n = 0{,}4 + 0{,}3 \cdot 2^n$ mit $n = -\infty, 0, 1, 2, 4, 5, 6, 7$. Berechnen und vergleichen Sie mit den Werten der Tabelle im Anhang.

Lösung:
Vergleich der Planetenentfernungen nach Titius-Bode und nach Tabelle S. 576.

	n	relativ		absout in 10^9 m	
	nach Titius-Bode	nach Titius-Bode	nach Tabelle	nach Titius-Bode	nach Tabelle
Merkur	$-\infty$	0,4	0,387	59,8	57,9
Venus	0	0,7	0,723	104,7	108,2
Erde	1	1,0	1,000	149,6	149,6
Mars	2	1,6	1,524	239,4	227,9
	(3)				
Jupiter	4	5,2	5,205	778	779
Saturn	5	10,0	9,576	1496	1432
Uranus	6	19,6	19,281	2932	2884
Neptun					
Pluto	7	38,8	39,880	5809	5966

2.1.2 Die Erforschung von Gestalt und Größe der Erde und der Planetenbewegung

Seite
83

1 Bestimmen Sie den Erdumfang nach ERATOSTHENES.

Lösung:
Das Verhältnis des gemessenen Mittelpunktwinkels von $\alpha = 7{,}2°$ zum Umfangswinkel von 360° ist gleich dem Verhältnis der Strecke Syene–Alexandria $b = 5000 \cdot 148{,}5$ m zum Erdumfang $u = 2\,\pi\,R$.
Daraus ergibt sich für den Erdumfang $u = b \cdot 360°/7{,}20° = 37\,125$ km und für den Radius der Erde $R = 5909$ km, gegenüber den geltenden Werten ein Fehler von 7,3%.

2 ARISTARCH beobachtete bei einer Mondfinsternis, bei der der Mond durch die Mitte des Erdschattens ging, dass die Zeit zwischen dem Eintritt des Mondrandes in den Erdschatten und dem Beginn der totalen Mondfinsternis gleich der Dauer der totalen Verfinsterung war.

a) Erläutern Sie an der nachfolgenden Skizze die Angaben ARISTARCHs und bestimmen Sie den Durchmesser von Mond und Sonne in Erdbahndurchmessern.

b) Die scheinbaren Durchmesser von Mond und Sonne nahm ARISTARCH als gleich groß zu 0,5° an. Berechnen Sie die Entfernungen Erde–Mond und Erde–Sonne in Erdbahndurchmessern und geben Sie die Distanzen mithilfe des Wertes für den Erdradius nach ERATOSTHENES in Kilometern an.

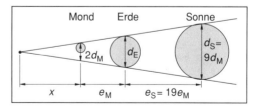

Lösung:
a) Aus $2\,d_M/x = d_S/(20\,e_M + x)$ und $d_s = 19\,d_M$ gewinnt man $x = \frac{40}{17}\,e_M$, und damit folgt aus einem weiteren Verhältnis der Figur $2\,d_M/x = d_E/(e_M + x)$ einerseits $d_M = \frac{20}{57}\,d_E = 0{,}35\,d_E$ und weiter aus einem dritten Verhältnis, nämlich $d_S/(20\,e_M + x) = d_E/(e_M + x)$, andererseits $d_S = \frac{380}{57}\,d_E = 6{,}67\,d_E$.

b) Mit $d_E = 11\,800$ km nach Eratosthenes erhält man nach a) $d_S = \frac{380}{57} d_E = 78\,800$ km und $d_M = \frac{20}{57} d_E = 4140$ km. Für den Sehwinkel von 0,5° oder $8{,}73 \cdot 10^{-3}$ im Bogenmaß gilt: Der Sehwinkel, unter dem ein Gestirn erscheint, ist gleich dem Verhältnis von Durchmesser des Gestirns zur Entfernung zum Gestirn. Daraus ergibt sich für die Entfernung zur Sonne $e_S = 78\,700$ km : $8{,}73 \cdot 10^{-3} = 9\,026\,000$ km, und für die Entfernung zum Mond $e_M = 4140$ km : $8{,}73 \cdot 10^{-3} = 47\,400$ km.

*3 a) Zeigen sie, dass die (mittlere) Entfernung Erde–Sonne, die so genannte astronomische Einheit (AE) einer Horizontalparallaxe der Sonne von 8,7964 Bogensekunden entspricht *(Abb. 82.1)*.

b) Die Parallaxe *(→ Abb. 81.3)* des erdnächsten Sterns Proxima Centauri beträgt 0,762 Bogensekunden. Welcher Entfernung in Metern bzw. Lichtjahren entspricht das? Bis zu welchen Entfernungen kann man den Weltraum mit der kleinstmöglichen (messbaren) Sonnenparallaxe von 0,016 Bogensekunden ausmessen?

Lösung:

a) Nach *Abb. 82.1* ist $\pi = R/e = 6{,}371 \cdot 10^6$ m : $1{,}496 \cdot 10^{11}$ m $= 8{,}784''$.

b) Nach *Abb. 81.3* ist $\pi = 1\,\text{AE}/e$ oder $e = 1\,\text{AE}/\pi$, wobei e die gesuchte Entfernung zu α-Centauri und π die zugehörige Sonnenparallaxe im Bogenmaß ist mit $0{,}754'' \,\hat{=}\, 3{,}655 \cdot 10^{-6}$.
Damit ist die Entfernung zu α-Centauri $e = 1{,}496 \cdot 10^{11}$ km : $3{,}655 \cdot 10^{-6}$ oder $e = 4{,}326$ Lj. Entsprechend ergibt sich als Entfernung, bis zu der man die Sonnenparallaxe noch ausmessen kann, $e = 2{,}04 \cdot 10^2$ Lj.

*4 a) Bestimmen Sie aus dem scheinbaren Sonnendurchmesser die relative Entfernung Erde–Sonne vom sonnennächsten (r_{min}, Perihel) zum sonnenfernsten (r_{max}, Aphel) Punkt der Erdbahn (peri, apo, griech. bei, weg).

1. Januar	16,3′	1. Juli	15,8′
1. Februar	16,3′	1. August	15,8′
1. März	16,2′	1. September	15,9′
1. April	16,0′	1. Oktober	16,0′
1. Mai	15,9′	1. November	16,1′
1. Juni	15,8′	1. Dezember	16,2′

b) Die (numerische) Exzentrizität e der Ellipsenbahn der Erde um die Sonne errechnet man aus $e = (r_{max} - r_{min})/(r_{max} + r_{min})$.
Vergleichen Sie den Wert mit dem genauen Wert $e = 0{,}01674$. (Zur Bezeichnung von e → Abb. 97.2)

Lösung:

a) Sei R der Sonnenradius, r_A die Entfernung der Sonne im erdfernsten Punkt (Aphel) und π_A der scheinbare Sonnendurchmesser im Aphel und entsprechend r_P sowie π_P die entsprechenden Größen im erdnächsten Punkt der Sonne (Perihel), dann gilt
$r_A = 2\,R/\pi_A$ und $r_P = 2\,R/\pi_P$ und daraus die relative Entfernung der Sonne im Perihel zu der im Aphel
$r_P/r_A = \pi_A/\pi_P = 15{,}8'/16{,}3' = 0{,}969$.

b) Mit $r_A = r_{max}$ und $r_P = r_{min}$ errechnet man
$$e = (r_{max} - r_{min})/(r_{max} + r_{min}) = (r_A - r_P)/(r_A + r_P)$$
$$= \frac{1 - \dfrac{r_P}{r_a}}{\left(1 + \dfrac{r_P}{r_A}\right)} = 0{,}01558, \text{ also } (e - e_0)/e_0 \, 100\%$$
$$= 6{,}9\% \text{ Fehler.}$$

Zusatzaufgaben

5 Wie groß ist nach den Messungen des Aristarch das Volumen der Erde im Vergleich zu dem der Sonne bzw. dem des Mondes?

Lösung:
Aus dem gemessenen Winkel von 87° des Dreiecks nach *Abb. 81.2* schließt man mit Aristarch auf das Verhältnis der Entfernung von der Erde zur Sonne und zum Mond $e_S/e_M = 1/\cos 87° = 19{,}1$. Wegen der Gleichheit der scheinbaren Durchmesser von Sonne und Mond gilt dieses Verhältnis auch für die Durchmesser und Radien dieser beiden Himmelskörper: $d_S/d_M = r_S/r_M = e_S/e_M$.
Schließlich schätzte Aristarch das Verhältnis von Mondradius zu Erdradius mit $r_M/r_E = 0{,}36$ ab. Damit lässt sich auch das Verhältnis des Sonnenradius zum Erdradius bestimmen:
$r_S = r_E = 0{,}36\, r_S/r_M = 19{,}1 \cdot 0{,}36 = 6{,}88$.
Daraus bestimmen sich die Volumenverhältnisse
$V_S/V_E = (r_S/r_E)^3 = 326$,
$V_M/V_E = (r_M/r_E)^3 = 0{,}0467 \approx \frac{1}{21}$.

2.1.3 Newtons Gravitationsgesetz

Seite
85

1 Wie groß ist die Gravitationskraft zwischen
  a) zwei Schiffen von je 100 000 t, die sich mit dem Schwerpunktabstand $d = 200$ m begegnen;
  b) zwei Autos von je 900 kg, die im (Schwerpunkt-)Abstand von 5 m aneinander vorbeifahren;
  c) zwei Wasserstoffatomen ($m_H = 1,6734 \cdot 10^{-27}$ kg) im Abstand von $d = 10^{-8}$ cm?

Lösung:
  a) $F = 1,186$ N;
  b) $F = 2,162 \cdot 10^{-10}$ N;
  c) $F = 1,869 \cdot 10^{-48}$ N.

2 Mit welcher Kraft ziehen sich die kleine ($m_1 = 20$ g) und die große ($m_2 = 1,46$ kg) Bleikugel der Gravitationsdrehwaage im Abstand $r = 4,5$ cm an?

Lösung:
$F = 9,622 \cdot 10^{-10}$ N.

*3 Bei einem Versuch nach *Abb. 85.2* misst man den Weg x und die Zeit t, den der Lichtzeiger auf der $e = 8,90$ m entfernten Skala zurücklegt. Die halbe Länge des Querarms ist $d = 5,0$ cm, der mittlere Abstand zwischen großer und kleiner Kugel beträgt $r = 4,5$ cm, jede große Kugel hat die Masse $M = 1,46$ kg. Werten Sie die Messreihe aus; vergleichen Sie das Ergebnis mit dem Literaturwert.

x in cm	0	1,3	2,8	4,9	7,4	11,3	15,0	19,2
t in s	0	30	45	60	75	90	105	120

Lösung:
  a) Eine mit Skizzen belegte Darstellung, die im einzelnen die Figur *Abb. 85.2* (mit der halben Länge des Querarms d) wiedergibt, führt über $a = 2 s/t^2$ mit $s = d x/2 e$ und $m a = 2 F_g$ zur experimentellen Bestimmung von γ zu $\gamma = a r^2/(2 M)$.
  b) Die Tabelle in *Aufgabe 3* liefert:

x in cm	0	1,3	2,8	4,9	7,4	11,3	15,0	19,2
t in s	0	30	45	60	75	90	105	120
a in 10^{-5} m/s^2	–	2,89	2,77	2,72	2,63	2,79	2,72	2,67

Daraus erhält man als Mittelwert $\bar{a} = 2,74 \cdot 10^{-5}$ m/s^2 und über $s = 2,809 \cdot 10^{-3} x$ zur Beschleunigung des Querarmes $a = 7,70 \cdot 10^{-8}$ m/s^2, schließlich $\gamma = 5,34 \cdot 10^{-11}$ m^3/(s^2 kg) mit 18% Fehler zum Literaturwert.

2.1.4 Anwendungen des Gravitationsgesetzes

Seite
88

1 Berechnen Sie die Masse der Erde jeweils über den mittleren Abstand des Satelliten vom Erdmittelpunkt:

Satellit	Abstand zur Erdoberfläche		Umlaufzeit
	im Perigäum	Apogäum	
Nimbus	1 095 km	1 100 km	107,3 min
Skynet 2	270 km	36 041 km	636,5 min
Nato 1	34 429 km	35 786 km	1 401,6 min

Lösung:
Bezeichnet r_{min} den Abstand von der Erde im Perigäum und r_{max} den Abstand im Apogäum, so ist der Schwerpunkt a vom Erdmittelpunkt zum Satellit $a = \frac{1}{2}(r_{min} + r_{max}) + r_E$ (genannt sind nämlich die Abstände zur Erdoberfläche) mit $r_E = 6,731 \cdot 10^6$ m. Die Masse der Erde ergibt sich dann aus $m_E = 4 \pi^2 a^3/(\gamma T^2)$ zu:

	m_E in 10^{24} kg
Nimbus	5,946
Skynet 2	5,985
Nato 1	5,970
im Mittel	5,967

Genaue Werte für die Erdmasse lassen sich aus Satellitenmessungen nicht gewinnen, weil einmal Störungen durch andere Himmelskörper, z. B. Mond, Sterne usw., die Bewegung des Satelliten beeinflussen; die Bewegung eines Satelliten um die Erde ist kein reines Zweikörperproblem. Zum anderen ist die Erde keine Kugel, und sie ist in ihrem Aufbau auch nicht homogen.
Genauere Werte als z. B. der Mittelwert, der sich aus obigen Berechnungen ergibt mit $m_E = 5,967 \cdot 10^{24}$ kg und der immerhin nur 0,2% Fehler aufweist, erhält man durch kompliziertere Methoden.

2 Berechnen Sie aus den Daten der vier von GALILEI entdeckten Jupitermonde die Masse des Jupiters:

Name	mittlerer Abstand	siderische Umlaufzeit
Jo	412 000 km	1,769 d
Europa	670 900 km	3,551 d
Ganymed	1 070 000 km	7,155 d
Callisto	1 880 000 km	16,689 d

Lösung:
Die Jupitermasse ergibt sich aus Gleichsetzen von Gravitations- und Radialkraft zu $m_J = 4\pi^2 a^3/(\gamma T^2)$. (Im Gegensatz zu *Aufgabe 1 Seite 88* ist hier der mittlere Abstand als Entfernung der beiden Schwerpunkte zu nehmen.)

3 Wie groß wäre die (siderische) Umlaufzeit des Mondes,

a) wenn der Mond die doppelte Masse besäße und sich auf der gleichen Umlaufbahn bewegte;

b) wenn sich seine Bahngeschwindigkeit verdoppelte?

Lösung:
Aus dem Ansatz, dass die Gravitationskraft die für die Bahnbewegung (Kreisbewegung) erforderliche Zentripetalkraft liefert
$m_M (2\pi/T_M)^2 r_{ME} = \gamma m_M m_E/(r_{ME}^2)$,
sieht man, dass die Umlaufzeit T_M des Mondes nur von der Masse m_E der Erde und der Entfernung r_{ME} Erde–Mond, nicht aber von der Masse m_M des Mondes abhängt.
Aus dem 3. Keplerschen Gesetz $r^3/T^2 =$ konstant und $v = r\, 2\pi/T$ ergibt sich $T = C/v^3$.
Mit $v_2 = 2 v_1$ ist dann $T_2 = C/v_2^3 = \frac{1}{8} C/v_1^3 = \frac{1}{8} T_1$.
Legt man die siderische Umlaufzeit zugrunde $(T_1 = 2,36 \cdot 10^6 \text{ s} = 27,32 \text{ d})$, so heißt die neue Umlaufzeit $T_2 = 2,95 \cdot 10^5 \text{ s} = 3,415 \text{ d}$.

*4 Berechnen Sie die Lage des gemeinsamen Schwerpunktes von Erde und Mond.

Lösung:
Der Abstand Erde (Masse m_E, Radius R) – Mond (Masse m_M) sei r $(r = 3,844 \cdot 10^8 \text{ m})$. Weiter seien die Entfernungen Erdmittelpunkt-Schwerpunkt von Erde und Mond r_1 und Mondmittelpunkt–Schwerpunkt r_2. Dann gilt $m_E r_1 = m_M r_2$ aus $m_E \omega^2 r_1 = m_M \omega^2 r_2$ und $r_1 + r_2 = r$. Daraus folgt

$r_1 = m_M/(m_M + m_E)\, r = 4,672 \cdot 10^6 \text{ m} = 0,733\, R$,
$r_2 = m_E/(m_M + m_E)\, r = 3,797 \cdot 10^8 \text{ m}$.

Der gemeinsame Schwerpunkt liegt also noch innerhalb des Erdkörpers.

*5 Wie groß sind die Gravitationskraft des Mondes und die Zentrifugalkraft infolge der Drehung um den gemeinsamen Schwerpunkt von Erde und Mond (Aufgabe 4), die auf eine Wassermenge der Masse $m = 1$ kg auf der mondzugewandten und auf der mondabgewandten Seite der Erdoberfläche wirken? Wie groß ist die resultierende Kraft in beiden Fällen?

Lösung:
Die überall gleich große Zentrifugalkraft ist

$F_Z = m\, \omega^2\, r_1 = \gamma\, m_M\, m/r^2 = 3,319 \cdot 10^{-5}$ N

mit r_1, der Entfernung Erdmittelpunkt-Schwerpunkt, m, der Masse des Probekörpers von 1 kg, m_M, der Mondmasse, und r, dem Abstand der Schwerpunkte von Mond und Erde.
Für die Gravitationskräfte auf den Probekörper ergibt sich auf der mondzugewandten Seite

$F_{gA} = \gamma\, m_M\, m/(r - R)^2 = 3,432 \cdot 10^{-5}$ N

und auf der mondabgewandten Seite

$F_{gB} = \gamma\, m_M\, m/(r + R)^2 = 3,212 \cdot 10^{-5}$ N

mit dem Erdradius R.
Die resultierende Kraft ist auf der mondzugewandten Seite

$F_A = F_Z - F_{gA} = -1,13 \cdot 10^{-6} \text{ N} \approx -1,1 \cdot 10^{-6}$ N

und auf der mondabgewandten Seite

$F_B = F_Z - F_{gB} = 1,07 \cdot 10^{-6} \text{ N} \approx 1,1 \cdot 10^{-6}$ N.

*6 a) Geben Sie die Gezeitenbeschleunigungen durch die Sonne formelmäßig an und berechnen Sie sie.

b) Vergleichen Sie sie mit der des Mondes.

Lösung:
a) Mit dem (mittleren) Radius der Erde R, der Masse $m_\odot$ der Sonne und der (mittleren) Entfernung r zur Sonne wird die Gezeitenbeschleunigung

$$\Delta g_A = -\Delta g_B = 2\gamma\, m_\odot\, R/r^3$$
$$= 5,05 \cdot 10^{-7} \text{ m/s}^2.$$

b) Die Gezeitenbeschleunigung des Mondes

$\Delta g_A = -\Delta g_B = 2\gamma\, m_M\, R/r^3 = 1,10 \cdot 10^{-6} \text{ m/s}^2$

ist doppelt so groß wie die Sonne.

2.2.1 Feldbegriff und Feldstärke

Seite
90

1 Berechnen Sie jeweils die Gravitationsfeldstärke auf der Oberfläche der Erde am Pol und am Äquator, auf der Mondoberfläche, auf der Oberfläche der Sonne.

Lösung:
Am Äquator $\quad\quad g_{\ddot{A}} = 9{,}7982 \text{ m/s}^2$,
am Pol $\quad\quad\quad\quad g_P = 9{,}8643 \text{ m/s}^2$,
auf der Mondoberfläche $\quad g_M = 1{,}6237 \text{ m/s}^2$
$\quad\quad\quad\quad\quad\quad\quad\quad = 0{,}166 \, g_E$,
auf der Sonnenoberfläche $g_S = 2{,}7399 \cdot 10^2 \text{ m/s}^2$

*2 Für einen Punkt im Erdinnern zählt für die Gravitationskraft nur die Masse der Kugel, deren Radius seinem Abstand vom Mittelpunkt entspricht. Homogene Massenverteilung vorausgesetzt berechne man
a) die Gravitationsfeldstärke in 1000 km Tiefe,
b) die Abhängigkeit der Gravitationsfeldstärke im Innern der Erde vom Abstand vom Erdmittelpunkt.

Lösung:
a) Aus $m_r = (r/r_E)^3 m_E$ und $g = \gamma \, m_r/r^2$ ergibt sich $g_r = g_E \, r/r_E$.
Mit $g_E = 9{,}814$ m/s^2 ist in 1000 km Tiefe $g_r = 8{,}274$ m/s^2.
b) Die Feldstärke im Abstand r vom Erdmittelpunkt wächst dem Betrag nach linear mit dem Abstand vom Erdmittelpunkt:

$$g_r = \gamma(m_E/r_E^3)\, r, \text{ vektoriell } \vec{g}_r = -\gamma(m_E/r_E^3)\vec{r}.$$

*3 Erde (Masse M) und Mond (m) haben den Schwerpunktsabstand r. Gibt es einen Punkt, an dem die Feldstärke null ist (allgemein und betragsmäßig)?

Lösung:
Aus der Gleichsetzung der Feldstärken
$\gamma \, m_E/r_1^2 = \gamma \, m_M/r_2^2 \quad$ folgt als erste Lösung
$r_1 = \sqrt{m_E/m_M} \, r_2$, wenn r_1 die Entfernung Erde zu diesem Punkt und r_2 diejenige vom Mond zu ihm ist, und damit über $\quad r_1 + r_2 = e$

folgt $\quad r_1 = e \Big/ \left(\sqrt{\dfrac{m_M}{m_E}} + 1 \right) = 3{,}460 \cdot 10^8$ m

und $\quad r_2 = e \Big/ \left(\sqrt{\dfrac{m_E}{m_M}} + 1 \right) = 0{,}384 \cdot 10^8$ m

Die zweite Lösung $r_1 = -\sqrt{m_E/m_M} \, r_2$ ergibt mit

$r_1 = e \big/ (1 - \sqrt{m_M/m_E}) = 4{,}323 \cdot 10^8$ m $\quad$ und

$r_2 = e \big/ (1 - \sqrt{m_E/m_M}) = -0{,}480 \cdot 10^8$ m

den Punkt jenseits des Mondes auf der Verbindungslinie Erde–Mond, an dem die Feldstärken zwar betragsmäßig gleich sind, sich aber nicht aufheben.

Zusatzaufgaben

4 Berechnen Sie die Gravitationsfeldstärke auf den Planeten, der Sonne und dem Mond nach *Tab. Seite 576.*

Lösung:
Die Gravitationsbeschleunigung ist $G^* = \gamma \, M/R^2$.

Planet	G^* in m/s^2
Merkur	3,53
Venus	8,80
Erde	9,809
Mars	3,68
Jupiter	24,9
Saturn	10,4
Uranus	9,1
Neptun	11,6
Pluto	36
Sonne	$2{,}74 \cdot 10^2$
Mond	1,624

*5 a) Wie muss man die Gravitationsfeldstärke am Äquator unter Berücksichtigung der Lösung in Aufgabe 1 (Seite 90) korrigieren, wenn man dort die Erdbeschleunigung angeben will?
b) Wie groß wäre an den genannten Stellen die Gravitationskraft auf einen Körper der Masse 80 kg?

Lösung:
a) Die Korrektur muss die Zentrifugalbeschleunigung am Äquator berücksichtigen, also

$$g'_{\ddot{A}} = g_{\ddot{A}} - \omega^2 \, r_{\ddot{A}}; \text{ mit } \omega^2 \, r_{\ddot{A}} = 3{,}373 \cdot 10^{-2} \text{ m/s}^2$$

ist $\quad g'_{\ddot{A}} = 9{,}7688 \text{ m/s}^2$.

b) Es ist
$\quad F_{\ddot{A}} \;\; = 784{,}2$ N und $F'_{\ddot{A}} = 781{,}5$ N.
$\quad F_P = 789{,}5$ N,
$\quad F_M = 129{,}9$ N,
$\quad F_S = 2{,}192 \cdot 10^4$ N.

*6 Berechnen Sie die Feldstärke des Erdfeldes im Abstand $r_1 = R$, $r_2 = 2R, \dots r_{10} = 10R$ (R: Erdradius) vom Erdmittelpunkt in Einheiten der Feldstärke g auf der Erdoberfläche und stellen Sie die Abhängigkeit graphisch dar.

Lösung:
Mit $r = nR$ (R Erdradius) ist $g = \gamma\, m_E/r^2 = g_E/n^2$.

r	R	$2\,R$	$3\,R$	$4\,R$	$5\,R$	$6\,R$	$7\,R$	$8\,R$	$9\,R$	$10\,R$
g	g_e	$\frac{1}{4}\,g_E$	$\frac{1}{9}\,g_E$	$\frac{1}{16}\,g_E$	$\frac{1}{25}\,g_E$	$\frac{1}{36}\,g_E$	$\frac{1}{49}\,g_E$	$\frac{1}{64}\,g_E$	$\frac{1}{81}\,g_E$	$\frac{1}{100}\,g_E$
$\dfrac{g}{g_E}$	1	0,25	0,111	0,0625	0,040	0,028	0,020	0,016	0,012	0,010

Seite
92
2.2.2 Potentielle Energie im Gravitationsfeld

1 Ein Satellit ($m = 1,5\,\mathrm{t}$) wird von der Erdoberfläche aus auf die Höhe $25\,000$ km gebracht. Berechnen Sie die erforderliche Energie
a) mit der Näherung, dass die Gravitationsfeldstärke konstant (wie auf der Erdoberfläche) ist,
b) im (inhomogenen) Radialfeld der Erde.

Lösung:
a) $E = m\,g\,h = 3,68 \cdot 10^{11}$ J
b) $E = \gamma\,m\,M\,(1/r_0 - 1/r) = 7,48 \cdot 10^{10}$ J
mit $r_0 = 6,731 \cdot 10^6$ m und $r_1 = r_0 + 2,5 \cdot 10^7$ m.

2 Berechnen Sie die potentielle Energie der Sonnensonde Helios ($m = 370,5$ kg) bezüglich der Sonnenoberfläche für den sonnenfernsten Punkt der Bahn (Entfernung zum Sonnenmittelpunkt 147,5 Mio. km) und den sonnennächsten Punkt (Entfernung 46,5 Mio. km).

Lösung:
Die Entfernung der Helios-Sonde im sonnennächsten Punkt ist 46,5 Millionen Kilometer. Mit der Sonnenmasse M, dem Sonnenradius R, der Entfernung r_E der Erde von der Sonne und der Entfernung r der Sonde von der Sonne ist die potentielle Energie bezogen auf die Sonnenoberfläche (R)

$$E_{pot}(r) = \gamma\,m\,m_\odot\,(1/R_\odot - 1/r), \text{ also im}$$

Aphel $E_{pot\,1} = 7,032 \cdot 10^{13}$ J und im
Perihel $E_{pot\,2} = 6,959 \cdot 10^{13}$ J und damit
$\Delta E_{pot} = E_{pot\,1} - E_{pot\,2} = 7,3 \cdot 10^{11}$ J.

Bezieht man die potentielle Energie auf den Startpunkt der Sonde, die Erde (r_E), so wird mit

$$E'_{pot}(r) = \gamma\,m\,M\,(1/r_E - 1/r) \text{ im}$$

Aphel $E'_{pot\,1} = -5,132 \cdot 19^9$ J und die
Perihel $E'_{pot\,2} = -7,334 \cdot 10^{11}$ J und damit
$\Delta E'_P = E'_{pot\,1} - E'_{pot\,2} = 7,283 \cdot 10^{11}$ J
$\approx 7,3 \cdot 10^{11}$ J.

*3 Berechnen Sie für die Daten der Aufgabe 2 das Potential im Aphel und Perihel der Sonnensonde Helios bezüglich der Sonnenoberfläche.

Lösung:
Mit dem Abstand $r_1 = 147,5 \cdot 10^9$ m der Sonde von Sonnenmittelpunkt in Aphel und $r_2 = 46,5 \cdot 10^9$ m in Perihel sowie Sonnenradius $R_\odot$ und Sonnenmasse $m_\odot$ wird für das Potential

$$V(r) = \gamma\,m_\odot\,(1/R_\odot - 1/r)$$

und im Aphel

$$V_{\text{Aphel}} = 1,898 \cdot 10^{11} \text{ J/kg}$$

und im Perihel

$$V_{\text{Perihel}} = 1,878 \cdot 10^{11} \text{ J/kg}.$$

Sind die Lösungen von Aufgabe 2 bekannt, berechnet man das Potential einfacher mithilfe der Definition: $V(r) = E_{Pot}(r)/m$.

*4 Berechnen Sie allgemein und zahlenmäßig für das Gravitationsfeld der Erde (Masse M)
a) das Potential (Bezugspunkt im Unendlichen) auf der Erdoberfläche und im Abstand des ein-, zwei- und dreifachen Erdradius über ihr (Abstand r vom Erdmittelpunkt);
b) die Potentialdifferenzen für die genannten Abstände.

Lösung:
a) Allgemein gilt $V(r) = -\gamma\,M/r$, auf der Erdoberfläche $V(R) = -\gamma\,M/R$ und im Abstand des ein-, zwei-, dreifachen Erdradius davon mit $n = 1, 2, 3$

$$V((n+1)R) = -\gamma\,M/((n+1)R).$$

Zahlenmäßig
$$V(R) = -6,26 \cdot 10^7 \text{ J/m},$$
$$V(2R) = -3,13 \cdot 10^7 \text{ J/m},$$
$$V(3R) = -2,09 \cdot 10^7 \text{ J/m},$$
$$V(4R) = -1,56 \cdot 10^7 \text{ J/m}.$$

b) Die Potentialdifferenz vom n-fachen Abstand zu Erdoberfläche ist

$$\Delta V_n = V((n+1)R) - V(R)$$
$$= -\gamma\, m/((n+1)R) + \gamma\, M/R,$$

in Zahlen

$$\Delta V_1 = 3{,}13 \cdot 10^7\ \text{J/m}, \quad \Delta V_2 = 4{,}17 \cdot 10^7\ \text{J/m},$$
$$\Delta V_3 = 4{,}69 \cdot 10^7\ \text{J/m}.$$

*5 Stellen Sie für das Gravitationsfeld der Erde (Masse M) das Potential bezüglich der Erdoberfläche als Funktion des Abstands r vom Erdmittelpunkt auf

a) für den Bereich des Erdinneren ($\rightarrow$ *Aufgabe 2, S. 90*);

b) für den Bereich außerhalb der Erde.

c) Zeichnen Sie den Verlauf der Funktion in ihrer allgemeinen Form für den Bereich von $r = 0$ bis $r = 3R$.

Lösung:

a) Nach *Aufgabe 2, Seite 90*, ist die Feldstärke im Erdinnern $g(r) = -\gamma\,(M/R^3)\,r$, also die äußere aufzuwendende Kraft $F = m\gamma\,(M/R^3)\,r$, und folglich berechnet sich das Potential eines Punktes P(r) im Erdinnern gegenüber einem Punkt auf der Erdoberfläche P(R) zu

$$V_i(r) = \gamma\, M/R_3 \int_R^r r\,\mathrm{d}r$$
$$= \tfrac{1}{2}\,\gamma(M/R^3)(r^2 - R^2) < 0 \quad \text{für} \quad r < R.$$

b) Außerhalb der Erde gilt ($r > R$)
$$V_a(r) = \gamma\, M(1/R - 1/r) > 0.$$

c) $V_i(r)$ stellt eine nach oben geöffnete Parabel dar mit dem Scheitelpunkt
$$V_i(0) = -\tfrac{1}{2}\,\gamma(M/R^3)R^2 = -\tfrac{1}{2}\,\gamma\, M/R$$
$V_a(r)$ verläuft nach einer Hyperbel mit der Asymptote $V_a(\infty) = \gamma\, M/R$.

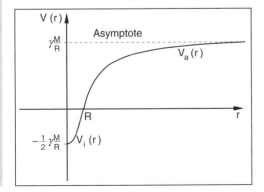

Zusatzaufgaben

6 a) Wie groß sind die potentielle, die kinetische und die gesamte Energie eines Satelliten auf einer stabilen, kreisförmigen Umlaufbahn? Drücken Sie diese Energien ausschließlich durch die Erdmasse M, die Satellitenmasse m, den Radius r der Umlaufbahn und die Gravitationskonstante γ aus.

b) Begründen Sie, ob und weshalb der Radius der Umlaufbahn zu- oder abnimmt, wenn die Reibungskraft der äußeren Lufthülle der Erde die Gesamtenergie vermindert.

Lösung:

a) Aus $m v^2/r = \gamma\, m M/r^2$ folgt
$$E_{\text{kin}} = \tfrac{1}{2}\,m v^2 = \tfrac{1}{2}\,\gamma\, m M/r, \text{ und mit}$$
$$E_{\text{pot}} = -\gamma\, m M/r \text{ dann}$$
$$E_S = E_{\text{kin}} + E_{\text{pot}} = -\tfrac{1}{2}\,\gamma\, m M/r.$$

b) Wenn die Gesamtenergie E_S abnimmt, folgt aus $E_{S2} < E_{S1}$ oder $-\tfrac{1}{2}\,\gamma\, m M/r_2 < -\tfrac{1}{2}\,\gamma\, m M/r_1$, dass $r_2 < r_1$ ist.
Der Satellit nähert sich der Erde.

*7 Berechnen Sie das Potential des Erdfeldes im Innern der Erde (unter Berücksichtigung der *Aufgabe 2, Seite 90*) mit dem Potential-Null auf der Erdoberfläche

a) in 1000 km Tiefe,

b) in Abhängigkeit vom Abstand zum Erdmittelpunkt.

c) Stellen Sie den Verlauf graphisch dar.

Lösung:

Mit der Feldstärke für $r = R$ gilt $g_r = \gamma\, M/R^3\, r$ und der Kraft $F_r = \gamma\, M m/R^3\, r$ an dieser Stelle auf einen Körper der Masse m erhält man als Energie, um den Körper von der Erdoberfläche auf diesen Abstand zu bringen,

$$E = -\tfrac{1}{2}\,\gamma\, m M/r^3\ (R^2 - r^2)$$

und damit als Potential eines Punktes im Erdinnern gegenüber der Erdoberfläche

$$V = -\tfrac{1}{2}\,\gamma\, M/R^3\ (R^2 - r^2) = -\tfrac{1}{2}\,\gamma\, M/R\ [1 - (r/R)^2].$$

a) In 1000 km Tiefe ist
$$V = -3{,}130 \cdot 10^7\ \text{J/kg}\left[1 - \left(\frac{5{,}371 \cdot 10^6\,\text{m}}{6{,}371 \cdot 10^6\,\text{m}}\right)^2\right]$$
$$= -9{,}055 \cdot 10^6\ \text{J/kg}.$$

b) $V = -3{,}130 \cdot 10^7\ \text{J/kg}\left[1 - \left(\dfrac{r}{6{,}371 \cdot 10^6\,\text{m}}\right)^2\right].$

c) Der Verlauf wird dargestellt von einer nach oben geöffneten Parabel 2. Grades vom Typ
$$V = V_0\left[1 - (r/R)^2\right]$$

im Bereich $0 \leqq r \leqq R$ mit
$V_0 = -3,130 \cdot 10^7$ J/kg, dem Potential im Erdmittelpunkt, und $V_R = 0$, dem Potential auf der Erdoberfläche.

8 Berechnen Sie das Potential des Erdfeldes im Abstand $r_1 = R, r_2 = R, \ldots r_{10} = 10R$ (R = Erdradius) vom Erdmittelpunkt in Einheiten des Potentials auf der Erdoberfläche, wenn man die Potentiale auf einen unendlich entfernten Punkt bezieht, und stellen Sie die Abhängigkeit graphisch dar.

Lösung:
Es ist $V(r) = -\gamma M/r$ oder $V(n) = -\gamma M/(nR)$
$= -6,259 \cdot 10^7 \frac{1}{n}$ J/kg.

n	r	V in 10^7 J/kg
1	R	$-6,257$
2	$2R$	$-3,130$
3	$3R$	$-2,086$
4	$4R$	$-1,565$
5	$5R$	$-1,252$
6	$6R$	$-1,043$
7	$7R$	$-0,894$
8	$8R$	$-0,782$
9	$9R$	$-0,695$
10	$10R$	$-0,626$

*9 Berechnen Sie auf der Verbindungslinie Erde-Mond das Potential beider Körper
a) auf der Erdoberfläche,
b) auf der erdab- und erdzugewandten Seite der Mondoberfläche,
c) $5 \cdot 10^7$ m oberhalb der Erde und
d) $5 \cdot 10^7$ m vor und hinter dem Mond.

Lösung:
Ist M die Masse der Erde, m die des Mondes, R der Radius der Erde, r der des Mondes, d der Abstand (der Mittelpunkte) von Erde und Mond und e die in c) und d) genannte Entfernung, so wird:

a) auf der Erde: $\quad V = -\gamma M/R - \gamma m/(d-R)$
$\qquad\qquad\qquad\qquad = -6,261 \cdot 10^7$ J/kg;

b) erdabgewandt: $\quad V = -\gamma M/(d+r) - \gamma m/r$
$\qquad\qquad\qquad\qquad = -1,046 \cdot 10^6$ J/kg,

erdzugewandt: $\quad V = -\gamma M/(d-r) - \gamma m/r$
$\qquad\qquad\qquad\qquad = -1,055 \cdot 10^6$ J/kg;

c) oberhalb:
$V = -\gamma M/(R+e) - \gamma m/(d-(R+e))$
$\qquad\qquad = -7,089 \cdot 10^6$ J/kg

d) vor dem Mond:
$V = -\gamma M/(d-(r+e)) - \gamma m/(r+e)$
$\qquad\qquad = -1,294 \cdot 10^6$ J/kg

hinter dem Mond:
$V = -\gamma M/(d+(r+e)) - \gamma m/(r+e)$
$\qquad\qquad = -1,009 \cdot 10^6$ J/kg.

Seite **93** ## 2.2.3 Schwere und träge Masse

Zusatzaufgabe:

1 Schwere (m_s) und träge (m_t) Masse. Läßt man an einem Faden der Länge l eine Kugel aus Blei, danach eine Kugel aus Eisen einen Kreis mit gleicher Winkelgeschwindigkeit ω beschreiben, so dass sich die Kugeln ähnlich wie der Körper eines Fliehkraftreglers bewegen und der Faden mit der Senkrechten einen Winkel α bildet, so ist der Quotient aus den Beiträgen der Gewichtskraft G und Zentripetalkraft Z
$G/Z = m_s\, g/(m_t\, \omega^2\, r) = \cot \alpha.$
a) Weisen Sie die Gültigkeit der Beziehungen nach. Dabei ist zu beachten, dass die Körpereigenschaften träge Masse und schwere Masse zu unterscheiden sind.
b) Versuche zeigen, dass unabhängig vom Material (Blei oder Eisen usw.) der Winkel α konstant bleibt, wenn die gleiche Winkelgeschwindigkeit gewählt wird. – Wie kann man daraus

auf die Äquivalenz von schwerer und träger Masse schließen?

Lösung:
a) Nach der *Abbildung Seite 55* unten ist
$\cot \alpha = G/Z = m_S\, g/(m_t\, \omega^2\, r).$
Die Gewichtskraft ist auf die Eigenschaft der schweren, die Zentripetalkraft auf die der trägen Masse zurückzuführen.
b) Ist bei gleicher Fadenlänge l und der gleichen Winkelgeschwindigkeit ω unabhängig von der Größe der Masse und vom Material der Winkel α konstant, so bedeutet das, dass der Quotient aus m_s und m_t unabhängig von der Stoffmenge und vom Material ist: Man kann also die schwere und die träge Masse mit der gleichen Maßzahl erfassen, wenn man außerdem zeigt, dass der Quotient $m_s : m_t = 1$ ist.

2.3.1 Zentralkraft; Kepler'sche Gesetze

Seite
96

1 Bestimmen Sie die Umlaufzeit des Uranus aus der mittleren Entfernung Erde–Sonne $r_1 = 1{,}496 \cdot 10^{11}$ m und der mittleren Entfernung Uranus–Sonne $r_2 = 2{,}87 \cdot 10^{12}$ m.

Lösung:
Für Uranus (U) und Erde (E) lautet das 3. Kepler'sche Gesetz

$$T_U^2 : T_E^2 = r_U^3 : r_E^3 \quad \text{oder}$$

$$T_U = 2{,}65 \cdot 10^9 \text{ s} = 3{,}07 \cdot 10^4 \text{ d} \approx 84 \text{ a}.$$

2 Der Saturnmond Mimas umkreist seinen Planeten in der Umlaufzeit $T = 0{,}94221$ d mit der großen Halbachse $a = 1{,}856 \cdot 10^5$ km. Wie groß ist die Masse des Saturns?

Lösung:
Aus dem Ansatz Gravitationskraft gleich Radialkraft für Saturn (S) und seinen Begleiter Mimas (M)

$$\gamma \, m_S \, m_M / r^2 = m_M (2\pi/T)^2 r$$

gewinnt man

$$m_S = (4\pi^2/T^2)(r^3/\gamma) = 5{,}71 \cdot 10^{25} \text{ kg}$$

3 Die Masse des Jupiters ist aus seiner Umlaufzeit $T = 4332{,}60$ d und der großen Halbachse seiner Bahn $a = 5{,}2028$ AE mithilfe der Daten von Sonne und Erde zu berechnen (Zwei-Körper-Problem).

Lösung:
Für Jupiter (J), Erde (E) und Sonne (S) gilt nach dem 3. Kepler'schen Gesetz in seiner genaueren Fassung

$$a_J^3 / a_E^3 = T_J^2 (M_S + M_J) / (T_E^2 (M_S + M_E))$$

und daraus

$$M_J = T_E^2 \, a_J^3 / (T_J^2 \, a_E^3)(M_S + M_E) - M_S$$

oder

$$M_J \approx 1{,}9 \cdot 10^{27} \text{ kg}$$

*4 Die Möglichkeit, Sternmassen direkt zu bestimmen, bieten so genannte Doppelsterne, die sich um ihren gemeinsamen Schwerpunkt bewegen. Vom Doppelsternsystem Sirius (S) und seinem Begleiter (B) sind die gemeinsame Umlaufzeit $T = 49{,}9$ a und die beiden großen Halbachsen $a_S = 6{,}8$ AE und $a_B = 13{,}7$ AE bekannt (aus Messungen vor den Hintergrundsternen des Doppelsternsystems).

a) Bestimmen Sie zuerst die Massen des Doppelsternsystems und danach über die Halbachsen die Masse des Sirius und seines Begleiters.
b) Geben Sie beide Massen in Sonnenmassen an.

Lösung:
a) Zur Bestimmung der Gesamtmasse des Doppelsternsystems betrachtet man im System des Sirius (S) die Kreisbewegung seines Begleiters (B) um den Sirius

$$T_B^2 / r_B^3 = 4\pi^2 / (\gamma (m_S + m_B))$$

und erhält mit $T_B = T$ und $r_B = a_S + a_B$

$$m_S + m_B = 6{,}88 \cdot 10^{30} \text{ kg}.$$

Aus $m_S \, a_S = m_B \, a_B$ erhält man die einzelnen Massen, wenn man beide Gleichungen kombiniert:

$$m_S = 4{,}60 \cdot 10^{30} \text{ kg} \quad \text{und} \quad m_B = 2{,}28 \cdot 10^{30} \text{ kg}.$$

b) Aus dem Vergleich mit der Masse der Sonne $m_\odot = 1{,}989 \cdot 10^{30}$ kg zeigt sich, dass die Masse von Sirius und die von seinem Begleiter in der Größenordnung der Sonnenmasse liegen

$$m_S = 2{,}31 \, m_\odot \quad \text{und} \quad m_B = 1{,}15 \, m_\odot.$$

*5 Führen Sie das Iterationsverfahren nach Abb. 96.1 bis zum 20. Schritt weiter aus und zeichnen Sie.

Lösung:
Mit den Anfangsbedingungen

$$x(0) = 0{,}500; \quad y(0) = 0{,}000;$$
$$v_x = 0{,}000; \quad v_y = 1{,}630$$

ergeben sich die Ausgangswerte für die Geschwindigkeiten

$$v_x(\tfrac{1}{2}\Delta t) = v_x(0) + (\tfrac{1}{2}\Delta t) \frac{-x(0)}{r^3(0)},$$

$$v_y(\tfrac{1}{2}\Delta t) = v_y(0) + (\tfrac{1}{2}\Delta t) \frac{-x(0)}{r^3(0)},$$

und mit $r(0) = \sqrt{x^2(0) + y^2(0)}$

$$= \sqrt{0{,}500^2 + 0{,}000^2} = 0{,}500.$$

$$v_x(0{,}05) = 0{,}000 + 0{,}05 \frac{-0{,}500}{0{,}500^3}$$
$$= -0{,}200,$$

$$v_y(0{,}05) = 1{,}630 + 0{,}05 \frac{-0{,}000}{0{,}500^3}$$
$$= -1{,}630.$$

Daraus berechnen sich die Koordinaten für $t = 0{,}1$ zu

$$x(0{,}1) = x(0) + 0{,}1 \, v_x(0{,}05)$$
$$= 0{,}500 + 0{,}1 \, (-0{,}200) = 0{,}480,$$

$$y(0,1) = y(0) + 0,1\,v_y(0,05)$$
$$= 0,000 + 0,1(1,630) = 0,163.$$

Nun berechnet man weiter mit dem System der Iterationsgleichungen

$$v_x(t+0,05) = v_x(t-0,05) + 0,1\frac{-x(t)}{r^3(t)},$$

$$v_y(t+0,05) = v_y(t-0,05) + 0,1\frac{-x(t)}{r^3(t)}$$

mit $r(t) = \sqrt{x^2(t)+y^2(t)}$ und weiter

$$x(t+0,1) = x(t) + 0,1\,v_x(t+0,05),$$

$$y(t+0,1) = y(t) + 0,1\,v_y(t+0,05)$$

nacheinander für $t = 0,2;\ 0,3;\ \dots$ bis 2,0 die Koordinaten der Bildpunkte, die insgesamt eine Ellipse mit den Achsen $2a \approx 1,5$ und $2b \approx 1,4$ bilden.

t	$v_x(t-\tfrac{1}{2}\Delta t)$	$v_y(t-\tfrac{1}{2}\Delta t)$	$x(t)$	$y(t)$
0,0	0,000	1,630	0,500	0,000
0,1	− 0,200	1,630	0,480	0,163
0,2	− 0,568	1,505	0,423	0,313
0,3	− 0,858	1,290	0,337	0,442
0,4	− 1,054	1,033	0,232	0,545
0,5	− 1,166	0,771	0,115	0,622
0,6	− 1,211	0,525	− 0,006	0,675
0,7	− 1,209	0,306	− 0,127	0,706
0,8	− 1,175	0,115	− 0,244	0,717
0,9	− 1,119	− 0,050	− 0,356	0,712
1,0	− 1,048	− 0,191	− 0,461	0,693
1,1	− 0,968	− 0,311	− 0,558	0,662
1,2	− 0,882	− 0,413	− 0,646	0,621
1,3	− 0,792	− 0,499	− 0,725	0,571
1,4	− 0,700	− 0,572	− 0,795	0,514
1,5	− 0,606	− 0,633	− 0,856	0,451
1,6	− 0,511	− 0,682	− 0,907	0,383
1,7	− 0,416	− 0,723	− 0,949	0,311
1,8	− 0,321	− 0,754	− 0,981	0,236
1,9	− 0,225	− 0,777	− 1,004	0,158
2,0	− 0,129	− 0,792	− 1,017	0,079

Zeichnung siehe *Abb. 96.1*

*6 Senkrecht über Quito wird ein Satellit in 400 km Höhe über NN mit der (horizontalen) Geschwindigkeit $v_0 = 7,800$ km/s geortet, Kurs genau Ost. Berechnen Sie iterativ in Abständen $\Delta t = 1$ min die

nächsten Bahnpunkte. Wo (geografische Länge und Breite (Atlas!), Höhe über NN) befindet sich der Satellit nach 7 min?

Lösung:
Die Aufgabe wird als ebenes Problem behandelt: x Abstand „parallel" zu Erdoberfläche, y Höhe über dem Erdmittelpunkt.

Startwerte: $x(0) = 0$ (Quito);
$\qquad\qquad y(0) = 6,3782 \cdot 10^6$ m $+ 0,4 \cdot 10^6$ m,

$\qquad\qquad v_x(0) = 7,8 \cdot 10^3$ m/s; $v_y(0) = 0$;
$\qquad\qquad \Delta t = 1$ min $= 60$ s.

Iterationsvorschrift nach *Abb. 24.1* auf *Seite 24* mit

$$a_x(t) = -\gamma\,m_E\,x(t) / \sqrt{x^2(t)+y^2(t)}^{\,3};$$

$$a_y(t) = -\gamma\,m_E\,y(t) / \sqrt{x^2(t)+y^2(t)}^{\,3}.$$

Damit ergeben sich die Werte:

n	t in s	$x(t)$ in 10^6 m	$y(t)$ in 10^6 m
0	0	0	6,7782
1	60	0,468000	6,7782
2	120	0,936000	6,74695
3	180	1,40186	6,68468
4	240	1,86346	6,59176
5	300	2,31875	6,46872
6	360	2,76572	6,31624
7	420	3,20243	6,13515

Die Längendifferenz zwischen Quito und dem Zielort (nach 7 min) ergibt sich aus

$$\Delta\lambda = \frac{180°}{\pi}\ \arctan\frac{x(420)}{y(420)} = 27,°56 \approx 27,°6.$$

Die neue Länge des Zielortes ist, wenn man (aus dem Atlas) als Länge von Quito 78,°6 (westliche Länge) nimmt:

$$\lambda_e = 51,°0.$$

Die Höhe des Zielortes ist $h = x(420) - R = 542,47$ km. Nach 7 min befindet sich der Satellit über dem Äquator in 542,47 km Höhe auf der Länge $\lambda_e = 51,°0$ West etwa über der Mündung des Amazonas.

2.3.2 Bahnform und Energie der Satelliten

Seite
98

1 Wie groß sind Geschwindigkeit, Radius und Höhe eines Satelliten über der Erdoberfläche, der über demselben Punkt der Erde stehen bleibt (geostationäre Bahn)?

Lösung:
Aus $m\omega^2 r = \gamma\, mM/r^2$ mit der Masse M der Erde und der Umlaufzeit $T = 1$ d erhält man den Bahnradius des Satelliten zu $r = 4,224 \cdot 10^7$ m und damit die Höhe $h = 3,586 \cdot 10^7$ m $\approx 35\,860$ km über dem Äquator, seine Geschwindigkeit liefert der Ansatz $v^2 = \gamma\, M/r^2$ zu $v = 3,072 \cdot 10^3$ m/s $= 3,072$ km/s.

*2 Ein Satellit bewege sich in 600 km Höhe über dem Äquator auf einem Orbit (Umlaufbahn) und starte von dort mit einem neuen Schub senkrecht zur Verbindungslinie Erde–Startpunkt mit einer (zusätzlichen) Geschwindigkeit $\Delta v_0 = 2,0 \cdot 10^3$ m/s. Wie weit sind Perigäum und Apogäum der elliptischen Bahn vom Erdmittelpunkt entfernt?

Lösung:
In 600 km Höhe hat der Satellit den Abstand $r_P = R + 600$ km $= 6,978 \cdot 10^6$ m vom Erdmittelpunkt. Dieser Startpunkt ist das Perigäum der Ellipsenbahn, die der Satellit nach dem Geschwindigkeitsschub Δv beschreibt. Seine neue Geschwindigkeit ist

$$v_P = v_{\text{Kreisbahn}} + \Delta v = \sqrt{\gamma\, M/r_P} + \Delta v$$
$$= 9,558 \cdot 10^3 \text{ m/s}.$$

Aus der für das Perigäum berechneten Gesamtenergie

$$-\tfrac{1}{2}\gamma\, mM/a = \tfrac{1}{2} m v_P^2 - \gamma\, mM/r_P$$

berechnet man die große Halbachse der Ellipse $a = \gamma\, M r_P/(2\gamma\, M - v^2 r_P)$ zu $a = 1,741 \cdot 10^7$ m und daraus den Abstand des Apogäum von Erdmittelpunkt.

$$r_A = 2a - r_P = 2,784 \cdot 10^7 \text{ m}.$$

*3 Ein Satellit befindet sich auf einer Parkbahn in 400 km Höhe (in Bezug auf den Äquatorradius).
a) Wie groß muss der tangentiale Geschwindigkeitsschub sein, der den Satelliten auf eine Ellipse mit dem Apogäum in 35 786 km Höhe über der Erde bringt?
b) Mit welchem zweiten (tangentialen) Geschwindigkeitsschub im Apogäum bringt man den Satelliten auf eine geostationäre (Kreis-) Bahn in dieser Höhe?

Anmerkung: Die Manöver in a) bzw. b) bezeichnet man als *Hohmann-Transfer* ($\rightarrow$ S. 99). Sie sind vom Energieaufwand besonders günstig gegenüber anderen möglichen Übergängen von einem Orbit auf einen höheren.

Lösung:
a) Im Perigäum 400 km über dem Äquator im Abstand $r_P = R + 400$ km $= 6,778 \cdot 10^6$ m hat der Satellit die Kreisbahngeschwindigkeit

$$v_P = \sqrt{\gamma\, M/r_P} \quad \text{oder} \quad v_P = 7,669 \cdot 10^3 \text{ m/s}.$$

Er soll durch den Geschwindigkeitsschub Δv das Apogäum erreichen, das $r_A = R + 35\,786$ km von Erdmittelpunkt entfernt ist. Die Halbachse der (neuen) Ellipsenbahn ist

$$a = \tfrac{1}{2}(r_P + r_A) = 2,447 \cdot 10^7 \text{ m}.$$

Dazu muss der Satellit im Perigäum auf die Geschwindigkeit

$$v_{\text{Pneu}} = \sqrt{\gamma\, M\,(2/r_P - 1/a)} \quad \text{oder}$$
$$v_P = 1,0066 \cdot 10^4 \text{ m/s}$$

kommen.
Der Geschwindigkeitsschub ist folglich

$$\Delta v = v_{\text{Pneu}} - v_P = 2,397 \cdot 10^3 \text{ m/s}.$$

b) Für die Geschwindigkeiten im Perigäum und Apogäum gilt nach dem 2. Kepler'schen Gesetz

$$v_A\, r_A = v_P\, r_P \quad \text{und daraus} \quad v_A = 1,618 \cdot 10^3 \text{ m/s}.$$

Der Satellit soll nun im Apogäum auf eine Kreisbahn gebracht werden, die eine Geschwindigkeit

$$v_{\text{AKreis}} = \sqrt{\gamma\, M/r_A} \quad \text{oder}$$
$$v_{\text{AKreis}} = 3,075 \cdot 10^3 \text{ m/s}$$

erforderlich macht.
Er hat also seine Geschwindigkeit im Apogäum um

$$\Delta v = v_{\text{AKreis}} - v_A \quad \text{oder} \quad \Delta v = 1,456 \cdot 10^3 \text{ m/s}$$

zu steigern.

*4 Die Fluchtgeschwindigkeit von der Erde aus dem Anziehungsbereich der Sonne (*3. kosmische Geschwindigkeit*) beträgt $v_3 = 16,7$ km/s, falls man beim Start die Geschwindigkeit v_E der Erde um die Sonne ausnutzt.
a) Wie groß ist die Geschwindigkeit v_E?

b) Berechnen Sie die Fluchtgeschwindigkeit v_3' aus dem Gravitationsfeld der Sonne ohne Ausnutzung der Bewegung der Erde um die Sonne.

c) Zeigen Sie über eine Energiebetrachtung, dass für die Fluchtgeschwindigkeit v_3 gilt: $v_3^2 = v_2^2 + (v_3' - v_E)^2$ und berechnen Sie v_3 (v_2 ist die 2. kosmische Geschwindigkeit).

Lösung:

a) Die Bahngeschwindigkeit v_E der Erde um die Sonne berechnet sich aus

$$m_E\, v_E^2/r_S = \gamma\, m_E\, m_S/r_S^2 \quad \text{oder}$$

$$v_E = 29{,}79 \cdot 10^4 \text{ m/s} \approx 29{,}8 \text{ km/h.}$$

b) Ohne Berücksichtigung der Bewegung der Erde um die Sonne beträgt die Fluchtgeschwindigkeit von der Erde aus dem Bereich der Sonne mit $r_S = 1$ AE

$$v_3'^2 = 2\gamma\, m_S/r_S \quad \text{oder}$$

$$v_3' = 4{,}212 \cdot 10^4 \text{ m/s} \approx 42{,}2 \text{ km/h.}$$

c) Die Energie $E_3 = \frac{1}{2}\,m\,v_3^2$ beim Start von der Erde, die sich gegenüber der Sonne mit der Geschwindigkeit v_E bewegt, muss der Energie zum Austritt aus dem Erdfeld $E_E = \frac{1}{2}\,m\,v_2^2$ mit der 2. kosmischen Geschwindigkeit v_2 und der zum Verlassen des Sonnenfeldes $E_S = \frac{1}{2}\,m\,(v_3' - v_E)^2$ gleich sein: $\frac{1}{2}m\,v_3^2 = \frac{1}{2}m\,v_2^2 + \frac{1}{2}m\,(v_3' - v_E)^2$ oder $v_3^2 = v_2^2 + (v_3' - v_E)^2$, also ist die 3. kosmische Geschwindigkeit $v_3 = 1{,}665 \cdot 10^4$ m/s $\approx 16{,}7$ km/h.

Zusatzaufgaben

*5 Die Fluchtgeschwindigkeit v_f aus dem Bereich des Erdfeldes ist abhängig von der Entfernung r vom Erdmittelpunkt.

a) Wie stellt sich die Fluchtgeschwindigkeit v_f als Funktion vor r dar?

b) Es gilt $v_f = v_2\sqrt{R/r}$, wenn v_2 die Fluchtgeschwindigkeit von der Erde und R der Erdradius ist.

c) Berechnen Sie die Fluchtgeschwindigkeit v_f im Abstand $r = R, 2R\ldots 5R, 10R$ und stellen Sie $v_f = f(r)$ graphisch dar.

Lösung:

a) Für die Fluchtgeschwindigkeit gilt, wenn man $R = r$ setzt, $v_f = \sqrt{2\gamma\, M/r}$.

b) Mit $v_2 = \sqrt{2\gamma\, M/R}$ wird $v_f = \sqrt{2\gamma\, M/r}$
$= \sqrt{2\gamma\, (M/R)\,(R/r)} = v_2\sqrt{R/r}$.

c) Für $r = nR$, $n = 1, 2, \ldots, 10$ ist $v_f = v_2/\sqrt{n}$:

$r = nR$	R	$2R$	$3R$	$4R$	$5R$
v_f in km/s	11,2	7,91	6,46	5,59	5,00

$r = nR$	$6R$	$7R$	$8R$	$9R$	$10R$
v_f in km/s	4,57	4,23	3,95	3,73	3,54

*6 Setzt man für v_f in *Aufgabe 5* $v = \mathrm{d}s/\mathrm{d}t$, so kann man die Zeit t vom Start von der Erdoberfläche bis zum Erreichen des Abstandes r vom Erdmittelpunkt durch Integration ermitteln.

a) Bestätigen Sie durch Herleitung des Integrals, daß sich die Zeit zu $t = \frac{2}{3}[r^{\frac{3}{2}} - R^{\frac{3}{2}}]/\sqrt{2\gamma M}$ darstellen läßt.

b) Berechnen Sie die Zeit t vom Verlassen der Erdoberfläche bis zum Erreichen der Entfernung $r = 2R, 5R, 10R$.

c) Wie lange braucht danach eine Rakete bis zum schwerefreien Punkt zwischen Erde und Mond?

Lösung:

a) Mit $v_f = \sqrt{2\gamma M/r}$ und $v_f = \mathrm{d}r/\mathrm{d}t$ erhält man $\mathrm{d}t = (1/\sqrt{2\gamma M})\sqrt{r}\,\mathrm{d}r$ und durch

Integration $\quad t = (1/\sqrt{2\gamma M}) \int\limits_R^r \sqrt{r}\,\mathrm{d}r$

$$= (1/\sqrt{2\gamma M})\tfrac{2}{3}(r^{\frac{3}{2}} - R^{\frac{3}{2}}).$$

b) Für $r = nR$ mit $n = 2, 5, 10$ ergibt sich $t = (1/\sqrt{2\gamma M})\frac{2}{3}R^{\frac{3}{2}}(n^{\frac{3}{2}} - 1)$, also für

$r = 2R \quad t = 6{,}941 \cdot 10^2 \text{ s} \approx 11{,}6 \text{ min,}$
$r = 5R \quad t = 3{,}865 \cdot 10^3 \text{ s} \approx 1 \text{ h } 4{,}4 \text{ min,}$
$r = 10R \quad t = 1{,}162 \cdot 10^4 \text{ s} \approx 3 \text{ h } 13{,}7 \text{ min.}$

c) Für den schwerefreien Punkt zwischen Erde und Mond sind die Feldstärken von Erde und Mond gleich:

$$\gamma\, m_E/r_1^2 = \gamma\, m_M/r_2^2,$$

wobei r_1 die Entfernung von der Erde zum schwerefreien Punkt, r_2 die vom Mond dorthin und $e = r_1 + r_2$ die Entfernung Erde–Mond ist.

Aus $r_1^2 = m_E/m_M\, r_2^2$ und $r_2 = e - r_1$ erhält man $r_1^2 - 2 m_E/(m_E - m_M)\,e\,r_1 + m_E/(m_E - m_M)\,e^2 = 0$ und daraus $r_{11,12} = e\,(m_E \pm \sqrt{m_E\,m_M})/(m_E - m_M)$.

Da $r_1 < e$ für den schwerefreien Punkt zwischen Erde und Mond (in einem zweiten Punkt hinter dem Mond – von der Erde aus gesehen – sind die Feldstärken auch gleich: 2. Lösung für r_1), gilt mit

$$m_E - m_M = (\sqrt{m_E} + \sqrt{m_M})(\sqrt{m_E} - \sqrt{m_M})$$

für den Abstand des schwerefreien Punktes von der Erde

$$r_1 = \sqrt{m_E}/(\sqrt{m_E} + \sqrt{m_M})\,e = 3{,}460 \cdot 10^8 \text{ m}$$

und entsprechend für den Abstand dieses Punktes vom Mond

$$r_2 = \sqrt{m_M}/(\sqrt{m_E} + \sqrt{m_M})\,e = 3{,}837 \cdot 10^7 \text{ m}.$$

Der schwerefreie Punkt liegt $r_1 = (r_1/e)\,e = 0{,}90\,e$ von der Erde entfernt.

Für $r_1 = 3{,}640 \cdot 10^8$ m ergibt sich aus a) $t = 1{,}515 \cdot 10^5$ s ≈ 42 h 5,8 min $\approx 42{,}1$ h.

*7 Ein Körper startet in 2000 km Höhe über der Erdoberfläche senkrecht zur Verbindungslinie Erde–Startpunkt mit einer Geschwindigkeit v_0.

a) Bei welcher Startgeschwindigkeit v_0 umfliegt er die Erde auf einem Kreis?

b) Bei welcher Startgeschwindigkeit v_0 verlässt er das Gravitationsfeld der Erde auf einer Parabelbahn?

c) Wie groß sind die größte (r_{max}) und die kleinste (r_{min}) Entfernung vom Erdmittelpunkt auf einer Bahn, die der Körper bei einer Startgeschwindigkeit $v_0 = 4{,}0 \cdot 10^3$ m/s bzw. $v_0 = 8{,}0 \cdot 10^3$ m/s beschreibt?

Lösung:

a) Damit der Körper eine Kreisbahn mit dem Radius $r_0 = 2000$ km $+ R$ (R Erdradius) um die Erde beschreibt, muss für seine Geschwindigkeit im Startpunkt gelten:

$$v_1 = \sqrt{\gamma M/r_0} = 6{,}902 \cdot 10^3 \text{ m/s}.$$

b) Beim Start aus dieser Höhe beschreibt er eine Parabel, wenn er nach *Abb. 98.1* mit der Geschwindigkeit

$$v_2 = \sqrt{2\gamma M/r_0} = 9{,}761 \cdot 10^3 \text{ m/s}$$

den Startpunkt verlässt.

c) Ist die Startgeschwindigkeit v_0 in diesem Punkt kleiner als die Grenzgeschwindigkeit v_2, bei der der Körper das Gravitationsfeld der Erde auf einer Parabel verlässt, ergibt sich eine Ellipse, deren einer Brennpunkt der Erdmittelpunkt ist. Nach *2.3.1* lässt sich aus der Gesamtenergie des Körpers in einem beliebigen Punkt seiner Bahn die große Halbachse der Bahnellipse nach $E_{gesamt} = -\gamma\,m\,M/(2\,a)$ bestimmen. Mit der potentiellen Energie, die der Körper im Startpunkt besitzt, und der vorgegebenen Geschwindigkeit $v_0 = 8 \cdot 10^3$ m/s lässt sich die Gesamtenergie und daraus die Halbachse a berechnen:

$$-\gamma\,m\,M/2\,a = \tfrac{1}{2}m\,v_0^2 - \gamma\,m\,M/r_0$$

und daraus

$$a = 12{,}75 \cdot 10^6 \text{ m} > r_0 = 8{,}371 \cdot 10^6 \text{ m}.$$

Damit ist der Erdmittelpunkt der dem Startpunkt nächstgelegene Brennpunkt der Ellipse. Der Startpunkt ist auf der neuen Ellipbahn auch der erdnächste Punkt, das Perigäum. Das Apogäum liegt auf der anderen Seite der Erde im Abstand ($\rightarrow$ *Abb. 97.2*) $r_A = 2\,a - r_0 = 17{,}13 \cdot 10^6$ m vom Erdmittelpunkt.

Für die Startgeschwindigkeit $v_0 = 4 \cdot 10^3$ m/s erhält man nach gleicher Rechnung als Halbachse $a = 5{,}030 \cdot 10^6$ m. Da der Durchmesser dieser Bahnellipse $2\,a$ kleiner als $r_0 + R$ ist, verliefe diese Bahn teilweise in der Erde: Die Bahn ist nicht realisierbar.

*8 a) In welcher Entfernung von der Erde (Erdmittelpunkt) liegt der schwerefreie Punkt zwischen Mond und Erde?

b) Wie lange braucht eine Rakete bis zu diesem schwerefreien Punkt?

c) Eine Rakete soll von der Erdoberfläche so abgeschossen werden, dass sie den schwerefreien Punkt (fast) mit der Fluchtgeschwindigkeit aus dem Gravitationsfeld des Mondes erreicht, weil sie dann (gerade noch) vom Gravitationsfeld des Mondes eingefangen wird. – Wie groß darf höchstens die Startgeschwindigkeit von der Erde sein?

Lösung:

a) Wie in *Aufgabe 6 c* ergibt sich $r_1 = 3{,}460 \cdot 10^8$ m.

b) Wie in *Aufgabe 6 c* erhält man $t_1 = 1{,}515 \cdot 10^5$ s $= 42{,}1$ h.

c) Für die Fluchtgeschwindigkeit aus dem Schwerefeld des Mondes gilt im schwerefreien Punkt zwischen Erde und Mond (Abstand r_2 vom Mond siehe *Aufgabe 6 c*)

$$v_f^2 = 2\gamma\,m_M/r_2 \quad \text{oder} \quad v_f = 5{,}056 \cdot 10^2 \text{ m/s}.$$

Beim Start von der Erdoberfläche aus muss die Potentialdifferenz zum schwerefreien Punkt zwischen Erde und Mond überwunden werden (d Abstand Erde – Mond):

$$\Delta V = \gamma\,m_E\,(1/R - 1/r_1)$$
$$+ \gamma\,m_M\,(1/(d-R) - 1/r_2) = 6{,}133 \cdot 10^7 \text{ J/kg}.$$

Daraus ergibt sich als Mindestgeschwindigkeit $v_0 = \sqrt{2\,\Delta V} = 11{,}07 \cdot 10^3$ m/s und als Höchstgeschwindigkeit beim Start $v = v_0 + v_f = 11{,}58 \cdot 10^3$ m/s.

2.3.3 Rakete und Raketengleichung

1 Berechnen Sie die Endgeschwindigkeit einer einstufigen Rakete (Gesamtmasse $m = 280$ t, Treibstoff 230 t, Ausströmgeschwindigkeit 2500 m/s, Brennzeit $t_e = 60$ s).

Lösung:
Es ist $v_e = c \ln (m_0/m_E) = 4306{,}9$ m/s.

*2 a) Welche Geschwindigkeit erreicht die Rakete nach *Aufgabe 1* unter Berücksichtigung der Fallbewegung im Erdfeld? (g werde als konstant angenommen.)
  b) Welche Höhe erreicht die Rakete?

Lösung:
a) Hier gilt $v_e = c \ln (m_0/m_e) - g\, t_e = 3718{,}3$ m/s.
b) Setzt man gleichmäßig Abbrand des Treibstoffes voraus, dass also die Abnahme des Treibstoffes proportional der Zeit ist – mit $m(t)$ Raketenmasse zur Zeit t, t_e Brennzeit, m_0 Anfangsmasse und m_e Masse der Rakete bei Brennschluss –

$$m(t) = m_0 - (m_0 - m_e)/t_e\, t = m_0 - \mu t,$$

so gilt nach der Reaktengleichung

$$v(t) = c \ln (m_0/m(t)) = c \ln (m_0/(m_0 - \mu t)).$$

Mit $\mathrm{d}s/\mathrm{d}t = v(t)$ oder $\mathrm{d}s = v(t)\,\mathrm{d}t$ ist dann

$$s_e = \int_0^{t_e} c \ln \frac{m_0}{m_0 - \mu t}\, \mathrm{d}t.$$

Das Integral löst sich durch Substitution, z. B. mit $\int \ln x\, \mathrm{d}x = x(\ln x - 1) + c$ zu

$$s_e = c\, t_e - c\, m_e/(m_0 - m_e) \ln (m_0/m_e)\, t_e \quad \text{mit}$$

$$v_e = c \ln (m_0/m_e) \quad \text{zu}$$

$$s_e = (c - m_e/(m_0 - m_e)\, v_e)\, t_e.$$

Für die Aufgabe mit v_e aus *Aufgabe 1* wird $s_e = 9{,}382 \cdot 10^4$ m$^4 \approx 94$ km.
Berücksichtigt man wie in b) die Fallbewegung, so ist $\frac{1}{2} g\, t_2^2$ von s_e abzuziehen. Dann wird die Steighöhe der Rakete nach Brennschluss $s_e = 7{,}616 \cdot 10^4$ m der $s_e \approx 76$ km.

*3 Zeigen Sie für eine zweistufige Rakete, dass sich die Brennschlussgeschwindigkeiten addieren und die Nutzlastverhältnisse multiplizieren. Zur Vereinfachung soll die Austrittsgeschwindigkeit beider Stufen als gleich angenommen werden.

Lösung:
Die Rakete mit der Startmasse m_0 hat nach Brennschluss die Masse m_1 und die Geschwindigkeit v_1

$$v_1 = v_T \ln (m_0/m_1).$$

Nach Brennschluss wird die erste Stufe abgetrennt. Die zweite Stufe hat dann die Masse m_2 zu Beginn und die Masse m_e nach Brennschluss. Sie erfährt den Geschwindigkeitsschub $\Delta v = v_2$ mit

$$v_2 = v_T \ln (m_2/m_e).$$

Die Endgeschwindigkeit ist folglich

$$v_e = v_1 + v_2 = v_T \ln (m_0/m_1) + v_T \ln (m_e/m_e)$$
$$= v_T \ln [(m_0/m_1)\,(m_2/m_e)].$$

Die Geschwindigkeiten addieren sich, wie unmittelbar einsichtig, die Massenverhältnisse

$$V_1 = m_0/m_1 \quad \text{und} \quad V_2 = m_2/m_e$$

multiplizieren sich

$$v_e = v_1 + v_2 = v_T \ln (V_1 \cdot V_2).$$

unter der vereinfachenden Annahme, daß die Austrittsgeschwindigkeiten beider Stufen gleich sind.

*4 Eine dreistufige Version der europäischen Trägerrakete Ariane 4 startet vom europäischen Weltraumflughafen Kourou in Französisch Guayana mit einer Nutzlast von 1,98 t mit Behälter für Nutzlast von 440 kg und für Ausrüstung von 527 kg, Leermasse m_0, Treibstoffmasse m_T, Ausströmgeschwindigkeit v_T der Stufen. Berechnen Sie die Brennschlussgeschwindigkeiten der einzelnen Stufen und die Gesamtendgeschwindigkeit. (Gravitationskräfte sollen nicht berücksichtigt werden.)

Stufe	m_0	m_T	v_T
1.	17,7 t	229,0 t	2436 m/s
2.	3,7 t	34,9 t	2729 m/s
3.	1,25 t	10,5 t	4281 m/s

Lösung:
Die Nutzlast von 1,98 t mit den Behältern und der Ausrüstung zusammen machen rund 3,0 t aus.
Die Rakete startet mit der gesamten Leermasse $m_L = 22{,}56$ t, mit dem gesamten Treibstoff $m_T = 274{,}4$ t und der gesamten Nutzlast von $m_N = 3{,}0$ t, also mit der Masse $m_{10} \approx 300$ t, wovon nach Brennschluss noch verbleiben $m_{1e} = 71$ t.
Die Leermasse der ersten Stufe wird abgestoßen, 2. Start mit $m_{20} = 53{,}3$ t, nach Brennschluss 18,4 t.
Nach Abstoßen der Leermasse 3. Start mit $m_{30} = 14{,}7$ t, nach Brennschluss $m_{3e} = 4{,}2$ t.

Damit gewinnt die Rakete die Endgeschwindigkeit

$$v_e = v_{T1} \ln(300/71) + v_{T2} \ln(53,3/18,4)$$
$$+ v_{T3} \ln(14,7/4,2)$$

oder

$$v_e = 11,78 \cdot 10^3 \text{ m/s} \approx 11,8 \text{ km/s}.$$

*5 Wie groß müsste das Massenverhältnis einer einstufigen Rakete sein, die das Gravitationsfeld der Erde verlassen soll, wenn die Ausströmgeschwindigkeit des Treibstoffes **a)** $v_T = 2500$ m/s, **b)** $v_T = 4600$ m/s betrüge.

Lösung:
Mit $v_e = c \ln(m_0/m_e)$ wird $m_0/m_e = e^{\frac{v_e}{c}}$, wobei

$$v_e = \sqrt{2\,\gamma\,M/R}.$$

(Dabei wird dann vereinfachend vorausgesetzt, daß die Rakete ihre Endgeschwindigkeit schon eben über der Erde ($r = R$!) erreicht.)

a) Für $c = 2500$ m/s ist $m_0 : m_e = 87,8 : 1$.
b) Für $c = 4600$ m/s ist $m_0 : m_e = 11,4 : 1$.

Beide Massenverhältnisse sind für die beiden möglichen Austrittsgeschwindigkeiten technisch nicht machbar.

Zusatzaufgaben

*6 Eine zweistufige Rakete (Gesamtmasse $m = 2400$ t) hat als 1. Stufe eine Kerosin-Sauerstoff-Rakete (Treibstoffmasse $m_1 = 1800$ t, Ausströmgeschwindigkeit $c_1 = 2500$ m/s, Leergewicht $m_{10} = 200$ t) und als 2. Stufe eine Wasserstoff-Sauerstoff-Rakete ($m_2 = 320$ t, $m_{20} = 79,95$ t, $c_2 = 4500$ m/s) mit einer Nutzlast von 50 kg. Die Brenndauer der 1. Stufe sei $t_1 = 150$ s, die der 2. Stufe $t_2 = 400$ s. (Die Abnahme des Treibstoffes werde proportional der Zeit angenommen.) – Sie werde im Erdfeld (g konstant) senkrecht gestartet.
  a) Welcher Geschwindigkeitszuwachs ergibt sich nach Brennschluss jeweils der 1. bzw. der 2. Stufe?
  b) Welche Endgeschwindigkeit erreicht die Rakete?
  c) Welche Höhe erreicht die Rakete?

Lösung:
  a) Für die 1. Stufe mit $m_0 = 2400$ t und $m_e = 600$ t ist $v_{e_1} = 3466$ m/s und für die 2. Stufe – nach Abstoßen der Leermasse von 200 t – mit $m_e = 80$ t die Geschwindigkeitszunahme $v_{e_2} = 7242$ m/s.

  b) Die Endgeschwindigkeit ist $v_e = v_{e_1} + v_{e_2}$ $= 10\,708$ m/s, und unter Berücksichtigung des Erdfeldes $v'_e = v_{e_1} + v_{e_2} - g(t_1 + t_2) \approx 5,31 \cdot 10^3$ m/s.
  Da g mit wachsender Höhe abnimmt, ist v'_e ein unterer Wert für die Endgeschwindigkeit.
  c) Nach *Aufgabe 2, Seite 66*, wird
  $$s_{e_1} = (2500 - (600/1800) \cdot 3466) \cdot 150 \text{ m}$$
  $$= 2,02 \cdot 10^5 \text{ m} \quad \text{und}$$

  $$s_{e_2} = (4500 - (80/320) \cdot 7242) \cdot 400 \text{ m}$$
  $$= 1,076 \cdot 10^6 \text{ m},$$

  also $s_e = 1,278 \cdot 10^6$ m

*7 Eine dreistufige Rakete hat die Startmasse $m = 800$ t, die Nutzlast $m_0 = 100$ kg und die 1. Stufe (Treibstoff $m_1 = 600$ t, Leermasse $m_{10} = 160$ t), die 2. Stufe ($m_2 = 30$ t, $m_{20} = 8$ t), die 3. Stufe ($m_3 = 1,5$ t, $m_{30} = 400$ kg). Die Brenngeschwindigkeit betrage für alle Stufen $c = 2800$ m/s.
  a) Berechnen sie jeweils für Start und Brennschluss jeder Stufe die Start- und die Leermasse.
  b) Berechnen Sie den Geschwindigkeitszuwachs, den jede Stufe erzeugt.
  c) Berechnen Sie die Endgeschwindigkeit der Rakete.
  d) Wie kann man die Endgeschwindigkeit aufgrund des gleichen Massenverhältnisses jede Stufe angeben?

Lösung:
  a) Es ist für die 1. Stufe $m_0 = 800$ t, $m_e = 200$ t, davon werden am Brennschluss 160 t abgestoßen.
  Für die 2. Stufe gilt $m_0 = 40$ t, $m_e = 10$ t, davon werden 8 t abgestoßen.
  Für die 3. Stufe gilt $m_0 = 2$ t, $m_e = 0,5$ t, es werden 0,4 t abgestoßen.
  b) Die Geschwindigkeitszunahme lauten
  1. Stufe $v_{e_1} = (2800 \ln 4)$ m/s $= 3,88 \cdot 10^3$ m/s,
  ebenso 2. und 3. Stufe $v_{e_2} = v_{e_3} = v_{e_1}$.
  c) Die Endgeschwindigkeit ist
  $$v_e = 1,164 \cdot 10^4 \text{ m/s}.$$
  d) Es gilt allgemein
  $$v_e = c_1 \ln(m_{0_1}/m_{e_1}) + c_2 \ln(m_{0_2}/m_{e_2})$$
  $$+ c_3 \ln(m_{0_3}/m_{e_3}) \quad \text{und mit}$$
  $$c_1 = c_2 = c_3 = c \quad \text{sowie}$$

  $$\frac{m_{0_1}}{m_{e_1}} = \frac{m_{0_2}}{m_{e_2}} = \frac{m_{0_3}}{m_{e_3}} = \frac{m_0}{m_{e4}}$$

  dann $v_e = 3\,c \ln(m_0/m_e)$ oder
  $v_e = c \ln(m_0/m_e)^3$, also in der Aufgabe
  $v_e = 2800$ m/s $\ln 4^3 = 1,164 \cdot 10^4$ m/s.

3.1.1 Schwingungsvorgänge und -größen

1 Wie kann man die Periodendauer T eines Oszillators (Abb. 106.2) möglichst genau bestimmen? In welchem Punkt des Bewegungsablaufs kann die Zeitmessung beginnen, wann muss sie gestoppt werden?

Lösung:
Man misst mehrmals die Zeit für möglichst viele Schwingungen ($n \geq 10$) und berechnet T aus $T = t(n)/n$. Die Zeitmessung beginnt, wenn sich das Pendel in einem Umkehrpunkt befindet und wird dann auch wieder gestoppt.

2 Das Pendel einer Wanduhr macht in 2 Minuten 150 Schwingungen. Berechnen Sie Periodendauer und Frequenz des Pendels. Wie viele Schwingungen macht das Pendel in einem Tag, in einem Jahr?

Lösung:
$T = 120\,\text{s}/150 = 0.8\,\text{s};$
$f = 1/T = 1.25\,\text{s}^{-1};$
$n_{\text{Tag}} = 24 \cdot 60 \cdot 60\,\text{s}/0.8\,\text{s} = 108\,000;$
$n_{\text{Jahr}} = 39\,420\,000$

3 Zwei Pendel mit den Schwingungsdauern $T_1 = 1.5\,\text{s}$ und $T_2 = 1.6\,\text{s}$ starten gleichzeitig aus der Ruhelage. Nach welcher Zeit gehen beide wieder genau gleichzeitig durch die Ruhelage? Wie viele Schwingungen hat jedes Pendel in dieser Zeit gemacht?

Lösung:
Es muss die Bedingung $n_1 T_1 = n_2 T_2$ erfüllt sein. Das kleinste gemeinsame Vielfache von T_1 und T_2 ist 24, also $n_1 = 16$ und $n_2 = 15$.

3.1.3 Gesetze der harmonischen Schwingung

1 Eine harmonische Schwingung hat die Amplitude $\hat{y} = 10\,\text{cm}$ und die Periodendauer $T = 2.0\,\text{s}$.
a) Stellen Sie die Werte der Elongation, Geschwindigkeit und Beschleunigung für die Zeiten $t = n\,T/8$ (für $n = 0, 1, \ldots, 8$) in einer Tabelle zusammen.
b) Zeichnen Sie die Graphen der drei Größen in Abhängigkeit von der Zeit (Maßstab $T = 12\,\text{cm}$).

Lösung:
Es ist $y = \hat{y}\sin\omega t$, $v = \omega\hat{y}\cos\omega t$ und
$a = -\omega^2\hat{y}\sin\omega t$ mit $\omega = 2\pi/T$

a)

t in s	y in cm	v in cm/s	a in cm/s^2
0	0	31.4	0
0.25	7.07	22.2	– 69.8
0.5	10.	0	– 98.7
0.75	7.7	– 22.2	– 69.8
1.	0	– 31.4	0
1.25	– 7.07	– 22.2	69.8
1.5	– 10.	0	98.7
1.75	– 7.07	22.2	69.8
2.	0	31.4	0

b)

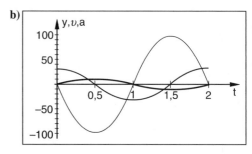

2 Zeichnen Sie das Zeit-Weg-Diagramm eines harmonischen Oszillators mit $D = 0.5\,\text{N/m}$, $m = 2.0\,\text{kg}$ und $\hat{y} = 4.0\,\text{cm}$ und tragen Sie maßstäblich die Geschwindigkeits- und die Beschleunigungsvektoren für die Zeiten $t = n\,T/8$ (für $n = 0, 1, \ldots, 8$) ein (Maßstab $T = 12\,\text{cm}$).

Lösung:
Aus $\omega^2 = D/m$ folgt $\omega = 0.5\,\text{s}^{-1}$.
Mit $t = n\,T/8$ und $T = 2\pi/\omega$ folgt
$\omega t = n \cdot \pi/4$.
Daraus ergeben sich folgende Funktionen:
$y = 4\,\text{cm} \cdot \sin(0.5\,t)$, $v = 2\,\text{cm/s} \cdot \cos(0.5\,t)$ und
$a = -1\,\text{cm/s}^2 \cdot \sin(0.5\,t)$.

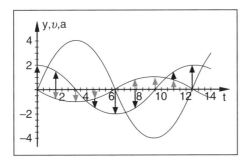

3 Die Elongation eines harmonischen Oszillators beträgt 0,2 s nach dem Nulldurchgang $y = 4$ cm. Die Amplitude ist 6 cm. Berechnen Sie Frequenz und Periodendauer.

Lösung:

Aus $y = \hat{y} \sin \omega t$ folgt

4 cm $= 6$ cm $\sin (\omega \cdot 0,2$ s$)$, also

$\omega = 5$ s^{-1} arc sin $(4/6) = 3,64$ s^{-1}.

Daraus ergeben sich

$T = 1,72$ s und $f = 0,58$ s^{-1}.

4 Zu welchen Zeiten nach dem Nulldurchgang erreicht die Elongation einer harmonischen Schwingung mit $\hat{y} = 5$ cm und $f = 0,4$ Hz die Werte
a) $y_1 = 8$ mm, **b)** $y_2 = 2$ cm, **c)** $y_3 = 4$ cm?

Lösung:

a) Aus $y = \hat{y} \sin \omega t$ folgt

$0,8$ cm $= 5$ cm $\cdot \sin (2 \pi \cdot 0,4$ s$^{-1} t)$, also

$t = \left(1/(2 \pi \cdot 0,4$ s$^{-1}) \right)$ arc sin$(0,8/5) = 0,064$ s

b) $t = 0,164$ s   **c)** $t = 0,369$ s

*5 Zeigen Sie, dass auch die Zeit-Elongation-Funktion $y = \hat{y} \cos (\omega t + \alpha)$ die Differentialgleichung $m \ddot{y} = -D y$ erfüllt.

Lösung:

Aus $y = \hat{y} \cos (\omega t + \alpha)$ folgt

$\dot{y} = -\omega \hat{y} \sin (\omega t + \alpha)$ und

$\ddot{y} = -\omega^2 \hat{y} \cos (\omega t + \alpha) = -\omega^2 y$.

Einsetzen in die Differentialgleichung ergibt $-m \omega^2 y = -Dy$,

d. h. mit $\omega^2 = D/m$ ist die Differentialgleichung durch $y = \hat{y} \cos (\omega t + \alpha)$ zu jedem Zeitpunkt t erfüllt.

*6 Ein harmonischer Oszillator mit $T = 2$ s erreicht zur Zeit $t = 0,4$ s die Amplitude $\hat{y} = 5$ cm. Wie groß ist die Phase φ_0 und die Elongation $y(0)$ für $t = 0$?

Lösung:

Aus $y = \hat{y} \sin (\omega t + \alpha)$ folgt

5 cm $= 5$ cm $\cdot \sin (2 \pi t/T + \varphi_0)$, also

$2 \pi t/T + \varphi_0 = \pi/2$ oder $\varphi_0 = 0,314$.

Damit ergibt sich $y(0) = 1,55$ cm.

3.1.4 Die gedämpfte harmonische Schwingung

Seite **111**

*1 Im Schattenwurf misst man die Amplitude $\hat{y}$ der 1., 50., 100., ... Schwingung mit der Periodendauer $T = 0,8$ s.

n	1	50	100	150	200	250	300
$\hat{y}$ in cm	5,0	4,0	3,2	2,6	2,2	1,7	1,4

a) Ermitteln Sie die Dämpfungskonstante k aus der Darstellung des natürlichen Logarithmus der Amplitude.

b) Berechnen Sie aus den Versuchsdaten die Halbwertszeit der Schwingung.

Lösung:

a) Für gedämpfte Schwingungen gilt:

$y = \hat{y} e^{-kt}$ bzw. $\ln\{y\} = \ln\{\hat{y}\} - k t$

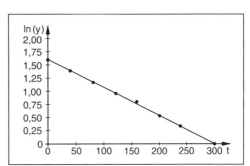

Aus der graphischen Darstellung ergibt sich $k = 5,28 \cdot 10^{-3}$ s^{-1}.

b) Die Halbwertszeit ergibt sich aus dem Ansatz

$0,5 \cdot \hat{y} = \hat{y} e^{-k t_{\mathrm{H}}}$ oder $t_{\mathrm{H}} = \ln 2/k = 131$ s.

2 Die Amplituden der 3. und 4. Schwingung eines Pendels betragen 8 cm bzw. 7 cm. Wie groß ist die Amplitude der 1. Schwingung?

Lösung:
Für die Amplitude der n. Schwingung gilt
$\hat{y}_n = \hat{y}_0\, e^{-k(n-1)T}$ oder $\hat{y}_n = \hat{y}_0\, q^{n-1}$ mit $q = e^{-kT}$.

3 Die Amplitude der 10. Schwingung eines gedämpften Oszillators ist halb so groß wie die Amplitude der 1. Schwingung. Bei der wievielten Schwingung beträgt die Amplitude ein Zehntel des Anfangswertes?

Lösung:
Nach dem Ansatz aus *Aufgabe* 2 folgt $\hat{y}_{10} = \hat{y}_0\, q^9$ oder $0{,}5 = q^9$ und $q = 0{,}926$.
$\hat{y}_n = \frac{1}{10}\hat{y}_0 = \hat{y}_0\, q^{n-1}$; $\log 0{,}1 = (n-1)\log q$;
$n = 1 = 29{,}94 \approx 30$, $n = 31$.
Es ist $\hat{y}_4 : y_3 = q = 7 : 8 = 0{,}875$;
aus $\hat{y}_3 = \hat{y}_0 \cdot q^2$ folgt $\hat{y}_0 = 10{,}45$ cm.

*4 Die Differentialgleichung einer gedämpften Schwingung lautet $m\ddot{y}(t) + k\dot{y}(t) + Dy(t) = 0$. Schreiben Sie für die Werte $m = 0{,}05$ kg, $D = 50$ kg/s², $k = 1{,}3$ kg/s ein Programm, das iterativ die Zeit-Elongation-Funktion berechnet und zeichnet. Variieren Sie k.

Lösung:
$$\ddot{y}(t) = -\frac{D\,y(t) + k\,\dot{y}(t)}{m},$$
$$\dot{y}(t) = \dot{y}(t - \Delta t) + \ddot{y}(t - \Delta t)\,\Delta t,$$
$$y(t) = y(t - \Delta t) + \dot{y}(t - \Delta t)\,\Delta t$$

Startwerte mit $D = 50$ N/m; $k = 1{,}3$ kg/s; $m = 0{,}05$ kg und $\Delta t = 0{,}01$ s: $y(0) = 0{,}1$ m; $\dot{y}(0) = 0$; $\ddot{y}(0) = -100$ s^{-2} $\cdot\, y(0)$

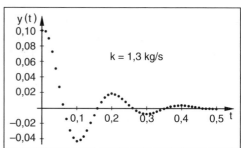

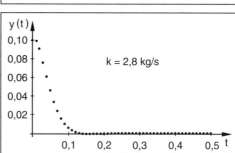

3.1.5 Beispiele harmonischer Schwingungen

1 Eine Kugel der Masse $m = 2{,}0$ kg hängt an einem leichten Faden der Länge $l = 2{,}40$ m (Schwerependel).
  a) Berechnen Sie die Periodendauer T für einen Ort, an dem die Erdbeschleunigung $g = 9{,}81$ m/s² beträgt.
  b) An einem anderen Ort misst man mit demselben Pendel die Schwingungsdauer $T = 3{,}12$ s. Wie groß ist dort die Erdbeschleunigung?

Lösung:
  a) $T = 2\pi\sqrt{l/g} = 3{,}108$ s.

  b) $g = \dfrac{4\pi^2}{T^2}\, l$ liefert $g = 9{,}73$ m/s²

2 Die Länge eines Sekundenpendels – das ist ein Pendel, das für eine Halbschwingung eine Sekunde braucht – beträgt am Äquator $l_1 = 99{,}09$ cm, am Pol

$l_2 = 99{,}61$ cm und auf 45° Breite $l_3 = 99{,}35$ cm. Berechnen Sie die zugehörigen Erdbeschleunigungen.

Lösung:
Mit $T = 2$ s und $g = 4\pi^2 l/T$ folgt:
$g_{\text{Äquator}} = 9{,}780$ m/s²; $g_{\text{Pol}} = 9{,}831$ m/s²;
$g_{45} = 9{,}805$ m/s².

3 Bei einem Federpendel sind $f = 8$ Hz und $D = 380$ N/m. Wie groß ist m?

Lösung:
Mit $T = 1/f$ und $T = 2\pi\sqrt{m/D}$ ergibt sich
$m = D/(4\pi f^2) = 150$ g.

4 Bei einem Federpendel wird die Periodendauer T dreimal so groß, wenn die angehängte Masse m um $\Delta m = 50$ g vergrößert wird. Wie groß ist die ursprüngliche Masse m?

Lösung:

Aus $T = 2\pi\sqrt{m/D}$ und $3\,T = 2\pi\sqrt{(m+\Delta m)/D}$

folgt $3 = \sqrt{\dfrac{m+\Delta m}{m}}$, $m = \dfrac{\Delta m}{8} = 6{,}25$ g.

5 Wie groß wird die Periodendauer, wenn bei gleicher Masse m zwei Federn mit den Konstanten D_1 und D_2 aneinander gehängt werden? (Berechnen Sie zuerst die Federkonstante der Kombination.)

Lösung:

Bewirkt die Kraft F bei den Federn mit den Federkonstanten D_1 und D_2 die Verlängerungen y_1 und y_2, so werden die aneinander gehängten Federn mit den neuen Federkonstanten D um $y_1 + y_2$ verlängert (Gewichtskraft der unteren Feder vernachlässigt). Aus $F = D(y_1 + y_2)$, $y_1 = F/D_1$ und $y_2 = F/D_2$, folgt für die Federkombination $1/D = 1/D_1 + 1/D_2$.

Einsetzen in $T = 2\pi\sqrt{\dfrac{m}{D}}$ ergibt $T = 2\pi\sqrt{\dfrac{D_1 + D_2}{D_1 D_2}}$.

6 Eine an einer Feder hängende Kugel ($m = 2{,}0$ kg), die um 2,0 cm nach unten ausgelenkt und dann sich selbst überlassen wurde, schwingt mit der Frequenz $f = 4$ Hz.

a) Wie groß ist die Richtgröße D der Feder?

b) Wie weit dehnt sich die Feder, wenn die Kugel vor Beginn der Schwingung angehängt wird?

c) Wie groß ist die auf die Kugel wirkende Kraft in den Umkehrpunkten der Schwingung?

Lösung:

a) Es ist $D = 4\pi^2 f^2 m = 1{,}263$ N/m.

b) Aus $y_0 = F/D$ folgt mit $F = mg$ eine Ausdehnung von $y_0 = 1{,}55$ cm (siehe *Abb. 113.1*).

c) In den Umkehrpunkten wirkt die Kraft $F = -D\hat{s} = 25{,}26$ N; mit $F = m\hat{a}$ und $\hat{a} = \omega^2\,\hat{y}$ und $m = 2$ kg: $F = 25{,}26$ kg.

*7 In einem U-Rohr konstanten Querschnitts befindet sich eine Flüssigkeitssäule der Gesamtlänge l. Berechnen Sie die Periodendauer der Schwingung, die entsteht, wenn man kurz in das eine Rohrende bläst. Zeigen Sie, dass die Periodendauer nur von der Länge der Flüssigkeitssäule abhängt. (*Hinweis:* Betrachten Sie den Schwingungszustand, in dem die Flüssigkeitssäule in dem einen Rohr z. B. um die Strecke y_0 gestiegen, in dem anderen dann um die Strecke y_0 gesunken ist, und bestimmen Sie die rücktreibende Kraft.)

Lösung:

Steigt die Flüssigkeitssäule auf der einen Seite um y_0, so sinkt sie auf der anderen Seite um die gleiche Strecke, und es wirkt als rücktreibende Kraft die Gewichtskraft der $h = 2y_0$ Flüssigkeitssäule $F = G = mg = \varrho V g = \varrho g \cdot 2A\,y_0$. Es ist $D = F/y_0 = 2A\varrho g$ und man erhält mit $m = lA\varrho$ (Masse der gesamten Flüssigkeitssäule mit der Länge l) die Periodendauer $T = 2\pi\sqrt{m/D} = 2\pi\sqrt{l/(2g)}$.

Zusatzaufgaben

8 Ein mit Bleikugeln beschwertes Reagenzglas der Gesamtmasse m mit einer Querschnittsfläche A schwimmt in einer Flüssigkeit der Dichte ϱ. Drückt man es tiefer in die Flüssigkeit und lässt es los, so vollführt es eine stark gedämpfte Schwingung. Zeigen Sie, dass es sich ohne Berücksichtigung der Dämpfung um eine harmonische Schwingung handelt, und berechnen Sie die Periodendauer. (Hinweis: Die rücktreibende Kraft ergibt sich aus der Differenz von Auftriebskraft und Gewichtskraft.)

Lösung:

Beim schwimmenden Reagenzglas halten sich Auftriebskraft und Gewichtskraft das Gleichgewicht. Verändert sich die Eintauchtiefe um y, so ändert sich die Auftriebskraft um $F = y A \varrho g$. Also ist die rücktreibende Kraft F der Auslenkung y proportional.

Aus $D = F/y$ und $T = 2\pi\sqrt{m/D}$ folgt
$$T = 2\pi\sqrt{m/(A\varrho g)}$$

9 Man denke sich einen geraden, quer durch die Erde und den Erdmittelpunkt verlaufenden Tunnel, in den man einen Körper der Masse m fallen lässt. Auf diesen Körper wirkt dann im Abstande r vom Mittelpunkt der Erde stets nur die Gravitationskraft der Teilkugel vom Radius r. Zeigen Sie, dass unter der Annahme einer konstanten Dichte der Erde $\varrho = 5{,}5 \cdot 10^3$ kg/m^3 der Körper im Tunnel eine harmonische Schwingung ausführt und berechnen Sie die Schwingungsdauer.

Lösung:

Die Masse der Teilkugel der Erde ist $m_T = \frac{4}{3}\pi r^3 \cdot \varrho$. Die Gravitationsbeschleunigung durch dies Teilkugel ist $g = \gamma m_T/r^2 = \frac{4}{3}\pi\varrho\gamma r$. Damit ist die rücktreibende Kraft $F = mg = \frac{4}{3}\pi\varrho\gamma m r$ proportional zu r, also zum Abstand von der Ruhelage.

Aus $T = 2\pi\sqrt{m/D}$ ergibt sich
$T = \sqrt{3\pi/\varrho\gamma} = 1{,}41$ h.

Seite
115

3.2.1 Überlagerung zweier harmonischer Schwingungen

Zusatzaufgaben

1 Von zwei Stimmgabeln der Frequenz 1700 Hz wird eine durch Erwärmung verstimmt, sodass sich 10 Schwebungen innerhalb von 8 Sekunden ergeben. Welche Frequenz hat die verstimmte Stimmgabel? Welche Frequenz hat der an- und abschwellende Ton?

Lösung:
Die Frequenz einer Stimmgabel nimmt bei Erwärmung ab. Die Schwebungsfrequenz ist $f_S = f_1 - f_2$, also $f_2 = f_1 - f_S = 1698{,}75$ Hz.
Die Frequenz des an- und abschwellenden Tones beträgt $f = 1699{,}375$ Hz.

Seite
119

3.2.3 Die Energie des harmonischen Oszillators

1 **a)** Berechnen Sie die kinetische, die potentielle und die gesamte Energie der harmonischen Schwingung nach *Aufgabe 1, S. 110* für die angegebenen Zeiten unter der Annahme, dass der schwingende Körper eine Masse von $m = 0{,}5$ kg besitzt.

b) Fertigen Sie eine Zeichnung der kinetischen und der potentiellen Energie als Funktion der Zeit bzw. als Funktion der Auslenkung an.

Lösung:

a)

n	t in s	E_{kin} in s	E_{pot} in s
0	0	0,024674	0
1	0,25	0,012337	0,012337
2	0,5	0	0,024674
3	0,75	0,012337	0,012337
4	1	0,024674	0
5	1,25	0,012337	0,012337
6	1,5	0	0,024674
7	1,75	0,012337	0,012337
8	2	0,024674	0

b)

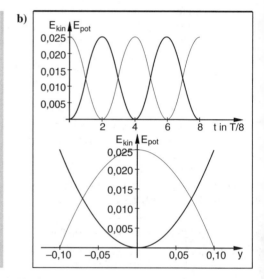

*2 Berechnen Sie die maximale kinetische und die maximale potentielle Energie des Pendels für *Aufgabe 2, S. 110*.

Lösung:
$$E_{kin} = \tfrac{1}{2} m \hat{v}^2 = \tfrac{1}{2} m (\omega \, \hat{y})^2 = \tfrac{1}{2} D \hat{y}^2 = E_{pot} = 4 \cdot 10^{-4} \text{ J}$$

Seite
121

3.2.4 Erzwungene Schwingungen

1 Geben Sie weitere Beispiele für Resonanzphänomene an.

Lösung:
Mitschwingen von Teilen von Lautsprecherverkleidungen bei bestimmten Frequenzen, starkes Mitschwingen von Teilen von Schiffen bei bestimmten Drehzahlen des Schiffsmotors usw.

2 Warum ist bei der Resonanzfrequenz und Phasendifferenz von $\Delta\varphi = \tfrac{\pi}{2}$ die Energieübertragung zwischen Erreger und Resonator besonders groß?

Lösung:
Bei einer Phasendifferenz von $\tfrac{\pi}{2}$ wirkt vom Erreger auf den Resonator ständig eine Kraft, die die Bewegung unterstützt. Kraft des Erregers und Geschwindigkeit des Resonators sind in Phase.

3 Welche Bedingungen sollte bei Musikinstrumenten ein guter „Resonanzkörper" (z. B. Geige, Cello) hinsichtlich der Eigenfrequenzen erfüllen?

Lösung:
Eigenfrequenzen des Resonanzkörpers sollten im hörbaren Bereich möglichst vermieden oder stark gedämpft werden, damit nicht einzelne Töne vom Instrument besonders laut abgestrahlt werden. Der Resonanzkörper soll möglichst alle Schwingungen des Instrumentes möglichst in gleicher Weise auf die umgebende Luft übertragen.

3.3.1 Lineare Wellen; die Wellengleichung

1 Während 12 Schwingungen innerhalb von 3 Sekunden ablaufen, breitet sich eine Störung um 3,6 m aus. Berechnen Sie Wellenlänge, Frequenz und Ausbreitungsgeschwindigkeit der Welle.

Lösung:
Es ist $T = 0,25$ s; $c = 1,2$ m/s; $f = 4,0$ Hz; $\lambda = c/f = 0,3$ m.

2 Gleiche Pendel sind in einer Reihe im Abstand von 0,4 m aufgestellt. Sie werden nacheinander im zeitlichen Abstand von 0,5 s angestoßen, sodass das 1. und 5., das 2. und 6. usw. Pendel phasengleich schwingen. Mit welcher Geschwindigkeit, Wellenlänge und Frequenz läuft die Welle über die Pendelkette?

Lösung:
Umformungen liefern
Es ist $\lambda = 1,6$ m; $f = 0,5$ Hz; $T = 2$ s; $\lambda f = 0,8$ m/s.

*3 Zeigen Sie an der Wellengleichung, dass sich für t und $t + T$ bzw. für x und $x + \lambda$ gleiche Schwingungszustände ergeben.

Lösung:
$$y(x, t + T) = \hat{y} \sin \left[2\pi \left(\frac{t+T}{T} - \frac{x}{\lambda} \right) \right]$$

$$= \hat{y} \sin \left[2\pi \left(\frac{t}{T} - \frac{x}{\lambda} \right) + 2\pi \right]$$

$$= \hat{y} \sin \left[2\pi \left(\frac{t}{T} - \frac{x}{\lambda} \right) \right].$$

$$y(x + \lambda, t) = \hat{y} \sin \left[2\pi \left(\frac{t}{T} - \frac{x+\lambda}{\lambda} \right) \right]$$

$$= \hat{y} \sin \left[2\pi \left(\frac{t}{T} - \frac{x}{\lambda} \right) - 2\pi \right]$$

$$= \hat{y} \sin \left[2\pi \left(\frac{t}{T} - \frac{x}{\lambda} \right) \right].$$

*4 Weisen Sie nach, dass sich aus der Wellengleichung deduktiv die Phasengeschwindigkeit, mit der sich ein Schwingungszustand bewegt, zu $v_{Ph} = \lambda/T$ ergibt.

Lösung:
Die Gleichung einer linearen Welle heißt $y(x,t) = \hat{y} \sin [2\pi (t/T - x/\lambda)]$. Zum Zeitpunkt $t = 0$ ist am Ort $x = 0$ die Phase der Schwingung $\varphi = 0$. Dieselbe Phase ist am Ort x nach der Zeit t angekommen, wenn gilt:

$$\left(\frac{t}{T} - \frac{x}{\lambda} \right) = 0. \text{ Daraus folgt } \frac{x}{t} = \frac{\lambda}{T} = c.$$

*5 Eine harmonische Schwingung $y(t) = \hat{y} \sin \omega t$ breite sich vom Nullpunkt als transversale Störung längs der x-Achse mit der Geschwindigkeit $v_{Ph} = 7,5$ mm/s aus. Es sei weiter $\hat{y} = 10$ cm, $\omega = \frac{\pi}{2}$ Hz.

a) Berechnen Sie die Periodendauer T, die Frequenz f und die Wellenlänge λ.

b) Wie heißt die Wellengleichung?

c) Zeichnen Sie maßstäblich das Momentanbild der Störung nach $t_1 = 4$ s, $t_2 = 6$ s und $t_3 = 9$ s.

d) Wie heißen die Schwingungsgleichungen für die Oszillatoren, die an den Orten $x_1 = 5,25$ cm bzw. $x_2 = 7,5$ cm von der Störung erfasst werden?

Lösung:
a) Aus $\omega = 2\pi f$ folgt $T = 2\pi/\omega = 4,0$ s und $f = 0,25$ Hz und daraus $\lambda = cT = 0,03$ m.

b) Die Wellengleichung lautet
$$y(x, t) = 0,01 \text{ m} \cdot \sin \left[2\pi \left(\frac{t}{4 \text{ s}} - \frac{x}{0,03 \text{ m}} \right) \right]$$

c) Den Zeichnungen liegen die Funktionen
$$y(x, t_1) = 0,01 \text{ m} \cdot \sin \left[2\pi \left(\frac{4 \text{ s}}{4 \text{ s}} - \frac{x}{0,03 \text{ m}} \right) \right]$$

$$= -0,01 \text{ m} \cdot \sin \left[2\pi \frac{x}{0,03 \text{ m}} \right]$$

$$y(x, t_2) = 0,01 \text{ m} \cdot \sin \left[2\pi \left(\frac{6 \text{ s}}{4 \text{ s}} - \frac{x}{0,03 \text{ m}} \right) \right]$$

$$= 0,01 \text{ m} \cdot \sin \left[2\pi \frac{x}{0,03 \text{ m}} \right]$$

$$y(x, t_3) = 0,01 \text{ m} \cdot \sin \left[2\pi \left(\frac{9 \text{ s}}{4} - \frac{x}{0,03 \text{ m}} \right) \right]$$

$$= 0,01 \text{ m} \cdot \cos \left[2\pi \frac{x}{0,03 \text{ m}} \right].$$

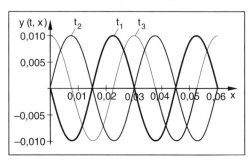

d) An der Stelle $x_1 = 5{,}25$ cm beginnt die Störung nach der Zeit $t_1 = x_1/c = 7{,}0$ s mit der Schwingung; oder aus der Wellengleichung

$$y(x_1, t) = 0{,}01 \text{ m} \cdot \sin\left[2\pi\left(\frac{t}{4\text{ s}} - \frac{0{,}0525 \text{ m}}{0{,}03 \text{ m}}\right)\right]$$

$$= 0{,}01 \text{ m} \cdot \sin\left[\frac{\pi}{2}\left(\frac{t}{\text{s}} - 7\right)\right]$$

und für die Stelle x_2

$$y(x_2, t) = 0{,}01 \text{ m} \cdot \sin\left[2\pi\left(\frac{t}{4\text{ s}} - \frac{0{,}075 \text{ m}}{0{,}03 \text{ m}}\right)\right]$$

$$= 0{,}01 \text{ m} \cdot \sin\left[\frac{\pi}{2}\left(\frac{t}{\text{s}} - 10\right)\right].$$

3.3.3 Zwei- und dreidimensionale Wellen

Seite
127

1 Bei stroboskopischer Beleuchtung beobachtet man die scheinbar stillstehenden kreisförmigen Wellen in der Wellenwanne und misst zwischen dem ersten und sechsten Wellenberg einen Abstand von 10 cm.
  a) Wie groß ist die Wellenlänge?
  b) Wie groß ist die Wellengeschwindigkeit, wenn die Schwingungsdauer des Erregers $T = 0{,}25$ s beträgt?

Lösung:
a) $\lambda = 2$ cm   **b)** $c = \lambda/T = 8$ cm/s

*2 Die Amplitude $\hat{p}$ des Schalldrucks hängt mit der Dichte ϱ der Luft, der Schallgeschwindigkeit v, der Frequenz f und der Amplitude $\hat{y}$ der Schwingung eines Luftmoleküls, das von der Schallwelle erfasst wird, über die Beziehung $\hat{p} = 2\pi f v \varrho \hat{y}$ zusammen. Ein Ton der Frequenz $f = 400$ Hz ist (bei 20 °C) eben noch zu hören, wenn seine Schalldruckamplitude $\hat{p} = 8 \cdot 10^{-5}$ N/m^2 = 80 µPa beträgt.
  a) Wie groß ist die Amplitude der Schwingung?
  b) Bestimmen Sie mithilfe der ersten Ableitung der Wellengleichung die maximale Geschwin-

digkeit des Teilchens, die Amplitude der Schallschnelle.

Lösung:
a) Mit $v = 344$ m/s und $\varrho_{\text{Luft}} = 1{,}29$ kg/m^3 wird $\hat{y} = \hat{p}/(2\pi f v \varrho) = 7{,}17 \cdot 10^{-11}$ m ≈ 72 pm. Diese Länge liegt in der Größenordnung der Kernabstände in einem Molekül.
b) Die (partielle) Ableitung von
$y = \hat{y} \sin[2\pi(t/T - x/\lambda)]$
nach der Zeit ergibt die Schallschnelle v_s

$$v_S = \frac{2\pi}{T}\hat{y}\cos\left[2\pi\left(\frac{t}{T} - \frac{x}{\lambda}\right)\right], \text{ also } \hat{v}_S = \frac{2\pi}{T}\hat{y}.$$

Für $\hat{p} = 8 \cdot 10^{-5}$ N/m^2 ist dann
$\hat{v}_s = 1{,}80 \cdot 10^{-7}$ m/s.

Zum Vergleich: Bei Schalldrücken von $p \approx 10^1$ N/m^2 nähert man sich der anderen Grenze des Hörbereichs, der Schmerzgrenze. Für diesen Schalldruck ergeben sich um den Faktor 10^6 größere Amplituden und Schallschnellen, nämlich

$$\hat{y} \approx 10^{-4} \text{ m und } \hat{v}_S \approx \tfrac{1}{10} \text{ m/s}.$$

3.3.4 Der Doppler-Effekt

Seite
129

1 Welchen Ton hört ein Beobachter, an dem eine pfeifende Lokomotive (1500 Hz) mit einer Geschwindigkeit von 120 km/h vorbeifährt, vorher und nachher? Die Schallgeschwindigkeit betrage 340 m/s.

Lösung:
Beim Nähern des Zuges ist

$$f_E = \frac{f}{1 - u/v_{\text{Ph}}} = 1663 \text{ Hz}, \text{ beim Entfernen}$$

$$f_E = \frac{f}{1 + u/v_{\text{Ph}}} = 1366 \text{ Hz}.$$

2 Die Hupe eines stehenden Autos besitze eine Frequenz von 440 Hz. Welche Frequenz nimmt ein Autofahrer wahr, der sich mit 100 km/h nähert (entfernt)? Die Schallgeschwindigkeit betrage 340 m/s.

Lösung:
Beim Nähern des Empfängers ist
$f_E = f(1 + u/v_{\text{Ph}}) = 476$ Hz, beim Entfernen
$f_E = f(1 - u/v_{\text{Ph}}) = 404$ Hz.

3 Eine Pfeife mit der Frequenz 400 Hz wird mit 3 Umdrehungen je Sekunde auf einer Kreisbahn mit dem Radius 1 m herumgeschleudert. Zwischen welchen Werten schwankt die Frequenz des Tones, den ein ruhender Beobachter registriert?

Lösung:
Die maximale Geschwindigkeit auf den Beobachter zu bzw. von ihm weg beträgt $v = 2\pi r/T = 18{,}85$ m/s. Mit den Formeln aus der Aufgabe 1 ergibt sich $f_{\mathrm{zu}} = 423$ Hz bzw. $f_{\mathrm{weg}} = 379$ Hz.

*4 Leiten Sie eine Formel für die Frequenzänderung für den Fall her, dass sich Sender und Empfänger bewegen.

Lösung:
a) Sender und Empfänger bewegen sich in entgegengesetzten Richtungen aufeinander zu: Die Bewegung des Senders führt zu einer Verkürzung der Wellenlänge auf $\lambda' = \lambda\,(1 - u_{\mathrm{S}}/v_{\mathrm{Ph}})$, die Bewegung des Empfängers führt zu einer Erhöhung der Frequenz auf $f' = (v_{\mathrm{Ph}} + u_{\mathrm{E}})/\lambda'$. Einsetzen des Terms für λ' in den Term für f' ergibt mit

$$\lambda = v_{\mathrm{Ph}}/f : f' = f\frac{v_{\mathrm{Ph}} + u_{\mathrm{E}}}{v_{\mathrm{Ph}} - u_{\mathrm{S}}}.$$

b) Sender und Empfänger bewegen sich in entgegengesetzten Richtungen voneinander weg: Rechnung wie unter a), jedoch mit entgegengesetzten Rechenzeichen.

c) Der Empfänger bewegt sich hinter dem Sender her: Die Bewegung des Senders führt zu einer Vergrößerung der Wellenlänge auf $\lambda' = \lambda(1 + u_{\mathrm{S}}/v_{\mathrm{Ph}})$, die Bewegung des Empfängers führt zu einer Erniedrigung der Frequenz auf $f' = (v_{\mathrm{Ph}} - u_{\mathrm{E}})/\lambda'$. Einsetzen des Terms für λ' in den tern für f' ergibt mit

$$\lambda = v_{\mathrm{Ph}}/f : f' = f\frac{v_{\mathrm{Ph}} + u_{\mathrm{E}}}{v_{\mathrm{Ph}} + u_{\mathrm{S}}}.$$

d) Der Sender bewegt sich hinter dem Empfänger her: Rechnung wie unter c) jedoch mit entgegengesetzten Rechenzeichen.

Zusatzaufgabe

5 Ein Rennwagen fährt an einem Zuschauer vorbei, ist die Frequenz des Motors $f_1 = 288$ Hz; beim Entfernen hört der Zuschauer den Motor mit der Frequenz $f_2 = 178$ Hz.
Berechnen Sie bei einer Schallgeschwindigkeit von 340 m/s die Geschwindigkeit des Rennwagens und die Drehzahl des Motors.

Lösung:
Aus den Gleichungen $f_{\mathrm{E1}} = \dfrac{f}{1 - u/v_{\mathrm{Ph}}}$ und

$f_{\mathrm{E2}} = \dfrac{f}{1 - u/v_{\mathrm{Ph}}}$ folgen die Gleichungen

$f_{\mathrm{E1}}\,v_{\mathrm{Ph}} - f_{\mathrm{E1}}\,u = f$ und $f_{\mathrm{E2}}\,v_{\mathrm{Ph}} - f_{\mathrm{E2}}\,u = f$, aus denen

sich ergibt: $u = \dfrac{f_1 - f_2}{f_1 + f_2}\,v = 289$ km/h und

$f = 220$ Hz $= 13\,200$ min^{-1}.

Seite
130
3.3.5 Phasen- und Gruppengeschwindigkeit; Dispersion

1 Eine Stimmgabel der Frequenz f beginne zur Zeit $t = 0$ zu schwingen und werde nach einem Zeitintervall $2\,\Delta t$ angehalten. Die entstehende Wellengruppe der Länge $2\,\Delta x$ enthält ca. N mittlere Wellenlängen. Da man am Anfang und am Ende der Wellengruppe nicht genau entscheiden kann, ob noch eine halbe Wellenlänge vorhanden ist oder nicht, beträgt die Ungenauigkeit $|\Delta N| = 1$.
a) Wie hängen N, f und Δt zusammen?
b) Drücken Sie die Wellenlänge durch $2\,\Delta x$ und N aus.
c) Zeigen Sie, dass sich aus diesem Sachverhalt die Formel $\Delta f\,\Delta t = \frac{1}{2}$ für die akustische Unschärfe ergibt.

Lösung:
a) $f = \dfrac{N}{2\,\Delta t}$ **b)** $\lambda = \dfrac{2\,\Delta x}{N}$

c) $f + \Delta f = \dfrac{N + 1}{2\,\Delta t}$ also $\Delta f = \dfrac{1}{2\,\Delta t}$

*2 Die Dispersionsrelation für Wasserwellen heißt $\omega^2 = g\,k$ mit $k = 2\pi/\lambda$. Bestimmen Sie mithilfe der Beziehung $v_{\mathrm{Gr}} = \mathrm{d}\omega/\mathrm{d}k$ für Wellen der Frequenz 1 Hz die Gruppengeschwindigkeit.

Lösung:
$v_{\mathrm{Gr}} = \dfrac{\mathrm{d}\omega}{\mathrm{d}k} = \dfrac{\mathrm{d}(\sqrt{g\,k})}{\mathrm{d}k} = \dfrac{\sqrt{g}}{2\sqrt{k}}$ mit $\sqrt{k} = \dfrac{\omega}{\sqrt{g}}$ folgt

$v_{\mathrm{Gr}} = \dfrac{g}{2\,\omega} = 0{,}78$ m/s.

3.4.1 Interferenz zweier Kreiswellen

1 Zeichnen Sie eine Interferenzfigur ähnlich *Abb. 133.1*, die entsteht, wenn der Erreger L_2 gegenüber L_1 mit der Phasenverschiebung $\Delta\varphi = \pi$ schwingt. (Zeichnung $L_1 L_2 = 7{,}0$ cm; $\lambda = 2{,}0$ cm; Wellenberge durchgezogen, Wellentäler gestrichelt; Interferenzstreifen durch den Phasenunterschied kennzeichnen.)

Lösung:
In *Abb. 133.1* werden die Hyperbeln der Maxima mit denen der Minima vertauscht.

*2 Zwei phasengleich schwingende Wellenerreger erzeugen Kreiswellen der Wellenlänge λ. Ihr Abstand beträgt die fünffache Wellenlänge.
  a) Welchen Winkel bildet der „gerade Teil" des Interferenzmaximums 1. Ordnung mit der Symmetrieachse?
  b) Wie viele Interferenzhyperbeln (Interferenzmaxima) werden erzeugt?
  c) Lässt sich eine Gesetzmäßigkeit zwischen der Anzahl der Interferenzhyperbeln und dem Abstand der Wellenerreger bei vorgegebener Wellenlänge aufstellen?

Lösung:
  a) Für das erste Interferenzmaximum ist $\Delta s = \lambda$ und mit $d = 5\lambda$ wird $\tan\alpha = a/e = \Delta s/d = \sin\alpha = 1/5$, $\alpha = 11{,}3°$. (Für kleine Winkel ist $\tan\alpha \approx \sin\alpha$).
  b) Außer den Interferenzmaxima auf der Mittelsenkrechten zu $L_1 L_2$ durch L_0 mit $\Delta s = 0$ erhält man 4 Interferenzhyperbeln (mit je zwei Hyperbelästen links und rechts der Mittelsenkrechten). Denn

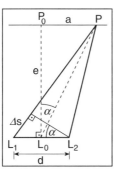

für einen beliebigen Punkt außerhalb der Symmetrieachsen kann die Differenz der Entfernung zu den Erregerzentren nur $\lambda, 2\lambda, 3\lambda$, und 4λ betragen.
  c) Zählt man die Mittelsenkrechte als entartete Hyperbel hinzu, so ergeben sich soviele Interferenzhyperbeln, wie der auf eine ganze Zahl abgerundete Quotient d/λ angibt.

*3 Ist $d = L_1 L_2$ der Abstand der beiden phasengleich schwingenden Erreger, Δs der Gangunterschied ei-

nes weit von L_1 und L_2 entfernten Punktes und α der Winkel zwischen der Symmetrieachse von L_1 und L_2 und der Richtung von der Mitte L_0 zwischen den Erregern zum Punkt P_1, so gilt entsprechend *Abb. 133.1*:
  a) $\sin\alpha = \Delta s/d$ und $\tan\alpha = PP_0/L_0 P_0 = a_n/e$ oder für kleine Winkel $\Delta s/d = a_n/e$;
  b) für Interferenzmaxima $\sin\alpha = n\lambda/d$ oder $n\lambda \approx (a_n d)/e$;
  c) für Interferenzminima $\sin\alpha = (2n-1)\lambda/(2d)$ oder $(n-\tfrac{1}{2})\lambda \approx (a_n d)/e$.
Begründen Sie die Beziehungen anhand der Zeichnung.

Lösung:
Siehe die Zeichnung zur Lösung von *Aufgabe 2*.

Zusatzaufgaben

4 Berechnen Sie die Gleichung der entstehenden Welle, die sich bei der Interferenz zweier gleichlaufender linearer Wellen gleicher Frequenz mit den Amplituden $\hat{y}_1 = \hat{y}$ und $\hat{y}_2 = \tfrac{1}{2}\hat{y}$ ergibt.
  a) bei einem Gangunterschied von $\Delta s = 0$,
  b) bei einem Gangunterschied von $\Delta s = \lambda/2$ ergibt.
  c) Konstruieren Sie beide Überlagerungen mit $\hat{y} = 2$ und $y = 6$ cm zur Zeit $t = 5\,T$ (Momentaufnahme).

Lösung:
Aus $y_1 = \hat{y}\sin[2\pi(t/T - x/\lambda)]$ und $y_2 = \tfrac{1}{2}\hat{y}\sin[2\pi[(t/T - x/\lambda) - \Delta s/\lambda]]$ ergibt sich für
  a) $\Delta s = 0$: $y = \tfrac{3}{2}\hat{y}\sin[2\pi(t/T - x/\lambda)]$
  b) $\Delta s = \lambda/2$: $y = \tfrac{1}{2}\hat{y}\sin[2\pi(t/T - x/\lambda)]$
  c)

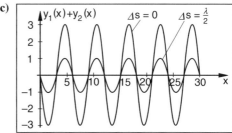

5 Untersuchen Sie mathematisch die Interferenz zweier gleichlaufender linearer Wellen gleicher Frequenz und Amplitude mit dem Gangunterschied $\Delta s = \Delta x$. (Man setze in die Wellengleichung einmal x und ein zweites Mal $x + \Delta x$ ein.) Für welchen Gangunterschiede ergibt sich maximale Verstärkung bzw. völlige Auslöschung?

Lösung:
Aus $y = \hat{y} \sin\left[2\pi\left(\dfrac{t}{T} - \dfrac{x}{\lambda}\right)\right]$

$\qquad + \hat{y} \sin\left[2\pi\left(\dfrac{t}{T} - \dfrac{x+\Delta x}{\lambda}\right)\right]$

folgt $y_1 = 2\cos\pi\dfrac{\Delta x}{\lambda}\sin\left[2\pi\left(\dfrac{t}{T} - \dfrac{x}{\lambda}\right)\right]$.

Die Cosinusfunktion gibt die Amplitude der Überlagerungswelle an. Die Amplitude ist maximal für $\pi\Delta x/\lambda = n\pi$, also für $\Delta x = n\lambda$; sie ist null für $\pi\Delta x/\lambda = (2n+1)\pi/2$, also für $\Delta x = (2n+1)\lambda/2$, $n = 0, 1$.

Seite **134** ### 3.4.2 Das Huygens'sche Prinzip

Zusatzaufgabe

1 Konstruieren Sie für 8 Erregerpunkte, die gleichmäßig auf einer Kreislinie angeordnet sind, die Überlagerung der Elementarwellen zu neuen Wellenfronten.

Lösung:
Zeichnung in Anlehnung an *Abb. 134.1 d)*.

Seite **136** ### 3.4.3 Reflexion und Berechnung ebener Wellen

1 In einer Wellenwanne läuft eine Welle von einem seichten Bereich in ein Gebiet mit tieferem Wasser unter dem Einfallswinkel von 45° und dem Brechungswinkel von 60°.
  a) Bestimmen Sie das Verhältnis der Geschwindigkeiten in beiden Teilen der Wellenwanne.
  b) Bestimmen Sie die Geschwindigkeit im flachen Teil, wenn sie im tiefen 25 cm/s ist.

Lösung:
  a) $\dfrac{v_{Ph1}}{v_{Ph2}} = \dfrac{\sin 45°}{\sin 60°} = 0{,}816$

  b) $v_{Ph1} = 0{,}816 \cdot v_{Ph2} = 20{,}4\ \text{cm/s}$

2 Wasserwellen bewegen sich in tiefem Wasser mit der Geschwindigkeit $v_1 = 34\ \text{cm/s}$. Sie treffen unter dem Winkel $\alpha = 60°$ auf die Grenzlinie zu einem flacheren Teil, wo sie sich mit $v_2 = 24\ \text{cm/s}$ bewegen. Erhöht man die Frequenz ein wenig, so sinkt die Geschwindigkeit im tiefen Teil auf $v_1 = 32\ \text{cm/s}$.
  a) Berechnen Sie in beiden Fällen den Brechungswinkel.
  b) Die Wellenlänge im tieferen Teil beträgt im ersten Versuch $\lambda = 1{,}7\ \text{cm}$. Wie groß ist die Wellenlänge im flacheren Teil und welche Frequenz hatte die Welle?

Lösung:
  a) Aus $\dfrac{v_{Ph1}}{v_{Ph2}} = \dfrac{\sin\alpha_1}{\sin\alpha_2}$ folgt $\alpha_2 = 37{,}7°$.

Im flachen Wasser ändert sich die Geschwindigkeit nicht, daher folgt aus $\dfrac{v_{Ph1}}{v_{Ph2}} = \dfrac{\sin\alpha_1}{\sin\alpha_2}: \alpha_2 = 40{,}5°$.
  b) Die Frequenz ist in beiden Bereichen gleich, also $f_2 = f_1 = v_1/\lambda_2 = 20\ \text{Hz}$ und $\lambda_2 = 1{,}2\ \text{cm}$.

3 Konstruieren Sie nach dem Huygens'schen Prinzip
  a) die Reflexion von Kreiswellen, die von einem Erregerzentrum Z ausgehen, an einem geraden Hindernis (Reflexionsgerade). Zeichnen Sie dazu mehrere Kreisbögen um Z mit Abstand von 1 cm, die die Reflexionsgerade schneiden. Zeigen Sie, dass der Mittelpunkt Z′ der reflektierten Wellenfronten das Spiegelbild von Z an der Geraden ist.
  b) Führen Sie die Konstruktion auch für ebene Wellen aus, die an einem Hohlspiegel (Kreislinie mit $r = 8\ \text{cm}$) reflektiert werden.

Lösung:
  a)

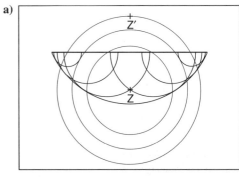

b)

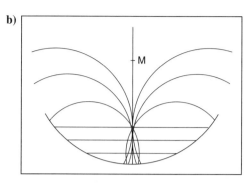

3.4.5 Stehende Wellen; Eigenschwingungen

Seite
140

1 Auf einer einseitig eingespannten Blattfeder wird durch einen Elektromagneten, der von Wechselstrom durchflossen wird, die 1. Oberschwingung erzeugt. Wie groß ist die Phasengeschwindigkeit, wenn die Feder $l = 9$ cm lang ist?

Lösung:
Die eiserne Blattfeder wird vom Elektromagneten mit der Frequenz $f = 100$ Hz in Schwingungen versetzt. Bei der ersten Oberschwingung ist die Länge $l = 0,09$ m $= 3\lambda/4$. Daraus ergibt sich $v_{Ph} = 12$ m/s.

2 Zeichnen Sie vier Momentbilder im Abstand $\Delta t = T/8$ von einer Welle und von ihrer am freien Ende reflektierten Welle sowie der sich ergebenden stehenden Welle.

Lösung:
Zeichnung entsprechend *Abb. 139.1 a)*.

3.4.7 Stehende Schallwellen

Seite
143

1 Ein teilweise mit Wasser gefülltes Rohr *(Abb. 142.2)* zeigt Resonanz bei einer Länge $l_1 = 24,9$ cm der Luftsäule, dann bei $l_2 = 41,5$ cm. Die Schallgeschwindigkeit in Luft beträgt $v_{Ph} = 340$ m/s.
a) Zeichnen Sie die stehende Geschwindigkeitswelle und Druckwelle für die Länge l_2 ein.
b) Welche Wellenlänge und Frequenz hat der ausgesandte Ton? Welche (Ober-)Schwingungen wurden gemessen?

Lösung:
a) Die stehende Geschwindigkeitswelle hat eine Länge von $5\lambda/4$, am festen Ende einen Knoten, am offenen Ende einen Bauch; bei der stehenden Welle für den Schalldruck ist es umgekehrt (s. *Abb. 141.2*).
b) Aus 41,5 cm $-$ 24,9 cm $= \lambda/2$ folgt $\lambda = 33,2$ cm und $f = 1024$ Hz.

2 In einem 40 cm langen, beiderseits offenen Glasrohr bilden sich bei der Frequenz $f_1 = 1222$ Hz an vier Stellen (einschließlich beider Enden) und bei $f_2 = 1634$ Hz an fünf Stellen jeweils in gleichem Abstand Bäuche der Kundt'schen Staubfiguren aus.
a) Zeichnen Sie für beide Fälle die stehende Geschwindigkeits- und Druckwelle.
b) Berechnen Sie die Schallgeschwindigkeit als Mittelwert aus beiden Messungen.

Lösung:
a) Die Kundt'schen Staubfiguren bestehen aus zwei ganzen Bäuchen und je einem halben Bauch an den offenen Enden, sodass die Länge l des Rohres gleich $3\lambda/2$ ist (s. *Abb. 142.1*). Die Darstellung der Geschwindigkeitswelle entspricht der Darstellung der 2. Oberschwingung für einen Wellenträger mit zwei freien Enden (s. *Abb. 140.1*). Die stehende Druckwelle hat gegenüber der Geschwindigkeit Knoten und Bäuche vertauscht.
b) Mit $\lambda_1 = 2\,l/3$ ist $v_{Ph1} = 325,9$ m/s bzw. mit $\lambda_2 = l/2$ ist $v_{Ph2} = 326,8$ m/s, also $v_{Ph} = 326,3$ m/s.

3 Ein Messingstab der Länge $l = 30$ cm, dessen Ende mit Stempel in eine Kundt'sche Röhre gesteckt ist, wird zu Schwingungen in der Grundfrequenz erregt. Es ergeben sich in der Röhre Kundt'sche Staubfiguren im Abstand von $\Delta s = 3{,}0$ cm. Die Schallgeschwindigkeit in Luft beträgt $v_{Ph} = 340$ m/s.

a) Berechnen Sie die Schallgeschwindigkeit in Messing.

b) Zeichnen Sie die stehende Welle des Messingstabes und die der Geschwindigkeitswelle in der mit Luft gefüllten Röhre.

Lösung:

a) Mit $\lambda/2 = 0{,}03$ m ergibt sich $f = 5{,}7$ kHz. Wenn der an beiden Seiten freie Messingstab in der Grundschwingung schwingt, ist seine Länge $l = \lambda/2$. Also $v_{Ph,\,Messing} = 3{,}4$ km/s.

b) Auf dem Messingstab hat die stehende Welle in der Mitte einen Knoten, an den Enden je einen Bauch (s. *Abb. 140.1*). Die stehende Geschwindigkeitswelle in der Kundt'schen Röhre entspricht je nach deren Länge und dem anderen Ende den Darstellungen in *Abb. 140.1*.

4 Eine offene Pfeife der Länge l_1 und eine gedackte Pfeife (gedackt: ein geschlossenes Ende) seien auf gleichen Grundton abgestimmt. (Zungen- und Lippenpfeifen besitzen an dem Ende, an dem sich die Metallzungen oder die Schneide befindet, ein offenes Ende.)

a) Welcher Zusammenhang besteht zwischen den Längen beider Pfeifen?

b) Welche Töne kann man zu dem Grundton, der Prime, durch so genanntes „Überblasen" (so heißt das Erzeugen der Oberschwingungen) mit der offenen und welche mit der gedackten Pfeife erzeugen?

Lösung:

a) Bei der offenen Pfeife liegt an beiden Enden ein Bauch der Geschwindigkeitswelle, also $\lambda/2 = l_1$, bei der gedackten Pfeife liegt am festen Ende ein Knoten, also $\lambda/4 = l_2$. Daraus folgt $l_2 = l_1/2$.

b) Für die erste Oberschwingung gilt $\lambda_1 = l_1$, also $f_1 = 2f_0$ bzw. bei der gedackten Pfeife $\lambda_2 = 4\,l_2/3$, also $f_2 = 3f_0$.

4.1.1 Die Temperatur und die Gasgesetze

Seite
148

1 Ein Gas nimmt bei 20 °C ein Volumen von 3 l ein. Auf welche Temperatur muss das Gas bei gleichem Druck erwärmt werden, damit es 4 l, das doppelte, das dreifache Volumen einnimmt?

Lösung:
isobar, also $V_2/T_2 = V_1/T_1$; $T_2 = T_1 \cdot V_2/V_1 =$
293 K $\frac{4(6;9)}{3} = 390{,}7$ K (586 K; 879 K)

2 Während einer Unterrichtsstunde steigt im Physikraum mit den Abmessungen 12 m, 5 m und 4 m die Temperatur von 18 °C auf 20 °C. Wie viel Luft entweicht?

Lösung:
$\Delta V = V_2 - V_1 = (T_2/T_1 - 1)V_1$
$\quad = (293/291 - 1) \cdot 12 \cdot 5 \cdot 4 \text{ m}^3 = 1{,}649 \text{ m}^3$

3 Ein abgeschlossenes Luftvolumen steht bei 20 °C unter einem Druck von 1 bar. Bei welcher Temperatur beträgt der Druck 0,5 bar (1,3 bar, 2 bar, 3 bar)?

Lösung:
isochor, also $p_2/T_2 = p_1/T_1$; $T_2 = T_1 \cdot (p_2/p_1)$
$= \frac{0{,}5 \text{ bar}}{1 \text{ bar}} \cdot 293 \text{ K} = 146{,}5$ K (586 K, 879 K)

4.1.2 Der atomistische Aufbau der Stoffe

Seite
151

1 Zum Ölfleckversuch: Verdampft man 1 g Triolein, so stellt man fest, dass der Dampf unter Normalbedingungen ein Volumen von 78,5 cm^3 einnimmt. 17 Tropfen einer Ölsäure-Benzinlösung (0,1 Vol.-%) ergeben 1 cm^3. Lässt man davon einen Tropfen auf die mit Bärlappsamen bestreute Wasseroberfläche fallen, so entsteht ein Kreis mit 31 cm Durchmesser. Berechnen Sie aus diesen Angaben die Avogadro-Zahl (Dichte von Triolein: $\varrho = 0{,}89$ g/cm^3). Welches mittlere Volumen entfällt auf ein einzelnes Atom des Ölmoleküls (Triolein: $C_{18}H_{34}O_2$)?

Lösung:
$V = \frac{1}{17}$ cm$^3 \cdot 0{,}001 = (15{,}5 \text{ cm})^2 \cdot \pi \cdot d$
$d = 7{,}79 \cdot 10^{-8}$ cm; $V_1 = d^3 = 4{,}734 \cdot 10^{-22}$ cm^3.
$N = V/V_1 = 1{,}243 \cdot 10^{17}$.
Masse $m = V \cdot \varrho = 5{,}235 \cdot 10^{-5}$ g
1 g Triolein:
Stoffmenge $n_1 = 78{,}5$ cm^3 mol$/(22{,}4 \cdot 10^3$ cm$^3)$
$= 3{,}504 \cdot 10^{-3}$ mol
Hier vorliegende Stoffmenge:
$n = 3{,}504 \cdot 10^{-3} \cdot 5{,}235 \cdot 10^{-5}$ mol $= 1{,}835 \cdot 10^{-7}$ mol
$N_A = \dfrac{N}{n} = 6{,}78 \cdot 10^{23}$
mittl. Volumen pro Atom: $V_A = V_1/(18 + 34 + 2)$
$= 8{,}77 \cdot 10^{-24}$ cm$^3 = 8{,}77 \cdot 10^{-30}$ m^3
$\Rightarrow$ mittl. Kantenlänge $a = \sqrt[3]{V_A} = 2{,}06 \cdot 10^{-10}$ m).

2 Berechnen Sie die absolute Masse eines Sauerstoff-, Eisen-, Uranatoms.

Lösung:
$m = \dfrac{A}{N_A} = \dfrac{16{,}0 \text{ g } (55{,}8 \text{ g}; 238{,}0 \text{ g})}{N_A}$
$= 2{,}66 \cdot 10^{-23}$ g $(9{,}27 \cdot 10^{-23}$ g; $3{,}95 \cdot 10^{-22}$ g)

3 Berechnen Sie mithilfe der Avogadro-Zahl das Volumen eines Wassermoleküls. ($m(H_2O) = 18$; $\varrho = 1$ g/cm^3.)
Vergleichen Sie dieses Volumen mit dem Raumanteil, der auf ein einzelnes Gasmolekül bei Normalbedingungen entfällt.

Lösung:
$V = 1$ cm$^3/N = 1$ cm$^3 \cdot 18/N_A = 2{,}99 \cdot 10^{-23}$ cm^3
(Flüssigkeit)
$V = 22{,}4 \cdot 10^3$ cm$^3/N = 22{,}4 \cdot 10^3$ cm$^3 \cdot 18/N_A$
$= 6{,}70 \cdot 10^{-19}$ cm^3 (Gas)

4 Wie viele Atome enthalten 12 g Kohlenstoff, 18 g Sauerstoff, 27 g Aluminium? Welche Masse haben $3 \cdot 10^{12}$ Uranatome?

Lösung:
Da es immer 1 mol ist, folgt $N = N_A$;
$m_u = 3 \cdot 10^{12} \cdot 238$ g$/N_A = 1{,}185 \cdot 10^{-9}$ g

5 Welche Masse haben die Stoffmengen der folgenden Teilchenarten: 0,3 mol CO_2-Moleküle; 0,2 mol O_2-Moleküle; 1 mol N-Atome; 1 mol $C_6H_{12}O_6$-Moleküle?

Lösung:
$m = 0{,}3 \cdot (12 + 2 \cdot 16)$ g $= 13{,}2$ g;
$0{,}2 \cdot 2 \cdot 16$ g $= 6{,}4$ g; 14 g;
$(6 \cdot 12 + 12 + 6 \cdot 16)$ g $= 180$ g.

Zusatzaufgaben

6 Wie viel Gramm Argongas enthält ein 300 cm^3 großer Glühlampenkolben, wenn der Innendruck bei 15 °C 2,6 mbar beträgt?

Lösung:

Es ist $n = \dfrac{pV}{RT}$; mit $V = 3 \cdot 10^{-4}\,m^3$, $p = 2,6 \cdot 10^2\,Pa$
und $T = 288,15\,K$ wird $n = 3,26 \cdot 10^{-5}\,mol$ und mit
$M_r = 39,95$ folgt
$m = n\,M_r\,kg = 1,30 \cdot 10^{-6}\,kg = 1,3\,mg$.

7 In einer Stahlflasche von 10 l Inhalt steht ein Sauerstoffgas unter einem Druck von 200 bar. Wie viel
Liter Sauerstoff kann man der Flasche bei gleicher
Temperatur unter normalem Luftdruck entnehmen?

Lösung:

Nach Boyle-Mariotte $V_2\,p_2 = V_1\,p_1$ wird mit
$V_1 = 10\,l$, $p_1 = 200\,bar$, $p_2 = 1\,bar$ $V_2 = 2000\,l$; es
können 1990 l entnommen werden.

8 Wieviel Teilchen enthält 1 cm³ des idealen Gases
bei der Temperatur 20 °C und dem Druck 10^{-8} bar?

Lösung:

Es ist $n = pV/(RT)$; mit $p = 10^{-3}\,Pa$, $V = 10^{-6}\,m^3$
und $T = 293,15\,K$ wird $n = 4,103 \cdot 10^{-13}\,mol$ und
$N = n\,N_A = 2,47 \cdot 10^{11}$.

9 Welches Volumen nehmen 7 kg Stickstoffgas (N_2)
bei Zimmertemperatur (20 °C) unter einem Druck
von 100 bar ein?

Lösung:

Es ist $V = n\,RT/p$; mit $T = 293,15\,K$, $n = 250\,mol$
und $p = 10^7\,Pa$ wird $V = 6,09 \cdot 10^{-2}\,m^3 = 60,9\,l$.

4.2.2 Kinetische Gastheorie und Molekülbewegung

Seite
155

1 Ein Wasserstoffgas hat die Temperatur $\vartheta = -100\,°C$.

a) Wie groß ist die mittlere Geschwindigkeit eines H_2-Moleküls (Vereinfachung $\overline{(v^2)} = (\overline{v})^2$)?

b) Wie groß sind die mittlere kinetische Energie und der mittlere Impuls eines H_2-Moleküls?

c) Welcher Impuls wird von einem Teilchen beim senkrechten elastischen Stoß auf die Wand übertragen?

d) Welche Energie steckt in 1 mol des Gases?

e) Berechnen Sie die verschiedenen Größen in den Teilaufgaben (a) bis (d) für die Temperatur $\vartheta = 1000\,°C$

Lösung:

a) $\frac{1}{2}m\,\overline{v}^2 = \frac{3}{2}k\,T$; $\overline{v}^2 = \dfrac{3\,k\,T}{m} = \dfrac{3\,k\,T\,N_A}{2\cdot 10^{-3}\,kg}$;

$\overline{v} = 1470\,m/s$

b) $\overline{E_{kin}} = \frac{3}{2}k\,T = 3{,}586\cdot 10^{-21}\,J$
$\overline{p} = m\,\overline{v} = (2\cdot 10^{-3}\,kg/N_A)\cdot\overline{v}$
$\quad = 4{,}88\cdot 10^{-24}\,kg\ m/s$

c) $\Delta p = 2\,\overline{p} = 9{,}76\cdot 10^{-24}\,N\cdot s$

d) $E = N_A\cdot\overline{E} = N_A\cdot\frac{5}{2}k\,T = 3{,}60\cdot 10^3\,J$

e) $\overline{v} = 3986\,\dfrac{m}{s}$; $\overline{E_{kin}} = 2{,}637\cdot 10^{-20}\,J$;

$\overline{p} = 1{,}32\cdot 10^{-23}\,kg\ m/s$; $\Delta p = 2{,}65\cdot 10^{-23}$;

$E = 2{,}65\cdot 10^4\,J$.

2 Ein Volumen von $1000\,cm^3$ enthält $3{,}24\cdot 10^{20}$ Teilchen eines einatomigen idealen Gases mit der Energie 6 J. Berechnen Sie Druck und Temperatur des Gases.

Lösung:
$\overline{E} = 6\,J/3{,}24\cdot 10^{20} = \frac{3}{2}k\,T$; $T = 894{,}2\,K$

$pV = \frac{2}{3}N\,\overline{E_{kin}}$; $p = \frac{2}{3}N\,\overline{E_{kin}}/V = \frac{2}{3}\,6\,J/10^{-3}\,m^3$
$\quad = 4\cdot 10^3\,p_a = 0{,}04\,bar$

3 Welche Temperatur hat ein Gas, das beim Druck von 10^{-8} mbar 10^8 Teilchen pro cm^3 enthält?

Lösung:
$p\cdot V/T = n\,R$; $T = p\,V/(n\,R) = p\,V\cdot N_A/(N\,N_A\cdot k)$
$= p\cdot V/(N\cdot k)$
$= 10^{-8}\cdot 10^{-3}\cdot 10^{-5}\,Pa\cdot 10^{-6}\,m^3/(10^8\cdot k)$
$T = 724{,}3\,K$

4 Welche Temperatur hat ein Sauerstoffgas, wenn die mittlere Geschwindigkeit der O_2-Moleküle $\overline{v} = 540\,m/s$ beträgt?

Lösung:
$\frac{3}{2}k\,T = \frac{1}{2}m\,\overline{v}^2$;

$T = m\,\overline{v}^2/(3\,k) = 32\cdot 10^{-3}\,kg\,\overline{v}^2/(3k\cdot N_A) = 374{,}1\,K$

5 Unter Normbedingung ist in einem Stickstoffgas die mittlere freie Weglänge $\lambda = 58\,nm$. Berechnen Sie die mittlere Zeit zwischen zwei aufeinander folgenden Stößen eines N_2-Moleküls.

Lösung:
$\overline{v}^2 = 3\,k\,T/m = 3\,k\,T\cdot N_A/(2\cdot 14\cdot 10^{-3}\,kg)$;

$\overline{v} = 493{,}3\,m/s$; $\Delta t = \lambda/\overline{v} = 1{,}18\cdot 10^{-10}\,s$

4.3.1 Wärmeenergie und innere Energie

1 200 g Aluminiumschrot ($c_{Al} = 0,9$ J/(g K)) werden in kochendem Wasser erhitzt und anschließend in ein Thermogefäß mit 300 g Wasser ($c_{Wasser} = 4,18$ J/(g K)) von 20 °C gegeben. Welche Temperaturerhöhung stellt sich ein?

Lösung:
$0,9$ J/(g K) $\cdot$ 200 g $(100$ K $- \vartheta_m) =$
$4,18$ J/(g K) $\cdot$ 300 g $(\vartheta_m - 20$ K$)$
$\vartheta_m = 30°C$

2 **a)** Wie ändert sich die thermische Energie eines Wasserbeckens mit den Abmessungen 10 m; 4 m; 2 m, wenn die Temperatur um 1 °C sinkt?

b) In welche Höhe könnte man mit dieser Energie einen Körper der Masse 5000 kg auf der Erde heben?

Lösung:
a) $V = 80$ m^3; $m = 8 \cdot 10^4$ kg; $\Delta E = c\,m\,\Delta\vartheta = 4,18$ J/(g K) $\cdot 8 \cdot 10^7$ g $\cdot 1$ K $= 3,344 \cdot 10^8$ J
b) $\Delta E = m\,g\,h$; $h = 6818$ m

3 Welche Energie wird zum Verdampfen von 1 kg Eis der Temperatur $\vartheta = -10$ °C benötigt? (Spezifische Wärmekapazität von Eis: $c_{Eis} = 2,05$ J/(g K), von Wasser $c_{Wasser} = 4,18$ J/(g K), Schmelzwärme von Eis: $Q_S = 333,5$ J/g, Verdampfungswärme $Q_V = 2257$ J/g)

Lösung:
$E_1 = 2,05$ J/(g K) $\cdot 1000$ g $\cdot 10$ K $= 20\,500$ J;
$E_S = 333,5$ J/g $\cdot 1000$ g $= 333\,500$ J;
$E_2 = 4,18$ J/(g K) $\cdot 1000$ g $\cdot 100$ K $= 418\,000$ K;
$E_V = 2257$ J/g $\cdot 1000$ g $= 2\,257\,000$ J;
$E = 3,029 \cdot 10^6$ J

4.3.2 Der erste Hauptsatz der Wärmelehre

1 In einer beidseitig mit einem Stopfen verschlossenen Papprröhre befinden sich 0,8 kg Bleischrot. An einem Stopfen kann die Temperatur des Bleis gemessen werden. Wird die aufrecht gehaltene Röhre schnell um 180° gedreht, so fällt das Blei im Innern der Röhre herunter. Bei 25-maligem Umdrehen stellt man eine Temperaturerhöhung von $\Delta T = 1,8$ K fest. Berechnen Sie die zugeführte mechanische Energie bei einer Fallhöhe von 1 m sowie die thermische Energie, wenn die spezifische Wärmekapazität von Blei $c_{Bl} = 0,128$ J/(g K) beträgt.

Lösung:
$E_{mech} = 25 \cdot 0,8$ kg $\cdot 9,81$ m/s$^{-2} \cdot 1$ m $= 196,2$ J;
$E_{therm} = 0,128$ J/(g K) $\cdot 800$ g $\cdot 1,8$ K $= 184,3$ J

c_{Bl}

4.3.6 Wärmekraftmaschine, Wärmepumpe und Kältemaschine

1 Ein Kühlschrank von 150 l Inhalt nimmt eine elektrische Leistung von 150 W auf. Nach einer Füllung mit 75 kg Lebensmitteln mit einer Temperatur von 20 °C, die im Wesentlichen aus Wasser ($c_W = 4,18$ kJ/(kg K)) bestehen, wird er auf eine Temperatur von 5 °C eingestellt.

a) Mit welchem technischen Wirkungsgrad arbeitet der Kühlschrank, wenn die Kühlplatten im Innern 0 °C und der Wärmetauscher außen 50 °C haben?

b) Welche Wärmeenergie muss den Lebensmitteln entzogen werden?

c) Wie lange würde bei einer Zufuhr dieser Wärmeenergie mit einer Heizung von 150 W die Temperaturerhöhung von 5 °C auf 20 °C dauern?

d) Woran liegt es, dass das Herunterkühlen mit einem Kühlschrank derselben Leistung nur ca. 1,5 h dauert?

Lösung:
a) $\eta = T_2/(T_1 - T_2) = 273/(323 - 273) = 5,46$
b) $Q = 75 \cdot 10^3$ kg $\cdot 4,18$ J/(g K) $\cdot 15$ K $= 4,7 \cdot 10^6$ J
c) $t = Q/P = 4,7 \cdot 10^6$ J/150 W $= 522,5$ min
d) Der theoretische Wirkungsgrad der Kältemaschine ist $\eta = 5,46$. Um die Energie $Q = 4,7 \cdot 10^6$ J bei der Temperatur T_1 abzugeben, wird die Energie $E = Q/\eta = 861$ kWs benötigt. Diese Energie kann bei einer Leistung von 150 W in 1 h 36 min zugeführt werden.

2 Bei einer Außentemperatur von -5 °C soll der Heizkessel in einem Haus mit einer Wärmepumpe auf einer Temperatur von 40 °C gehalten werden.

Welche elektrische Energie muss der Pumpe zugeführt werden, um dem Heizkessel eine Wärmeenergie von 1 kJ zuzuführen?

Lösung:
$\eta_{WP} = |Q|/E$ und $\eta_{WP} = T_1/(T_1 - T_2)$
$= 313/(313-268) = 6,96$; $E = 1\,\text{kJ}/6,96 = 144\,\text{J}$

4.3.7 Der Viertaktmotor

Seite
165

1 Berechnen Sie die mechanische Energie E, die bei der adiabatischen Expansion eines idealen Gases mit $p = p_1$ und $V = V_1$ auf $V = V_2$ abgeführt wird.

Lösung:

$$E = \int_{V_1}^{V_2} p(v)\,\mathrm{d}V = \int_{V_1}^{V_2} \frac{p_1 V_1^\varkappa}{V^\varkappa}\,\mathrm{d}V = p_1 V_1^\varkappa \int_{V_1}^{V_2} \frac{\mathrm{d}V}{V^\varkappa}$$

$$= \frac{p_1 V_1^\varkappa}{1-\varkappa}\left[V^{1-\varkappa}\right]_{V_1}^{V_2} = \frac{p_1 V_1^\varkappa}{1-\varkappa}\left(\frac{1}{V_2^{\varkappa-1}} - \frac{1}{V_1^{\varkappa-1}}\right)$$

$$= \frac{p_1 V_1 V_1^{\varkappa-1}}{\varkappa-1}\left(\frac{1}{V_2^{\varkappa-1}} - \frac{1}{V_1^{\varkappa-1}}\right) = \frac{p_1 V_1}{\varkappa-1}\left\{1 - \left(\frac{V_1}{V_2}\right)^{\varkappa-1}\right\}$$

*2 Wie verändert sich der Wirkungsgrad eines Viertaktmotors, wenn durch die Verwendung von Superbenzin das Kompressionsverhältnis von 1 : 7 auf 1 : 11 erhöht wurde ($\varkappa = 1,4$)? Vergleichen Sie die aktuellen Preise für Normal- und Superbenzin und schätzen Sie den Nutzen ab.

Lösung:
$\eta = 1 - (v_1/v_2)^{\varkappa-1}$; $\eta_1 = 0,541$; $\eta_2 = 0,617$
Der Wirkungsgrad erhöht sich um ca. 14%. Superbenzin kostet aber nur ca. 3% mehr als Normalbenzin. Der Motor fährt mit Superbenzin also etwa 10% wirtschaftlicher.

Handwritten at top: $A \cdot T = P$ A Fläche
P Leistung
I Intensität
a Absorptionsvermögen

1 Die Sonne hat einen Radius von 696 000 km und ist 149,5 Mio. km entfernt. Wir empfangen von ihr eine Strahlungsleistung von 1,353 kW/m². Berechnen Sie die Oberflächentemperatur der Sonne.

Lösung:

$$P_\odot = (149{,}5 \cdot 10^9 \text{ m})^2 \cdot \pi \cdot 1{,}353 \cdot 10^3 \frac{\text{W}}{\text{m}^2}$$

$$= 9{,}50 \cdot 10^{25} \text{ W} = A_\odot \cdot I_s$$

$$T = \sqrt[4]{\frac{P_\odot}{A_\odot \cdot \sigma}}$$

Handwritten: $T^4 A_\odot \sigma = P_\odot$

$$= \sqrt[4]{\frac{9{,}50 \cdot 10^{25} \text{ W m}^2 \text{ K}^4}{(696\,000 \cdot 10^3 \text{ m})^2 \cdot \pi \cdot 5{,}6703 \cdot 10^{-8}\text{W}}}$$

$$= 5760 \text{ K}$$

Handwritten: Absorptionsvermögen

2 Der Wolframfaden ($a = 0{,}25$) einer Glühlampe (100 W/220 V) wird auf $\vartheta = 2300$ °C erhitzt und gibt dabei die gesamte elektrische Leistung als Strahlung wieder ab.

a) Welche Fläche muss der Faden haben?

b) Bei welcher Wellenlänge strahlt der Faden maximal?

c) Wie viel Prozent der Strahlungsleistung werden im sichtbaren Bereich (400 nm $\leq \lambda \leq$ 800 nm) abgegeben?

d) Wie lang muss der Faden sein, wenn sein spezifischer Widerstand $\varrho = 77{,}5$ μΩ cm beträgt?

Lösung:

a) $P = A \cdot I = A \cdot a \cdot I_s = A \cdot a \, \sigma \, T^4$

$$A = \frac{P}{a \, \sigma \, T^4}$$

Handwritten: $I = a \cdot I_s$ kirchhoff

$$= \frac{100 \text{ W m}^2 \text{ K}^4}{0{,}25 \cdot 5{,}6703 \cdot 10^{-8} \text{ W}(2300 + 273{,}15)^4 \text{ K}^4}$$

$$= 1{,}609 \cdot 10^{-4} \text{ m}^2 = 1{,}609 \text{ cm}^2$$ ✓

b) $\lambda_{max} = 2{,}898 \cdot 10^{-3} \text{ m}/T = 1{,}13$ μm

c) $I(\lambda_1, \lambda_2) = \int_{\lambda_1}^{\lambda_2} I_S(\lambda, T)\mathrm{d}\lambda = 2\,h\,c^2 \int_{\lambda_1}^{\lambda_2} \frac{\mathrm{d}\lambda}{(e^{\frac{hc}{kT\lambda}} - 1)\lambda^5}$

$$I = 1{,}191 \cdot 10^{-16} \int_{\lambda_1}^{\lambda_2} \frac{\mathrm{d}\lambda}{\lambda^5 \left(e^{\frac{5{,}591 \cdot 10^{-6} \text{m}}{\lambda}} - 1\right)};$$

$$= 0{,}4 \cdot 10^{-6} \text{ m}$$

(nummerische Integration)

ergibt:

$$I = 1{,}191 \cdot 10^{-16} \cdot 5{,}029 \cdot 10^{20} = 5{,}989 \cdot 10^4 \frac{\text{W}}{\text{m}^2}$$

$$\frac{I}{I_g} = \frac{5{,}989 \cdot 10^4 \frac{\text{W}}{\text{m}^2}}{\sigma T^4} = 0{,}0241 = 2{,}41 \text{ \%}.$$

d) $R = \varrho \cdot \dfrac{l}{A_q}$ (ϱ = spez. Widerstand, A_q = Querschnittsfläche des Glühfadens)

$R = \varrho\, l/(r^2\,\pi)$; $P = U^2/R = 100$ W;

$R = (220 \text{ V})^2/100 \text{ W} = 484 \text{ } \Omega$

$A = 2\,\pi\,r\,l$ Oberfläche des Glühfadens

$$\Rightarrow r = \frac{A}{2\,\pi\,l}$$

$$R = \varrho \frac{l\,4\,\pi^2\,l^2}{\pi \cdot A^2} = \frac{\varrho \cdot 4\,\pi\,l^3}{A^2}$$

$$l = \sqrt[3]{\frac{R \cdot A^2}{4\,\pi\,\varrho}}$$

$$= \sqrt[3]{\frac{484\,\Omega \cdot (1{,}609 \cdot 10^{-4} \text{ m}^2)^2}{4\,\pi\, 77{,}5 \cdot 10^{-6}\,\Omega \cdot 10^{-2}\text{ m}}} = 1{,}09 \text{ m}$$

4.5.1 Irreversible Vorgänge

Seite
172

1 Nennen Sie je ein Beispiel für irreversible Vorgänge aus Mechanik, Wärmelehre und Elektrizitätslehre und beschreiben Sie die energetischen Veränderungen.

Lösung:
Herabrutschen eines Körpers auf einer schiefen Ebene. Potentielle Energie des Systems Körper-Gravitationsfeld wird in thermische Energie umgewandelt, die in die Umgebung und alle an der Wechselwirkung beteiligten Körper abfließt.

Plötzliche Kompression eines Gases, z. B. Luft. Mechanische Energie wird dem Gas zugeführt, sodass sich die Temperatur des Gases erhöht. Die thermische Energie des Gases fließt in die Umgebung ab.
Entladung eines Kondensators über einen Widerstand. Die im Feld des Kondensators gespeicherte Energie wird am Widerstand in thermische Energie umgewandelt und fließt in die Umgebung ab.

4.5.2 Definition der Entropie

Seite
174

1 Wie groß ist die Entropieänderung bei der isothermen Expansion eines idealen Gases vom Volumen V_1 auf V_2?

Lösung:
Bei einer isothermen Expansion ist die innere Energie U konstant, sodass $Q = -E$ ist. Die Entropieänderung ergibt sich zu $\Delta S = Q/T$.

$$E = -\int_{Y_1}^{y_2} p\, dV, \quad p = \frac{nRT}{V}$$

$$E = -nRT\int_{y1}^{y2}\frac{dV}{V} = -nRT[\ln v]_{V_1}^{V_2} = -nRT\ln\left(\frac{V_2}{V_1}\right)$$

$$Q = nRT\ln(V_2/V_1)$$

$$\Delta S = Q/T = nR\ln(V_2/V_1)$$

2 Berechnen Sie die Entropieänderung für den Kühlprozess mit den Werten aus *Aufgabe 1, S. 163*.

Lösung:
$\Delta S = \Delta S_1 + \Delta S_2$;
$\Delta S_2 = Q_2/T_2 = 4.7 \cdot 10^6$ J/273 K $= 17\,216$ J/K;
$\Delta S_1 = -(Q + E)/T_1 = -(4.7 \cdot 10^6$ J $+ 150$ W $\cdot 1.5 \cdot 3600$ s$)/293$ K $= -18\,805$ J/K; $\Delta S = -1589$ J/K, es wurde Entropie erzeugt.

3 Die Dampftemperatur eines 1000 MW-Kraftwerks ist 350 °C, die des kühlenden Wassers 20 °C. Berechnen Sie die pro Stunde als Abwärme abgegebene Energie.

Lösung:
Unter der (idealisierenden) Annahme der Reversibilität gilt $Q_1 = \Delta S\,T_1$ und $Q_2 = \Delta S\,T_2$, sodass $E = Q_1 + Q_2$ $(Q_2 < 0)$ folgt: $E = \Delta S(T_1 - T_2)$.
Daraus ergibt sich
$Q_2 = E\,T_2/(T_1 - T_2)$
$= 1000$ MWh $\cdot 293$ K$/$ (623 K $- 293$ K)
$= 888$ MWh.

4.5.3 Entropie, Irreversibilität und Energieentwertung

Seite
175

1 Mit welcher Begründung sind mechanische, elektrische und chemische Energie als besonders wertvoll, thermische Energie jedoch als weniger wertvoll anzusehen.

Lösung:
Thermische Energie ist um so wertvoller je höher die Temperatur ist, bei der sie vorliegt. Mit mechanischer, elektrischer und chemischer Energie kann man thermische Energie beliebig hoher Temperatur herstellen.

Seite
179
5.1.1 Trennung und Nachweis von Ladungen

1 Erklären Sie die Wirkungsweise eines Elektroskops.

Lösung:
Abstoßung gleichnamig geladener Körper; rücktreibende Kraft ist die Schwerkraft.

2 Wie kann man bei einem elektrisch geladenen Körper feststellen, ob seine Ladung positiv oder negativ ist?

Lösung:
Man lädt ein beweglich aufgehängtes Probekügelchen mit einem geriebenen Glasstab auf; wird es beim Annähern an den Körper angezogen (abgestoßen), so ist der Körper negativ (positiv) geladen. Oder: Man entlädt den Körper über eine Glimmlampe; glimmt der dem Körper zugewandte (abgewandte) Pol, so war der Körper negativ (positiv) geladen (s. *Kap. 6.3.3, Versuch 2*).

3 Können Nichtleiter genauso wie im *Versuch 2* geladen werden? Begründen Sie Ihre Antwort.

Lösung:
Nein. Auf Nichtleitern gibt es keine frei beweglichen Ladungen.

4 Begründen Sie, weshalb sich die Ladungen eines geladenen metallischen Körpers auf der Außenfläche verteilen.

Lösung:
In Metallen sind überschüssige Ladungen frei beweglich; gleichnamige Ladungen stoßen sich ab.

5 Beschreiben Sie einfache Experimente, die für die Erhaltung der elektrischen Ladung sprechen.

Lösung:
Reibungsversuche (Stab und Reibzeug haben gegengleiche elektrische Ladung); Influenz- und Auf- bzw. Entladeversuche mit Konduktorkugel, Elektroskop und Faraday-Becher; experimenteller Nachweis des 1. Kirchhoffschen Gesetzes; Verzweigung und Vereinigung von Strömen, d. h. fließenden Ladung (s. *Kap. 5.3.2*).

Seite
181
5.1.2 Zusammenhang von Ladung und Strömstärke

1 Welche Ladung ist durch den Leiterquerschnitt geflossen, wenn eine konstante Stromstärke $I = 1,8$ mA 5 min und 12 s lang gemessen wird?

Lösung:
$\Delta Q = I \Delta t = 1,8 \cdot 10^{-3}$ A $\cdot$ 312 s $= 0,56$ C.

2 Eine Autobatterie kann eine Ladung von 88 Ah abgeben. Wie lange kann man ihr einen Strom von 0,5 A entnehmen?

Lösung:
$\Delta t = \Delta Q / I = \dfrac{88 \text{ Ah}}{0,5 \text{ A}} = 176$ h.

3 Bei der Entladung eines Kondensators erhält man folgende Messwerte:

t in s	0	4	8	12	16	20	24
I in μA	50	43	35	29	24	20	17
t in s	28	32	36	40	44	48	52
I in μA	14	12	10	9	7,5	6	5

Stellen Sie die Messwerte grafisch dar (mm-Papier) und bestimmen Sie die Ladung durch Auszählen der Flächeneinheiten.

Lösung:
Auszählen in mm-Papier ergibt $Q = 9,6 \cdot 10^{-4}$ C. Zur Integration wird der Ansatz $I = I_0 e^{-\alpha t}$ (*Kap. 5.3.3*) gemacht. Die Messreihe ergibt

$\alpha = \ln (I_n / I_{n+1}) / \Delta t = 4,54 \cdot 10^{-2}$ s^{-1} und

$$Q = \int_0^\infty I \, dt = \frac{1}{\alpha} I_0 = 1,1 \cdot 10^{-3} \text{ C}.$$

4 Wie lässt sich im t-Q-Diagramm die Stromstärke zu einer bestimmten Zeit t ablesen?

Lösung:
Die Stromstärke zur Zeit t_1 ist gleich der Steigung des Graphen der Funktion $Q(t)$ an der Stelle t_1.

Zusatzaufgaben

5 Durch einen Leiterquerschnitt fließt in 20 s die Ladung 5,6 C. Wie groß ist die Stromstärke?

Lösung:
$I = \Delta Q / \Delta t = \dfrac{5,6 \text{ C}}{20 \text{ s}} = 0,28$ A.

6 Zehn kleine geladene Körper sind gleichmäßig auf einem Kreis mit dem Radius 80 cm verteilt. Jeder Körper besitzt eine Ladung von 90 nC. Wie groß ist die Stromstärke auf dem Kreisbogen, wenn der Kreis mit 1200 Umdrehungen pro Minute rotiert?

Lösung:
$f = 1/T = 20\,\text{s}^{-1}$; $Q = 9 \cdot 10^{-7}\,\text{C}$;
$I = Q/T = 1{,}8 \cdot 10^{-5}\,\text{A} = 18\,\mu\text{A}$.

*7 Gegeben ist folgende Zeit-Strom-Funktion: $I(t) = 0{,}2\,t^4\,\text{A}/\text{s}^4$. Berechnen Sie die zwischen der 2. und 3. Sekunde geflossene elektrische Ladung.

Lösung:

$$Q = \int_{2\,\text{s}}^{3\,\text{s}} 0{,}2\,\frac{\text{A}}{\text{s}^4}\,t^4\,\mathrm{d}t = 8{,}44\,\text{C}.\quad \smile$$

$$= 0{,}2 \cdot \frac{t^5}{5}\,\Big|_{2}^{4} = 0{,}2 \quad ?$$

5.2.2 Elektrische Feldstärke

1 Begründen Sie: Das Innere eines Leiters enthält im elektrostatischen Gleichgewicht weder ein elektrisches Feld noch überschüssige Ladungen.

Lösung:
Bestünde *im* Leiter ein elektrisches Feld, so würden die im Leiter frei beweglichen Ladungen beschleunigt werden. Es herrschte dann kein elektrostatisches Gleichgewicht.
Die auf einen Leiter gebrachten Ladungen gleichen Vorzeichens stoßen sich gegenseitig ab und verteilen sich daher auf der Leiteroberfläche. Bei einer Bewegung von Ladungen ins Innere des Leiters entstünde eine rücktreibende Kraft, da eine solche Bewegung eine Annäherung gegenüber gleichnamigen Ladungen bedeutet.

2 Erklären Sie die Abschirmwirkung der Drahthaube in *Abb. 183.3.*

Lösung:
Durch Influenz des äußeren Feldes werden die beweglichen negativen Ladungen (je nach Feldrichtung) auf die Außen- bzw. Innenfläche der Drahthaube bewegt. Auf der Außenfäche sind die überschüssigen Ladungen durch das äußere Feld gebunden. Auf der gesamten Innenfläche ist der Ladungsüberschuss gleichnamig; der Innenraum ist feldfrei, da zwischen gleichnamigen Ladungen keine Feldlinien verlaufen.

3 Welche Unterschiede bestehen zwischen elektrischen Feldern und Gravitationsfeldern?

Lösung:
In elektrostatischen Feldern gibt es „Quellen" und „Senken", in Gravitationsfeldern nur „Senken".

4 Berechnen Sie die elektrische Feldstärke an einem Ort, in dem auf einen Körper mit der Ladung $Q = 26$ nC die Kraft $F = 37$ μN wirkt.

Lösung:
$E = F/Q = 1{,}4 \cdot 10^3$ N/C $= 1{,}4$ kN/C.

5 Berechnen Sie die Kraft, die ein Körper mit der Ladung $Q = 78$ nC in einem Feldpunkt mit der Feldstärke $E = 810$ kN/C erfährt.

Lösung:
$F = QE = 6{,}3 \cdot 10^{-2}$ N $= 63$ mN.

6 Die Feldlinien eines Plattenkondensators verlaufen vertikal von unten nach oben. Ein in den Plattenraum eingebrachtes positiv geladenes Öltröpfchen, dessen Masse $m = 4{,}7 \cdot 10^{-10}$ kg ist, schwebt

gerade. Messungen ergaben eine Feldstärke $E = 7{,}2$ GN/C. Berechnen Sie die Ladung des Öltröpfchens.

Lösung:
$Q = F/E = mg/E = 6{,}4 \cdot 10^{-19}$ C.

7 Ein elektrisches Feld der Stärke 180 N/C sei senkrecht zur Erdoberfläche nach unten gerichtet. Vergleichen Sie die nach oben gerichtete elektrostatische Kraft auf ein Elektron ($q = 1{,}6 \cdot 10^{-19}$ C, $m = 9{,}1 \cdot 10^{-31}$ kg) mit der nach unten gerichteten Gravitationskraft.
Wie stark müsste eine 3 g schwere Münze geladen sein, damit die durch dieses Feld bewirkte elektrostatische Kraft die Gravitationskraft ($g = 9{,}81$ m/s^2) ausgleicht?

Lösung:
$F_{el}/F_G = QE/(mg) = 3{,}2 \cdot 10^{12}$,
$Q_{Mü} = m_{Mü}\, g/E = 1{,}6 \cdot 10^{-4}$ C.

*8 Warum stehen elektrische Feldlinien im statischen Fall immer senkrecht auf Oberflächen von Leitern?

Lösung:
An einer Leiteroberfläche muss die Tangentialkomponente der von außen wirkenden Feldkraft überall gleich null sein; das ist der Fall, wenn jede Feldlinie auf der Oberfläche senkrecht steht.
Wäre nämlich die Tangentialkomponente nicht gleich null, so würde diese eine Verschiebung der Ladung auf der Leiteroberfläche bewirken, das elektrostatische Gleichgewicht wäre also noch nicht vorhanden.

*9 In einem isoliert aufgestellten Faraday-Käfig hängt eine mit der Ladung Q aufgeladene Kugel, ohne ihn zu berühren. Wie kann man Q messen, ohne Zugang in das Innere des Käfigs zu haben? Begründen Sie das Verfahren.

Lösung:
Man lässt über einen Messverstärker die Ladung von der Außenseite des Faraday-Käfigs abfließen. Begründung: Influenz.

*10 Zwei negativ geladene Körper können einander anziehen. Unter welcher Voraussetzung ist das möglich (*Anleitung:* Influenz im inhomogenen Feld)?

Lösung:
Wenn die Körper sehr unterschiedlich stark geladen sind, kann die bei dem weniger geladenen

Körper durch Influenz bewirkte Anziehungskraft ungleichnamiger Ladungen größer sein als die Abstoßungskraft der gleichnamigen.

*11 Warum beginnen elektrische Feldlinien nicht im leeren Raum?

Lösung:
Der leere Raum kann nicht Träger von elektrischer Ladung sein.

*12 Eine Pendelkugel sei mit der Ladung $Q = 52$ nC geladen und habe die Masse $m = 0,40$ g. Sie hänge an einem Faden der Länge $l = 1,80$ m in einem horizontal gerichteten homogenen elektrischen Feld. Durch die Kraft des Feldes wird sie um $d = 15$ mm ausgelenkt. Wie groß ist die Feldstärke E des homogenen Feldes?

Lösung:
$F = m\,g\,\sin\alpha = m\,g\,d/l$;
$E = F/Q = m\,g\,d/l\,Q = 630$ N/C.

Zusatzaufgabe

*13 Wie groß ist der Ausschlag d einer Probekugel der Masse $m = 0,25$ g, die an einem Faden der Länge $l = 1,5$ m in einem elektrischen Feld der Stärke $E = 560$ N/C hängt, wenn sie die Ladung $Q = 60$ nC trägt?

Lösung:
$F = m\,g\,\sin\alpha = m\,g\,d/l$;
$E = F/Q = m\,g\,d/(l\,Q)$;
$d = E\,l\,Q/(m\,g) = 2,1$ cm.

5.2.3 Energieumwandlung im elektrischen Feld

Seite
187

1 Zwischen zwei parallelen Leiterplatten mit dem Abstand $d = 5$ cm, einem so genannten Plattenkondensator, besteht ein elektrisches Feld der Stärke $E = 9,4$ kN/C. Welche Energie ist erforderlich, um die Ladung $q = 5,5$ pC von der einen Platte zur anderen zu transportieren?

Lösung:
$W = Q\,E\,d = 2,6 \cdot 10^{-9}$ Nm $= 2,6$ nJ.

2 Im homogenen Feld der Feldstärke $E = 85$ kN/C wird ein geladenes Teilchen ($q = 25$ nC) **a)** parallel zu den Feldlinien und **b)** unter einem Winkel von $30°$ zu den Feldlinien 1,2 cm weit gegen das Feld transportiert. Berechnen Sie die dafür erforderliche Energie.

Lösung:
a) $W = Q\,E\,d = 2,6 \cdot 10^{-5}$ Nm $= 26$ µJ,
b) $W = Q\,E\,d\,\cos 30° = 2,2 \cdot 10^{-5}$ Nm $= 22$ µJ.

3 Welche Energie ist erforderlich, um im elektrostatischen Feld einen geladenen Körper auf einer geschlossenen Kurve einmal herum zu bewegen?

Lösung:
$W = 0$.

4 Weshalb gibt es im elektrostatischen Feld keine geschlossenen Feldlinien?

Lösung:
Transportiert man einen geladener Körper längs einer geschlossenen Feldlinie von P_1 nach P_1, so würde die potentielle Energie des Systems Körper-Feld beim Transport in der einen Richtung zunehmen und beim Transport in der anderen Richtung abnehmen. Das widerspräche jedoch dem Satz von der Unabhängigkeit vom Weg.

*5 Ein Elektron werde mit einer Anfangsgeschwindigkeit von $v = 3000$ km/s in Richtung eines homogenen elektrischen Feldes mit der Feldstärke $E = 1$ kN/C geschossen. Wie weit bewegt sich das Elektron, bevor es vollständig abgebremst ist und ruht ($m_e = 9,1 \cdot 10^{-31}$ kg, $q_e = 1,6 \cdot 10^{-19}$ C)?

Lösung:
$W_{el} = F_{el} \cdot s = E\,q_e\,s$, $\quad W_{kin} = \frac{1}{2}\,m_e\,v^2$,
$E\,q_e\,s = \frac{1}{2}\,m_e\,v^2$,
$s = \frac{1}{2}\,m_e\,v^2/(E\,q_e) = 2,6$ cm.

*6 Ein Proton werde in ein homogenes elektrisches Feld mit der Feldstärke $E = 5$ N/C gebracht und losgelassen. Mit welcher Geschwindigkeit bewegt es sich, nachdem es 4 cm zurückgelegt hat ($m_P = 1,67 \cdot 10^{-27}$ kg, $q_P = 1,6 \cdot 10^{-19}$ C)?

Lösung:
Gleichmäßig beschleunigte Bewegung:
Aus $v = a\,t$, $s = \frac{1}{2}\,a\,t^2$ folgt $v = \sqrt{2\,a\,s}$.
Aus der wirkenden Feldkraft $m_p\,a = q_p\,E$ ergibt sich die Beschleunigung $a = q_p\,E/m_p$.
Also ist $v = \sqrt{2\,q_p\,E\,S/m_p} = 6,2$ km/s.

Seite 189 5.2.4 Elektrisches Potential und elektrische Spannung

1 Zwischen zwei parallelen Platten liegt die Spannung $U = 1,5$ kV. Welche Energie ist erforderlich, um die Ladung $Q = 8,2$ nC von einer Platte zur anderen zu transportieren?

Lösung:
$W = QU = 1,2 \cdot 10^{-5}$ Nm $= 12,3$ µJ.

2 Wie groß ist nach *Abb. 188.2* das Potential der negativ geladenen Platte, wenn der Bezugspunkt P_0 im Abstand 3 cm von ihr entfernt im Feld liegt? Geben Sie die s-φ-Funktion als Gleichung an.

Lösung:
$\varphi_1 = -150$ V; $\varphi(s) = 50$ (V/cm) $s - 150$ V.

3 Warum sinkt das Potential im Feld eines positiv geladenen Körpers mit wachsendem Abstand?

Lösung:
Das Potential ist über die potentielle Energie definiert, die das System Feld-Körper **gewinnt**, wenn der im Feld bewegte Körper **positiv** geladen ist. Entfernt sich ein positiv geladener Probekörper von einem positiv geladenen Körper, so **verliert** das System potentielle Energie.

Oder: Das Potential im Radialfeld beträgt $\varphi(r) = \dfrac{1}{4\pi\varepsilon_0} \dfrac{Q}{r}$, wird also mit wachsendem r kleiner (s. *Kap. 5.2.6*).

4 Zwischen zwei Platten mit einem Abstand von $d = 1,8$ cm besteht ein elektrisches Feld der Stärke $E = 85$ kN/C. Die negative Platte ist geerdet. Welches Potential hat die andere Platte gegenüber Erde ($\varphi_{\text{Erde}} = 0$)?

Lösung:
$\varphi_{01} = Ed = 1,53$ kV.

Seite 195 5.2.5 Feldstärke und felderzeugende Ladung

1 Zwei parallel aufgestellte Platten mit der Fläche $A = 1,2 \cdot 10^{-2}$ m² und dem Abstand $d = 0,5$ mm sind mit $Q_1 = +0,26$ µC und $Q_2 = -0,26$ µC geladen. Berechnen Sie die Flächenladungsdichte, die Feldstärke E und die Spannung U.

Lösung:
$Q/A = 22$ µC/m²,
$E = Q/(A\varepsilon_0) = 24$ kV/cm,   *194 (A)*
$U = Ed = 1,2$ kV.

2 Zwei Platten ($A = 4,8 \cdot 10^{-2}$ m², $d = 2$ mm) werden mit einer Spannung $U = 1,5$ kV aufgeladen. Berechnen Sie die Feldstärke E, die Flächenladungsdichte und die auf jeder Platte befindliche Ladung Q.

Lösung:
$E = U/d = 7,5$ kV/cm,
$Q/A = \varepsilon_0 E = 6,64$ µC/m²,
$Q = \varepsilon_0 EA = 319$ nC.

3 Zwei parallele Platten ($A = 7,9 \cdot 10^{-2}$ m², $d = 2$ mm) werden mit einer Spannung $U = 32$ V aufgeladen. Die dabei aufgenommene Ladung beträgt $Q = 11,2$ nC. Bestimmen Sie aus diesen Messwerten den Wert der elektrischen Feldkonstanten ε_0.

Lösung:
$\varepsilon_0 = Qd/(AU) = 8,86 \cdot 10^{-12}$ C/(Vm).

Seite 197 5.2.6 Coulomb'sches Gesetz

1 Berechnen Sie die Kraft, mit der sich zwei gleich geladene Körper mit der Ladung **a)** $Q = 35$ µC im Abstand $r = 12$ cm, **b)** $Q = 1$ C im Abstand $r = 1$ m abstoßen.

Lösung:

$$F = \frac{1}{4\pi\varepsilon_0} \frac{Q_1 Q_2}{r^2} = \frac{Q^2}{4\pi\varepsilon_0 r^2};$$

a) $F = 7,6 \cdot 10^2$ N $= 760$ N;
b) $F = 9,0 \cdot 10^9$ N $= 9,0$ GN

2 Der Abstand zwischen Proton und Elektron im Wasserstoffatom sei $d = 10^{-10}$ m. Das Proton trägt die Ladung $Q = 1,6 \cdot 10^{-19}$ C, das Elektron eine gleich große negative.

a) Wie groß ist die Coulomb-Kraft, mit der sich die beiden Teilchen anziehen?

b) Wie groß ist die Gravitationskraft zwischen den beiden Teilchen? ($m_P = 1{,}7 \cdot 10^{-27}$ kg, $m_e = 9{,}1 \cdot 10^{-31}$ kg)

c) In welchem Verhältnis stehen elektrostatische Anziehungskraft und Gravitationskraft? Hängt das Verhältnis vom Abstand der Teilchen ab?

Lösung:

a) $F_{el} = Q^2/(4\pi\,\varepsilon_0\,r^2) = 2{,}3 \cdot 10^{-8}$ N,

b) $F_G = \gamma\,m_p\,m_e/r^2 = 1{,}0 \cdot 10^{-47}$ N,

c) $F_{el}/F_G = Q^2/(4\pi\,\varepsilon_0\,\gamma\,m_p\,m_e) = 2{,}3 \cdot 10^{39}$; das Verhältnis ist vom Abstand der Teilchen unabhängig.

*3 Zwei Punktladungen $Q_1 = +2$ C und $Q_2 = +8$ C haben den Abstand $d = 1$ m. In welchem Punkt ist die Feldstärke Null?

Lösung:

Aus $\quad E = E_1 + E_2 = \dfrac{1}{4\pi\,\varepsilon_0}\,(Q_1/r_1^2 - Q_2/r_2^2) = 0$

folgt $Q_1/r_1^2 = Q_2/r_2^2$; mit $r_1 + r_2 = 1$ m ergibt sich $r_1 = \frac{1}{3}$ m, $r_2 = \frac{2}{3}$ m.

*4 Auf einem geradlinigen dünnen Draht der Länge l sei die Ladung Q gleichmäßig verteilt. Bestimmen Sie die Feldstärke E im Abstand r vom Draht für $r \ll l$.

(*Anleitung:* Betrachten Sie die Ladungsdichte auf der Oberfläche eines Zylinders mit Radius r.)

Lösung:
$E = Q/(\varepsilon_0\,A) = Q/(2\pi\,\varepsilon_0\,r\,l)$.

Zusatzaufgaben

5 Zwei gleich geladene Körper stoßen sich im Abstand $d = 20$ cm mit der Kraft $F = 0{,}015$ N ab. Wie groß sind die Ladungen?

Lösung:
$F = Q^2/(4\pi\,\varepsilon_0\,r^2)$;
$Q = \sqrt{4\pi\,\varepsilon_0\,r^2\,F} = 2{,}6 \cdot 10^{-7}$ C $= 260$ nC.

6 2 m von einem mit 3 nC geladenen Körper entfernt befindet sich ein Körper mit der Ladung -2 nC. Wie groß ist die elektrische Feldstärke im Mittelpunkt der Verbindungslinie zwischen beiden Körpern?

Lösung:
$E = E_1 + E_2 = (|Q_1|/r_1^2 + |Q_2|/r_2^2)/(4\pi\,\varepsilon_0)$
$= 45$ N/C.

*7 Begründen Sie die Festigkeit des abgebildeten Ionengitters.

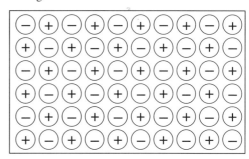

Lösung:
Ungleichnamige Ladung sind sich näher als gleichnamige, die anziehenden Kräfte sind größer als die abstoßenden (Coulombsches Gesetz).

*8 Zwei Punktladungen $Q_1 = 1$ C und $Q_2 = -1$ C sind im Abstand 2 cm starr miteinander verbunden; sie bilden einen elektrischen „Dipol". Der Dipol liege in einem rechtwinkligen Koordinatensystem auf der y-Achse punktsymmetrisch zum Ursprung; Q_1 liege im Punkt (0 | 1 cm).

Bestimmen Sie die Koordinaten und den Betrag des elektrischen Feldvektors in den Punkten P_0 (0 | 0), P_1 (1 cm | 0), P_2 (-1 cm | 0), P_3 (0 | 2 cm) und P_4 (1 cm | 1 cm).

Lösung:
$E_{0x} = 0$; $\quad E_{0y} = -0{,}5 \cdot 10^4/(\pi\,\varepsilon_0)$ C/m^2;
$|E_0| = 0{,}5 \cdot 10^4/(\pi\,\varepsilon_0)$ C/m$^2 = 180 \cdot 10^{12}$ N/C.

$E_{1x} = 0$; $\quad E_{1y} = -\sqrt{2} \cdot 10^4/(16\pi\,\varepsilon_0)$ C/m^2
$= -0{,}088 \cdot 10^4/(\pi\,\varepsilon_0)$ C/m^2;
$|E_1| = 0{,}088 \cdot 10^4/(\pi\,\varepsilon_0)$ C/m$^2 = 31{,}8 \cdot 10^{12}$ N/C.

$E_{2x} = E_{1x}$; $\quad E_{2y} = E_{1y}$; $\quad |E_2| = |E_1|$.

$E_{3x} = 0$; $\quad E_{3y} = 2 \cdot 10^4/(9\pi\,\varepsilon_0)$ C/m^2
$= 0{,}22 \cdot 10^4/(\pi\,\varepsilon_0)$ C/m^2;
$|E_3| = 0{,}22 \cdot 10^4/(\pi\,\varepsilon_0)$ C/m$^2 = 79{,}9 \cdot 10^{12}$ N/C.

$E_{4x} = (\frac{1}{4} - \frac{\sqrt{5}}{100}) \cdot 10^4/(\pi\,\varepsilon_0)$ C/m^2
$= 0{,}228 \cdot 10^4/(\pi\,\varepsilon_0)$ C/m^2;
$E_{4y} = -\frac{\sqrt{5}}{50} \cdot 10^4/(\pi\,\varepsilon_0)$ C/m^2
$= -0{,}045 \cdot 10^4/(\pi\,\varepsilon_0)$ C/m^2;
$|E_4| = 0{,}232 \cdot 10^4/(\pi\,\varepsilon_0)$ C/m$^2 = 83{,}5 \cdot 10^{12}$ N/C.

*9 In der Anordnung von Aufgabe 8 befinde sich ein zweiter gleicher Dipol $Q_3\,Q_4$, und zwar liege die positive Ladung Q_3 im Punkt (10 cm | -1 cm) und die negative Ladung Q_4 im Punkt (10 cm | 1 cm).

a) Ziehen sich die Dipole an? Begründen Sie Ihre Antwort.

b) Berechnen Sie die wirkenden Kräfte und vergleichen Sie die Kräfte zwischen den Dipolen mit den Kräften zwischen den Punktladungen.

c) Die Kraft zwischen den Dipolen nennt man »kurzreichweitig«. Begründen Sie diese Bezeichnung.

Lösung:

a) Ja; die anziehende Kraft ist stärker als die abstoßende, da sich die ungleichnamigen Ladungen näher sind als die gleichnamigen.

b) Auf jede Punktladung wirken die Kräfte

$$F_{anz} = Q^2/(4\pi\varepsilon_0 \cdot 0,01)\ \text{m}^{-2}$$
$$= Q^2/(4\pi\varepsilon_0) \cdot 100\ \text{m}^{-2},$$

$$F_{abst} = Q^2/(4\pi\varepsilon_0 \cdot 0,0104)\ \text{m}^{-2}$$
$$= Q^2/(4\pi\varepsilon_0) \cdot 96,2\ \text{m}^{-2},$$

$$F_{abst_x} = F_{abst} \cdot 5/\sqrt{26} = Q^2/(4\pi\varepsilon_0) \cdot 94,3\ \text{m}^{-2},$$

und damit die Gesamtkraft

$$F = F_{anz} - F_{abst_x} = Q^2/(4\pi\varepsilon_0) \cdot 5,7\ \text{m}^{-2}.$$

Die Kraft zwischen den Dipolen beträgt nur 5,7% der Kraft zwischen zwei Punktladungen.

c) Liegen die Dipole näher beieinander, so ist die anziehende Kraft erheblich größer als die abstoßende. Die Kraft nimmt mit der Entfernung stark ab. (Mitteilung ohne Nachweis: $F \sim 1/r^4$).

*10 An einer Ecke eines Rechtecks mit den Kantenlängen $a = 2$ cm und $b = 4$ cm befindet sich eine elektrische Punktladung $Q_1 = 30$ nC, an der diagonal gegenüberliegenden Ecke eine Punktladung $Q_2 = -4$ nC.
Wie groß ist die elektrische Feldstärke E an den beiden anderen Ecken des Rechtecks?

Lösung:

$$E_{1x} = \frac{1}{4\pi\varepsilon_0}\frac{Q_1}{b^2}; \quad E_{1y} = \frac{1}{4\pi\varepsilon_0}\frac{Q_2}{a^2};$$

$$E_1 = \sqrt{E_{1x}^2 + E_{1y}^2} = 9,1\cdot 10^5\ \text{N/C};$$

$$E_{2x} = \frac{1}{4\pi\varepsilon_0}\frac{Q_2}{b^2}; \quad E_{2y} = \frac{1}{4\pi\varepsilon_0}\frac{Q_1}{a^2};$$

$$E_2 = \sqrt{E_{2x}^2 + E_{2y}^2} = 7,1\cdot 10^5\ \text{N/C}.$$

*11 Berechnen Sie die Feldstärke in der Umgebung einer positiv geladenen Kugel ($r = 3,6$ cm, $Q = 84$ nC) in den Punkten P_1 und P_2, die $r_1 = 5,3$ cm und $r_2 = 12$ cm von ihrem Mittelpunkt entfernt sind. Berechnen Sie die Spannung zwischen ihnen.

Lösung:

$$E = \frac{1}{4\pi\varepsilon_0}\frac{|Q|}{r^2}; \quad U = V_1 - V_2 = \frac{Q}{4\pi\varepsilon_0}\left(\frac{1}{r_2} - \frac{1}{r_1}\right).$$

$$E_1 = 2,7\cdot 10^5\ \text{N/C}, \quad E_2 = 5,2\cdot 10^4\ \text{N/C},$$
$$U = 80\ \text{V}.$$

*12 Im Wasserstoffatom hat das Elektron ($Q_e = -1,6\cdot 10^{-19}$ C) einen Abstand von etwa 10^{-10} m vom Proton ($Q_P = +1,6\cdot 10^{-19}$ C). Wird das Elektron aus dem Anziehungsbereich des Protons (ins Unendliche) entfernt, so sagt man, das Wasserstoffatom wird ionisiert. Berechnen Sie die dafür erforderliche Ionisierungsenergie.

Lösung:

$$W = Q_e(V_0 - V_1) = Q_e\frac{Q_P}{4\pi\varepsilon_0}\left(0 - \frac{1}{r_1}\right)$$
$$= 2,3\cdot 10^{-18}\ \text{J}.$$

*13 Zwei Punktladungen $Q_1 = Q$ und $Q_2 = 3Q$ stehen sich im Abstand d gegenüber. Ein Punkt P_1 habe von Q_1 die Entfernung $\frac{1}{2}d$ und von Q_2 die Entfernung $\frac{4}{5}d$. P_2 sei der an der Mittelsenkrechten von $Q_1 Q_2$ gespiegelte Punkt P_1.

a) Welche Spannung misst man zwischen P_1 und P_2? (*Anleitung:* Wie die Feldstärken so überlagern sich auch die Potentiale zweier Felder ungestört).

b) Welches Messergebnis erhält man für einen Punkt P_2', der Spiegelpunkt von P_1 bezüglich der Achse $Q_1 Q_2$ ist?

Lösung:

a)
$$V_1 = \frac{1}{4\pi\varepsilon_0}\left[\frac{Q}{\left(\frac{1}{2}\right)d} + \frac{3Q}{\left(\frac{4}{5}\right)d}\right] = \frac{5,75\,Q}{4\pi\varepsilon_0\,d},$$

$$V_2 = \frac{1}{4\pi\varepsilon_0}\left[\frac{Q}{\left(\frac{4}{5}\right)d} + \frac{3Q}{\left(\frac{1}{2}\right)d}\right] = \frac{7,25\,Q}{4\pi\varepsilon_0\,d},$$

$$U = V_2 - V_1 = \frac{1,5\,Q}{4\pi\varepsilon_0\,d}.$$

b) $U = V_2' - V_1 = 0$.

5.2.7 Kapazität von Kondensatoren

Seite
199

1 Ein Kondensator nimmt bei der Spannung $U = 3$ kV die Ladung $Q = 24$ nC auf. Berechnen Sie die Kapazität.

Lösung:
$C = Q/U = 8{,}0 \cdot 10^{-12}$ F $= 8{,}0$ pF.

2 Ein Plattenkondensator wird aufgeladen und dann von der Spannungsquelle getrennt. Wie ändern sich die Feldstärke E und die Spannung U, wenn man den Plattenabstand halbiert?

Lösung:
E bleibt unverändert, U halbiert sich.

3 Ein Plattenkondensator ($d = 2$ mm, $A = 314$ cm^2) wird
a) bei konstanter Spannung $U = 180$ V,
b) bei konstanter Ladung $Q = 0{,}37$ mC
mit Glimmer ($\varepsilon_r = 7$) ausgefüllt.
Untersuchen Sie das Verhalten von E und Q (bzw. U).

Lösung:
a) $E = U/d = 9 \cdot 10^4$ V/m $= 90$ kV/m;
wegen $U_1 = U_0$ gilt $E_1 = E_0$;
die Feldstärke bleibt konstant.

$Q_0 = C_0 \, U = \varepsilon_0 \, (A/d) \, U = 2{,}5 \cdot 10^{-8}$ C;
$Q_1 = \varepsilon_0 \, \varepsilon_r \, (A/d) \, U = 7 \, Q_0$;

der Kondensator nimmt die 7fache Ladung auf.

b) $U_0 = Q/C_0 = Q \, d/(\varepsilon_0 \, A) = 2{,}7 \cdot 10^6$ V,
$U_1 = Q/C_1 = Q \, d/(\varepsilon_0 \, \varepsilon_r \, A) = \frac{1}{7} \, U_0$;

$E_0 = U_0/d = 1{,}3 \cdot 10^9$ V/m,
$E_1 = U_1/d = \frac{1}{7} \, U_0/d = \frac{1}{7} \, E_0$;

die Feldstärke und die Spannung sinken auf den 7. Teil.

4 Auf einem Plattenkondensator ($d = 4$ mm, $A = 400$ cm^2) wird bei einer Spannung $U = 200$ V ohne Glasfüllung $Q_0 = 20$ nC und mit Glasfüllung $Q_1 = 110$ nC gemessen. Bestimmen Sie ε_r für Glas.

Lösung:
$Q_0/U = \varepsilon_0 \, A/d$, $\quad Q_1/U = \varepsilon_0 \, \varepsilon_r \, A/d$,
$\varepsilon_r = Q_1/Q_0 = 5{,}5$.
Die Abmessungen des Kondensators spielen keine Rolle.

*5 Zeigen Sie: $C_K = 4 \, \pi \, \varepsilon_0 \, r$ ist die Kapazität einer frei stehenden Leiterkugel mit dem Radius r. *Anleitung:* Betrachten Sie die Potentialdifferenz zwi-

schen Kugeloberfläche und Erde (unendlich ferner Punkt).

Lösung:
Die Spannung der Kugeloberfläche gegenüber einem unendlich fernen Punkt ist

$U = \dfrac{Q}{4 \, \pi \, \varepsilon_0} \dfrac{1}{r}$. Daraus ergibt sich $C_K = \dfrac{Q}{U} = 4 \, \pi \, \varepsilon_0 \, r$.

*6 Ein Kugelkondensator besteht aus zwei konzentrischen leitenden Kugelflächen mit den Radien r_a und r_i. Berechnen Sie seine Kapazität. (*Anleitung: Siehe Aufgabe 5.*)

Lösung:
$$U = \int_{r_i}^{r_a} E \, \mathrm{d}r = \frac{Q}{4 \, \pi \, \varepsilon_0} \int_{r_i}^{r_a} \frac{\mathrm{d}r}{r^2} = \frac{Q}{4 \, \pi \, \varepsilon_0} \left(\frac{1}{r_1} - \frac{1}{r_2} \right),$$

$$C = \frac{Q}{U} = 4 \, \pi \, \varepsilon_0 \, \frac{r_i \, r_a}{r_a - r_i}.$$

*7 Berechnen Sie die Kapazität der Erdkugel. (Mittlerer Radius $R = 6370$ km.)

Lösung:
$C_E = 4 \, \pi \, \varepsilon_0 \, R = 7{,}09 \cdot 10^{-4}$ F $= 709$ µF.

*8 Eine Metallkugel mit dem Radius $r_1 = 5{,}5$ cm und der Ladung $Q_1 = 0{,}8$ nC wird von einer neutralen zweiten Metallkugel von doppeltem Radius berührt. Wie verteilt sich die Ladung? (Verwenden Sie C_K aus *Aufgabe 5.*)

Lösung:
Nach Berührung ist $U_1 = U_2$; also mit $U = Q/C$ ergibt sich

$Q'_1/Q'_2 = C_1/C_2 = 4 \, \pi \, \varepsilon_0 \, r_1/(4 \, \pi \, \varepsilon_0 \, r_2) = \frac{1}{2}$;

$Q'_1 = \frac{1}{2} \, Q'_2$;

$Q'_1 = \frac{1}{3} \, Q_1 = 2{,}7 \cdot 10^{-10}$ C $= 0{,}27$ nC,
$Q'_2 = \frac{2}{3} \, Q_2 = 5{,}3 \cdot 10^{-10}$ C $= 0{,}53$ nC.

Zusatzaufgaben

9 Berechnen Sie die Folienfläche, die mit einer Glimmerschicht ($d = 0{,}2$ mm, $\varepsilon_r = 6$) aufgewickelt werden muss, um eine Kapazität $C = 1$ nF zu erhalten.

Lösung:
$A = C \, d/(\varepsilon_r \, \varepsilon_0) = 37{,}7$ cm^2.

*10 Eine in der Technik häufig vorkommende Kondensatorform ist der Zylinderkondensator, der aus zwei koaxialen Zylindern besteht (ohne Deckflächen). Berechnen Sie die Kapazität eines Zylinderkondensators mit der Höhe h und den Radien r_a und r_i für den Fall, dass $r_a - r_i$ viel kleiner als r_a ist. Wegen $h \gg r_a - r_i$ sollen Randstörungen vernachlässigt werden. (*Anleitung:* Benutzen Sie die Formel für den Plattenkondensator.)

Lösung:
$$C_Z = \varepsilon_0\,\varepsilon_r\,A/d = \varepsilon_0\,\varepsilon_r\,2\frac{r_a+r_i}{2}\,h/(r_a-r_i)$$
$$= \varepsilon_0\,\varepsilon_r\,\pi\,h\,(r_a+r_i)/(r_a-r_i).$$

Seite **201**

5.2.8 Energie des elektrischen Feldes

1 Welche Energie speichert ein Plattenkondensator ($A = 314\ \text{cm}^2$, $d = 0{,}5\ \text{mm}$, Dielektrikum: $\varepsilon_r = 7$) bei einer Spannung $U = 220\ \text{V}$?

Lösung:
$$W_{el} = \tfrac{1}{2}\,C\,U^2 = \tfrac{1}{2}\,\varepsilon_r\,\varepsilon_0\,(A/d)\,U^2$$
$$= 9{,}4 \cdot 10^{-5}\ \text{J} = 94\ \mu\text{J}.$$

2 Zeigen Sie, dass im radialsymmetrischen Feld die Energiedichte mit der 4. Potenz des Abstandes abnimmt.

Lösung:
$$E = \frac{1}{4\,\pi\,\varepsilon_r\,\varepsilon_0}\,\frac{Q}{r^2},$$
$$\varrho_{el} = \tfrac{1}{2}\,\varepsilon_r\,\varepsilon_0\,E^2 = \frac{1}{32\,\pi^2\varepsilon_r\,\varepsilon_0}\,\frac{Q^2}{r^4}, \quad \varrho_{el} \sim \frac{1}{r^4}.$$

*3 Welche Energiedichte kann ein elektrisches Feld in feuchter Luft höchstens haben, wenn es bei einer Feldstärke $E = 2\ \text{MV/m}$ zum Funkenüberschlag kommt? Berechnen Sie die Spannung, die man unter dieser Voraussetzung an einen luftgefüllten Plattenkondensator mit einem Plattenabstand von $d = 4\ \text{mm}$ höchstens legen kann.

Lösung:
$$\varrho_{el_{max}} = \tfrac{1}{2}\,\varepsilon_0\,E^2_{max} = 18\ \text{J/m}^3,$$
$$U_{max} = E_{max}\,d = 8 \cdot 10^3\ \text{V} = 8\ \text{kV}.$$

*4 Wie groß müsste die Plattenfläche eines luftgefüllten Plattenkondensators sein, der bei einem Plattenabstand von $d = 1\ \text{mm}$ und einer Spannung von $U = 220\ \text{V}$ die gleiche Energie speichert wie eine Autobatterie von 12 V und 88 Ah?

Lösung:
$W = 88\ \text{Ah} \cdot 12\ \text{V} = 3{,}8 \cdot 10^6\ \text{J}$;
$$W = \tfrac{1}{2}\,C\,U^2 = \tfrac{1}{2}\,\varepsilon_0\,(A/d)\,U^2,$$
$$A = 2\,W\,d/(\varepsilon_0\,U^2) = 1{,}8 \cdot 10^{10}\ \text{m}^2 = 1{,}8 \cdot 10^4\ \text{km}^2.$$

*5 Begründen Sie: Verdoppelt man den Plattenabstand eines von der Spannungsquelle getrennten Plattenkondensators, so verdoppelt sich auch der Energieinhalt des Feldes. Woher kommt die gewonnene elektrische Energie?

Lösung:
$W_{el} = \tfrac{1}{2}\,Q^2/C = \tfrac{1}{2}\,Q^2\,d/(\varepsilon_0\,A)$; d. h.
$W_{el} \sim d$ für $Q, A = $ konstant.

Beim Vergrößern des Plattenabstandes wird Ladung gegen das Feld bewegt, also Energie zugeführt.

5.3.1 Widerstände im Stromkreis

Seite
203

1 Erklären Sie die Arbeitsweise eines Drehspulmessgerätes und eines Weicheisenmessgerätes. Erinnern Sie sich dabei an das, was Sie in der Sekundarstufe I über Wirkungen des elektrischen Stroms gelernt haben!

Lösung:
Drehspulmessgerät: Der zu messende Strom fließt durch eine Spule, die sich in einem Magnetfeld befindet. Das Magnetfeld der Spule richtet sich im äußeren Magnetfeld aus. Eine mechanische Gegenkraft (z. B. Spiralfeder) sorgt dafür, dass der Ausrichtungswinkel von der Stromstärke abhängt.
Weicheisenmessgerät: Ein in einer Spule befindlicher Weicheisenkern wird umso stärker magnetisiert, je größer der Spulenstrom ist (wenn man von der Sättigung hinreichend weit entfernt ist – s. *Kap. 6.2.3*). Die antreibende Kraft für den Zeiger entsteht dadurch, dass bei Stromfluss durch die Spule der Weicheisenkern am Spulenende in die Spule hineingezogen oder gedreht wird. Die Rückstellkraft kann durch eine elastische Feder realisiert werden.

2 Wie müssen Strommessgeräte in einen Stromkreis eingeschaltet werden? Wie kann man den Messbereich eines Strommessers ändern?

Lösung:
Amperemeter werden in Reihe geschaltet. Durch einen parallelgeschalteten Widerstand wird der Messbereich erweitert; durch einen in Reihe geschalteten Widerstand (Vorwiderstand) wird der Messbereich verkleinert.

3 Wie sind im Haushalt alle Elektrogeräte geschaltet? Weshalb sind sie so geschaltet?

Lösung:
Parallel. Die Geräte können unabhängig voneinander ein- und ausgeschaltet werden; sie sind für eine bestimmte Leistung und damit für eine bestimmte Spannung (220 V) konstruiert, bei Parallelschaltung liegen sie alle an gleicher Spannung.

4 Aus vier Widerständen $R_1 = 10$ Ω, $R_2 = 20$ Ω, $R_3 = 50$ Ω, $R_4 = 100$ Ω, werden die abgebildeten Schaltungen aufgebaut. An jede Schaltung wird eine Spannung von 24 V gelegt. Berechnen Sie für jede Schaltung
a) den Gesamtwiderstand;
b) die an jedem Widerstand liegende Spannung;
c) den durch jeden Widerstand fließenden Strom.

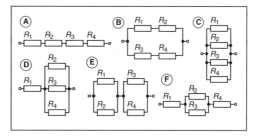

Lösung:
a) A: 180 Ω, B: 25 Ω, C: 5,56 Ω,
D: 22,5 Ω, E: 40 Ω, F: 124,29 Ω.

b) A: $U_1 = 1,33$ V, $U_2 = 2,67$ V,
$U_3 = 6,67$ V, $U_4 = 13,33$ V;
B: $U_1 = U_3 = 8$ V, $U_2 = U_4 = 16$ V;
C: $U_1 = U_2 = U_3 = U_4 = 24$ V;
D: $U_1 = 10,67$ V, $U_2 = U_3 = U_4 = 13,33$ V;
E: $U_1 = U_2 = 4$ V, $U_3 = U_4 = 20$ V;
F: $U_1 = 1,93$ V; $U_2 = U_3 = 2,76$ V,
$U_4 = 19,31$ V.

c) A: $I_1 = I_2 = I_3 = I_4 = 0,13$ A;
B: $I_1 = I_2 = 0,8$ A, $I_3 = I_4 = 0,16$ A;
C: $I_1 = 2,4$ A, $I_2 = 1,2$ A,
$I_3 = 0,48$ A, $I_4 = 0,24$ A;
D: $I_1 = 1,07$ A, $I_2 = 0,67$ A,
$I_3 = 0,27$ A, $I_4 = 0,13$ A;
E: $I_1 = I_3 = 0,4$ A, $I_2 = I_4 = 0,2$ A;
F: $I_1 = I_4 = 0,913$ A, $I_2 = 0,138$ A,
$I_3 = 0,055$ A.

*5 Eine elektrische Kochplatte wird von zwei Spiralen geheizt, die einzeln, hintereinander oder parallel geschaltet werden können (4 Stufen). Bei einer Spannung von 220 V ist die niedrigste Heizleistung 200 W und die höchste 2000 W.
Welche Widerstände haben die Heizspiralen? Wie groß ist die Leistung bei den beiden anderen Schaltstufen?

Lösung:
Die Leistung $P = U^2/R$ ist maximal bei Parallelschaltung:

$$P_{\max} = U^2 / \left(\frac{R_1 R_2}{R_1 + R_2} \right) = 2000 \text{ W} = 2 \text{ kW}$$

und ~~maximal~~ *min.* bei Hintereinanderschaltung:

$$P_{\min} = U^2 / (R_1 + R_2) = 200 \text{ W}.$$

Mit $U = 220$ V ergibt sich aus beiden Gleichungen für die Widerstände:

$R_1 = 214{,}7 \ \Omega$, $R_2 = 27{,}27 \ \Omega$.

Die Leistungen der beiden anderen Stufen sind

$P_1 = U^2/R_1 = 225{,}4 \ \text{W}$ und
$P_2 = U^2/R_2 = 1775 \ \text{W}$.

*6 Bei der Sparschaltung eines Heizofens wird die Heizspannung um 15 % gesenkt. Um wie viel Prozent sinkt die elektrische Leistung (Annahme: $R = $ konstant)?

Lösung:
$P_1 = U_1^2/R$;
$P_2 = (U_1 - \frac{15}{100} U_1)^2/R = U_1^2/R - \frac{27{,}75}{100} U_1^2/R$.

Die Leistung sinkt um 27,75%.

*7 Wie ändert sich bei einem Heizofen die aufgenommene Leistung, wenn die angelegte Spannung halbiert wird (Annahme: $R = $ konstant)?

Lösung:
$P_1 = U^2/R$; $P_2 = (\frac{1}{2} U)^2/R = U^2/(4\,R) = \frac{1}{4} P_1$.

*8 Aus Konstantandraht wurde ein Kantenmodell eines Würfels hergestellt. Jede Kante hat einen Widerstand von 1 Ω. An zwei gegenüberliegende Ecken des Würfels wird eine Spannung von 2 V gelegt. Welchen Strom muss die Spannungsquelle liefern?
(*Anleitung:* Der Strom verteilt sich an den Eckpunkten auf 3 bzw. 2 gleiche Wege.)

Lösung:
Ersatzschaltbild:

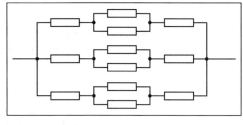

$R = \frac{5}{6} \ \Omega$; $I = U/R = 2{,}4 \ \text{A}$.

Zusatzaufgaben

*9 Welchen Strom liefert die Batterie in der abgebildeten Schaltung? Welcher Strom fließt durch den 20 Ω-Widerstand?

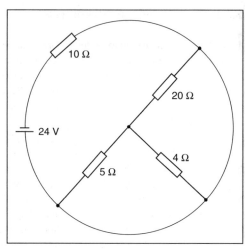

Lösung:
Ersatzschaltbild:

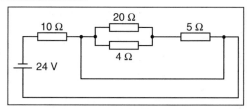

$I = U/R = 24 \ \text{V}/10 \ \Omega = 2{,}4 \ \text{A}$; durch den 20 Ω-Widerstand fließt, ebenso wie durch den 4 Ω- und den 5 Ω-Widerstand, kein Strom.

*10 a) Durch welchen Widerstand wird in dem abgebildeten Netzwerk die 18 V-Batterie insgesamt belastet?

  b) Wie groß ist das Potential im Punkt A?

  c) Der Draht wird an den mit Pfeilen markierten Stellen unterbrochen. Wie groß ist dann das Potential im Punkt A?

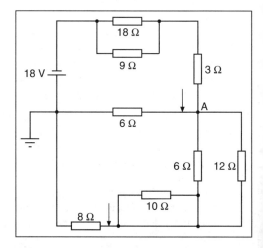

Lösung:
Das Netzwerk wird wie in der Abbildung angegeben reduziert. Der Widerstand von 10 Ω ist kurzgeschlossen und entfällt daher:

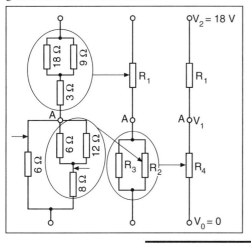

a) $R_1 = 1/(1/18\,\Omega + 1/9\,\Omega) + 3\,\Omega = 9\,\Omega$,
$R_2 = 1/(1/6\,\Omega + 1/12\,\Omega) + 8\,\Omega = 12\,\Omega$,
$R_4 = 1/(1/R_3 + 1/R_2) = 4\,\Omega$,
$R_x = R_1 + R_4 = 13\,\Omega$.

b) $V_1 - V_0 = U_1 = (R_4/R_x)\,U_{ges} = 5{,}54\,\text{V}$;
$V_1 = U_1 + V_0 = 5{,}54\,\text{V}$.

c) $V_1 = 18\,\text{V}$.

5.3.2 Kirchhoff'sche Gesetze

Seite
205

*1 In dem abgebildeten verzweigten Stromkreis sind die Klemmspannungen U_{01} und U_{02} der Batterien und die Widerstände R_1, R_2 und R_3 bekannt. Die ohmschen Widerstände (Innenwiderstände) der Batterien können Sie zur Vereinfachung vernachlässigen.

a) Berechnen Sie die Stromstärken I_1, I_2 und I_3 der durch die Widerstände fließenden Ströme für $U_{01} = 24\,\text{V}$, $U_{02} = 6\,\text{V}$, $R_1 = 20\,\Omega$, $R_2 = 30\,\Omega$ und $R_3 = 8\,\Omega$. Wie sind die Stromrichtungen (Fließrichtung positiver Ladung)?

b) Drücken Sie I_1, I_2 und I_3 allgemein durch die gegebenen Größen aus.

c) Weisen Sie nach, dass je nach Dimensionierung der Bauelemente die Ströme I_1 und I_3 ihre Richtung verändern, dass der Strom I_2 jedoch immer von B nach A fließt.

d) Welche Ströme ergeben sich für den Fall, dass R_2 unendlich groß wird?

e) Geben Sie jeweils eine Bedingung dafür an, dass I_1 bzw. I_3 gleich Null sind, ohne dass R_1 bzw. R_3 unendlich groß werden.

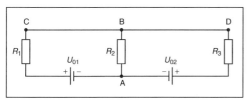

Lösung:
Festlegung der Messrichtungen:

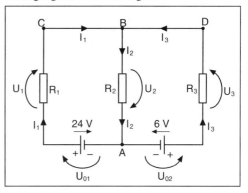

a) Aufgrund der Festlegung ist
$U_{01} = -24\,\text{V}$ und $U_{02} = -6\,\text{V}$
I. $U_{01} + U_1 + U_2 = 0$
II. $U_{02} + U_3 + U_2 = 0$
III. $I_1 + (-I_2) + I_3 = 0$ $| \cdot 30\,\Omega$

I. $-24\,\text{V} + 20\,\Omega \cdot I_1 + 30\,\Omega \cdot I_2 = 0$
II. $-6\,\text{V} + 8\,\Omega \cdot I_3 + 30\,\Omega \cdot I_2 = 0$
III. $30\,\Omega \cdot I_1 - 30\,\Omega \cdot I_2 + 30\,\Omega \cdot I_3 = 0$

II+III. $-6\,\text{V} + 30\,\Omega \cdot I_1 + 38\,\Omega \cdot I_3 = 0$ $| \cdot 2$
I − II. $-18\,\text{V} + 20\,\Omega \cdot I_1 + 8\,\Omega \cdot I_3 = 0$ $| \cdot 3 \,|-$

$42\,\text{V} + 100\,\Omega \cdot I_3 = 0$

$$I_3 = -0{,}42 \text{ A}$$

I_3 in II: $\qquad\qquad I_2 = 0{,}312 \text{ A}$

I_2, I_3 in III: $\qquad\qquad I_1 = 0{,}732 \text{ A}$

I_1 fließt von C nach B,
I_2 fließt von B nach A,
I_3 fließt von B nach D.

b)

I. $\qquad U_{01} + R_1 I_1 + R_2 I_2 = 0$

II. $\qquad U_{02} + R_2 I_2 + R_3 I_3 = 0$

III. $\qquad R_2 I_1 - R_2 I_2 + R_2 I_3 = 0$

II+III. $U_{02} + R_2 I_1 + (R_2 + R_3) I_3 = 0 \qquad | \cdot R_1$

I − II. $U_{01} - U_{02} + R_1 I_1 - R_3 I_3 = 0 \qquad | \cdot R_2 \,|-$

$$U_{02} R_1 - (U_{01} - U_{02}) R_2$$
$$+ (R_1 R_2 + R_2 R_3 + R_1 R_3) I_3 = 0$$

$$I_3 = \frac{U_{01} R_2 - U_{02} (R_1 + R_2)}{R_1 R_2 + R_2 R_3 + R_1 R_3}$$

I+III. $U_{01} + (R_1 + R_2) I_1 + R_2 I_3 = 0 \qquad | \cdot R_3$

I − II. $U_{01} - U_{02} + R_1 I_1 - R_3 I_3 = 0 \qquad | \cdot R_2 \,|+$

$$U_{01} R_3 - (U_{01} - U_{02}) R_2$$
$$+ (R_1 R_2 + R_2 R_3 + R_1 R_3) I_1 = 0$$

$$I_1 = \frac{U_{02} R_2 - U_{01} (R_2 + R_3)}{R_1 R_2 + R_2 R_3 + R_1 R_3}$$

$$I_2 = I_1 + I_3 = \frac{-U_{01} R_3 - U_{02} R_1}{R_1 R_2 + R_2 R_3 + R_1 R_3}$$

c) $\quad I_1 < 0 \qquad$ für $\qquad U_{02} R_2 < U_{01} (R_2 + R_3)$

$\qquad I_1 > 0 \qquad$ für $\qquad U_{02} R_2 > U_{01} (R_2 + R_3)$

$\qquad I_3 < 0 \qquad$ für $\qquad U_{01} R_2 < U_{02} (R_1 + R_2)$

$\qquad I_3 > 0 \qquad$ für $\qquad U_{01} R_2 > U_{02} (R_1 + R_2)$

I_2 ist immer positiv, da für $U_{01}, U_{02} < 0$ stets
$-U_{01} R_3 - U_{02} R_1 > 0$

d)

$$\lim_{R_2 \to \infty} I_1 = \lim_{R_2 \to \infty} \frac{R_2 \left(U_{02} - U_{01} - \dfrac{R_3}{R_2} U_{01} \right)}{R_2 \left(R_1 + R_3 + \dfrac{R_1 R_3}{R_2} \right)}$$

$$= \frac{U_{02} - U_{01}}{R_1 + R_3},$$

$$\lim_{R_2 \to \infty} I_3 = \frac{U_{01} - U_{02}}{R_1 + R_3},$$

also: $\quad \lim_{R_2 \to \infty} I_1 = -\lim_{R_2 \to \infty} I_3,$

$$\lim_{R_2 \to \infty} I_2 = \lim_{R_2 \to \infty} \frac{-U_{02} R_3 - U_{02} R_1}{R_2 \left(R_1 + R_3 + \dfrac{R_1 R_3}{R_2} \right)} = 0$$

e) $\quad I_1 = 0, \quad$ wenn $U_{01} = \dfrac{R_2}{R_2 + R_3} U_{02},$

$\qquad I_3 = 0, \quad$ wenn $U_{01} = \dfrac{R_1 + R_2}{R_2} U_{02}.$

Seite

207

5.3.3 Auf- und Entladung eines Kondensators

1 Welche Gesamtkapazität erhält man, wenn man Kondensatoren mit $C_1 = 0{,}5$ µF und $C_2 = 8$ µF hintereinander schaltet?

Lösung:
$C_{\text{ges}} = 1/(1/C_1 + 1/C_2) = 0{,}47$ µF.

2 Berechnen Sie alle möglichen Kapazitäten, die man aus Kondensatoren mit den Kapazitäten $C_1 = 300$ pF, $C_2 = 500$ pF und $C_3 = 1$ nF schalten kann.

Lösung:
Kleinste Kapazität bei Serienschaltung:
$C_{\text{ges1}} = 0{,}16$ nF.

Zwei Kondensatoren parallel und der dritte in Serie:
$C_{\text{ges2}} = 0{,}25$ nF, $C_{\text{ges3}} = 0{,}36$ nF, $C_{\text{ges4}} = 0{,}44$ nF.

Zwei Kondensatoren in Serie und der dritte parallel:
$C_{\text{ges5}} = 0{,}63$ nF, $C_{\text{ges6}} = 0{,}73$ nF, $C_{\text{ges7}} = 1{,}19$ nF.

Größte Kapazität bei Parallelschaltung:
$C_{\text{ges8}} = 1{,}8$ nF.

3 Berechnen Sie die größte und die kleinste Gesamtkapazität aus $C_1 = 1$ µF, $C_2 = 1$ µF, $C_3 = 2$ µF und $C_4 = 4$ µF.

Lösung:
Größte Kapazität bei Parallelschaltung:
$C_{\text{max}} = C_1 + C_2 + C_3 + C_4 = 8$ µF.

Kleinste Kapazität bei Serienschaltung:
$C_{\text{min}} = 1/(1/C_1 + 1/C_2 + 1/C_3 + 1/C_4) = 0{,}36$ µF.

*4 Die Zeit, in der bei der Entladung eines Kondensators mit der Kapazität C über einen Widerstand R die Spannung auf die Hälfte ihres Ausgangswertes absinkt, heißt Halbwertszeit t_H. Leiten Sie die Formel $t_H = RC \ln 2$ zur Bestimmung der Halbwertszeit her.

Lösung:

$U_c(t + t_H) = \frac{1}{2} U_c(t)$

$-U_0\, e^{-\frac{1}{RC}(t + t_H)} = -\frac{1}{2}\, U_0\, e^{-\frac{1}{RC}t}$

$e^{-\frac{1}{RC}t_H} = \frac{1}{2}$

$e^{\frac{1}{RC}t_H} = 2$

$t_H = RC \ln 2$

5 In *Aufgabe 3, S. 181* wurden Messwerte für die Entladung eines Kondensators gegeben. Zeichnen Sie den Graphen der t-I-Funktion und bestimmen Sie daraus die Halbwertszeit t_H des Entladevorgangs. Wie groß war der Vorwiderstand, wenn die Kapazität des Kondensators $C = 8\ \mu\text{F}$ betrug?

Lösung:

Ansatz: $I = I_0\, e^{-\alpha t}, \quad I_{n+1}/I_n = e^{-\alpha \Delta t}$.

Die Messreihe ergibt

$\alpha = \ln(I_n/I_{n+1})/\Delta t = 4{,}54 \cdot 10^{-2}\ \text{s}^{-1}$;

$t_H = (1/\alpha) \ln 2 = 12\ \text{s}; \quad \alpha = 1/(RC)$,
$R = 1/(\alpha C) = 2{,}8 \cdot 10^{6}\ \Omega = 2{,}8\ \text{M}\,\Omega$.

*6 Zeichnen Sie mit den Daten von *Aufgabe 9* das t-U-Diagramm, das t-I-Diagramm und das t-Q-Diagramm.
Wie ändern sich die Diagramme, wenn **a)** R halbiert wird und wenn **b)** C halbiert wird?

Lösung:

Ausgehend von $(0 \mid U_0)$ bzw. $(0 \mid I_0 = -U_0/R)$ werden weitere Punkte über die Halbwertzeit ermittelt:

$(t_H \mid U_0/2)$ bzw. $(t_H \mid I_0/2)$,
$(2\,t_H \mid U_0/4)$ bzw. $(2\,t_H \mid I_0/4)$ etc.

a) Halbierung von R:
Halbierung von t_H; U_0 unverändert; steiler Abfall des t-U-Diagramms; I_0 ist wegen $I_0 = U_0/R$ doppelt so groß; steilerer Abfall des t-I-Diagramms; es schneidet das ursprüngliche t-I-Diagramm bei $(t_H \mid I_0/2)$.

b) Halbierung von C:
Halbierung von t_H; U_0 und I_0 unverändert; steiler Abfall beider Kurven.

7 Beschreiben Sie alle Ihnen bekannten Möglichkeiten, die Kapazität eines Plattenkondensators experimentell zu bestimmen.

Lösung:

1. Berechnung aus den Kondensator-Daten nach $C = \varepsilon_0\, \varepsilon_R\, A/d$.
2. Aufladung mit der Spannung U, Entladung und Messung von Q über einen Messverstärker: $C = Q/U$.
3. Aufladung mit der Spannung U_0, Entladung über einen bekannten Hochohmwiderstand R und ein Mikroamperemeter; Bestimmung der Konstanten α aus dem t-I-Diagramm der Funktion $I(t) = I_0\, e^{-\alpha t}$;

   Berechnung von Q_0 nach $Q_0 = \int\limits_0^\infty I(t)\, dt$; dann: Q_0/U_0.

   (Oder: Bestimmung von Q_0 durch Auszählen der Fläche im t-I-Diagramm.)
4. Experimenteller Ablauf wie bei 3; Beobachtung der Zeit t_H, in der I auf $I/2$ abgesunken ist; dann: $C = t_H/(R \ln 2)$.
5. (Erst nach Behandlung der Wechselstromlehre möglich.)
   Man legt eine bekannte Wechselspannung U mit bekannter Frequenz f an den Kondensator und misst die Stromstärke I (Effektivwert). Unter Vernachlässigung des Ohm'schen Widerstandes gilt: $I = U/R_C = U\, 2\pi f\, C, \quad C = I/(2\pi f\, U)$.

8 Weisen Sie nach, dass die Zeitkonstante $\tau = RC$ im Internationalen Einheitssystem (SI) die Einheit Sekunde hat.

Lösung:
$[RC] = [R][C] = [U/I][Q/U] = 1\ \text{V/A} \cdot 1\ \text{As/V} = 1\ \text{s}$.

*9 Ein Kondensator wird über einen Widerstand $R = 50\ \text{k}\Omega$ entladen. Zur Zeit $t_0 = 0$ liegt an ihm die Spannung $U_0 = 200\ \text{V}$. Nach 10 s ist die Spannung auf $U = 180\ \text{V}$ gesunken. Berechnen Sie Kapazität, Zeitkonstante, Halbwertszeit und die zur Zeit t_0 auf einer Platte befindliche Ladung Q_0.

Lösung:
$U_1 = U_0\, e^{-\frac{1}{RC}t_1}$,
$C = t_1/(R \ln U_0/U_1) = 1{,}9 \cdot 10^{-3}\ \text{F} = 1{,}9\ \text{mF}$;
$\tau = RC = 95\ \text{s}, \quad t_H = \tau \ln 2 = 66\ \text{s}$;
$Q_0 = C\, U_0 = 0{,}38\ \text{C}$.

*10 Ein Kondensator der Kapazität 2 μF werde auf 48 V aufgeladen und anschließend über einen 200 Ω-Widerstand entladen. Wie groß ist

a) die am Ende des Aufladevorgangs im Kondensator vorhandene Ladung,

b) die Anfangsstromstärke im 200 Ω-Widerstand zu Beginn der Entladung,

c) die Zeitkonstante,

d) die Ladung im Kondensator nach 2 ms und

e) die Stromstärke im 200 Ω-Widerstand zum Zeitpunkt 2 ms?

Berechnen Sie

f) die Energie, die nach der Aufladung und

g) nach 0,4 ms im Kondensator gespeichert ist, und

h) die Leistung, die zu Beginn des Entladevorgangs dem Widerstand zugeführt wird.

Lösung:

a) $Q_0 = C U_0 = 96\ \mu C$;

b) $I_0 = U_0/R = 0{,}24\ A$;

c) $\tau = R C = 0{,}4\ ms$;

d) $Q(t) = Q_0\ e^{-\frac{1}{RC}t} = 0{,}65\ \mu C$;

e) $I(t) = I_0\ e^{-\frac{1}{RC}t} = 1{,}6\ mA$;

f) $W = \frac{1}{2} C U_0^2 = 2{,}3\ mJ$;

g) $W(t) = \frac{1}{2} C (U_0\ e^{-\frac{1}{RC}t})^2 = 4{,}7\ pJ$;

h) $P_0 = U_0\ I_0 = 11{,}5\ W$.

Zusatzaufgabe

*11 Ein auf die Spannung $U_1 = 100$ V aufgeladener Kondensator der Kapazität $C_1 = 20$ μF wird einem ungeladenen Kondensator der Kapazität $C_2 = 10$ μF parallelgeschaltet. Berechnen Sie die Spannung U, die an beiden Kondensatoren anliegt.

Untersuchen Sie, ob bei diesem Vorgang **a)** die Ladung und **b)** die elektrische Energie erhalten bleibt. Begründen Sie Ihre Aussage, gegebenenfalls auch mit quantitativen Angaben.

Lösung:

$Q = C_1 U_1, \quad Q = (C_1 + C_2)U$;
$U = C U_1/(C_1 + C_2) = 66{,}7$ V.

a) Die Ladung bleibt erhalten, da keine Ladung nach außen abfließt oder von außen zufließt.

b) Die elektrische Energie verringert sich um 0,033 J:

$$W_1 = \tfrac{1}{2} C_1 U_1^2 = 0{,}100\ \text{J},$$

$$W_2 = \tfrac{1}{2} (C_1 + C_2) U^2 = 0{,}067\ \text{J}.$$

Die Energie wandelt sich in einem Funken oder in einem dazwischenliegenden Widerstand in Wärme um.

5.4.1 Ionenleitung in Flüssigkeiten

Seite
209

1 Berechnen Sie das elektrochemische Äquivalent von einwertigem Kupfer.

Lösung:

$$\ddot{A} = \frac{m}{Q} = \frac{M_r \, \text{kg}}{F \, z} = \frac{63{,}5}{9{,}65 \cdot 10^7 \cdot 1} \frac{\text{kg kmol}}{\text{kmol C}}$$

$$= 6{,}58 \cdot 10^{-7} \, \text{kg/C} = 0{,}658 \, \text{mg/C}.$$

2 Wie lange muss ein Strom der Stärke $I = 0{,}45$ A fließen, damit aus einer $CuCl_2$-Lösung 3,5 g Kupfer abgeschieden werden?

Lösung:
Für zweiwertiges Kupfer gilt $\ddot{A} = 0{,}329$ mg/C;

$$\ddot{A} = \frac{m}{Q} = \frac{m}{I \, t},$$

$$t = \frac{m}{\ddot{A} \, I} = \frac{3{,}5 \cdot 10^3}{0{,}329 \cdot 0{,}45} \, \text{s} = 2{,}36 \cdot 10^4 \, \text{s} = 6{,}6 \, \text{h}.$$

3 Eine Schale ($A = 120$ cm^2) soll durch Elektrolyse einen $d = 0{,}2$ mm dicken Silberüberzug ($\varrho_{Ag} = 10{,}5 \cdot 10^3 \, \text{kg/m}^3$) erhalten. Berechnen Sie die dazu erforderliche Zeit, wenn die Stromstärke $I = 10$ A beträgt *(Tab. 209.1)*.

Lösung:
$t = Q/I$, $\quad Q = m/\ddot{A}$, $\quad m = \varrho_{Ag} \, V = \varrho_{Ag} \, A \, d$;
$t = \varrho_{Ag} \, A \, d/(\ddot{A} \, I) = 2{,}25 \cdot 10^3 \, \text{s} = 37{,}6$ min.

*4 Berechnen Sie die Dicke der Kupferschicht ($\varrho_{Cu} = 8{,}9 \cdot 10^3 \, \text{kg/m}^3$), die ein Strom der Stärke $I = 5{,}8$ A in der Zeit $t = 3$ h auf der Oberfläche einer Kugel ($r = 8{,}3$ cm) gleichmäßig abscheidet *(Tab. 209.1)*.

Lösung:
$d = V/A = V/(4\pi r^2) = m/(\varrho_{Cu} \cdot 4\pi r^2)$,
$m = \ddot{A} \, Q = \ddot{A} \, I \, t$;
$d = \ddot{A} \, I \, t/(\varrho_{Cu} \cdot 4\pi r^2) = 2{,}7 \cdot 10^{-5} \, \text{m} = 0{,}027$ mm.

*5 Zur Abscheidung von 12,5 mg eines zweiwertigen Stoffes ist ein Ladungsfluss von 150,7 C erforderlich. Berechnen Sie die relative Molekülmasse M_r des Stoffes. Um welches Element handelt es sich?

Lösung:
$\ddot{A} = m/Q = M_r \, \text{kg}/z \, F$;

$$M_r \, \text{kg} = m \, z \, F/Q$$
$$= 12{,}5 \cdot 10^{-6} \cdot 2 \cdot 9{,}65 \cdot 10^7/150{,}7 \, \text{kg/kmol}$$
$$= 16{,}0 \, \text{kg/kmol};$$

es handelt sich um Sauerstoff.

5.4.2 Die Elementarladung

Seite
211

1 Ein Öltröpfchen ($m = 3{,}5 \cdot 10^{-9}$ mg, $\varrho = 0{,}950 \, \text{g/cm}^3$) schwebt zwischen den Platten eines Kondensators mit dem Plattenabstand $d = 0{,}50$ cm bei einer Spannung $U = 214$ V.
a) Wie viel Elementarladungen trägt es?
b) Mit welcher Geschwindigkeit würde es in Luft ohne elektrisches Feld sinken ($\eta_{Luft} = 1{,}828 \cdot 10^{-5} \, \text{Ns/m}^2$)?
c) Bei welcher Spannung würde es mit der in b) errechneten Geschwindigkeit steigen?

Lösung:
a) $m \, g = Q \, U/d$,
$Q = m \, g \, d/U = 8{,}0 \cdot 10^{-19} \, \text{C} = 5 \, e$.

b) $\varrho = m/(\frac{4}{3}\pi r^3)$,
$r = \sqrt[3]{3 \, m/(4\pi \varrho)} = 9{,}6 \cdot 10^{-7}$ m;
$m \, g = 6\pi \eta \, r \, v$,
$v = m \, g/(6\pi \eta \, r) = 1{,}04 \cdot 10^{-4} \, \text{m/s}$.

c) $m \, g/(6\pi \eta \, r) = (Q \, E - m \, g)/(6\pi \eta \, r)$,
$Q \, E = 2 \, m \, g$, $\quad Q \, U/d = 2 \, m \, g$;
$U = 2 \, m \, g \, d/Q = 430$ V.

2 Berechnen Sie die Anzahl der überschüssigen Elementarladungen auf einer metallischen Kugel ($r = 6{,}5$ cm), deren Spannung gegenüber Erde $U = 4{,}5$ kV beträgt. Warum wurde bei den Versuchen mit fließender Ladung und bei den elektrostatischen Versuchen die Ladungsquantelung nicht beobachtet?

Lösung:
$Q = C_K \, U = 4\pi \varepsilon_0 \, r \, U = 3{,}25 \cdot 10^{-8} \, \text{C} = 2{,}0 \cdot 10^{11} \, e$.
Die Genauigkeit der Strom- und Ladungsmessgeräte ist bei weitem geringer als $\Delta Q = e$.

3 Der Kern eines Sauerstoffatoms enthält 8 Protonen, die Schale 8 Elektronen.
a) Wie groß ist die negative Ladung von 10 mg Sauerstoff? (Benutzen Sie *Tab. 209.1.*)
b) Man stelle sich die Ladung der Elektronen und die Ladung der Protonen von 10 mg Sauerstoff jeweils punktförmig konzentriert vor. Welche Kraft würden sie im Abstand von 2 cm aufeinander ausüben?

Lösung:

a) 10 mg Sauerstoff entsprechen $\frac{10}{16} \cdot 10^{-6}$ kmol Atome;

$Q = \frac{10}{16} \cdot 10^{-6}$ kmol $N_A\, 8\, e = 5 \cdot 10^{-6} \cdot F$ kmol $= 5 \cdot 10^{-6} \cdot 9{,}649 \cdot 10^7$ C $= 482$ C.

(F = Faraday-Konstante)

b) $F = \dfrac{1}{4\,\pi\,\varepsilon_0}\,\dfrac{Q^2}{r^2} = 5{,}2 \cdot 10^{18}$ N

(F = Kraft).

Seite **213**

5.4.3 Elektronenleitung in Metallen

*1 Berechnen Sie mit der in der *Tabelle 213.2* gegebenen Beweglichkeit die Dichte der Elektronen in Silber und in Bismut. (Spezifische Widerstände $\varrho_{Al} = 0{,}016\ \Omega\text{mm}^2/\text{m}$, $\varrho_{Bi} = 1{,}1\ \Omega\text{mm}^2/\text{m}$).

Lösung:

$n = 1/(u\,\varrho\,e)$.

$n_{Ag} = 7{,}0 \cdot 10^{28}\ \text{m}^{-3}$,

wenn jedes Atom ein Elektron liefert.

$n_{Bi} = 1{,}4 \cdot 10^{25}\ \text{m}^{-3}$.

Die Elektronendichte ist also weit geringer als bei Silber.

*2 Berechnen Sie die Driftgeschwindigkeit der Elektronen in einem Silberdraht der Länge $d = 3{,}5$ m bei einer Spannung $U = 1$ V.

Lösung:

$v = u\,E = u\,U/l = 1{,}6 \cdot 10^{-3}$ m/s.

Die Elektronen legen in Richtung des Drahtes in einer Sekunde 1,6 mm zurück.

*3 Eine Spule ($n = 5000$, $r = 12$ cm) wird aus der Achsendrehung ($f = 20$ s^{-1}) abgestoppt. Dabei wird eine Ladung $\Delta Q = 0{,}6$ nC gemessen. Spule und Messgerät haben den Gesamtwiderstand $R = 504\ \Omega$. Berechnen Sie daraus die spezifische Ladung eines Elektrons (Tolman-Versuch!). (*Anleitung:* Die Kräfte $F_{mech} = m\,a = m\,\Delta v/\Delta t$ und $F_{el} = QE$ sind im Gleichgewicht; der messbare Spannungsstoß ist $U\,\Delta t = R\,I\,\Delta t = R\,\Delta Q$.)

Lösung:

$F_{mech} = F_{el}$, $m\,a = Q\,U/l$;

$Q/m = a\,l/U = (\Delta v/\Delta t) \cdot (2\,\pi\,r\,n)/U$
$= 2\,\pi\,f\,r \cdot 2\,\pi\,r\,n/(U\Delta t) = 4\,\pi^2\,r^2\,f\,n/(R\,\Delta Q)$
$= 1{,}9 \cdot 10^{11}$ C/kg.

Zusatzaufgabe

*4 Obwohl die Driftgeschwindigkeit von Elektronen in einem metallischen Leiter sehr klein ist, leuchtet eine elektrische Lampe fast sofort nach dem Schließen des Schalters auf. Erklären Sie dies.

Lösung:

Elektronen bewegen sich, weil im Leiter ein elektrisches Feld vorhanden ist; das Feld breitet sich mit Lichtgeschwindigkeit aus.

Auch im Wassermodell ist eine Erklärung möglich: obwohl sich die einzelnen Wasserteilchen langsam bewegen, strömt in einem Rohr bei Entstehen einer Druckdifferenz „sofort" das gesamte Wasser.

Seite **215**

5.4.4 Austritt von Elektronen aus Leiteroberflächen

1 Nennen Sie Unterschiede und Gemeinsamkeiten beim Vergleich des Elektronenaustritts aus Metalloberflächen mit dem Austritt von Wassermolekülen aus der Wasseroberfläche.

Lösung:

Gemeinsam: Der Austritt ist nur für energiereiche Teilchen möglich.

Verschieden: Auch bei niedrigen Temperaturen können einzelne Wassermoleküle austreten (Geschwindigkeitsverteilung).

2 Durch eine Elektronenröhre fließt ein Strom von 8,5 µA. Wie viele Elektronen treffen pro Sekunde auf die Anode?

Lösung:

$I = 8{,}5\ \mu\text{A} = 8{,}5 \cdot 10^{-6}$ C/s
$= 8{,}5 \cdot 10^{-6}/(1{,}6 \cdot 10^{-19})\, e\ 1/\text{s} = 5{,}3 \cdot 10^{13}\, e\ 1/\text{s}$

3 Erklären Sie, weshalb in einer Elektronenröhre bei konstanter Anodenspannung die Anodenstromstärke größer wird, wenn die Heizspannung erhöht wird.

5.4.6 Ablenkung eines Elektronenstrahls im elektrischen Feld

Seite
219

1 Berechnen Sie die Geschwindigkeit und die kinetische Energie von Elektronen, die eine Beschleunigungsspannung $U = 300$ V im Vakuum durchlaufen haben.

Lösung:

$v = \sqrt{2\,(e/m)\,U} = 1{,}03 \cdot 10^7$ m/s,
$W_{kin} = e\,U = 4{,}8 \cdot 10^{-7}$ J $= 0{,}48$ µJ.

2 Berechnen Sie, ohne die Formeln der klassischen Physik in Frage zu stellen, die Spannung, die ein Elektron aus der Ruhelage durchlaufen müsste, um Lichtgeschwindigkeit ($3 \cdot 10^8$ m/s) zu erreichen.

Lösung:

$$U = \frac{v^2}{2\dfrac{e}{m}} = 256 \text{ kV}.$$

Die Spannung reicht jedoch wegen der relativistischen Massenveränderlichkeit

$$m = \frac{m_0}{\sqrt{1 - \dfrac{v^2}{c^2}}}$$

(siehe *Kapitel 9.3.1*) nicht aus, Elektronen fast auf Lichtgeschwindigkeit zu beschleunigen.

3 Geben sie die Geschwindigkeit eines Elektrons mit der kinetischen Energie $E_{kin} = 220$ eV in km/s an.

Lösung:
$\frac{1}{2} m_e\, v^2 = W_{kin}$;

$v = \sqrt{2\,W_{kin}/m_e}$
$= \sqrt{2 \cdot 220 \cdot 1{,}602 \cdot 10^{-19}/(9{,}11 \cdot 10^{-31}) \text{ J/kg}}$
$= 8{,}80 \cdot 10^6$ m/s $= 8800$ km/s.

*4 Wie ändert sich die Bahn geladener Teilchen in einer Elektronenstrahl-Ablenkröhre, wenn sich statt der Elektronen

a) Teilchen mit der dreifachen Masse,

b) Teilchen mit der dreifachen Ladung oder

c) Teilchen mit dreifacher Masse und dreifacher Ladung bewegten?

d) Kann man mit einer Ablenkröhre die Masse oder die Ladung der Elektronen bestimmen?

Lösung:
Gleichung der Bahnkurve

$$y = \frac{e\,U_y}{2\,m\,d\,v_0^2}; \quad \text{wegen } v_0^2 = \frac{2\,e\,U_x}{m} \text{ gilt: } y = \frac{U_y}{4\,d\,U_x}\,x^2.$$

Die Bahnkurve ist von der Ladung und von den Massen der Teilchen unabhängig; sie ändert sich also in den drei Fällen a, b und c nicht.

d) Eine Bestimmung von Masse oder Ladung der Elektronen mit der Elektronenstrahl-Ablenkröhre allein ist daher nicht möglich.

*5 Die Beschleunigungsspannung und die Ablenkspannung an einer Elektronenstrahl-Ablenkröhre ändern sich im gleichen Verhältnis. Wie ändert sich die Elektronenbahn?

Lösung:
Aus der Bahngleichung (siehe Lösung zu *Aufgabe 4*) ergibt sich, dass sich die Elektronenbahn nicht verändert.

*6 Ein Elektron, das die Beschleunigungsspannung $U_a = 150$ V durchlaufen hat, fliegt senkrecht zum elektrischen Feld in die Mitte zwischen zwei parallele geladene Platten mit dem Abstand $d = 15$ cm. Zwischen den Platten liegt die Spannung $U = 250$ V.

a) Wie lange dauert es, bis das Elektron auf eine Platte aufschlägt?

b) Wie weit ist der Auftreffpunkt vom Plattenrand entfernt?

Lösung:

a) $\dfrac{d}{2} = \dfrac{1}{2}\,a\,t_1^2, \quad a = \dfrac{e\,E}{m}$;

$$t_1 = \sqrt{\frac{d}{a}} = \sqrt{\frac{d\,m}{e\,E}} = \sqrt{\frac{d^2}{\dfrac{e}{m}\,U}} = 2{,}3 \cdot 10^{-9}\text{s} = 2{,}3 \text{ ns.}$$

b) $x_1 = v_0\,t_1 = \sqrt{2\,\dfrac{e}{m}\,U_a}\,\sqrt{\dfrac{d^2}{\dfrac{e}{m}\,U}} = \sqrt{\dfrac{2\,U_a\,d^2}{U}} = 1{,}6 \text{ cm.}$

Zusatzaufgabe

*7 Ein Elektronenstrahl wird mit der Anodenspannung $U_a = 500$ V beschleunigt und durch den Ablenkkondensator nach *Abbildung 218.1* geschickt ($d = 2$ cm, $s = 10$ cm, $b = 20$ cm). Während die Ablenkspannung von $U_1 = -24$ V bis $U_2 = 40$ V linear mit der Zeit steigt, wird der Elektronenstrahl durch die Sägezahnspannung vertikal gerade von $x_1 = -5$ cm bis $x_2 = 5$ cm über den Leuchtschirm abgelenkt.

Berechnen Sie die Bahnpunkte und zeichnen Sie die Bahn des Leuchtflecks auf dem Leuchtschirm in ein x-y-Koordinatensystem ein. (Der Nullpunkt des Systems ist durch den unabgelenkten Elektronenstrahl gekennzeichnet.)

Lösung:

$$y_1 = \frac{U_1 s\left(b + \dfrac{s}{2}\right)}{2 d U_a} = -3 \text{ cm},$$

$$y_2 = \frac{U_2 s\left(b + \dfrac{s}{2}\right)}{2 d U_a} = 5 \text{ cm}.$$

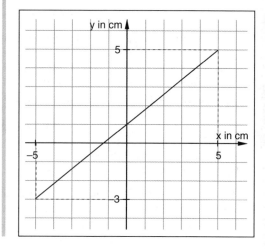

Seite **221**

5.4.7 Leitungsvorgänge in Gasen

1 Die bekannteste Funkenentladung ist der Blitz. Geben Sie die Wirkungsweise eines Blitzableiters an.

Lösung:
In der Spitze des Blitzableiters wird durch die geladene Gewitterwolke die entgegengesetzte Ladung influenziert. An der Spitze bildet sich ein starkes Feld aus, das eine selbstständige Entladung bewirkt (Spitzeneffekt). Dadurch wird die Luft leitend und dem Blitz ein ungefährlicher Weg über den Blitzableiter zur Erde gebahnt.

2 Warum verlöscht ein Lichtbogen, wenn seine Länge einen bestimmten Wert überschreitet?

Lösung:
Die elektrische Feldstärke reicht dann nicht mehr aus, die zur Stoßionisation erforderliche Energie in der freien Weglänge auf die Ladungsträger zu übertragen.

Zusatzaufgaben

*3 Ein Blitz hat bei einer Spannung $U = 100$ MV zwischen Wolke und Erde eine Stromstärke $I = 10$ kA. Die Dauer einer Entladung ist $t \approx 10^{-4}$ s. Berechnen Sie die bewegte Ladung, die elektrische Energie und die „Kosten" eines Gewitters, das 100 Blitze entlädt. (1 kWh kostet 0,30 DM.)

Lösung:
$Q = I t = 1\, C$;
$W_{el} = U I t = 10^8\, \text{J} = 28\, \text{kWh}$, ($1\, \text{kWh} = 3{,}6 \cdot 10^6\, \text{J}$);
Preis: 840 DM.

*4 Geben Sie Beispiele für die Verwendung von Funkenstrecken zum Schutz gegen Überspannung an.

Lösung:
Z. B. bei Transformatoren und Schaltern.

6.1.2 Magnetische Feldstärke

Seite
227

1 Die Horizontalkomponente der Feldstärke B des magnetischen Erdfeldes beträgt ungefähr $B_H = 19\ \mu T$. Berechnen Sie die Kraft auf eine in Ost-West-Richtung verlaufende Freileitung ($I = 100\ A$, Abstand zwischen zwei Masten $a = 150\ m$).

Lösung:
$\vec{I} \perp \vec{B}_H$, $F_m = B_H\, I\, a = 0{,}29\ N$.
Da die Horizontalkomponente von $\vec{B}$ betrachtet wurde, ist F_m die Kraft in vertikaler Richtung. Die Kraft ist wesentlich kleiner als das Gewicht der Leitung.

2 Ein gerader Draht von 0,5 m Länge verläuft lotrecht und wird von einem Strom von 6 A von unten nach oben durchflossen. Er ist von einem Magnetfeld der Stärke $B = 70\ \mu T$ umgeben, das horizontal nach Norden gerichtet ist. Geben Sie Betrag und Richtung der auf ihn wirkenden magnetischen Kraft an.

Lösung:
$\vec{I} \perp \vec{B}$, $F_m = B\,I\,l = 2{,}1 \cdot 10^{-4}\ N = 0{,}21\ mN$.
Die Kraft ist nach Westen gerichtet.

3 Ein waagerechter Draht von 15 cm Länge wird von einem Strom von 5 A durchflossen. Geben Sie Betrag und Richtung der magnetischen Feldstärke des kleinsten Magnetfeldes an, das den Draht mit der Masse 4 g in der Schwebe hält.

Lösung:
$B = F/(I\,l) = m\,g/(I\,l) = 5{,}2 \cdot 10^{-2}\ N/(Am)$.
$\vec{B}$ ist horizontal, senkrecht zum Draht gerichtet. Die Orientierung von $\vec{B}$ ist so zu wählen, dass $\vec{I}$, $\vec{B}$ und die von unten nach oben gerichtete Vertikale in dieser Reihenfolge ein Rechtssystem bilden.

4 Mit welcher Kraft wirkt ein homogenes Magnetfeld auf einen stromdurchflossenen Draht, der parallel zu den Feldlinien liegt?

Lösung:
$F = 0$, da $\sphericalangle\,(\vec{I}, \vec{B}) = 0°$ oder $180°$.

*5 Ein von einem Strom $I = 4\ A$ durchflossener Leiter der Länge $l = 5\ cm$ erfährt in einem homogenen Magnetfeld der Feldstärke $B = 0{,}3\ T$ die Kraft $F = 0{,}04\ N$. Welchen Winkel bildet der Leiter mit den magnetischen Feldlinien?

Lösung:
$F = B\,I\,l \sin\alpha$, $\sin\alpha = F/(B\,I\,l) = 0{,}6667$,
$\alpha = 41{,}8°$.

Zusatzaufgabe

*6 In einem horizontalen Magnetfeld der Stärke $B = 0{,}2\ Vs/m^2$ befindet sich unter einem Winkel von $30°$ ein ebenfalls horizontal verlaufender gerader Draht von 75 cm Länge, der von einem Strom von 10 A durchflossen wird. Geben Sie Betrag und Richtung der auf ihn wirkenden magnetischen Kraft an.

Lösung:
$F = B\,I\,l \sin\alpha = 0{,}75\ N$.
Die Kraftrichtung ist vertikal. Die Orientierung der Kraft kann nicht angegeben werden, da über die Orientierung des Stromes nichts ausgesagt ist.

6.1.3 Lorentz-Kraft

Seite
229

1 Ein Körper mit der Ladung $Q = -0{,}2\ nC$ bewegt sich in einem waagerecht nach Süden gerichteten Magnetfeld der Stärke $B = 50\ mT$ mit der Geschwindigkeit $v = 3\ km/s$ in Richtung Westen. Geben Sie Betrag und Richtung der magnetischen Kraft auf den geladenen Körper an.

Lösung:
$F = |Q\,v\,B| = 3 \cdot 10^{-8}\ N$. Wegen $\vec{F} = Q\,\vec{v} \times \vec{B}$ und $Q < 0$ ist die Kraft senkrecht nach unten gerichtet.

2 Geben Sie Betrag und Richtung der Stärke B des Magnetfeldes an, das das Gewicht eines Elektrons mit einer waagerecht nach Westen gerichteten Geschwindigkeit von 2 cm/s kompensieren kann.

Lösung:
$m_e\,g = e\,v\,B$, $B = g/(\frac{e}{m_e}\,v) = 2{,}79 \cdot 10^{-9}\ T = 2{,}79\ nT$.
$\vec{B}$ ist horizontal nach Norden gerichtet.

*3 Ein α-Teilchen ($Q = 2\,e$) durchläuft eine Beschleunigungsspannung $U = 200\ V$ und tritt dann in ein Magnetfeld der Stärke $B = 0{,}12\ T$ ein. Berechnen Sie die magnetische Kraft für die Fälle, dass die Geschwindigkeit mit B einen Winkel von **a)** $\varphi_1 = 90°$, **b)** $\varphi_2 = 60°$, **c)** $\varphi_3 = 30°$ und **d)** $\varphi_4 = 0°$ einschließt ($m_\alpha = 6{,}64 \cdot 10^{-27}\ kg$).

Lösung:
$Q/m_\alpha = 2\,e/(4\,u) = 4{,}82 \cdot 10^7\ C/kg$,

$v = \sqrt{2(Q/m_\alpha)\,U} = 1{,}39 \cdot 10^5 \text{ m/s};$

$F = QvB \sin\varphi;$

$F_1 = 5{,}34 \cdot 10^{-15} \text{ N}, \quad F_2 = 4{,}62 \cdot 10^{-15} \text{ N},$
$F_3 = 2{,}67 \cdot 10^{-15} \text{ N}, \quad F_4 = 0.$

Zusatzaufgaben

4 Wie ist die magnetische Kraft auf ein Elektron gerichtet, das sich in einem waagerecht nach Norden gerichteten Magnetfeld waagerecht nach Osten bewegt?

Lösung:
Wegen $\vec{F} = Q\vec{v} \times \vec{B}$ und $Q < 0$ ist die Kraft senkrecht nach unten gerichtet.

5 Ein Proton besitzt in einem senkrecht nach unten gerichteten Magnetfeld der Stärke $B = 40$ Vs/m^2 eine nach Westen gerichtete Geschwindigkeit von 7500 km/s. Geben Sie Betrag und Richtung der wirkenden Kraft an.

Lösung:
$Q = e, \quad F = QvB = 4{,}8 \cdot 10^{-11} \text{ N}.$
Die Kraft ist horizontal nach Süden gerichtet.

Seite 231

6.1.4 Der Hall-Effekt

1 Diskutieren Sie die Polung der Hall-Spannung, wenn a) nur positive und b) positive und negative Ladungsträger gleichermaßen frei beweglich wären.

Lösung:
a) Wenn nur positive Ladungsträger frei beweglich wären, würde eine Hall-Spannung entgegengesetzter Polung entstehen ($\rightarrow$ in *Abb. 230.1*: oben eine positive Aufladung).

b) Wären positive und negative Ladungsträger frei beweglich, könnte keine Hall-Spannung nachgewiesen werden.

2 Was können Sie über die Hall-Spannung aussagen, wenn in *Abbildung 230.1* die B-Linien parallel zur Fläche der Folie verlaufen?

Lösung:
$U_H = 0$. Begründung: Die Komponente von $\vec{B}$ in Richtung von $\vec{I}$ erzeugt keine Lorentzkraft; die Komponente von $\vec{B}$ in Richtung $P_1\,P_2$ erzeugt eine Lorentzkraft senkrecht zur Folie.

3 Wie kann man experimentell mithilfe einer Hall-Sonde die Richtung der Feldlinien eines Magnetfeldes bestimmen?

Lösung:
Die Hall-Sonde wird so lange gedreht, bis die Hall-Spannung maximal ist. Die magnetischen Feldlinien durchsetzen dann die Folie der Sonde senkrecht.

***4** Zwischen den Rändern einer 2,5 cm breiten Metallfolie misst man in einem Magnetfeld $B = 0{,}28$ T die Spannung $U_H = 12\ \mu$V. Wie schnell sind die Elektronen?

Lösung:
$v = U_H/(b\,B) = 1{,}7$ mm/s.

***5** Eine Kupferfolie ($d = 10\ \mu$m) wird von einem Strom der Stärke 10 A durchflossen. Im Magnetfeld $B = 0{,}43$ T wird die Hall-Spannung $U_H = 22\ \mu$V gemessen. Berechnen Sie die Hall-Konstante von Kupfer und die Dichte n der Elektronen. Berechnen Sie daraus die Anzahl der freien Elektronen in 1 mol Kupfer und vergleichen Sie sie mit der Avogadro-Konstante.

Lösung:
$R_H = U_H\,d/(I\,B) = 5{,}1 \cdot 10^{-11} \text{ m/C},$
$n = 1/(R_H\,e) = 1{,}2 \cdot 10^{29} \text{ m}^{-3}.$
Mit den Molvolumen $V_m = 7{,}1 \cdot 10^{-3} \text{ m}^3$/kmol erhält man als Anzahl der Elektronen in 1 kmol
$N = n\,V_m = 8{,}5 \cdot 10^{23} \text{ kmol}^{-1}$ (in 1 mol $8{,}5 \cdot 10^{23}$).
Die Anzahl der freien Elektronen ist größer als die der Atome.

Seite 232

6.1.5 Teilchen auf Kreisbahnen

1 Ein Proton bewegt sich in einem homogenen Magnetfeld der Stärke $B = 2$ T mit einer Geschwindigkeit $v = 750$ km/s senkrecht zu den Feldlinien. Berechnen Sie den Radius seiner Kreisbahn.

Lösung:
$e\,v\,B = m_p v^2/r, \quad r = m_p\,v/(e\,B) = 3{,}9 \cdot 10^{-3} \text{ m}.$

2 Die magnetische Feldstärke im homogenen Teil des Helmholtz-Spulenfeldes wird mit einer Hall-Sonde zu $B = 965\ \mu$T bestimmt. Bei einer Beschleunigungsspannung von $U = 210$ V wird im Fadenstrahlrohr der Durchmesser der Kreisbahn $d = 10,2$ cm gemessen. Berechnen Sie die spezifische Ladung e/m der Elektronen.

Lösung:
$e/m = 2\,U/(B^2\,r^2) = 1{,}73 \cdot 10^{11}$ C/kg (vgl. *S. 213, Aufgabe 3*).

3 Wie kann sich ein geladener Körper durch ein Magnetfeld bewegen, ohne dass das Feld eine Kraft auf ihn ausübt?

Lösung:
In Richtung der Feldlinien.

4 In welcher Masse Wasserstoff ist 1 g Elektronen enthalten?

Lösung:
$m_H = 1\,\text{g} \cdot (m_p + m_e)/m_e = 1837\,\text{g}$

*5 In einem bestimmten Gebiet des interstellaren Raumes gibt es freie Elektronen mit der kinetischen Energie 1 meV, die sich auf Kreisbahnen vom Radius 25 km bewegen. Wie groß ist die magnetische Feldstärke, die diese Bahn verursacht?

Lösung:
$v = \sqrt{2\,W_{kin}/m_e}, \quad e\,v\,B = m_e\,v^2/r;$
$B = m_e\,v/(e\,r) = \sqrt{2\,W_{kin}\,m_e}/(e\,r) = 4{,}27 \cdot 10^{-12}$ T
$\quad = 4{,}27$ pT.

6.1.7 Teilchenbeschleuniger

Seite
235

1 Ein α-Teilchen besitzt eine Masse von $6{,}64 \cdot 10^{-27}$ kg. Berechnen Sie den Radius der Kreisbahn, die ein α-Teilchen beschreibt, das sich nach *Aufgabe 3 a) (S. 229)* bewegt.

Lösung:
$Q\,v\,B = m_\alpha\,v^2/r, \quad v = \sqrt{2\,(Q/m_\alpha)\,U};$
$r = m_\alpha\,v/(Q\,B)$
$\quad = \sqrt{m_\alpha\,U/(e\,B^2)} = 2{,}4$ cm.

2 In einem Zyklotron ist der maximale Krümmungsradius der Bahnkurve von geladenen Teilchen $R = 0{,}8$ m. Die magnetische Feldstärke beträgt $B = 1{,}5$ T. Welche Potentialdifferenz müssten Protonen in einem elektrischen Feld durchlaufen, damit sie dieselbe Endgeschwindigkeit wie in dem Zyklotron erhalten?

Lösung:
$U = \tfrac{1}{2}(e/m_p)\,B^2\,R^2 = 6{,}9 \cdot 10^7$ V $= 69$ MV.

3 Ein Zyklotron gibt α-Teilchen mit einer Energie von $2{,}5 \cdot 10^{-12}$ J ab. Die magnetische Feldstärke beträgt 2 T. Berechnen Sie den größten Krümmungsradius der Bahnkurven dieser α-Teilchen.

Lösung:
$v = \sqrt{2\,W_{kin}/m_\alpha}, \quad Q\,v\,B = m_\alpha\,v^2/r;$
$r = m_\alpha\,v/(Q\,B)$
$\quad = \sqrt{2\,m_\alpha\,W_{kin}}/(Q\,B) = 0{,}28$ m.

4 In einem Bereich des Strahlungsgürtels der Erde ist die magnetische Feldstärke des Erdfeldes $B = 100\ \mu$T. Mit welcher Frequenz umlaufen dort α-Teilchen die magnetischen Feldlinien?

Lösung:
$Q\,v\,B = m\,v^2/r, \quad Q\,v\,B = m\,\omega\,v, \quad \omega = (Q/m)\,B;$
$f = Q\,B/(2\,\pi\,m) = 2\,e\,B/(2\,\pi\,m) = 760$ s^{-1}.

Zusatzaufgaben

*5 Das elektrische Feld zwischen den Platten eines Geschwindigkeitsfilters in einem Massenspektroskop nach *Abbildung 233.1* hat die Stärke $E = 0{,}12$ kV/m. Die beiden Magnetfelder haben die Stärke $B = 0{,}6$ T.

a) Ein Strahl einfach ionisierter Neonatome bewegt sich auf einer Kreisbahn mit einem Radius von 7,28 cm. Bestimmen Sie die Masse des Neonisotops.

b) Ein anderes (häufigeres) Neonisotop besitzt die Masse $m = 3{,}32 \cdot 10^{-26}$ kg. Welchen Radius beschreibt ein Strahl aus solchen Neonisotopen?

Lösung:
$v = E/B = 2 \cdot 10^5$ m/s;

a) $e\,v\,B = m_{Ne}\,v^2/r,$
$m_{Ne} = e\,B\,r/v = 3{,}50 \cdot 10^{-26}$ kg.

b) $r = m_{Ne}\,v/(e\,B) = 6{,}91$ cm.

*6 Ist ein Massenspektroskop besser geeignet, die Isotope leichter oder die Isotope schwerer Elemente zu trennen?

Lösung:

$r = m\,v/(e\,B)$, $\Delta r = (v/e\,B)\,\Delta m$;

bei unverändertem Geschwindigkeitsfilter und unverändertem Ablenkfeld gilt für Ionen gleicher Ladung: $\Delta r \sim \Delta m$.

Daher ist die Auflösung eines Massenspektrographen von der Gesamtmasse m unabhängig.

*7 In einem Zyklotron wird bei einem Magnetfeld der Stärke B zur Beschleunigung von Protonen eine Hochfrequenz von 10 Mhz benötigt. Welche Frequenz ist erforderlich, um **a)** Deuteronen ($m_D = 2\,m_P$, $Q = e$), **b)** einfach ionisierte Heliumatome He$^+$ ($m_{He} = 4\,m_P$) und **c)** zweifach ionisierte Heliumatome He^{2+} (α-Teilchen) bei gleich starkem Magnetfeld zu beschleunigen?

Lösung:

$Q\,v\,B = m\,\omega\,r$, $f = \omega/(2\,\pi) = Q\,B/(2\,\pi\,m)$;

$B = (m_p/e)\,2\,\pi f = 6{,}5$ T.

a) $f_1 = e/(2\,m_p)\cdot B/(2\,\pi) = f/2 = 5$ MHz,

b) $f_2 = e/(4\,m_p)\cdot B/(2\,\pi) = f/4 = 2{,}5$ MHz,

c) $f_3 = 2\,e/(4\,m_p)\cdot B/(2\,\pi) = f/2 = 5$ MHz.

6.2.1 Magnetfelder eines langen Leiters und einer langen Spule

1 Zwei geradlinige lange Leiter verlaufen in einem Abstand von 10 cm parallel zu einander. Sie werden in entgegengesetzter Richtung von den Strömen $I_1 = 15$ A und $I_2 = 25$ A durchflossen. Berechnen Sie die magnetische Feldstärke in einem Punkt in der von den Leitern aufgespannten Ebene, der **a)** von beiden Leitern gleich weit entfernt ist; **b)** 2 cm von Leiter 1 und 8 cm von Leiter 2 entfernt ist; **c)** 2 cm von Leiter 1 und 12 cm von Leiter 2 entfernt ist. **d)** In welchen Punkten ist die magnetische Feldstärke gleich null?

Lösung:
a) $r_1 = r_2 = 5$ cm;
$B = (\mu_0/(2\pi))\,(I_1/r_1 + I_2/r_2) = 1{,}6 \cdot 10^{-4}$ T
$= 160\ \mu\text{T}$;
b) $r_1 = 2$ cm, $r_2 = 8$ cm;
$B = (\mu_0/(2\pi))\,(I_1/r_1 + I_2/r_2) = 2{,}13 \cdot 10^{-4}$ T
$= 213\ \mu\text{T}$;
c) $r_1 = 2$ cm, $r_2 = 12$ cm;
$B = (\mu_0/(2\pi))\,(I_1/r_1 + I_2/r_2) = 1{,}08 \cdot 10^{-4}$ T
$= 108\ \mu\text{T}$;
d) B ist gleich null für $I_1/r_1 = I_2/r_2$ und $r_2 = r_1 + 10$ cm, also $r_1 = 15$ cm, $r_2 = 25$ cm.

2 Lösen Sie Aufgabe 1 für den Fall, dass die beiden Ströme gleich gerichtet sind.

Lösung:
a) $r_1 = r_2 = 5$ cm;
$B = |(\mu_0/(2\pi))\,(I_1/r_1 - I_2/r_2)| = 4{,}0 \cdot 10^{-5}$ T
$= 40\ \mu\text{T}$;
b) $r_1 = 2$ cm, $r_2 = 8$ cm;
$B = (\mu_0/(2\pi))\,(I_1/r_1 - I_2/r_2) = 8{,}75 \cdot 10^{-5}$ T
$= 87{,}5\ \mu\text{T}$
c) $r_1 = 2$ cm, $r_2 = 12$ cm;
$B = (\mu_0/(2\pi))\,(I_1/r_1 - I_2/r_2) = 1{,}92 \cdot 10^{-4}$ T
$= 192\ \mu\text{T}$
d) B ist gleich Null für $I_1/r_1 = I_2/r_2$ und $r_1 + r_2 = 10$ cm, also $r_1 = 3{,}75$ cm, $r_2 = 6{,}25$ cm.

3 In einer Spule ($l = 70$ cm, $n = 300$) wird bei der Stromstärke $I = 1{,}5$ A die magnetische Feldstärke $B = 840\ \mu\text{T}$ gemessen. Berechnen Sie daraus die magnetische Feldkonstante μ_0.

Lösung:
$\mu_{0_\text{exp}} = B\,l/(I\,n) = 1{,}31 \cdot 10^{-6}\ \text{Vs}/(\text{Am})$.

*4 Durch einen langen geraden senkrechten und einen langen geraden waagerechten Draht fließt der gleiche Strom I. Der Abstand beider Drähte beträgt $2\,r$. Geben Sie Betrag und Richtung der magnetischen Feldstärke für den Mittelpunkt ihres Verbindungslotes an.

Lösung:
$B_1 = B_2 = \mu_0\,I/(2\pi\,r)$, $\sphericalangle(\vec{B}_1, \vec{B}_2) = 90°$;
$B = \sqrt{2\,B_1^2} = \sqrt{2}\,\mu_0\,I/(2\pi\,r)$.
$\vec{B}$ liegt in der zum Verbindungslot senkrechten Ebene und ist um 45° gegen die Horizontale geneigt.

*5 Durch Kompensation mit einer langen Spule soll die Horizontalkomponente B_H der magnetischen Feldstärke des Erdfeldes bestimmt werden. Mit einer in Nord-Süd-Richtung aufgestellten Spule ($n = 340$, $l = 60$ cm) wird mit einer Stromstärke $I = 31$ mA Feldfreiheit erreicht.
a) Bestimmen Sie B_H.
b) Berechnen Sie daraus mit dem Inklinationswinkel $\varphi = 67°$ den Betrag der gesamten magnetischen Feldstärke des Erdfeldes.

Lösung:
a) $B_\text{H} = \mu_0\,I\,n/l = 2{,}21 \cdot 10^{-5}$ T $= 22{,}1\ \mu\text{T}$.
b) $B_\text{ges} = B_\text{H}/\cos\varphi = 5{,}65 \cdot 10^{-5}$ T $= 56{,}5\ \mu\text{T}$.

Zusatzaufgaben

6 Durch einen langen Leiter fließt ein Strom von 6 A. Wie groß ist die magnetische Feldstärke in einem Punkt, der 2,5 cm von ihm entfernt ist?

Lösung:
$B = \mu_0\,I/(2\pi\,r) = 4{,}8 \cdot 10^{-5}$ T $= 48\ \mu\text{T}$.

7 Zwei geradlinige unendlich lange Leiter verlaufen in einem Abstand von 20 cm parallel zueinander. Sie werden von den Strömen $I_1 = I_2 = 10$ A in entgegengesetzter Richtung durchflossen. Geben Sie Betrag und Richtung der magnetischen Feldstärke in einem Punkt an, der von jedem Leiter den Abstand 20 cm besitzt.

Lösung:
$B_1 = B_2 = \mu_0\,I/(2\pi\,r) = 1{,}0 \cdot 10^{-5}$ T $= 10\ \mu\text{T}$.
$\sphericalangle(\vec{B}_1, \vec{B}_2) = 120°$;
$B = 2\,B_1 \cos 60° = 10\ \mu\text{T}$.
$\vec{B}$ zeigt senkrecht auf die Ebene, die durch die beiden Leiter aufgespannt wird.

*8 Weshalb ziehen sich zwei parallele stromdurchflossene Leiter bei gleicher Stromrichtung an und stoßen sich bei entgegengesetzter Stromrichtung ab?

Lösung:
Man betrachte zur Begründung jeweils den einen Leiter als stromdurchflossenen Leiter in dem vom anderen Leiter erzeugten Magnetfeld (s. *Abb. 227.2*).

*9 Mit einer Geschwindigkeit von 5450 km/s bewegt sich ein Elektron parallel zu einem langen geraden Draht, der von einem Strom von 35 A durchflossen wird. Wie groß ist die Kraft auf das Elektron, wenn es 12 cm vom Draht entfernt ist?

Lösung:
$\vec{v} \perp \vec{B}$, $B = \mu_0\, I/(2\pi r) = 5{,}8 \cdot 10^{-5}\,\text{T} = 58\,\mu\text{T}$,
$F = e\,v\,B = 5{,}09 \cdot 10^{-17}\,\text{N} = 50{,}9\,\text{aN}$.

*10 Eine senkrecht aufgehängte Spiralfeder ist Teil eines Stromkreises. Das am Ende der Feder hän-gende metallische Gewichtsstück berührt eine Kontaktstelle, über die der Stromkreis geschlos-sen ist. Was ist beim Einschalten des Stromes zu beobachten? Welche Probleme ergeben sich dar-aus für den Bau von Spulen zur Erzeugung starker Magnetfelder?

Lösung:
Die vom Strom durchflossenen Spulenwindun-gen ziehen einander an; der Stromkreis wird un-terbrochen.

Spulen zur Erzeugung starker Magnetfelder müs-sen fest gewickelt sein, um mechanische Auswir-kungen dieser Anziehungskräfte zu vermeiden. In Spulen, die mit Wechselspannung betrieben wer-den, wirken die Kräfte rhythmisch mit einer Fre-quenz von 100 Hz.

Seite **243** **6.2.2 Das Linienintegral der magnetischen Feldstärke**

1 Ein langer gerader Draht werde von einem Strom der Stärke 10 A durchflossen. Bestimmen Sie den Betrag der magnetischen Feldstärke B im Abstand **a)** 10 cm, **b)** 30 cm und **c)** 3 m.

Lösung:
$B = \mu_0\, I/(2\pi r) = 2 \cdot 10^{-7}\,(\text{Vs/Am}) \cdot (I/r)$
a) $B = 20\,\mu\text{T}$;
b) $B = 6{,}7\,\mu\text{T}$;
c) $B = 0{,}67\,\mu\text{T}$.

2 Ein gerader von einem Strom I durchflossener Lei-ter ist an einer Stelle zu einer Kreisschleife aufge-spalten. Welches Magnetfeld herrscht im Mittel-punkt der Schleife?

Lösung:

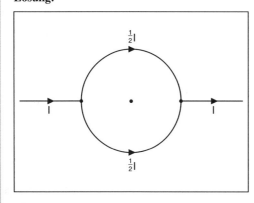

$B = 0$.

*3 Ein langes gerades Koaxialkabel besteht aus einem Innenleiter und einer konzentrischen zylindrischen Abschirmung mit dem Radius R. Das Innenkabel sei an einem Ende mit der Abschirmung verbun-den. Am anderen Ende seien Innenkabel und Ab-schirmung mit den Polen einer Spannungsquelle verbunden. Bestimmen Sie B **a)** im Raum zwischen Abschirmung und Innenkabel; **b)** außerhalb der Abschirmung.

Lösung:
In beiden Leitern fließen gleich starke, aber entge-gengerichtete Ströme I.
Anwendung des Ampère'sche Gesetzes
$\oint \vec{B} \cdot \mathrm{d}\vec{s} = \mu_0\, I$:
a) $B = \mu_0\, I/(2\pi r)$;
b) $B = 0$.

6.2.3 Materie im magnetischen Feld

1 Im Feld einer Spule ($n = 500$, $l = 0,60$ m) wird bei einer Stromstärke $I = 1,2$ A mit Eisenfüllung die Feldstärke $B = 0,75$ T gemessen. Berechnen Sie die Permeabilitätszahl μ_r für Eisen.

Lösung:

$B_0 = \mu_0\, I n / l = 1,26 \cdot 10^{-3}$ T; $\mu_r = B/B_0 = 600$.

2 Ferromagnetische und paramagnetische Stoffe werden von einem Magneten angezogen, diamagnetische Stoffe werden abgestoßen. Versuchen Sie, diese Beobachtung aufgrund der in diesem Kapitel beschriebenen Eigenschaften dieser Stoffe zu erklären.

Lösung:
Die Stoffe werden im Magnetfeld magnetisiert, ferro- und paramagnetische Stoffe in Richtung des Feldes, diamagnetische Stoffe dem Feld entgegengerichtet. Das wird durch die Modellvorstellung elementarer Kreisströme von Elektronen im Atomverband deutlich: Beim Ferro- und Paramagnetismus handelt es sich um die Ausrichtung vorhandener Kreisströme, beim Diamagnetismus um einen Induktionsvorgang (s. *Kap. 6.3.*).

6.3.1 Das Induktionsgesetz

1 In einem homogenen magnetischen Feld der Stärke 0,2 T befindet sich senkrecht zu den Feldlinien eine kreisförmige Leiterschleife mit dem Radius 4,5 cm und einem Widerstand von 0,32 Ω. Die magnetische Feldstärke nimmt linear in 3 ms auf null ab. Welcher Strom fließt während dieses Vorgangs durch die Schleife? $B = 0{,}2\,T$, $R = 0{,}32\,Z$

Lösung:

$U = A\dot{B} = \pi r^2 \Delta B/\Delta t = 0{,}42\,\text{V}, I = U_\text{i}/R = 1{,}3\,\text{A}.$

2 In einem Magnetfeld der Stärke $B = 0{,}58$ T wird in der Zeit $\Delta t = 0{,}10$ s die Fläche einer kreisförmigen Leiterschleife ($d = 10{,}5$ cm) halbiert. Berechnen Sie die induzierte Spannung, wenn die Fläche A **a)** senkrecht zu $\vec{B}$ steht, **b)** mit $\vec{B}$ den Winkel $\alpha = 30°$ einschließt und **c)** parallel zu $\vec{B}$ liegt.

Lösung:

a) $U = B\dot{A} = B\pi r^2/(2\,\Delta t) = 25\,\text{mV},$

b) $U = B\dot{A}\sin\varphi = 12{,}5\,\text{mV},$

c) $U = 0.$

3 In einer Spule ($n = 2000, l = 3{,}1$ cm, $d = 4{,}8$ cm) wird die magnetische Feldstärke $B = 27$ mT in 2 s gleichmäßig auf null geregelt. Berechnen Sie die induzierte Spannung.

Lösung:
$U = nA\dot{B} = n\pi r^2\,\Delta B/\Delta t = 49\,\text{mV}.$

*4 Eine kreisförmige Leiterschleife ($d = 6{,}5$ cm) liegt in einem homogenen Magnetfeld der Stärke $B = 33$ mT. Berechnen Sie den magnetischen Fluss für die Fälle, dass der Winkel zwischen der Leiterschleife und der Feldstärke $\vec{B}$ **a)** $\varphi_1 = 90°$, **b)** $\varphi_2 = 60°$, **c)** $\varphi_3 = 45°$, **d)** $\varphi_4 = 0°$ und **e)** $\varphi_5 = 180°$ beträgt.

Lösung:
$\Phi = AB\cos\varphi = \pi r^2 B\cos\varphi;$
a) $\Phi_1 = 0,$ **b)** $\Phi_2 = 5{,}5\cdot 10^{-5}\,\text{Tm}^2,$
c) $\Phi_3 = 7{,}7\cdot 10^{-5}\,\text{Tm}^2,$ **d)** $\Phi_4 = 1{,}1\cdot 10^{-4}\,\text{Tm}^2,$
e) $\Phi_5 = -1{,}1\cdot 10^{-4}\,\text{Tm}^2.$

6.3.2 Energieerhaltung und das Vorzeichen im Induktionsgesetz

1 Ein horizontal gerichtetes homogenes Magnetfeld zeigt nach Norden. Senkrecht zu seinen Feldlinien befindet sich in waagerechter Lage ein Metallstab. Welches Ende des frei fallenden Stabes wird negativ aufgeladen?

Lösung:
Das nach Westen gerichtete Ende des Stabes wird negativ aufgeladen.

*2 Die 6,0 m langen Rotorblätter eines Hubschraubers drehen sich horizontal mit 9 Umdrehungen je Sekunde an einem Ort, an dem die senkrecht nach unten gerichtete Komponente der Feldstärke des magnetischen Erdfeldes 58 µT beträgt. Wie groß ist die zwischen Drehachse und Flügelspitzen induzierte Spannung?

Lösung:
$U = \dot{A}B = (\Delta A/\Delta t)B = (\pi r^2/T)B$
$= \pi r^2 f B = 59\,\text{mV}.$

3 Ein Stabmagnet wird in eine Spule hineingeführt. Bestimmen Sie (für alle Möglichkeiten) die Richtung des Induktionsstromes **a)** nach der Lenz'schen Regel und **b)** mithilfe der Lorentz-Kraft.

Lösung:
Ansatz: Einem Heranführen des Stabmagneten entspricht
a) eine Vergrößerung des magnetischen Flusses in der Spule und
b) eine Bewegung der freien Elektronen in den Spulenwindungen relativ zum Magnetfeld.

4 Eine Spule wird in axialer Richtung auf eine stromdurchflossene Spule gleicher Bauart zu bewegt. Fließt der in ihr induzierte Strom in gleicher oder in entgegengesetzter Richtung wie der Strom in der zweiten Spule?
In welcher Richtung fließt der Induktionsstrom, wenn die stromdurchflossene Spule von der ersten entfernt wird?

Lösung:
Annäherung der Spulen: Der Induktionsstrom fließt in entgegengesetzter Richtung. Entfernen der Spulen voneinander: Der Induktionsstrom fließt in der gleichen Richtung.

*5 An einem Pendel schwingt eine senkrecht zu den Feldlinien gerichtete Aluminiumscheibe durch ein begrenztes Magnetfeld hindurch. Beschreiben Sie den Vorgang **a)** mithilfe der Lenz'schen Regel und

b) mit der Lorentz-Kraft. (In der Scheibe treten sogenannte Wirbelströme auf.)

Lösung:

a) Es wird ein Strom induziert (Wirbelströme in der Scheibe), der so gerichtet ist, dass er der Ursache seiner Entstehung (Pendelbewegung) entgegenwirkt: Das Pedal wird im Magnetfeld gebremst. Das geschieht dadurch, dass das durch die induzierten Kreisströme erzeugte Magnetfeld beim Hineinpendeln den äußeren Magnetfeld entgegengerichtet und beim Herauspendeln ihm gleichgerichtet ist.

b) Man betrachte jeweils die Richtung der Lorentzkraft, die auf die freien Elektronen am Rande der Scheibe beim Eintreten in das Magnetfeld bzw. beim Verlassen des Magnetfeldes wirkt.

*6 Durch eine waagerechte Leiterschleife fällt ein Stabmagnet. Beschreiben Sie qualitativ den Verlauf der induzierten Spannung. Wie wirkt der Induktionsstrom auf die Bewegung des Stabmagneten?

Lösung:

Die Induktionsspannung wächst zunächst an, sinkt dann auf Null, wächst mit entgegengesetztem Vorzeichen wieder an und sinkt erneut auf Null.
Die Beschleunigung des fallenden Magneten wird (geringfügig) vermindert.

6.3.3 Selbstinduktion

Seite
253

1 In einer luftgefüllten Spule ($l = 70$ cm, $n = 500$, $d = 12$ cm) wird die Stromstärke in der Zeit $\Delta t = 2$ s von $I_1 = 1$ A auf $I_2 = 8$ A gesteigert. Berechnen Sie die Induktivität der Spule und die Selbstinduktionsspannung.

Lösung:
$$L = \pi_0 \, n^2 \, A/l = \pi_0 \, n^2 \, \pi \, r^2/l$$
$$= 5{,}1 \cdot 10^{-3} \text{ H} = 5{,}1 \text{ mH},$$

$$U_L = L\dot{I} = L\,\Delta I/\Delta t = 1{,}8 \cdot 10^{-2} \text{ V} = 18 \text{ mV}.$$

2 In einer Spule ($n = 700$, $l = 30$ cm, $d = 4$ cm, $\mu_r \approx 200$) beträgt die Stromstärke $I = 5$ A. Berechnen sie die Induktivität und die beim Ausschalten ($\Delta t = 0{,}02$ s) induzierte Spannung.

Lösung:
$$L = \mu_r \, \mu_0 \, n^2 \, A/l = \mu_r \, \mu_0 \, n^2 \, \pi \, r^2/l = 0{,}52 \text{ H},$$

$$U_L = L\dot{I} = L\,\Delta I/\Delta t = 130 \text{ V}.$$

3 Eine Spule (Querschnittsfläche $A = 20$ cm^2, $n = 600$, $l = 40$ cm) hat mit Eisenkern bei $I = 6$ A eine Induktivität $L = 2$ H. Wie groß ist die Permeabilitätszahl des Eiskerns unter diesen Bedingungen?

Lösung:
$$L = \mu_r \, \mu_0 \, n^2 \, A/l, \quad \mu_r = Ll/(\mu_0 \, n^2 \, A) = 880.$$

4 Ein starker mit Gleichstrom betriebener Elektromagnet wird abgeschaltet. Was könnte passieren?

Lösung:
Durch hohe Induktionsspannung kann es zum Funkenüberschlag kommen.

5 Wie muss man eine Spule wickeln, damit sie zwar einen Widerstand R, aber möglichst keine Induktivität L besitzt?

Lösung:
Gegensinnig. Darunter versteht man, dass man nach Wickeln der ersten Hälfte des Spulendrahtes die zweite Hälfte rückläufig parallel zur ersten wickelt, sodass die Ströme gegenläufig sind und sich die von der ersten und zweiten Hälfte erzeugten Magnetfelder kompensieren.

6* In welcher Zeit nach dem Einschalten erreicht ein Strom I in einem RL-Kreis die Hälfte seines Maximalwertes? Hängt diese Zeit von der angelegten (konstanten) Spannung ab?

Lösung:
$$-\frac{U_0}{R}(1 - e^{-\frac{R}{L}t_H}) = -\frac{1}{2}\frac{U_0}{R}; \quad e^{-\frac{R}{L}t_H} = \frac{1}{2}; \quad t_H = \frac{L}{R}\ln 2$$
Die Zeit hängt nicht von der Spannung U_0 ab.

Seite
255

6.3.4 Energie des magnetischen Feldes

1 Eine Spule ($n = 230$, $l = 20$ cm, $A = 15$ cm^2) wird von einem Strom der Stärke $I = 5$ A durchflossen. Berechnen Sie die magnetische Energie ihres Feldes, wenn **a)** Luft und **b)** ein Eisenkern mit $\mu_r = 200$ in der Spule ist.

Lösung:
$$L = \mu_r \mu_0 n^2 A/l, \quad E_m = \tfrac{1}{2} L I^2 = \mu_r \mu_0 n^2 A I^2/(2\,l);$$

a) $E_m = 6{,}2 \cdot 10^{-3}$ J $= 6{,}2$ mJ,

b) $E_m = 1{,}25$ J.

2 Beschreiben Sie ein homogenes elektrisches Feld, das jeweils die gleiche Energie wie das in *Aufgabe 1* gegebene magnetische Feld speichert.

Lösung:
Für das Feld eines Plattenkondensators gilt:
$$E_{el} = \tfrac{1}{2} C U^2 = \tfrac{1}{2}\varepsilon_0 (A/d) U^2 = E_m,$$
$$(A/d)\,U^2 = 2 E_m/\varepsilon_0, \quad A = (2 E_m/\varepsilon_0)\,(d/U^2);$$

a) $(A/d)\,U^2 = 1{,}4 \cdot 10^9$ V^2 m; für z. B. $U = 220$ V und $d = 1$ mm ist $A = 29$ m^2.

b) $(A/d)\,U^2 = 2{,}8 \cdot 10^{11}$ V^2 m; für z. B. $U = 220$ V und $d = 1$ mm ist $A = 5800$ m^2.

3 Was kann man über die Energiedichte an den Enden einer langen Spule gegenüber der im Inneren sagen, wenn die Feldstärke B dort auf die Hälfte des Innenwertes zurückgegangen ist?

Lösung:
$B = \tfrac{1}{2} B_i$; wegen $\varrho_m = \tfrac{1}{2} B^2/(\mu_r \mu_0)$ ist $\varrho_m = \tfrac{1}{4}\varrho_{m_i}$.

*4 Bestimmen Sie **a)** die magnetische Energie, **b)** die elektrische Energie und **c)** die Gesamtenergie in einem Volumen von 1 m^3, in dem ein elektrisches Feld von 10^5 V/m und ein Magnetfeld von 1,5 T herrschen.

Lösung:
a) $W_{mag} = \varrho_{mag} \cdot V = \tfrac{1}{2} B^2 V/\mu_0 = 9{,}0 \cdot 10^5$ J $= 0{,}9$ kJ,

b) $W_{el} = \varrho_{el} \cdot V = \tfrac{1}{2}\varepsilon_0 E^2 V = 0{,}044$ J $= 4{,}4$ mJ,

c) $W_{ges} = W_{mag} + W_{el} \approx 0{,}9$ kJ.

*5 Man kann in Luft elektrische Felder mit Feldstärken bis zu 10^7 V/m und magnetische Felder mit magnetischen Feldstärken bis zu 3 T erzeugen. Berechnen Sie die Energiedichten dieser Felder.

Lösung:
$$\varrho_{el} = \tfrac{1}{2}\varepsilon_0 E^2 = 4{,}4 \cdot 10^2 \text{ J/m}^3,$$
$$\varrho_{mag} = \tfrac{1}{2} B^2/\mu_0 = 3{,}5 \cdot 10^6 \text{ J/m}^3.$$

*6 Der Heizwert von 1 kg Steinkohle beträgt 29 230 kJ. Berechnen Sie die Energiedichte von Steinkohle.

Lösung:
Dichte von Steinkohle: $\varrho \approx 1300$ kg/m^3.
$\varrho_E = E/V = E\varrho/m = 3{,}8 \cdot 10^{10}$ J/m^3.

*7 Eine 12 V-Autobatterie speichert eine Ladung von 88 Ah. Die Zellen haben ein Volumen von 7,8 dm^3. Berechnen Sie die Energiedichte.

Lösung:
$\varrho_E = E/V = 88 \cdot 3600 \cdot 12/(7{,}8 \cdot 10^{-3})$ AsV/m^3
$= 4{,}9 \cdot 10^8$ J/m^3.

Seite
257

6.3.5 Kopplung von elektronischem und magnetischem Feld

*1 Ein ebener Kreisring wird von einem homogenen elektrischen Feld durchdrungen, das zeitlich abnimmt. Weist das magnetische Feld in Richtung des Uhrzeigersinns oder in die entgegengesetzte Richtung, wenn man in die Richtung des elektrischen Feldes blickt?

Lösung:
Gegen den Uhrzeigersinn.
(Vgl. *Abb. 257.1* und *Bild* auf S. 259.)

*2 Zeigen Sie, dass für den Verschiebungsstrom im Zwischenraum eines Plattenkondensators $I_V = C\dot{U}$ gilt.

Lösung:
Da sich $\vec{A}$ und d nicht verändern und $\vec{E} \parallel \vec{A}$, gilt:
$$I_V = \varepsilon_0 \frac{d(\vec{E} \cdot \vec{A})}{dt} = \varepsilon_0 \frac{d(EA)}{dt} = \varepsilon_0 \frac{d(\frac{U}{d}A)}{dt}$$
$$= \varepsilon_0 \frac{A}{d}\dot{U} = C\dot{U}.$$

*3 Zeigen Sie, dass das elektrische Wechselfeld des Plattenkondensators in *Abb. 257.1* von einem Magnetfeld umgeben sein muss. (*Anleitung:* Zeichnen Sie in *Abb. 257.1* einen geeigneten Integrationsweg, der sowohl den Leiter als auch den Raum des Plattenkondensators teilweise umschließt und für den gilt: $\oint \vec{B} \cdot d\vec{s} = 0$.)

Lösung:

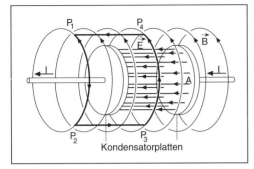

Es gilt (siehe Abbildung)

$$\oint \vec{B} \cdot \mathrm{d}\vec{s}$$

$$= \int_{P_1}^{P_2} \vec{B} \cdot \mathrm{d}\vec{s} + \int_{P_2}^{P_3} \vec{B} \cdot \mathrm{d}\vec{s} + \int_{P_3}^{P_4} \vec{B} \cdot \mathrm{d}\vec{s} + \int_{P_4}^{P_1} \vec{B} \cdot \mathrm{d}\vec{s} = 0,$$

weil durch die geschlossene Schleife kein Strom I fließt und weil der elektrische Fluß $\vec{E} \cdot \vec{A}$ durch die Schleife stets null ist, also $\dfrac{\mathrm{d}(\vec{E} \cdot \vec{A})}{\mathrm{d}t} = 0$ (Erweitertes Ampère'sches Gesetz).

Da jedoch das Wegstück $\overline{P_1 P_2}$ für das Linienintegral einen Beitrag ungleich null liefert und die Beiträge der Wegstücke $\overline{P_2 P_3}$ und $\overline{P_4 P_1}$ gleich null sind, muss $\int_{P_3}^{P_4} \vec{B} \cdot \mathrm{d}\vec{s} = -\int_{P_1}^{P_2} \vec{B} \cdot \mathrm{d}\vec{s} \ne 0$ sein.

Das Wechselfeld des Kondensators ist also von einem Magnetfeld umgeben.

*4 Zählen Sie alle Analogien auf, die zwischen einer Spule (für magnetische Felder) und einem Plattenkondensator (für elektrische Felder) bestehen.

Lösung:

	Spule	Kondensator
Träger eines Feldes	magnetisches	elektrisches
Feldstärke	$B = \mu_r \mu_0 \dfrac{nI}{l}$	$E = \dfrac{1}{\varepsilon_r \varepsilon_0} \dfrac{Q}{A}$
Energie	$W_{\text{magn.}} = \dfrac{1}{2} L I^2$	$W_{\text{el}} = \dfrac{1}{2} C U^2$
Energiedichte	$\varrho_m = \dfrac{1}{2} \dfrac{1}{\mu_r \mu_0} B^2$	$\varrho_{\text{el}} = \dfrac{1}{2} \varepsilon_r \varepsilon_0 E^2$
Eigenschaft	Induktivität $L = \mu_r \mu_0 \dfrac{n^2 A}{l}$	Kapazität $C = \varepsilon_r \varepsilon_0 \dfrac{A}{d}$
Verstärkung durch Medium	Permeabilitätszahl μ_r	Dielektrizitätszahl ε_r
Einschaltvorgang	$I(t) = -I_0 (1 - \mathrm{e}^{-\frac{R}{L}t})$ $U_L(t) = -U_0 \, \mathrm{e}^{-\frac{R}{L}t}$	$I(t) = -I_0 \mathrm{e}^{-\frac{1}{RC}t}$ $U_C(t) = -U_0 (1 - \mathrm{e}^{-\frac{1}{RC}t})$
Ausschaltvorgang	$I(t) = -I_0 \, \mathrm{e}^{-\frac{R}{L}t}$ $U_L(t) = U_0 \, \mathrm{e}^{-\frac{R}{L}t}$	$I(t) = I_0 \, \mathrm{e}^{-\frac{1}{RC}t}$ $U_C(t) = -U_0 \, \mathrm{e}^{-\frac{1}{RC}t}$
Zeitkonstante	$\tau = \dfrac{L}{R}$	$\tau = R C$
Halbwertszeit	$t_H = \dfrac{L}{R} \ln 2$	$t_H = R C \ln 2$

7.1.1 Erzeugung von Wechselspannung

1 Begründen Sie anschaulich sowohl mit der magnetischen Flussänderung als auch mit der Lorentz-Kraft, bei welchen Stellungen der rotierenden Spule die induzierte Spannung ihren Scheitelwert bzw. ihren Nulldurchgang erreicht.

Lösung:

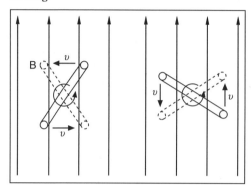

Die induzierte Spannung ist ...
... am größten,   ... Null,

a) weil der die Spule durchsetzende magnetische Fluss ...
sein Vorzeichen ändert,   ... sich nicht ändert

b) weil der Leiter sich ...
... senkrecht   ... parallel
zum Magnetfeld bewegt.

2 Wie könnte man mit der Versuchsanordnung in *Abb. 260.1* Betrag und Richtung der Feldstärke B des magnetischen Erdfeldes ermitteln?

Lösung:
Die Rotationsachse der Spule sei zunächst horizontal von West nach Ost ausgerichtet. Man dreht die Spule um die Vertikale, bis die induzierte Spannung maximal ist; der Winkel, den die Rotationsachse mit der West-Ost-Richtung einschließt, ist die Deklination. Mit der Formel $\hat{u} = n B A \omega$ kann der Beitrag von B berechnet werden. Um die Inklination zu bestimmen, dreht man die Spule 90° um die Vertikale, sodass die Rotationsachse in der *magnetischen Meridianebene* liegt. Nun dreht man die Rotationsachse in dieser Ebene, bis die Induktionsspannung wieder maximal ist. Der Winkel zwischen der Spulenachse und der Horizontalen ist die Inklination. (Das Vorzeichen des Feldes ist dabei allerdings noch nicht ermittelt, demzufolge das magnetische Erdfeld insgesamt von Süden nach Norden zeigt.)

3 Im homogenen Feld eines Magneten dreht sich eine Spule mit 300 Umdrehungen pro min. Wie groß ist die induzierte Scheitelspannung $\hat{u}$, wenn die Windungszahl $n = 550$, die Spulenfläche $A = 20$ cm² und die magnetische Feldstärke $B = 750$ mT betragen?

Lösung:
$$\hat{u} = n B A \omega = n B A \, 2\pi f$$
$$= 550 \cdot 750 \cdot 10^{-3}\,\text{T} \cdot 20 \cdot 10^{-4}\,\text{m}^2 \cdot 2\pi\,300/60\,\text{s}$$
$$= 25{,}9\,\text{V}.$$

4 Mit einer rotierenden Spule wird die magnetische Feldstärke eines Magneten gemessen. Die Drehfrequenz wird zu $f = 800$ Hz bestimmt. Wie groß ist B, wenn $n = 1000$, $A = 4$ cm² und die Scheitelspannung $\hat{u} = 810$ mV betragen?

Lösung:
Aus $\hat{u} = n B A \omega$ folgt
$$B = \hat{u}/(2\pi f n A)$$
$$= 810 \cdot 10^{-3}\,\text{V}/(2\pi\,800\,\text{Hz} \cdot 1000 \cdot 4 \cdot 10^{-4}\,\text{m}^2)$$
$$= 0{,}403\,\text{mT}.$$

5 Leiten Sie für den in *Abb. 260.1* gezeichneten Aufbau die induzierte Wechselspannung auch mit der Lorentz-Kraft $F_\text{L} = e v B$ ($\rightarrow$ 6.1.2) her.

Lösung:
Die Momentanspannung u lässt sich auch mit der Lorentz-Kraft $F_\text{L} = e v B$ ($\rightarrow$ 6.1.3) herleiten. Die Lorentz-Kraft F_L wirkt auf die durch die Drehung der Spule mit bewegten Leitungselektronen, wobei nur die Geschwindigkeitskompetente v wirksam ist, die senkrecht zum Vektor der magnetischen Flußdichte B gerichtet ist. So gesehen, bewegt sich in *Abb. 260.1* der vordere Teil der Spule nach hinten, der hintere nach vorn. Nach der Schraubenregel ($\rightarrow$ *Abb. 226.2*) wirkt daher im vorderen Teil die Lorentz-Kraft nach links auf die Leitungselektronen, im hinteren Teil nach rechts. In den Längsseiten a der Spule, wo Leiter und Kraft parallel gerichtet sind, kommt es zu einer Verschiebung der Elektronen und dem zufolge zum Aufbau eines elektrischen Feldes. Die sich daraus ergebende elektrische Coulomb-Kraft $F_\text{C} = e E$ (E ist die elektrische Feldstärke) hält der magnetischen Kraft $F_\text{L} = e v B$ das Gleichgewicht; aus $F_\text{C} = F_\text{L}$ folgt $E = v B$. Die induzierte Spannung U_ind berechnet sich als Produkt aus der elektrischen Feldstärke E und dem Weg $2a$, längs dessen das Feld vorhanden und dem Weg gleichgerichtet ist:

$U_{\text{ind}} = 2aE = 2aBv$

Die Längsseiten der Spule bewegen sich mit der Winkelgeschwindigkeit ω auf einer Kreisbahn mit dem Radius $b/2$. Die Bahngeschwindigkeit ist demnach $v = \omega\, b/2$; die Komponente dieser Geschwindigkeit senkrecht zum magnetischen Feldvektor ist

$$v = \omega\, \frac{b}{2} \sin \alpha,$$

denn für $\alpha = 0°$ bewegt sich der Leiter parallel, für $\alpha = 90°$ senkrecht zum Feldvektor (Abb. 260.1). Damit erhält man für die Momentanspannung u, wenn man noch die Windungszahl n der Spule und $\alpha = \omega\,t$ berücksichtigt.

$$u = n\,U_{\text{ind}} = n\,2aB\omega\, \frac{b}{2} \sin \alpha = n\,BA\,\omega \sin \omega t.$$

6 Bei einem Fahrraddynamo dreht sich *in* der Induktionsspule ein mehrpoliger Permanentmagnet. Er-

klären Sie anhand eines Modells aus der Physik-sammlung, wieso hier eine Spannung induziert wird.

Lösung:
Bei einem Fahrraddynamo dreht sich ein mehrpoliger Permanentmagnet (mit z. B. abwechselnd 6 Nord- und 6 Südpolen) in einer Spule, wobei Spulenachse und Drehachse des Magneten identisch sind. Die magnetische Flussänderung erreicht man durch eine Umhüllung aus Weicheisen, die mit Zungen im Wechsel einmal von oben und dann von unten in das Innere der Spule reicht und dort abwechseld den Nord- und Südpolen gegenüber steht. Dreht sich der Magnet, so steht jeder Pol abwechselnd einer nach oben und dann nach unten reichenden Zunge gegenüber, sodass der Fluss abwechselnd von unten nach oben und dann von oben nach unten durch die Spule geleitet wird.

7.1.2 Phasenbeziehungen im Wechselstromkreis

Seite **263**

1 Zeichnen Sie den zeitlichen Verlauf eines Wechselstroms und geben Sie die Stellen mit den größten und kleinsten Stromänderungen pro Zeiteinheit an. Skizzieren Sie damit den Spannungsverlauf an einer Spule.

Lösung:

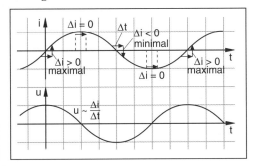

2 Zeichnen Sie den zeitlichen Verlauf eines Wechselstroms durch einen Kondensator. Wann hat der

Kondensator seine größte positive Ladung, wann die kleinste negative? Skizzieren Sie damit den Spannungsverlauf am Kondensator.

Lösung:

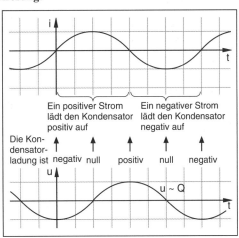

7.1.3 Wechselstromwiderstände

Seite **265**

1 Die Kapazität eines Kondensators lässt sich bestimmen, indem man bei bekannter Frequenz f einer angelegten Wechselspannung die Effektivwerte U und I misst.

Berechnen Sie bei folgenden Werten die Kapazität C:
a) $f = 50$ Hz, $U = 6{,}3$ V, $I = 2{,}2$ mA
b) $f = 3{,}5$ kHz, $U = 20$ V, $I = 0{,}88$ A

Lösung:

Aus $X_C = U/I = 1/(\omega C)$ folgt $C = I/(2\pi f U)$. Damit wird

a) $C = \dfrac{2,2\,\text{mA}}{2\pi \cdot 50\,\text{Hz} \cdot 6,3\,\text{V}} = 1,11\,\mu\text{F}$,

b) $C = \dfrac{0,88\,\text{A}}{2\pi \cdot 3,5\,\text{kHz} \cdot 20\,\text{V}} = 2,00\,\mu\text{F}$.

✓

2 Stellen Sie für einen Kondensator von $C = 10\,\mu\text{F}$ die Impedanz Z als Funktion der Frequenz von $f = 50$ Hz bis $f = 1$ kHz grafisch dar. Machen Sie dasselbe für eine Spule der Induktivität $L = 1$ H.

Lösung:

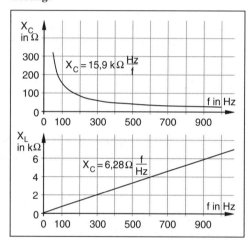

✓**3** Berechnen Sie die Induktivität einer Luftspule mit 800 Windungen von 60 cm Länge und einer Querschnittsfläche von $A = 12\,\text{cm}^2$. Wie groß ist der Wechselstromwiderstand X_L bei $f = 50$ Hz; 3,5 kHz; 100 kHz; 8 MHz?

Lösung:

$L = \mu_0\, n^2 A/l =$
$4\pi\,10^{-7}\,\text{Vs/Am} \cdot 800^2 \cdot 12 \cdot 10^{-4}\,\text{m}^2/0,6\,\text{m} =$
$1,61$ mH.

f	50 Hz	3,5 kHz	100 kHz	8 MHz
$X_L = 2\pi f L$	0,505 Ω	35,4 Ω	1,01 kΩ	80,9 kΩ

✓***4** Eine Luftspule von 50 cm Länge wird auf einen Spulenkörper mit kreisförmigem Querschnitt ($d = 6,5$ cm) gewickelt. Für die 2500 Windungen wird ein Kupferdraht von 0,2 mm Durchmesser verwendet. Bei welcher Frequenz f ist der induktive Widerstand der Spule gleich ihrem ohmschen Widerstand? Der spezifische Widerstand von Kupfer beträgt $\varrho = 1,55 \cdot 10^{-8}\,\Omega\text{m}$.

Lösung:

Aus $X_L = R$ und $2\pi f L = R$ folgt $f = R/(2\pi L)$. Mit

$R = \varrho\,\dfrac{l}{A}$

$= 1,55 \cdot 10^{-8}\,\Omega\text{m}\,\dfrac{2\pi\,3,25 \cdot 10^{-2}\,\text{m} \cdot 2500}{\pi\,(10^{-4}\,\text{m})^2} = 252\,\Omega$

und

$L = \mu_0\,\dfrac{n^2 A}{l} = 4\pi\,10^{-7}\,\text{Vs/Am}$

$\cdot\,\dfrac{2500^2 \cdot \pi\,(3,25 \cdot 10^{-2}\,\text{m})^2}{0,5\,\text{m}} = 52,1\,\text{mH}$

folgt

$f = \dfrac{R}{2\pi L} = \dfrac{252\,\Omega}{2\pi\,52,1\,\text{mH}} = 769\,\text{Hz}$.

Zusatzaufgabe

5 Eine 60 W-Lampe für 110 V soll an das 230 V-Netz angeschlossen werden. Wie groß muss die Induktivität einer vorgeschalteten Spule sein, damit die Lampe normal hell brennt?
(Der ohmsche Widerstand der Spule werde vernächlässigt.)

Lösung:

An der Spule muss die Spannung U_L abfallen:

$U_L = \sqrt{(230\,\text{V})^2 - (110\,\text{V})^2} = 202\,\text{V}$.

Da ein Strom von $I = 60\,\text{W} : 110\,\text{V} = 0,545\,\text{A}$ fließen soll, berechnet sich der Wechselstromwiderstand X_L der Spule zu

$X_L = \dfrac{202\,\text{V}}{0,545\,\text{A}} = 371\,\Omega = 2\pi \cdot 50\,\text{Hz} \cdot L$.

Damit wird $L = 1,18$ H.

6 Bei einer Gleichspannung von 12 V wird in einer Drosselspule die Stromstärke 0,6 A gemessen. Legt man an die Spule die Netzspannung (230 V/50 Hz), so misst man einen Strom von 1,5 A. Berechnen Sie die Induktivität und den Phasenwinkel.

Lösung:

Es gilt $\sqrt{R^2 + X_L^2} = 230\,\text{V}/1,5\,\text{A}$;

mit $R = 12\,\text{V}/0,6\,\text{A} = 20\,\Omega$

folgt $X_L = \sqrt{(230\,\text{V}/1,5\,\text{A})^2 - (20\,\Omega)^2}$
$= 152\,\Omega = 2\pi\,50\,\text{Hz} \cdot L$

und daraus $L = 0,439\,\text{H} = 439\,\text{mH}$

Für den Phasenwinkel folgt
$\tan\varphi = X_L/R = 152\,\Omega/20\,\Omega = 7,6$ oder $\varphi = 82,5°$.

7.1.4 Die Leistung im Wechselstromkreis

Seite
267

1 Eine 100 W-Glühlampe wird an die Netzspannung von 230 V angeschlossen. Berechnen Sie Effektiv- und Scheitelwert der Stromstärke sowie die elektrische Energie, die die Lampe in 3 Stunden dem Netz entnimmt.

Lösung:
Effektivwert $I = P/U = 100\,\text{W}/230\,\text{V} = 0{,}435\,\text{A}$,
Scheitelwert $\hat{\imath} = \sqrt{2}\ I = \sqrt{2}\cdot 0{,}435\,\text{A} = 0{,}615\,\text{A}$,
El. Energie $E_{\text{el}} = P\,\Delta t = 100\,\text{W}\cdot 3\,\text{h} = 0{,}3\,\text{kWh}$.

2 Durch einen Kondensator fließt ein Wechselstrom von $I = 7\,\text{mA}$. Der Scheitelwert der Wechselspannung beträgt $\hat{u} = 9\,\text{V}$. Zeichnen Sie für eineinhalb Perioden den Strom-, Spannungs- und Leistungsverlauf.

Lösung:

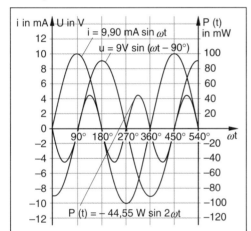

*3 An einer Spule wird ein Wechselstrom mit $\hat{\imath} = 10\,\text{mA}$ und eine Wechselspannung mit $\hat{u} = 6\,\text{V}$ bei einer Phasendifferenz von $\varphi = 55°$ gemessen. Berechnen Sie anhand des Phasendiagramms die Schein-, Wirk-, und Blindleistung.

Lösung:
Scheinleistung
$$S = \hat{u}\,\hat{\imath}/2 = 6\,\text{V}\cdot 10\,\text{mA}/2 = 30\,\text{mW}$$

Wirkleistung
$$P = S\cos\varphi = 30\,\text{mW}\cos 55° = 17{,}2\,\text{mW}$$

Blindleistung
$$Q = S\sin\varphi = 30\,\text{mW}\sin 55° = 24{,}6\,\text{mW}$$

*4 Lösen Sie *Aufgabe 3* für die Phasendifferenz $\varphi = -75°$. Welche Schaltung kann diese Phasendifferenz erzeugen?

Lösung:
Scheinleistung
$$S = \hat{u}\,\hat{\imath}/2 = 6\,\text{V}\cdot 10\,\text{mA}/2 = 30\,\text{mW}$$

Wirkleistung
$$P = S\cos\varphi = 30\,\text{mW}\cos(-75°) = 7{,}76\,\text{mW}$$

Blindleistung
$$Q = S\sin\varphi = 30\,\text{mW}\sin(-75°) = -30\,\text{mW}$$

Die negative Phasendifferenz kann an einer Reihen- oder Parallelschaltung eines ohmschen Widerstandes und eines Kondensators gemessen werden.

*5 Ein elektrisches Gerät gibt bei Anschluss an eine 110 V-Wechselspannung eine Wärmeleistung von 450 W ab. Dabei fließt ein Strom von $I = 5{,}3\,\text{A}$. Berechnen Sie die Schein-, Wirk- und Blindleistung.

Lösung:
Scheinleistung
$$S = U\,I = 110\,\text{V}\cdot 5{,}3\,\text{A} = 583\,\text{W},$$

Wirkleistung
$$P = 450\,\text{W},$$

Blindleistung
$$Q = \sqrt{S^2 - Q^2} = \sqrt{583^2 - 450^2}\ \text{W} = 371\,\text{W},$$

Zusatzaufgabe

6 Eine Drosselspule hat einen ohmschen Widerstand von $4{,}5\,\Omega$ und eine Induktivität von 0,3 H. Wie groß ist der Leistungsfaktor $\cos\varphi$ bei 50 Hz?

Lösung:
Für den Phasenwinkel φ folgt

$$\tan\varphi = X_L/R = \omega L/R$$
$$= 2\,\pi\,50\,\text{Hz}\cdot 0{,}3\,\text{H}/4{,}5\,\Omega = 20{,}9.$$

Damit ist $\varphi = 87{,}3°$, und man erhält für den Leistungsfaktor $\cos\varphi = \cos 87{,}3° = 0{,}0477 = 4{,}77\%$.

Zeigerdiagramme (handwritten)   *Phasendiagramm 263* (handwritten)

7.1.5 Wechselstromschaltungen

1 Berechnen Sie die Teilspannungen über dem ohmschen Widerstand $R = 250\,\Omega$, dem Kondensator $C = 12\,\mu F$ und der Spule $L = 1,8\,H$, die in Serie geschaltet von einem Wechselstrom $I = 120\,mA$ ($f = 50\,Hz$) durchflossen werden. Zeichnen Sie ein maßstabgerechtes Phasendiagramm und berechnen Sie die Impedanz Z, die Generatorspannung U_G und die Phasendifferenz φ.

Lösung:
Es ist
$R = 250\,\Omega$,
$U_R = 250\,\Omega \cdot 0,12\,A = 30\,V$,

$X_L = 2\,\pi\,50\,Hz \cdot 1,8\,H = 565\,\Omega$,
$U_L = 565\,\Omega \cdot 0,12\,A = 67,9\,V$,

$X_C = (2\,\pi\,50\,Hz \cdot 12\,\mu F)^{-1} = 265\,\Omega$,
$U_C = 265\,\Omega \cdot 0,12\,A = 31,8\,V$.

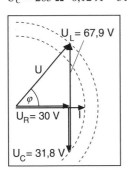

$$Z = \sqrt{R^2 + (X_L - X_C)^2}$$
$$= \sqrt{250^2 + (565 - 265)^2}\,\Omega = 391\,\Omega.$$

Damit ergibt sich
$U = Z\,I = 391\,\Omega \cdot 0,12\,A = 46,9\,V$

und
$\tan\varphi = (X_L - X_C)/R = (565 - 265)/250 = 1,20$
oder $\varphi = +50,2°$.

2 Ein ohmscher Widerstand $R = 1,5\,k\Omega$, eine Spule $L = 75\,mH$ und ein Kondensator $C = 12\,nF$ werden parallel an eine Wechselspannung $U_G = 24\,V$ ($f = 4,5\,kHz$) angeschlossen. Berechnen Sie die Ströme in den einzelnen Bauteilen und zeichnen Sie ein maßstabgerechtes Phasendiagramm. Berechnen Sie die Impedanz Z, den Gesamtstrom I und die Phasendifferenz φ.

Lösung:

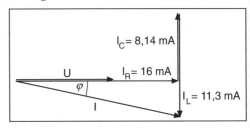

Rechnerisch ergibt sich

$$Z = 1 \bigg/ \sqrt{\frac{1}{R^2} + \left(\frac{1}{X_L} - \frac{1}{X_C}\right)^2}$$

$$= 1 \bigg/ \sqrt{\left(\frac{1}{1,5}\right)^2 + \left(\frac{1}{2,12} - \frac{1}{2,95}\right)^2}\,k\Omega = 1,47\,k\Omega,$$

$I = U/Z = 24\,V/1,47\,k\Omega = 16,3\,mA$ und

$$\tan\varphi = \left(\frac{1}{R_L} - \frac{1}{R_C}\right) \bigg/ \frac{1}{R}$$

$$= \left(\frac{1}{2,12} - \frac{1}{2,95}\right)\cdot 1,5 = 0,198 \Rightarrow \varphi = +11,2°.$$

3 Ein ohmscher Widerstand $R = 150\,\Omega$ und eine Spule $L = 2,1\,H$ werden hintereinander geschaltet und an eine Wechselspannung $U = 12\,V$ ($f = 650\,Hz$) angeschlossen. Wie groß sind die Stromstärke und der Phasenwinkel? Welche Leistung wird im Widerstand umgesetzt? Wie groß muss die Kapazität eines in Serie geschalteten Kondensators sein, damit der Strom maximal wird?

Lösung:
Mit $R_L = \omega L = 2\,\pi\,650\,Hz \cdot 2,1\,H = 8,58\,k\Omega$ wird

$$I = U/\sqrt{R^2 + R_L^2}$$
$$= 12\,V/\sqrt{(150\,\Omega)^2 + (8,58\,k\Omega)^2} = 1,40\,mA$$

und $\tan\varphi = \omega L/R = 8,58\,k\Omega/150\,\Omega = 57,2$
oder $\varphi = 89°$.

Die Leistung berechnet sich zu

$$P = U\,I\cos\varphi = 12\,V \cdot 1,40\,mA \cdot \cos 89°$$
$$= 0,294\,mW$$
$$= I^2\,R = (1,40\,mA)^2 \cdot 150\,\Omega$$
$$= 0,294\,mW.$$

Der Strom wird maximal für $R_L = R_C$ oder $\omega L = 1/\omega C$.

Mit $C = \dfrac{1}{(2\pi f)^2 L}$

$= \dfrac{1}{(2\pi\,650\,\text{Hz})^2 \cdot 2,1\,\text{H}} = 28,5\,\text{nF}$

ergibt sich: $I_{\text{max}} = U/R = 12\,\text{V}/150\,\Omega = 80\,\text{mA}$.

*4 Legt man an eine Reihenschaltung aus ohmschem Widerstand R und Kondensator C eine Eingangsspannung U_1 und greift die Ausgangsspannung U_2 entweder über dem Kondensator oder über dem Widerstand ab, so hat man einen frequenzabhängigen Spannungsteiler. Der Abgriff über dem Kondensator heißt *RC-Tiefpass,* der über dem Widerstand *RC-Hochpass,* weil im ersten Fall nur die tiefen Frequenzen, im zweiten Fall nur die hohen Frequenzen übertragen werden.

a) Geben Sie für Hoch- und Tiefpass das Verhältnis von Ausgangsspannung zu Eingangsspannung U_2/U_1 als Funktion der Frequenz f an. Zeichnen Sie für $C = 10\,\text{nF}$ und $R = 120\,\text{k}\Omega$ die Frequenzgangkurven, d. h. die Abhängigkeit des Verhältnisses U_2/U_1 von der Frequenz f.

b) Bei der so genannten Grenzfrequenz f_g sind ohmscher und kapazitiver Widerstand gleich groß. Wie groß ist dann die Phasendifferenz zwischen Ausgangs- und Eingangsspannung? Wie berechnet sich die Grenzfrequenz f_g bei Hoch- und Tiefpass aus R und C? Berechnen Sie f_g für $C = 10$ nF und $R = 120\,\text{k}\Omega$.

c) Welchen Wert hat das Spannungsverhältnis U_2/U_1 bei der Grenzfrequenz f_g für Hoch- und Tiefpass?

Lösung:

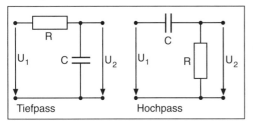

Tiefpass   Hochpass

Für beide Fälle folgt aus dem Phasendiagramm
$U_1^2 = U_R^2 + U_C^2$.

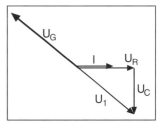

a) Tiefpass: $U_2 = U_C$

$U_1^2 = U_R^2 + U_2^2$

$U_2/U_1 = 1 \big/ \sqrt{1 + (U_R/U_C)^2}$

$= 1 \bigg/ \sqrt{1 + \left(\dfrac{I \cdot R}{I/(2\pi f\,C)}\right)^2}$

$= 1 \big/ \sqrt{1 + (2\pi f\,R\,C)^2}$

Hochpass: $U_2 = U_R$

$U_1^2 = U_2^2 + U_C^2$

$U_2/U_1 = 1 \bigg/ \sqrt{1 + \left(\dfrac{U_C}{U_R}\right)^2}$

$= 1 \bigg/ \sqrt{1 + \left(\dfrac{I/2\pi f\,R\,C}{I \cdot R}\right)^2}$

$= 1 \bigg/ \sqrt{1 + \left(\dfrac{1}{2\pi f\,R\,C}\right)^2}$

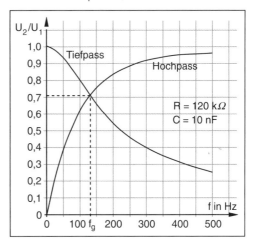

b) Für den Phasenwinkel φ_g gilt: $|\varphi_g| = 45°$.

Aus $R = X_c = 1/(2\pi f_g\,C)$ folgt
$f_g = 1/(2\pi R\,C)$
$= 1/(2\pi \cdot 120\,\text{k}\Omega \cdot 10\,\text{nF}) = 133\,\text{Hz}$.

c) Aus beiden Gleichungen in a) folgt für $R = X_c$

$U_2/U_1 = 1/\sqrt{1+1} = 0,707$.

5 Ein Tiefpass soll die Grenzfrequenz $f_g = 10$ kHz haben.

a) Berechnen Sie die zu $R = 47$ kΩ gehörige Kapazität.

b) Bei welcher Frequenz beträgt die Ausgangsspannung U_2 nur noch 10% der Eingangsspannung U_1?

Lösung:

a) Aus *Aufgabe 4* folgt mit $f_g = 1/(2\,\pi\,R\,C)$ für die Grenzfrequenz die Kapazität

$$C = 1/(2\,\pi\,f_g\,R)^2$$
$$= 1/(2\,\pi \cdot 10\text{ kHz} \cdot 47\text{ kΩ}) = 339\text{ pF}.$$

b)

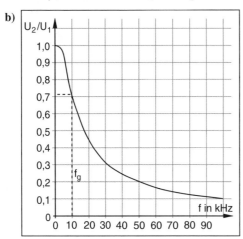

c) Aus $U_2/U_1 = 1\sqrt{1 + (2\,\pi\,f\,R\,C)^2}$

$$= 1 \bigg/ \sqrt{1 + \left(\frac{f}{10\text{ kHz}}\right)^2} = \tfrac{1}{10}$$

folgt $1 + (f/10\text{ kHz})^2 = 100$ oder $f = 99{,}5$ kHz.

Zusatzaufgaben

6 Bei Leuchtstofflampen wird zur Strombegrenzung der Röhre ein Vorschaltgerät (Drosselspule) in Serie geschaltet und an das Netz (230 V/50 Hz) angeschlossen. Über der Röhre wird eine Spannung von 60 V, über der Drossel von 215 V gemessen, wobei ein Strom von 0,38 A fließt.
Zeichnen Sie ein maßstabsgerechtes Phasendiagramm. Wie groß ist der Phasenwinkel φ?
(Die Röhre sei ein reiner Wirkwiderstand.) Wie groß sind die in der Röhre und im Vorschaltgerät umgesetzten Leistungen? Welche Werte haben Induktivität und ohmscher Widerstand des Vorschaltgeräts? Wie groß ist die Blindstromkomponente?

Lösung:

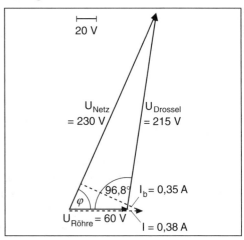

Es ist $\cos\varphi = (60^2 + 230^2 - 215^2)/(2\cdot 60\cdot 230)$
$$= 0{,}372 \quad \text{oder} \quad \varphi = 68{,}1°.$$

Damit wird
$$P_\text{Röhre} = U\,I = 60\text{ V} \cdot 0{,}38\text{ A} = 22{,}8\text{ W}$$

$$P_\text{Drossel} = 230\text{ V} \cdot 0{,}38\text{ A} \cdot \cos 68{,}1° - 22{,}8\text{ W}$$
$$= 9{,}8\text{ W}.$$

Für die Drossel gilt
$$R = \frac{(230\text{ V} \cdot \cos\varphi - 60\text{ V})}{0{,}38\text{ A}} = \frac{25{,}8\text{ V}}{0{,}38\text{ A}} = 67{,}9\text{ Ω}$$

$$\omega L = 230\text{ V} \cdot \sin\varphi / 0{,}38\text{ A} = 562\text{ Ω}$$

$$L = 536\text{ Ω}/(2\,\pi\,50\text{ Hz}) = 1{,}79\text{ H}$$

mit der Blindstromkomponente

$$I_Q = I\sin\varphi = 0{,}38 \cdot \sin 68{,}1° = 0{,}353\text{ A}.$$

7 In Gebäuden mit vielen Leuchtstofflampen schreiben die Elektrizitätswerke eine Blindstromkompensation vor, um die Verluste in den Zuleitungen möglichst gering zu halten. Dazu werden jeweils zwei Lampen zu einer DUO-Schaltung zusammengefasst. Einer Lampe mit Vorschaltgerät wird eine zweite parallel geschaltet, die zusätzlich zum Vorschaltgerät mit einem Kondensator in Serie geschaltet ist. Dieser Kondensator ist so bemessen, daß der zweite Zweig die gleiche Blindstromkomponente wie die erste hat, jedoch nicht induktiv sondern kapazitiv, sodass beide Lampen zusammen einen reinen Wirkstrom haben. Wie groß muss die Kapazität sein? Gehen sie von den Daten der vorhergehenden *Aufgabe 6* aus. (Der Kondensator kann als ideal angesehen werden.) Zeichnen Sie ein Phasendiagramm.

Wie groß ist die Spannung am Kondensator?
Wie groß ist der (Wirk-)Strom in der Zuleitung?

Lösung:
Nach *Aufgabe 6* beträgt der induktive Widerstand des Zweiges der ersten Lampe $X_L = 562\ \Omega$. Der kapazitive Widerstand X_{LC} im parallelen Zweig der zweiten Lampe muss dann ebenfalls den Wert 562 Ω haben, sodass sich in diesem Zweig der gleich Strom $I_2 = 0{,}38$ A ergibt, jedoch mit der Phasendifferenz $\varphi = -68{,}1°$. Der kapazitive Widerstand des Kondensators X_C muß demnach doppelt so groß wie der des Vorschaltgeräts X_L (Drosselspule) sein:

$$X_C = 2 \cdot 562\ \Omega = 1/(\omega C) \text{ und daraus } C = 2{,}8\ \mu F.$$

Damit beträgt die Spannung am Kondensator $U_C = I_2 X_C = 0{,}38$ A $\cdot 2 \cdot 563\ \Omega = 427$ V.
Der Strom I in der Zuleitung ist gleich dem doppelten Wirkstrom in einem Zweig:

$$I = 2 I_1 \cos \varphi = 2 \cdot 0{,}38 \text{ A} \cos 68{,}1° = 0{,}283 \text{ A}$$

(statt $2 \times 0{,}38$ A $= 0{,}76$ A ohne DUO-Schaltung).

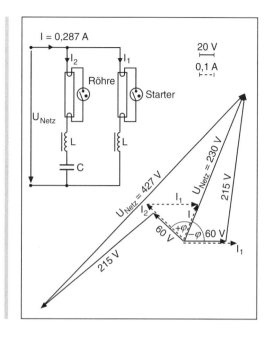

7.1.6 Der Transformator

Seite **271**

1 Wie groß ist die Ausgangsspannung eines Hochspannungstransformators mit $n_1 = 250$ und $n_2 = 23\,000$ Windungen im Leerlauf, wenn primärseitig 230 V anliegen?

Lösung:
$U_2 = U_1\, n_2/n_1 = 230$ V $23\,000/250 = 21{,}2$ kV.

2 Man möchte einen Klingeltrafo für 16 V herstellen. Wie viele Sekundärwicklungen muss man auf einen Eisenkern aufbringen bei $U_1 = 230$ V und $n_1 = 1000$ Windungen?

Lösung:
$n_2 = n_1\,(U_2/U_1) = 1000 \cdot 16$ V$/230$ V $= 69{,}6$

Also müssen 70 Windungen aufgebracht werden.

*3 Ein Hochstromtransformator hat sekundärseitig eine einzige Windung aus sehr dickem Kupferdraht. Wie groß ist der Strom darin, wenn die Primärspule ($n_1 = 500$) bei 230 V eine Blindleistung von 60 W aufnimmt?

Lösung:
Aus $P_1 = U_1 I_1$ und $I_2 : I_1 = 500 : 1$ folgt $I_2 = 500\, P_1/U_1 = 500\ 60$ W$/230$V $= 130$ A.

*4 Geben Sie die Phasenbeziehungen zwischen den Strömen und den Spannungen $(i_1;\ u_1)$, $(u_1;\ u_2)$, $(i_1;\ i_2)$ an, wenn die Last vom Leerlauf bis zum Kurzschluss zunimmt.

Lösung:
Der Phasenwinkel φ zwischen den primärseitigen Größen i_1 und u_1 bestimmt die Aufnahme der Wirkleistung des Transformators $P_1 = U_1 I_1 \cos \varphi_1$. Da weder im Leerlauf noch beim sekundärseitigen Kurzschluss Leistung abgegeben wird, wird dann bei einem idealen Transformator primärseitig auch keine Leistung aufgenommen. Der Phasenwinkel φ_1 ist demnach im Leerlauf 90°, nimmt mit zunehmender Belastung ab, geht dann aber wieder gegen 90°, wenn bei Annäherung an den sekundärseitigen Kurzschluß die Leistungsabgabe geringer und schließlich null wird.
Für die Phasendifferenzen der Spannungen u_1 und u_2 gilt:
0° (im Leerlauf) $\leq$ Phasendifferenz $(u_1, u_2) \leq$ 90° (im Kurzschluss)

Für die Phasendifferenzen der Spannungen i_1 und i_2 gilt:

90° (im Leerlauf) $\leq$ Phasendifferenz $(i_1, i_2) \leq 180°$ (im Kurzschluss)

*5 Der Thomson'sche Ringversuch ($\rightarrow$ 6.3.2) lässt sich auch mit Wechselstrom durchführen: Dabei steht das Joch eines Trafokerns senkrecht in einer Spule. Die Spule hat 500 Windungen und kann an das Netz angeschlossen werden. Legt man einen Ring aus dickem Kupferdraht über das Joch, so schwebt der Ring. Ein Ring aus dünnem Kupferdraht fällt hingegen auf die Spule herunter. Wie lässt sich das erklären?

Lösung:
Die in der Sekundärspule induzierten Spannungen u_{21} und u_{22} eilen den Strömen i_1 und i_2 jeweils um 90° voraus. Im Kurzschluß ist $u_2 = 0$ und damit sind u_{21} und u_{22} in Gegenphase. Folglich gilt das auch für die Ströme i_1 und i_2.
Der dicke Kupferring lässt sich als kurzgeschlossene Sekundärspule eines Transformators auffassen. Die Ströme i_1 und i_2 sind also in Gegenphase, stoßen sich ab und der Ring schwebt. Beim dünnen Ring nimmt antiproportional zur kleineren Querschnittfläche der Wirkwiderstand zu. Man könnte meinen, auch der dünne Ring sollte schweben, denn in gleichem Maße, wie sich proportional zur kleineren Querschnittfläche der Strom i_2 verkleinert, verkleinert sich auch die Gewichtskraft. Entscheidend ist, dass der dünne Ring nicht mehr als kurzgeschlossener Transformator aufgefasst werden kann. Der gegenüber dem induktiven Widerstand des Rings nicht mehr vernachlässigbare Wirkwiderstand führt zu einer Phasenverschiebung, sodass die Ströme i_1 und i_2 nicht mehr gegenphasig sind. Damit verkleinert sich die zu i_1 gegenphasige Komponente des Stroms i_2: Die abstoßende Kraft wird kleiner und der dünne Ring kann nicht mehr schweben.

7.2.1 Der elektrische Schwingkreis

Seite
275

1 Geben Sie die analogen Größen und Gleichungen für elektrische und mechanische Schwingungen an.

Lösung:
Der Spannung u beim elektrischen Schwingkreis entspricht die Auslenkung s beim Federpendel. Dem Strom i entspricht die Geschwindigkeit v (oder der Impuls p).
Der maximalen elektrischen Feldenergie E_{el} entspricht die maximale Spannenergie E_{Sp}:

$$E_{el} = \tfrac{1}{2} C\,\hat{u}^2 \qquad E_{Sp} = \tfrac{1}{2} D\,\hat{s}^2$$

Der maximalen magnetischen Feldenergie E_{mag} entspricht die maximale kinetische Energie E_{kin}:

$$E_{mag} = \tfrac{1}{2} L\,\hat{i}^2 \qquad E_{kin} = \tfrac{1}{2} m\,\hat{v}^2$$

*2 Wiederholen Sie die Herleitung der Thomson'schen Gleichung und stellen Sie eine analoge Gleichung für das Federpendel auf.

Lösung:
Für ein Federpendel mit der Masse m und der Federkonstanten D folgt aus $F = ma = m\ddot{s}$ und $F = -Ds$ die Differentialgleichung

$$m\,\mathrm{d}^2 s/\mathrm{d}t^2 + Ds = 0 \quad \text{analog zu}$$
$$L\,\mathrm{d}^2 i/\mathrm{d}t^2 + i/C = 0.$$

Mit dem Ansatz
$$x = \hat{x}\sin\omega t \quad \text{analog zu} \quad i = \hat{i}\sin\omega t$$

folgt
$$\omega = 2\pi f = \sqrt{D/m} \quad \text{analog zu}$$
$$\omega = 2\pi f = \sqrt{1/(LC)}.$$

7.2.2 Elektrische Schwingungen

Seite
277

1 Ein Kondensator mit $C = 0{,}1\ \mu\text{F}$ und eine Spule mit $L = 44\ \text{mH}$ bilden einen Schwingkreis. Berechnen Sie die Eigenfrequenz. Durch Einschieben eines Eisenkerns in die Spule vergrößert sich deren Induktivität um den Faktor 23. Wie verändert sich dadurch die Eigenfrequenz?

Lösung:
$$f = \frac{1}{2\pi\sqrt{LC}} = \frac{1}{2\pi\sqrt{44\ \text{mH}\cdot 0{,}1\ \mu\text{F}}} = 2{,}40\ \text{kHz},$$

$$f_{\text{Eisen}} = f/\sqrt{23} = 500\ \text{Hz}.$$

2 Eine lange Spule ($n = 340$, $l = 60\ \text{cm}$, $d = 8\ \text{cm}$) wird mit einem Kondensator der Kapazität $C = 0{,}1\ \mu\text{F}$ und einem Widerstand $R = 200\ \Omega$ in Serie geschaltet. Berechnen Sie die Resonanzfrequenz.

Lösung:
$$\begin{aligned} L &= \mu_0\, n^2\, A/l \\ &= 4\pi\,10^{-7}\ \text{Vs/Am} \cdot 340^2 \cdot \pi\,(0{,}04\ \text{m})^2/0{,}6\ \text{m} \\ &= 1{,}22\ \text{mH}, \end{aligned}$$

$$f = \frac{1}{2\pi\sqrt{LC}} = \frac{1}{2\pi\sqrt{1{,}22\ \text{mH}\cdot 0{,}1\,\mu\text{F}}} = 14{,}4\ \text{kHz}.$$

Die Rechnung zeigt, dass man für die gedämpfte Schwingung eine kleinere Frequenz erhält.
Es gilt:

$$f_0 = \frac{1}{2\pi}\sqrt{\frac{1}{LC} - \frac{R^2 C}{4L^2}} = f\sqrt{1 - \frac{R^2 C}{4L}} = 6{,}09\ \text{kHz}.$$

3 Ein Schwingkreis mit einer Kapazität von $C = 47\ \text{nF}$ schwingt bei einer Frequenz von $f = 3{,}7\ \text{kHz}$. Wie groß ist die Induktivität?

Lösung:
Aus $f = 1/2\pi\sqrt{LC}$ folgt $L = 1/(2\pi f)^2\,C$
$$= 1/[(2\pi\cdot 3{,}7\ \text{kHz})^2 \cdot 47\ \text{nF}] = 39{,}4\ \text{mH}.$$

4 Die Zeit-Strom-Funktion eines elektrischen Schwingkreises ist durch
$$i(t) = 0{,}03\ \text{A}\cdot\sin(350\pi\,t/\text{s})$$
gegeben. Die Induktivität des Schwingkreises beträgt $L = 0{,}5\ \text{H}$.
Berechnen Sie die Schwingungsdauer T, die Eigenfrequenz f_0, die Kapazität C des Kondensators, den Effektivwert U_G der Generatorspannung und die maximalen Energiewerte des elektrischen und magnetischen Feldes.

Lösung:
Mit $\omega = 350\pi/\text{s} = 2\pi/T$ wird $T = \tfrac{1}{175}\ \text{s} = 5{,}71\ \text{ms}$,

$$\begin{aligned} C &= 1/(\omega^2 L) = T^2/(4\pi^2 L) \\ &= (5{,}71\ \text{ms})^2/(4\pi^2\cdot 0{,}5\ \text{H}) = 1{,}65\ \mu\text{F}, \end{aligned}$$

$$\begin{aligned} \hat{u} &= X_L\,\hat{i} = \omega L\,\hat{i} = (350\pi/\text{s})\cdot 0{,}5\ \text{H}\cdot 0{,}03\ \text{A} \\ &= 16{,}5\ \text{V}; \quad U_G = 16{,}5\ \text{V}/\sqrt{2} = 11{,}7\ \text{V} \end{aligned}$$

$$\hat{E}_m = \tfrac{1}{2} L\,\hat{i}^2 = 225\ \mu\text{J}; \quad \hat{E}_{el} = \tfrac{1}{2} C\,\hat{u}^2 = 225\ \mu\text{J}.$$

*5 Leiten Sie die Thomson'sche Gleichung aus der Resonanzbedingung für den Serienschwingkreis her.

Lösung:

Die Impedanz einer Reihenschaltung aus Widerstand, Spule und Kondensator

$$Z = \sqrt{R^2 + (\omega L - 1/\omega C)^2}$$

wird minimal (Resonanz), wenn $\omega L = 1/\omega C$. Daraus folgt $\omega = 1/\sqrt{LC}$.

*6 Stellen Sie die Resonanzkurve eines Serienschwingkreises – Stromstärke I als Funktion der Frequenz f – grafisch dar. Es seien $L = 0,44$ H und $C = 5$ μF. Der ohmsche Widerstand habe den Wert $R = 50$ Ω und die angelegte Spannung sei $U_G = 24$ V. Wie groß sind bei Resonanz die Spannungen an der Spule und am Kondensator?

Lösung:

Aus der Impedanz $Z = \sqrt{R^2 + (\omega L - 1/\omega C)^2}$ folgt mit $\omega_0 = 2\pi f_0 = 1/\sqrt{LC}$

$$I = \frac{U}{Z} = \frac{U}{\sqrt{R^2 + \dfrac{L}{C}\left(\dfrac{f}{f_0} - \dfrac{f_0}{f}\right)^2}}$$

$$= \frac{U/R}{\sqrt{1 + \dfrac{L}{R^2 C}\left(\dfrac{f}{f_0} - \dfrac{f_0}{f}\right)^2}}.$$

Mit $I_{max} = U/R = 24$ V$/50$ Ω $= 480$ mA, $f_0 = 107,3$ Hz und $L/(R^2 C) = 35,2$ ergibt sich die dargestellte Resonanzkurve.

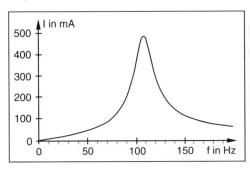

Seite
279

7.2.3 Ungedämpfte elektrische Schwingungen

1 Berechnen Sie die Induktivität L eines Schwingkreises, der mit 1,5 MHz schwingt; die Kapazität sei $C = 50$ pF. Wie viele Windungen müsste die Spule haben, wenn sie auf einen Stab ($l = 4$ cm, $d = 6$ mm) gewickelt wäre?

Lösung:

Aus $\omega = \dfrac{1}{\sqrt{LC}}$ wird

$$L = \frac{1}{(2\pi f)^2 C} = \frac{1}{(2\pi \cdot 1,5 \text{ MHz})^2 \cdot 50 \text{ pF}} = 225 \text{ μH},$$

so dass sich nach

$$L = \mu_0 n^2 \frac{A}{l} \quad \text{ergibt} \quad n = \sqrt{\frac{Ll}{\mu_0 \pi r^2}}$$

$$= \sqrt{\frac{225 \text{ μH} \cdot 4 \text{ cm}}{4\pi \, 10^{-7} \text{ Vs/Am} \cdot \pi (3 \text{ mm})^2}} = 503.$$

2 Erklären Sie, wie in der Dreipunktschaltung in *Abb. 279.1* die Rückkopplung funktioniert.

Lösung:

In der Rückkopplungsschaltung nach MEISSNER wird mit der in *Abb. 278.1* eingezeichnete Spannung u_L auch die Spannung u_{ind} in einer Sekundärspule induziert. Dort liegt sie in einem Kreis an der Basis-Emitter-Strecke des Transistors T, wo sie einen Basistrom fließen lässt, der momentan phasenrichtig den Transistor öffnet. Die Aufgabe der Sekundärspule übernimmt in der Dreipunktschaltung der obere Teil der Schwingkreisspule. Denkt man sich in *Abb. 279.1* mit gleicher Phase wie in *Abb. 278.1* eine Spannung u_L eingezeichnet, so liegt der obere Teil dieser Wechselspannung ebenfalls an der Basis-Emitter-Strecke des Transistors T_1 und öffnet ihn momentan. Man beachte dabei, dass die Batterie für die hochfrequente Wechselspannung einen Kurzschluss darstellt und an dem Wechselstromwiderstand des 250 pF-Kondensators nur ein Teil der Spannung abfällt.

*3 Wiederholen Sie die Überlegungen zur Rückkopplung in *Abb. 279.2*. Zeichnen Sie ein Phasendiagramm, in dem neben der Spule auch im Kondensator Verluste auftreten.

Lösung:

Verluste in einem Kondensator können z. B. durch einen Leckstrom auftreten, der den Kondensator erwärmt. Im Phasendiagramm eines realen Schwingkreises mit Verlusten in der Spule und im Kondensator ist ohne Rückkopplung die Summe der drei Ströme i_L durch die Spule, i_C durch den Kondensator und $i_R = i_{R(C)} + I_{R(C)}$ durch den Widerstand R null. R erfasst als Ersatzwiderstand die Verluste in Spule und Kondensator; Spule und Kondensator wirken als Generator, die die Verlustenergie liefern. Fließt der Strom i_R durch eine Rückkopplung von außen über den Widerstand R, so wird die Energie, die der Kreis sonst verlieren würde von außen durch $P = u\,i_R$ ausgeglichen.

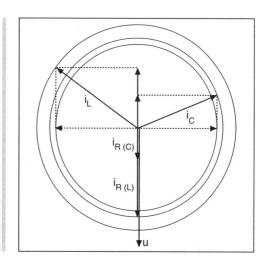

7.2.4 Mikrowellen

Seite
281

1 Bei einer an einer Metallwand reflektierten Welle beträgt der Abstand der Intensitätsmaxima 1,24 cm. Wie groß sind Wellenlänge und Frequenz der Mikrowelle ?

Lösung:
Mit $\lambda = 2 \cdot 1,24$ m folgt
$f = c/\lambda = 3 \cdot 10^8$ m/s$/2,48$ m $= 121$ MHz.

2 In *Abb. 281.1 b)* sei φ der Drehwinkel des Gitters. Geben Sie den Feldvektor E_3 parallel zur HF-Diode als Funktion des Drehwinkels φ und des Vektors E_1 der einfallenden Welle an und stellen Sie die Abhängigkeit des Feldvektors E_3 vom Drehwinkel φ in einem Schaubild dar.

Lösung:
Es gilt $E_{\text{senk}} = E \sin \varphi$
$\qquad E_3 = E_{\text{senk}} \cos \varphi$
und damit
$E_3 = E_1 \sin \varphi \, \cos \varphi$

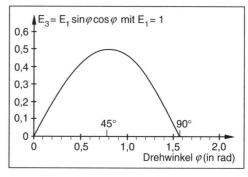

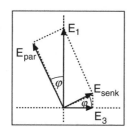

3 Von Metallstäben weiß man, dass sie von einer elektromagnetischen Welle zu elektrischen Schwingungen angeregt werden und dann selbst eine Welle aussenden. Wie ist es zu erklären, dass die Stäbe in *Abb. 281.1 a)* nur eine Welle nach vorn, nicht aber nach hinten aussenden?
(Siehe hierzu auch *7.2.7 „Der Hertz'sche Dipol".*)

Lösung:
Die einfallende Mikrowelle regt die Metallstäbe zu erzwungenen Schwingungen an, sodass diese selbst zu Sendern werden und Wellen nach vorn und hinten ausstrahlen ($\rightarrow$ 7.2.7). Die nach vorn ausgesandte Welle ist die reflektierte Welle, die mit der einfallenden stehende Wellen bildet. Bei der Reflexion tritt ein Phasensprung von π auf und am Stab bildet sich ein Knoten. Ein Teil der einfallenden Welle tritt durch die Stäbe hindurch, löscht sich aber hinter den Stäben mit der von diesen ausgesandten Welle wegen des Phasensprungs von π aus. Die Stäbe haben gerade einen solchen

Abstand, dass dies eintritt. Würde man den Abstand vergrößern, könnte man mit zunehmender Intensität hinter den Stäben die hindurch tretende Welle nachweisen.

Seite
283

7.2.5 Elektromagnetische Wellen

1 Welche Analogie besteht zwischen den stehenden elektromagnetischen Wellen auf der Lecher-Leitung und den Eigenschwingungen einer Pfeife (→ 3.4.7)?

Lösung:
Die Lecher-Leitung mit einem geschlossenen und einem offenen Ende ist analog zur gedeckten Pfeife in *Abb. 142.2 b)*. Am geschlossenen Ende der Lecher-Leitung wird mit dem Induktionsstrom ein Schwingungsbauch der magnetischen Feldstärke angeregt; die elektrische Feldstärke hat hier einen Knoten. Bei der Pfeife regt an der Schneide der Luftstrom einen Schwingungsbauch der Bewegung der Luftsäule an, der Luftdruck hat hier einen Schwingungsknoten. Am jeweils anderen Ende ist es umgekehrt: Dort hat die elektrische Feldstärke einen Schwingungsbauch ebenso wie der Luftdruck.

2 Zeichnen Sie die stehende elektromagnetische Welle in *Abb. 282.2 b)* zum Zeitpunkt $t = T8$.

Lösung:
Zu den in *Abb. 282.2* gezeichneten Zeitpunkten hat entweder die elektrische Feldstärke E ihre maximalen Auslenkungen ($t = 0$ und $\frac{2}{4}T$) wobei die magnetische Feldstärke B hier gerade null ist oder umgekehrt die magnetische Feldstärke B hat ihre maximalen Auslenkungen ($t = \frac{1}{4}T$ und $\frac{3}{4}T$) und die elektrische Feldstärke E ist gerade null. Bei $t = \frac{1}{8}T$ gibt es demnach sowohl eine elektrische als auch eine magnetische Auslenkung: Es sind die durchgezogene blaue Kurve (für das elektrische Feld) und die durchgezogene rote Kurve (für das magnetische Feld). Beide Kurven haben an jeder Stelle gerade 70,7% ihres dortigen maximalen Wertes.

Seite
285

7.2.6 MAXWELLS elektromagnetische Wellen

1 Berechnen Sie die Lichtgeschwindigkeit c aus den Feldkonstanten ε_0 und μ_0. Wie genau ist dies möglich?

Lösung:
$$c = 1/\sqrt{\varepsilon_0 \mu_0}$$
$$= 1/\sqrt{8{,}854\,187\,817\,\text{As}/(\text{Vm}) \cdot 1{,}256\,637\,061 \cdot 10^{-6}\,\text{As}/(\text{Vm})}$$
$$= 2{,}997\,924\,58 \cdot 10^8\,\text{m/s}$$

Die Berechnung der Lichtgeschwindigkeit ist exakt:
Wären die Feldkonstanten ε_0 und μ_0 experimentell bestimmte Werte, so könnte die Lichtgeschwindigkeit auf diese Weise nur im Rahmen der Messungenauigkeit berechnet werden.
Tatsächlich ist die magnetische Feldkonstante zu $\mu_0 = 4\pi \cdot 10^{-7}\,\text{Vs/(Am)}$ definiert und die Lichtgeschwindigkeit auf $c = 2{,}997\,924\,58 \cdot 10^8$ m/s festgesetzt. Die elektrische Feldkonstante ist mit obiger Gleichung zu $\varepsilon_0 = 1/(\mu_0 c^2)$ festgelegt.

2 Warum fehlt in der 2. Maxwell'schen Gleichung ein Term, der dem Term ΣI_n in der 1. Gleichung entspricht?

Lösung:
Der Term ΣI_n in der 1. Maxwell'schen Gleichung erfasst die Bewegung elektrischer Ladungen durch die Integrationsfläche. Analog dazu müsste in der 2. Maxwell'schen Gleichung ein Term stehen, der die Bewegung magnetischer Ladungen berücksichtigt. Es gibt aber nur magnetische Dipole (magnetische Momente) und keine magnetischen Monopole; trotz intensiver Suche hat man sie nicht gefunden. Daher fehlt der entsprechende Term.

3 Zeigen Sie, dass sich in den *Abb. 285.1* und *285.2* aus den Maxwell'schen Gleichungen die gleichen Feldrichtungen ergeben, wenn der Wellenberg die Integrationsfläche rechts verlässt.

Lösung:
Verlässt der Wellenberg in *Abb. 285.1* die Integrationsfläche, so sind rechts elektrische Feldstärke E

und Weg a gleichgerichtet. Daher gilt jetzt $\int E_s\,ds = +E\,a$. Der magnetische Fluss $\int B_n\,dA$, der die Fläche durchsetzt, nimmt nun aber ab, daher ist $\frac{d}{dt}\int B_n\,dA < 0$. Zusammen mit dem Minuszeichen in der 2. Maxwell'schen Gleichung ergibt sich auch hier $E\,a = -(-B\,c\,a) \Rightarrow E = B\,c$. Entsprechendes gilt für die 1. Maxwell'sche Gleichung.

4 Erklären Sie mithilfe der 1. Maxwell'schen Gleichung, wieso ein zeitlich veränderlicher Strom eine elektromagnetische Welle auslöst. Geben Sie den zeitlichen Verlauf eines Stroms an, der den obigen Wellenberg erzeugt.

Lösung:
Betrachten wir eine ausgedehnte Metallplatte, durch die ein Strom I pro Länge a von oben nach unten fließt. Der Strom erzeugt vor und hinter der Platte ein homogenes Magnetfeld der Stärke B mit den eingezeichneten Richtungen. Mit der 2. Maxwell'schen Gleichung folgt

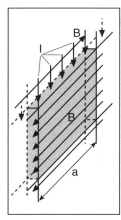

$$\oint B_s\,ds = \mu_0 \sum I_n \quad \Rightarrow \quad B\cdot 2a = \mu_0 I$$

Bei konstantem Strom I folgt ein konstantes Magnetfeld $B = \mu_0 I/2\,a$. Für die Ausbreitung einer Welle ist aber ein zeitlich veränderliches Feld notwendig. Dies ergibt sich, wenn sich der Strom zeitlich ändert, die elektrischen Ladungen also beschleunigt werden. Ändert sich der Strom während einer Zeit τ linear, also z. B. nach der Gleichung

$$I(t) = \frac{I_0}{\tau}\,t,$$ so ändert sich während dieser Zeit das

Magnetfeld vor der Platte linear mit der Zeit und Integrationen nach den *Abb. 285.1* und *2* liefern den dargestellten Wellenberg.

5 Ein Mikrowellensender strahlt über die Fläche $A = 25\ \text{cm}^2$ einer Hornantenne eine Leistung von 600 W ab. Wie groß ist die elektrische Feldstärke am Antennenausgang?

Lösung:
Mit der Gleichung $S = \sqrt{(\varepsilon_0/\mu_0)}\,E^2$ folgt

$$E = \sqrt{S\sqrt{\frac{\mu_0}{\varepsilon_0}}} =$$

$$\sqrt{\frac{600\ \text{W}}{25\cdot 10^{-4}\,\text{m}^2}\sqrt{\frac{4\pi\cdot 10^{-7}\ \text{Vs}/(\text{Am})}{8{,}854\cdot 10^{-12}\ \text{As}/(\text{Vs})}}} = 9{,}5\,\frac{\text{kV}}{\text{m}}.$$

7.2.7 Der Hertz'sche Dipol

Seite
287

1 Dreht man den elektrischen Feldvektor E in Richtung des magnetischen Feldvektors B, so erhält man nach einer Rechtsschraube fortschreitend die Ausbreitungsrichtung der elektromagnetischen Welle (Korkenzieher-Regel). Überprüfen Sie dies in *Abb. 287.2* an mehreren Stellen.

Lösung:

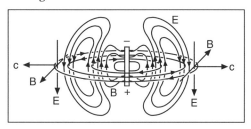

2 Bei Fernseh- und UKW-Antennen werden Hertz'sche Dipole als Direktoren und Reflektoren verwendet. Wie lang muss ein Hertz'scher Dipol sein, der auf den UKW-Kanal 11 ($f = 90{,}3$ MHz) abgestimmt ist?

Lösung:
Aus $c = f\lambda$ erhält man $\lambda/2 = c/(2f) = 3\cdot 10^8\ \text{m/s}/(2\cdot 90{,}3\ \text{MHz}) = 1{,}66$ m. Der abgestimmte Dipol ist ca. 1,50 m lang.

7.2.8 Rundfunktechnik

1 Der CB-Sprechfunk, der den Frequenzbereich 27,005 MHz bis 27,125 MHz umfasst, ist in 12 Kanäle unterteilt. Wie groß ist die Bandbreite eines Kanals?

Lösung:
Für den CB-Sprechfunk ist das Frequenzband von 27,005 MHz bis 27,125 MHz reserviert. Damit hat jeder Kanal eine Breite von

$$\frac{27{,}125 \text{ MHz} - 27{,}005 \text{ MHz}}{12} = 10 \text{ kHz}$$
zur Verfügung.

2 Durch Reflexionen der Fernsehwellen können „Geisterbilder" auftreten. Warum gibt es beim Hörfunk keine derartige Beeinträchtigung?

Lösung:
Wegen der größeren Wellenlängen sind die durch Reflexionen entstandenen Gangunterschiede normalerweise klein im Vergleich zur Wellenlänge und wirken sich nicht aus.

3 Wie erklärt es sich, dass die Frequenzmodulation von Störsignalen weniger beeinträchtigt wird als die Amplitudenmodulation?

Lösung:
Vereinfacht kann man sagen, dass eine Amplitudenschwankung aufgrund eines Störeinflusses bei der Amplitudenmodulation direkt zu hören ist, während die Frequenzmodulation davon nicht betroffen ist, da ihre Information im Frequenzhub enthalten ist. Tatsächlich ist zu beachten, dass die Fourier-Transformation der modulierten Trägerschwingung bei der AM endliche, durch die Breite des NF-Bandes bestimmte Seitenbänder ergibt, während sie bei der FM unendlich viele Seitenfrequenzen liefert, deren Amplitude allerdings mit zunehmender Modulationsfrequenz kleiner wird. Die FM benötigt daher ein breiteres Frequenzband als die AM. Mit dieser Verbreiterung des Frequenzbandes geht nicht nur eine Verbesserung der Übertragungsqualität einher, sondern auch eine bessere Störbefreiung.

7.3.1 Die Lichtgeschwindigkeit

Seite
292

1 In Versuch 1 misst man bei einem Spiegelabstand von 6,35 m eine Zeitdifferenz von 42 ns zwischen den beiden Signalen. Berechnen Sie die Lichtgeschwindigkeit c.

Lösung:
$c = \Delta s / \Delta t = 2 \cdot 6,35 \,\text{m} / 42 \cdot 10^{-9} \,\text{s} = 3,02 \cdot 10^8 \,\text{m/s}$

2 In der Astronomie verwendet man die Strecken, die das Licht in bestimmten Zeiten zurücklegt, als Längenmaße. Berechnen Sie die Strecken „Lichtsekunde", „Lichtstunde" und „Lichtjahr". Geben Sie in diesen Einheiten die Entfernungen von der Erde zur Sonne, zum Jupiter, zum Pluto und zum nächsten Fixstern (α Centauri; $40 \cdot 10^{12}$ km) an.

Lösung:
1 Ls = 300 000 km; 1 Lh = $1,08 \cdot 10^9$ km;
1 Lj = $9,46 \cdot 10^{12}$ km.
Sonne: 8,5 Lichtminuten,
Jupiter
(mittl. Abstand 5,2023 AE): 43,2 Lichtminuten,
Pluto (mittl. Abstand 78,9 AE): 10,9 Lichtstunden,
α Centauri: 4,3 Lichtjahre.

3 FIZEAU benutzte für sein Experiment ein Zahnrad mit $z = 720$ Zähnen, das sich mit der Umdrehungszahl $n = 12,6 \,\text{s}^{-1}$ drehte. Welche Strecke legt das Licht zurück, während sich das Rad um genau einen Zahn weiter dreht? Wie musste das Experiment folglich durchgeführt werden?

Lösung:
$\Delta s = c \cdot \Delta t$
$= 3 \cdot 10^8 \,\text{m/s} \cdot \text{s} / (12,6 \cdot 720) = 33,07 \,\text{km}.$
Der zweite Spiegel mußte also 15–20 km entfernt stehen.

Zusatzaufgabe

4 Ein Lichtsignal wird auf den Mond geschickt (mittlere Entfernung Erde–Mond $e = 384\,000$ km). Wie groß ist seine Laufzeit?

Lösung:
Für den Lichtweg zum Mond hin und zurück gilt für den mittleren Abstand
$e = 3,844 \cdot 10^8$ m zum Mond: $\Delta t = 2e/c = 2,56$ s.

7.3.2 Beugung und Interferenz am Doppelspalt

Seite
295

1 Ein Doppelspalt mit dem Spaltabstand 1,2 mm wird mit einer Quecksilberlampe beleuchtet. Auf dem 2,73 m entfernten Schirm beobachtet man für jeweils 5 Streifenabstände im grünen Licht 6,2 mm und im blauen Licht 4,9 mm. Berechnen Sie die Wellenlängen.

Lösung:

$\lambda_{\text{grün}} = d \sin \alpha \approx \dfrac{d \cdot a}{e} =$
$1,2 \cdot 10^{-3} \,\text{m} \cdot 6,2 \,\text{mm} / (2,73 \,\text{m} \cdot 5) = 5,47 \cdot 10^{-7} \,\text{m}.$

$\lambda_{\text{blau}} = 4,31 \cdot 10^{-7} \,\text{m}.$

2 Im Doppelspaltversuch misst man für die Abstände von einem hellen Streifen zum übernächsten hellen bei rotem Licht 3,5 cm, bei gelbem Licht 3,1 cm und bei grünem Licht 2,5 cm. Die übrigen Maße sind $e = 4,95$ m und $d = 0,2$ mm. Berechnen Sie die Wellenlängen.

Lösung:
707 nm; 626 nm; 505 nm.

*3 Berechnen Sie den Zusammenhang zwischen α und dem Gangunterschied Δs der beiden Wellenzüge aus *Abb. 295.1 ohne* Verwendung der Näherung $e \gg d$.

Lösung:

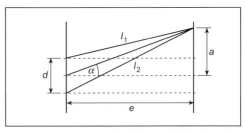

$\Delta s = l_2 - l_1 = \sqrt{e^2 + \left(a + \dfrac{d}{2}\right)^2} - \sqrt{e^2 + \left(a - \dfrac{d}{2}\right)^2}$

*4 Berechnen Sie den Gangunterschied der beiden von S_1 und S_2 ausgehenden Wellenzüge für den Punkt $P(\alpha)$ mit $\alpha = \alpha_1/2$, zeichnen Sie das dazugehörige Zeigerdiagramm und geben Sie die Amplitude der Schwingung in P an.

Lösung:
Die Phasenverschiebung d. beiden Wellenzüge ist $\varphi \approx \pi/2$, also

$\hat{s}(\alpha) = \hat{s}_1\sqrt{2} = \hat{s}_2\sqrt{2} = \hat{s}(0)\sqrt{2}/2 = \hat{s}(0)/\sqrt{2}$.

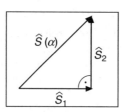

Also
$I(\alpha)/I_0 = (\hat{s}(\alpha)/\hat{s}(0))^2 = \frac{1}{2}$.

Seite **297**

7.3.3 Beugung und Interferenz am Gitter

1 Auf einem Schirm im Abstand $e = 2{,}55$ m vom Gitter (250 Linien pro Zentimeter) wird im monochromatischen Licht der Abstand der Maxima 1. Ordnung (links und rechts vom Hauptmaximum 0. Ordnung) zu 8,2 cm, der der 2. Ordnung zu 16,6 cm und der der 3. Ordnung zu 24,8 cm gemessen. Berechnen Sie die Wellenlänge.

Lösung:

$n \cdot \lambda_n = \dfrac{g \cdot a_n}{\sqrt{e^2 + a_n^2}} = \left\{ \begin{array}{c} 643 \text{ nm} \\ 651 \text{ nm} \\ 648 \text{ nm} \end{array} \right\}; \quad \overline{\lambda} = 647{,}3 \text{ nm}.$

2 Die beiden Maxima 1. Ordnung der grünen Hg-Linie $\lambda = 546{,}1$ nm haben auf einem $e = 3{,}45$ m entfernten Schirm einen Abstand von 18,8 cm. Wie groß ist die Gitterkonstante? Wie viele Gitterspalte kommen auf 1 cm?

Lösung:
$\begin{aligned} g &= n \cdot \lambda \sqrt{e^2 + a_n^2}/a_n \\ &= 546{,}1 \text{ nm } \sqrt{3{,}45^2 + (0{,}188/2)^2}/(0{,}188/2) \\ &= 2{,}0 \cdot 10^{-5} \text{ m (500 Linien pro cm).} \end{aligned}$

3 Ein Gitter besitzt 20 000 Linien auf 4 cm.
 a) Berechnen Sie die Winkel, unter denen das sichtbare Spektrum 1. und 2. Ordnung erscheint.
 b) Wie groß ist der Winkelabstand zwischen beiden Spektren?

Lösung:
1. Ordnung:
$\begin{aligned} \sin \alpha_{\text{rot}} &= \lambda_{\text{rot}}/g \\ &= 780 \text{ nm} \cdot 20\,000/4 \text{ cm} = 0{,}39; \\ \alpha_{\text{rot}} &= 22{,}95° \end{aligned}$

$\begin{aligned} \sin \alpha_{\text{violett}} &= \lambda_{\text{violett}}/g \\ &= 420 \text{ nm} \cdot 20\,000/4 \text{ cm} = 0{,}21; \end{aligned}$

$\sin \alpha_{\text{violett}} = 12{,}12° \quad \Delta\alpha_1 = 10{,}83°.$

2. Ordnung:
$\sin \alpha_{\text{rot}} = 2\,\lambda_{\text{rot}}/g = 0{,}78; \quad \alpha_{\text{rot}} = 51{,}26°$
$\sin \alpha_{\text{violett}} = 0{,}42; \alpha_{\text{violett}} = 24{,}83°; \Delta\alpha_2 = 16{,}47°.$

Winkelabstand
$\Delta\alpha = \alpha_{\text{violett, 2}} - \alpha_{\text{rot, 1}} = 24{,}83° - 22{,}95° = 1{,}88°.$

4 Die gelbe Hg-Linie ($\lambda = 578{,}0$ nm) fällt in der 3. Ordnung fast genau mit der blauen Linie in 4. Ordnung zusammen. Berechnen Sie daraus die Wellenlänge der blauen Linie.

Lösung:
$3 \cdot \lambda_{\text{gelb}}/g \approx 4 \cdot \lambda_{\text{blau}}/g; \quad \lambda_{\text{blau}} \approx \frac{3}{4}\,\lambda_{\text{gelb}} = 433 \text{ nm}.$

*5 Durch ihre feine Rillenstruktur bedingt lässt sich eine CD-ROM als Reflexionsgitter benutzen. Lässt man das rote Licht eines He-Ne-Lasers ($\lambda = 632{,}8$ nm) von einer solchen CD reflektieren, dann beobachtet man zwischen dem Hauptmaximum 0. und 1. Ordnung einen Winkel von 22°. Wie groß ist der Abstand der Rillen? Wie groß ist der Abstand zwischen aufeinander folgenden Bits, wenn auf der CD zwischen $r = 2{,}2$ cm und $r = 5{,}5$ cm 600 Megabyte Daten gespeichert sind?

Lösung:
$g = \lambda/\sin \alpha = 632{,}8 \text{ nm}/\sin 22° = 1{,}689 \text{ μm}.$

Gesamte Spurzahl:
$N = (5{,}5 \text{ cm} - 2{,}2 \text{ cm})/g = 19\,538.$

Gesamte Spurlänge:
$l = N \cdot 2\pi\overline{r} = N \cdot 0{,}242 \text{ m} = 4\,726 \text{ m}.$

$\Delta s = \dfrac{l}{8 \cdot 600 \cdot 10^6} = 0{,}98 \text{ μm}.$

Zusatzaufgaben

6 Man findet für den Abstand von einem bis zum übernächsten hellen Interferenzstreifen im geometrischen Schatten eines Drahtes (Breite $d = 1{,}5$ mm) $a = 3{,}2$ mm. Der Abstand Draht-Schirm ist $e = 4{,}12$ m. Wie groß ist die Wellenlänge des Lichtes?

Lösung:
Die beiden Ränder des Drahtes können als Lichtquellen angesehen werden mit dem Abstand eines Drahtdurchmessers. Daher wird wie beim Doppelspalt $\lambda = d\,a_2/(2\,e)$, hier also $\lambda = 5{,}825 \cdot 10^{-7}$ m.

7 Lässt man einen Laserstrahl streifend unter dem Winkel α auf die Millimetereinteilung (Strichabstand d) einer Schieblehre fallen (s. Abbildung), so zeigt die gegenüberliegende Wand die Interferenzfigur eines Gitters. Zeigen Sie, dass sich zwei benachbarte Strahlen in der Richtung β_n des Maximums n. Ordnung verstärken, wenn gilt

$$n\lambda = d(\cos\alpha - \cos\beta_n),$$

und geben Sie an, wie man daraus mit Hilfe der Versuchsgrößen der Abbildung die Wellenlänge bestimmen kann.

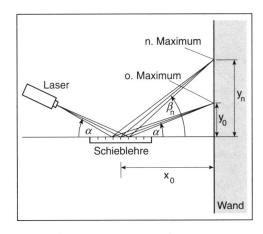

Lösung:
Die beiden Parallelstrahlen, die auf zwei benachbarte Strichrillen fallen und von dort aus in alle Richtungen reflektiert werden – hier sind nur die reflektierten Strahlen in Richtung β_n herausgegriffen –, besitzen bis zum Auftreffen auf die Rillen den Gangunterschied $\Delta s_1 = d\cos\alpha$ und nach dem Auftreffen den von $\Delta s_2 = d\cos\beta_n$, insgesamt also den Gangunterschied $\Delta s = \Delta s_1 - \Delta s_2$ (wegen $\alpha < \beta_n$). Damit ergibt sich mit $\Delta s = n\lambda$ als Bedingung für ein Maximum in Richtung β_n

$$n\lambda = d(\cos\alpha - \cos\beta_n).$$

Die Winkel α und β_n entnimmt man aus der Geometrie des Versuchs über $\tan\alpha = y_0/x_0$ und $\tan\beta_n = y_n/x_0$.

7.3.4 Beugung und Interferenz am Spalt

Seite
299

1 An einer Beugungsfigur am Spalt misst man als Abstand der beiden Beugungsminima 1. Ordnung 15 mm, weiter $e = 212$ cm. Eine 10 mm-Messskala wird mit einem Diaprojektor auf der Projektionswand 45 cm groß abgebildet, der verwendete Spalt unter den gleichen Bedingungen 7 mm groß. Bestimmen Sie die Wellenlänge.

Lösung:
$d = 10$ mm $\cdot\, 7$ mm$/45$ cm $= 0{,}156$ mm
$\lambda = d \cdot \sin\alpha \approx d \cdot \Delta s/e$
$\quad = 0{,}156 \cdot 10^{-3}$ m $\cdot\, 15 \cdot 10^{-3}$ m$/(2{,}12$ m $\cdot\, 2)$
$\quad = 552$ nm.

2 Licht einer Wellenlänge von 550 nm geht durch einen 0,15 cm breiten Spalt und fällt auf einen 2,5 m entfernten Schirm. Wie breit ist der Streifen des Maximums 0. Ordnung (vom rechten bis zum linken Minimum 1. Ordnung)?

Lösung:
$\lambda/d = \sin\alpha \approx \Delta s/e$;
$2 \cdot \Delta s = 2 \cdot e \cdot \lambda/d$
$\quad = 2{,}5$ m $\cdot\, 550 \cdot 10^{-9}$ m$/0{,}15$ cm $= 1{,}83$ mm.

*3 Wie breit muss ein Einzelspalt mindestens sein, damit man das Minimum n-ter Ordnung ($n = 1, 2, \ldots$) beobachten kann? Beschreiben Sie demnach die Vorgänge, die sich abspielen, wenn ein Spalt langsam ganz geschlossen wird. Erklären Sie damit den *Versuch 1* auf S. 294.

Lösung:
$1 \geq \sin\alpha_n = n\lambda/d; \quad d \geq n\lambda.$
Schließt man den Spalt ganz, dann kann man schließlich nur noch das zentrale Maximum be-

obachten, das dann den ganzen Winkelbereich hinter dem Spalt einnimmt.

*4 Stellen Sie einen Spalt her und verkippen Sie die beiden Kanten etwas gegeneinander, sodass ein keilförmiger Spalt entsteht. Beobachten Sie durch diesen Spalt eine möglichst punktförmige Lichtquelle. Beschreiben und erklären Sie Ihre Beobachtungen.

Lösung:
Man beobachtet ein keilförmiges Maximum 0. Ordnung und Beugungsstreifen, die an der breiten

Kante enger stehen als an der Spitze d. Keils, da an der Spitze der Spalt enger ist.

*5 Stellen Sie einen Spalt her. Beobachten Sie durch diesen Spalt eine möglichst punktförmige Lichtquelle und drehen Sie den Spalt langsam um seine Achse. Beschreiben und erklären Sie Ihre Beobachtungen.

Lösung:
Die Beugungstreifen bilden einen „Strahl", der senkrecht auf der Spaltrichtung steht und sich beim Drehen des Spaltes mitdreht.

Seite
301

7.3.5 Intensitätsverlauf bei Beugungsfiguren

1 Zeichnen Sie wie in *Abb. 300.2 c)* den Intensitätsverlauf $I(\alpha)/I_0$ hinter einem Gitter mit 7 Spalten im Bereich $0 \leq \Delta s \leq \lambda$ und die dazugehörigen Zeigerdiagramme an den Nullstellen.

Lösung:

$$\frac{I(\Delta s)}{I_0} = \left(\frac{\sin \left(7\pi \dfrac{\Delta s}{\lambda} \right)}{7 \cdot \sin \left(\pi \dfrac{\Delta s}{\lambda} \right)} \right)^2 \quad \text{für } 0 \leq \frac{\Delta s}{\lambda} \leq 1$$

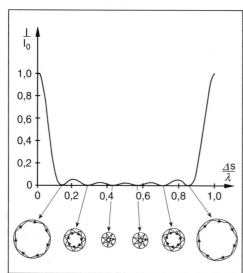

2 Zeichnen Sie den Intensitätsverlauf $I(\alpha)/I_0$ hinter einem Einfachspalt zwischen Hauptmaximum und drittem Nebenmaximum. Berechnen Sie $I(\alpha)/I_0$ an den (ungefähren) Stellen der Maxima $\Delta s/\lambda = \frac{1}{2}(2n+1)$ mit $n = 1, 2, 3, \ldots$. Wie hängt der Wert $I(\alpha)/I_0$ an den Maxima von n ab?

Lösung:
Zu zeichnen ist $f(x) = I(\alpha)/I_0 = (\sin \pi x / \pi x)^2$;
$-4 \leq x = \Delta s / \lambda \leq 4$

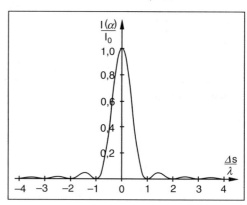

Die Werte in den „Maxima" nehmen mit $\dfrac{1}{(n+1)^2}$ ab.

*3 Wie viel Prozent der Gesamtintensität bei der Beugung am Einzelspalt entfällt auf das Hauptmaximum, wie viel auf die n-ten Nebenmaxima ($n = 1, 2$)?

Lösung:

Die Intensität am Spalt wird beschrieben durch:

$$I/I_0 = (\sin[\pi x]/\pi x)^2 \quad \text{(s. *Aufgabe 2*)}$$

Zur Berechnung der Intensitäten in den Haupt- und Nebenmaxima muss man die entsprechenden Flächen unter dieser Kurve bestimmen. Dies geschieht am einfachsten numerisch: Man zerlegt die Flächen in kleine Streifen der Breite Δx und summiert ihre Flächeninhalte. Ein sehr einfaches Programm in PASCAL könnte so aussehen:

```
program Spalt;
uses crt;
function flaeche(x1,x2:real):real;
const pi=3.141592653589;
var  i,n          :Longint;
     sum,x,y,dx   :real;
begin
  dx:=0.001;          {ungefähre Schritt-
                       weite}
  n:=round((x2-x1)/dx); {Schrittzahl}
  dx:=(x2-x1)/n;      {exakte Schrittweite}
  sum:=0;
  x:=x1;
  for i:=1 to n do
    begin
      if x=0 then y:=1 {Division durch
                        Null vermeiden}
              else y:=sin(pi*x)/(pi*x);
      sum:=sum+y*y*dx;
      x:=x+dx;
    end;
  flaeche:=sum;
end;
```

```
begin
  clrscr;
  writeln(flaeche (0,100):10:7);
  writeln(flaeche (0,1):10:7);
  writeln(flaeche (1,2):10:7);
  writeln(flaeche (2,3):10:7);
  writeln(flaeche (3,4):10:7);
  readln;
end.
```

Die Ausgabe ergibt:

0.4999934 (Die Gesamtintensität ist 1);
0.4519117 (Die Intensität im
            Hauptmaximum ist 90.38%);
0.0235580 (Die Intensität im
            1. Nebenmaximum
            (links + rechts) ist 4.71%);
0.0082355 (Die Intensität im
            2. Nebenmaximum
            (links + rechts) ist 1.65%);
0.0041690 (Die Intensität im
            3. Nebenmaximum
            (links + rechts) ist 0.83%).

7.3.5 Intensitätsverlauf bei Beugungsfiguren

Seite
302

1 Berechnen und zeichnen Sie schematisch den Intensitätsverlauf der Beugungs- und Interferenzfigur

a) eines Doppelspalts mit der Spaltbreite $a = 0,25$ mm und dem Spaltabstand $g = 0,75$ mm;

b) eines Gitters mit 4 Spalten der Breite $a = 0,25$ mm und der Gitterkonstanten (Spaltabstand) $g = 0,50$ mm.

Lösung:

$$\frac{I}{I_0} = \left(\frac{\sin(n\pi x)}{n\sin(\pi x)} \cdot \frac{\sin(\pi x')}{\pi x'} \right)^2 ;$$

$n = $ Spaltzahl

$x = \dfrac{\Delta s}{\lambda}$; $\Delta s = $ Gangunterschied zwischen benachbarten Spalten.

$x' = \dfrac{\Delta s'}{\lambda}$; $\Delta s' = $ Gangunterschied zwischen den Randstrahlen eines Einzelspalts.

Es gilt: $x' = \dfrac{a}{g} \cdot x$

Einsetzen der Werte liefert folgende Kurven:

a)

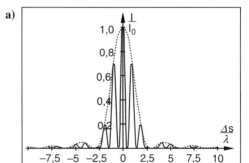

b)

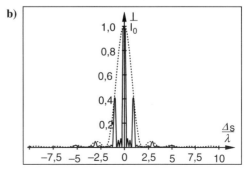

2 Führen Sie die Rechnungen über den Intensitätsverlauf des Gitters im Einzelnen aus und berechnen
Sie für ein Gitter mit $N = 10$ Öffnungen die der
Abb. 300.2c) entsprechende Figur für den Intensitätsverlauf.

Lösung:

$I/I_0 = [\sin(10\,\pi x)/(10 \sin (\pi x)]^2$; $x = \Delta s/\lambda$;
Einsetzen der Werte liefert folgende Kurve:

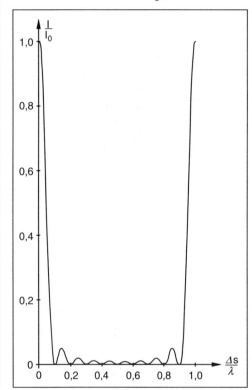

*3 a) Schreiben Sie ein Programm zur Berechnung
der Intensität hinter der Kreisblende und berechnen Sie $I(\alpha)$ für $\lambda = 500$ nm, $d = 0,2$ mm
$(0 \leq \alpha \leq 4\,\lambda/d)$. Bestätigen Sie damit die oben
angegebenen Werte über die Lage der Nullstel-
len.

b) Ändern Sie das Programm so ab, dass Sie damit
die Beugung hinter einer kreisförmigen Öff-
nung mit einer zentralen runden Blende berechnen können. Beschreiben Sie die Ergebnisse. Diese Anordnung entspricht dem New-
tonschen Spiegelfernrohr mit Fangspiegel.

Lösung:
a)

```
PROGRAM Kreisblende;
{ Beugung an der Kreisblende }
USES crt,graph;
CONST lambda = 500.0 e-9;
                        { Wellenlänge in nm }
  dy = 0.005;          { 400 horizontale Streifen }
VAR phi,dphi,y,alpha,ax,ay,s,ig,i0 :REAL;
    i,gm,gd        :INTEGER;
    int            :ARRAY[0..200] OF REAL;
    out            :TEXT;
BEGIN
clrscr;
FOR i:=0 TO 200 DO
  { Intensitätsberechnung für 0 ≦ alpha ≦ 2
  lambda/r }
BEGIN
  alpha:=i*0.01*lambda;
  ax:=0;
    { x und y-Komponenten des resultierenden
    E-Vektors }
  ay:=0;
  phi:=0;
  dphi:=2*pi/lambda*dy*sin(alpha);
    { Phasendifferenz zwischen benachbarten
    Streifen }
    { Summation ueber alle Streifen von y=-1 bis
    y=1 : }
  y:=-1;
  WHILE y < 1 DO
    BEGIN
      s:=sqrt(1-y*y); { Breite des Streifens in der
      Höhe y }
      ax:=ax+s*cos(phi);
      ay:=ay+s*sin(phi);
        { Summation der Vektorkomponenten
        proportional s }
      phi:=phi+dphi;
      y:=y+dy; { nächster Streifen }
    END;
  Int[i]:=2*dy/pi*(ax*ax+ay*ay); { Intensität
  proportional E^2 }
END;

{ Ausdruck }
FOR i:= 1 TO 200 DO
  BEGIN
    writeln(0.01*i:4:2,' ',Int[i]:10:6);
    IF i mod 20 = 0 THEN readln;
  END;
```

```
readln;
{ Plot }
detectgraph(gm,gd);
initgraph(gm,gd,'c:\tp6/ bgi');
FOR i:= 1 TO 200 DO
  putpixel
  (2*i,round(getmaxy-getmaxy*Int[i]/Int[0]),
  white);
readln;
closegraph;
END
```

b)
```
PROGRAM Ringblende;
{ Beugung an der Ringblende }
USES crt,graph;
CONST lambda = 500.0 e-9;{ Wellenlänge in nm }
      dy = 0.01;   { 200 horizontale Streifen }
      ri = 0.0;    { 0 ≦ ri ≦ 1 : innerer Radius des
                     Ringes}
                   {ri = 0 : keine innere Blende }
VAR phi,dphi,y,alpha,ax,ay,s,i0,ig :     REAL;
    i,gm,gd :       INTEGER;
    int :           ARRAY[0..200] OF REAL;
    out :           TEXT;
BEGIN
clrscr;
FOR i:=0 TO 200 DO
  { Intensitätsberechnung für 0 ≦ alpha ≦ 2
  lambda/d }
  BEGIN
  alpha:=i*0.01*lambda;
  ax:=0; { x und y-Komponenten des resultierenden
          A-Vektors }
  ay:=0;
  phi:=0;
  dphi:=2*pi/lambda*dy*sin(alpha);
  { Phasendifferenz zwischen benachbarten
  Streifen }
```

```
  { Summation ueber alle Streifen von y=-1 bis y=1 : }
  y:=-1;
  WHILE y < 1 DO
  BEGIN
    s:=sqrt(1-y*y);
    IF abs(y)<ri THEN s:=s-sqrt(ri*ri-y*y);
            { Breite des Streifens in der
              H öhe y }
    ax:=ax+s*cos(phi);
    ay:=ay+s*sin(phi);
    { Summation der Vektorkomponenten prop. s }
    phi:=phi+dphi;
    y:=y+dy;   { nächster Streifen }
  END;
  Int[i]:=2*dy/pi*(ax*ax+ay*ay);
            { Intensität prop. A^2 }
END;
{Ausdruck}
writeln(' innere Blende ri = ',ri:5:3);
writeln;
writeln('lamda/d Intensitaet ');
FOR i:= 1 TO 200 DO
  BEGIN
    writeln(0.01*i:4:2,' ',Int[i]:10:6);
    IF i mod 20 = 0 THEN readln;
  END;
readln;
{ Plot }
detectgraph(gm,gd);
initgraph(gm,gd,'c:\tp6/bgi');
FOR i:= 1 TO 200 DO
putpixel
(2*i,round(getmaxy-getmaxy*Int[i]/Int[0]),
white);
readln;
closegraph;
END.
```

7.3.6 Das Auflösungsvermögen optischer Instrumente

1 Der Spiegel des Hubble-Weltraumteleskops hat einen Durchmesser von 2,4 m. Berechnen Sie den noch auflösbaren Winkelabstand in Bogenmaß und Grad im Licht von 550 nm Wellenlänge. Welchen Abstand müssen zwei Punkte **a)** auf dem Mond, **b)** auf dem Mars mindestens haben, damit das Fernrohr sie gerade noch trennen kann?

Lösung:
$$\Delta\alpha = 1,22\,\lambda/d = 2,29 \cdot 10^{-7} = 1,31 \cdot 10^{-5}$$
$$= 0,047'';$$

$$\Delta x \,(\text{Mond}) = r_{\text{Mond}} \cdot \Delta\alpha$$
$$= 385\,000 \text{ km} \cdot \Delta\alpha = 88,2 \text{ m};$$

$$\Delta x \,(\text{Mars}) = r_{\text{Mars}} \cdot \Delta\alpha$$
$$= 55 \cdot 10^6 \text{ km} \cdot \Delta\alpha = 12,6 \text{ km}.$$

2 Für das Auflösungsvermögen des Auges entscheidend ist der Pupillendurchmesser, der bei mittlerer Beleuchtung 3 mm beträgt. Welchen Abstand müssen zwei Punkte in 5 m Entfernung haben, damit man sie mit bloßem Auge noch trennen kann ($\lambda = 500$ nm)?

Lösung:
$$\Delta\alpha = 1,22\,\lambda/d = 2,03 \cdot 10^{-4};$$
$$\Delta x = r \cdot \Delta\alpha = 5 \text{ m} \cdot 2,03 \cdot 10^{-4} = 1,02 \text{ mm}.$$

3 Die Angabe 8 × 30 auf einem Prismenfernrohr bedeutet, dass das Fernrohr den Sehwinkel achtfach vergrößert, und dass der Objektivdurchmesser 30 mm beträgt. Wie groß ist der Abstand zweier Punkte in 500 m Entfernung, die gerade noch unterschieden werden können ($\lambda = 500$ nm)?

Lösung:
$$\Delta\alpha = 1,22\,\lambda/d = 2,03 \cdot 10^{-5};$$
$$\Delta x = r \cdot \Delta\alpha = 1,02 \text{ cm}.$$

Der um 8 vergrößerte Sehwinkel beträgt $1,62 \cdot 10^{-4}$ $\approx 8 \times$ Auflösungsvermögen des Auges *(Aufg. 2)*

*4 Wie viel Information lässt sich mit einem Mikroskop von einem Quadratzentimeter Oberfläche mit rotem Licht ($\lambda = 680$ nm) höchstens ablesen? Was hat diese Tatsache mit der Speicherdichte von elektronischen Medien zu tun? Warum versucht man, die Wellenlänge des Lichtes, das zum Ablesen benutzt wird, immer kleiner zu machen?

Lösung:
$$N \text{ (Zahl der Bits)} \approx A/(\Delta x)^2$$
$$= 1 \text{ cm}^3/(680 \cdot 10^{-9} \text{ m})^2$$
$$= 2,16 \cdot 10^{12}.$$

Mit den zur Herstellung von Halbleiterstrukturen benutzten optischen Methoden lassen sich keine kleineren Strukturen erzeugen.

*5 Entwerfen und konstruieren Sie die „optimale" Lochkamera, d. h. eine Lochkamera mit einer möglichst guten Winkelauflösung. Beachten Sie: Je kleiner die verwendete Lochblende ist, desto kleiner ist ihr geometrischer Schatten, desto größer aber die von ihr hervorgerufene Beugungsfigur.

Lösung:
Geometrische Winkelauflösung der Lochkamera:

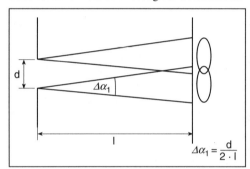

Aus der Abbildung folgt die geometrische Winkelauflösung: $\Delta\alpha_1 = d/(2\,l)$.

Beugungsbedingte Winkelauflösung:
$$\Delta\alpha_2 = 1,22\,\lambda/d.$$

Optimale Lochkamera:
$$\Delta\alpha_1 = \Delta\alpha_2$$
$$d/(2\,l) = 1,22\,\lambda/d \quad\Rightarrow\quad d = 1,56\,\sqrt{\lambda\,l}.$$

$\Delta\alpha = d/(2\,l) = 0,78\,\sqrt{\lambda/l}$; d. h. man kann im Prinzip durch Verlängerung der Kamera ein beliebig gutes Auflösungsvermögen erreichen.

*6 Zwei Radioteleskope in Deutschland und in den USA werden zu einem einzigen großen VLBI-Instrument zusammengeschlossen ($\rightarrow$ *S. 305*). Berechnen Sie den noch auflösbaren Winkelabstand für Radiowellen im UKW-Bereich.

Lösung:
$$\Delta\alpha = 1,22\,\lambda/d$$
$$= 1,22 \cdot 20 \text{ cm}/6000 \text{ km}$$
$$= 4,07 \cdot 10^{-8} = 0,0084''.$$

7.3.7 Interferenzen an dünnen Schichten

Seite
307

1 Der Gangunterschied zwischen zwei zur Interferenz kommenden Wellenzügen sei
a) $\Delta s = 10 \cdot 10^{-7}$ m bzw.
b) $\Delta s = 100 \cdot 10^{-7}$ m.
Welche Wellen aus dem Bereich $\lambda = 400$ nm bis $\lambda = 750$ nm verstärken sich dann gerade maximal? Wie groß sind jeweils die Ordnungszahlen der Interferenzen?

Lösung:
Von den Wellenlängen $\lambda_n = \Delta s / n$, die die Interferenzbedingung erfüllen, fallen in
a) nur $\lambda_2 = 500$ nm, in
b) $\lambda_{14} = 714{,}2$ nm, ...
$\lambda_{25} = 400$ nm
in den vorgegebenen Bereich.

2 Zu Versuch 1 mit dem Glimmerblatt: Schätzen Sie die Ordnung des Gangunterschiedes für Licht mittlerer Wellenlänge ab, das an der Vorder- und an der Innenseite des Glimmerblattes (Dicke $d = 1{,}0$ mm) reflektiert wird.

Lösung:
$n = \Delta s / \lambda = 1 \text{ mm}/600 \text{ nm} = 1666.$

3 Eine $0{,}75$ µm dicke Seifenhaut ($n = 1{,}35$) wird senkrecht bestrahlt. Welches Licht (Wellenlängen) wird bei Reflexion ausgelöscht, welches verstärkt?

Lösung:
Verstärkung:
$m\lambda = 2dn + \lambda/2$
$(m - \tfrac{1}{2})\lambda = 2dn;$
$\lambda = 2dn/(m - \tfrac{1}{2}); \ m = 1, 2, \ldots$

$\lambda_m = 4{,}04 \text{ µm}/(2m - 1) = 4{,}04 \text{ µm}, \ 1{,}35 \text{ µm};$
$0{,}808 \text{ µm}; \ 0{,}577 \text{ µm}; \ 0{,}449 \text{ µm}; \ 0{,}367 \text{ µm}.$

Auslöschung:
$(2m + 1)\lambda/2 = 2dn + \lambda/2; \ m = 1, 2, \ldots$
$m \cdot \lambda = 2dn$
$\lambda = 2{,}02 \text{ µm/m} = 2{,}02 \text{ µm}/1{,}01 \text{ µm}/0{,}674 \text{ µm}/$
$= 0{,}506 \text{ µm}/0{,}404 \text{ µm}.$

4 Newton'sche Ringe beobachtet man häufig auch bei der Projektion von glasgerahmten Diapositiven. Wie kommt diese Erscheinung zustande?

Lösung:
Die Newton'schen Ringe entstehen, wenn sich das Diapositiv wellt und so mit dem Glas Luftspalte wie in Abb. 307.1 b bildet.

***5** Die Oberfläche einer Linse ($n = 1{,}53$) wird mit einem Material ($n = 1{,}35$) vergütet, sodass die Wellenlänge $\lambda = 550$ nm im reflektierten Licht ausgelöscht wird. Wie dick muss die Schicht sein? Welche Phasenverschiebung erleiden das reflektierte violette Licht ($\lambda = 400$ nm) und das rote Licht ($\lambda = 700$ nm)?

Lösung:
Wegen $n_{\text{Linse}} > n_{\text{M}}$ finden beide Reflexionen am dichteren Medium statt.
$\Delta s = 2dn = \lambda/2$
$d = \lambda/4n = 550 \text{ nm}/(4 \cdot 1{,}35) = 101{,}8 \text{ nm}.$
$\Delta\varphi = 2\pi\,\Delta s/\lambda = 2\pi \cdot 2 \cdot 101{,}8\,\text{nm}/\lambda = 3{,}20 \ [1{,}82]$

***6** Die Radien des 1. und 3. dunklen Ringes einer Newton'schen Plankonvexlinse (Krümmungshalbmesser $R = 118$ cm) sind $0{,}83$ mm bzw. $1{,}45$ mm. Wie groß ist die Wellenlänge des benutzten Lichtes?

Lösung:
$$\lambda = \frac{(r_3^2 - r_1^2)}{(3 - 1) \cdot R} = 0{,}599 \text{ µm}$$

7.3.9 Holografie

Seite
311

1 Erläutern Sie das Prinzip der Fresnel'schen Zonenplatte.

Lösung:
—

2 Wie wirkt sich eine endliche Kohärenzlänge der Lichtquelle bei der Herstellung von Hologrammen aus?

Lösung:
Sie begrenzt die maximale Ausdehnung, die ein Gegenstand haben darf, von dem man ein Hologramm anfertigen will.

***3** Konstruieren Sie eine Fresnel'sche Zonenplatte für Mikrowellen der Frequenz 9 GHz. Sie soll eine Brennweite von 20 cm haben. Stellen Sie ein Modell aus Karton und Aluminiumfolie her und erproben Sie es.

Lösung:

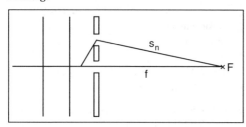

Sie muss Ringöffnungen mit den Radien r_n haben, für die gilt:

$$\Delta s_n = s_n - f = n \cdot \lambda$$

$$n = 0, 1, 2, \ldots$$

$$s_n = \sqrt{r_n^2 + f^2}$$

$$\sqrt{f^2 + r_n^2} - f = n \cdot \lambda$$

$$(n\lambda + f)^2 = f^2 + r_n^2$$

$$r_n = \sqrt{2n\lambda f + n^2 \lambda^2}; \; n = 0, 1, 2, \ldots$$

$$= \sqrt{133{,}2 \cdot n + 11{,}08 \cdot n^2} \; \text{cm};$$

$$r = 0 \text{ cm}; \; 11{,}09 \text{ cm}; \; 17{,}63 \text{ cm}; \; \ldots$$

Zusatzaufgaben

4   Linear polarisiertes Licht wird im sogenannten $\lambda/4$-Blättchen in zwei Wellen mit dem Gangunterschied von $\lambda/4$, zerlegt, die senkrecht zueinander polarisiert sind. Überlegen Sie sich, dass – ähnlich wie die Schwingungen zweier senkrecht zueinander stehenden Schwingungsvektoren in der Mechanik – beide Wellen sich hinter dem Blättchen zu einer elliptisch polarisierten Welle zusammen,

und diskutieren Sie die verschiedenen Möglichkeiten, die sich bei der Drehung des $\lambda/4$-Blättchens ergeben.

Lösung:
Lässt man linear polarisiertes Licht senkrecht auf $\lambda/4$-Blättchen unter dem Winkel α zur ausgezeichneten Richtung des Blättchens fallen, so wird das Licht in zwei senkrecht zueinander polarisierte Komponenten zerlegt, die das Blättchen mit dem Phasenunterschied $\pi/2$ verlassen und sich zu einer sogenannten elliptisch polarisierten Welle zusammensetzen. Wie bei der Überlagerung zweier senkrechter zueinander stehender Schwingungen ergibt sich in x-Richtung eine Schwingung, deren Amplitude sich mit der Frequenz ω ändert:

$$x = \hat{A} \cos \alpha \sin \omega t,$$

und in y-Richtung

$$y = \hat{A} \sin \alpha \sin(\omega t + \pi/2) = \hat{A} \sin \alpha \cos \omega t.$$

Beide Schwingungsvektoren setzen sich zu einem zusammen: Durch $\sin^2 \omega t \cos^2 \omega t = 1$ erhält man

$$\frac{x^2}{\hat{A}^2 \cos^2 \alpha} + \frac{y^2}{\hat{A}^2 \sin^2 \alpha} = 1.$$

Die Spitze des Schwingungsvektors rotiert mit der Frequenz ω auf einer Ellipse.

Hält man das $\lambda/4$-Blättchen in 45°-Stellung, so ist $\cos^2 \alpha = \sin^2 \alpha = \frac{1}{2}$, und die Amplitude beschreibt einen Kreis: Man erhält zirkular polarisiertes Licht.

$$x^2 + y^2 = \frac{1}{2} \hat{A}^2.$$

Für $\alpha = 0°$ und $\alpha = 90°$ ergibt sich linear polarisiertes Licht, für $0° < \alpha < 45°$ und $45° < \alpha < 90°$ elliptisch polarisiertes Licht.

Seite
312

7.3.10 Polarisiertes Licht

1   Worauf beruht die Wirkungsweise von Polarisationsfiltern?

Lösung:
(vgl. Exkurs).

2   Berechnen Sie allgemein die Amplitude A, die von einer linear polarisierten Welle (Amplitude A_0) durch ein Polarisationsfilter in beliebiger Stellung hindurchgelassen wird.

Lösung:
Die durchgelassene Amplitude der Welle ist $\hat{E}(\alpha) = \hat{E} \cos \alpha$; also $I(\alpha) = \hat{E}(\alpha)^2 = I_0 \cos^2 \alpha$.

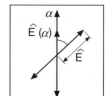

*3 Berechnen Sie die Intensität einer durch ein Polarisationsfilter hindurchgehenden linear polarisierten Welle und zeichnen Sie den Verlauf der Intensität in Abhängigkeit vom Winkel zwischen Schwingungsebene und Stellung des Polarisators.

Lösung:

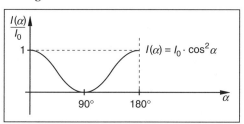

Zusatzaufgabe

4 Worauf beruht die Wirkungsweise eines Polarisationsfilters eines Photoapparats?

Lösung:
Polarisationsfilter sollen das Licht, das bei Spiegelung auf Wasser, Fensterscheiben, Glanzpapier, auch auf Farbe, Firnis, Holz meistens polarisiert ist, löschen, indem man das Filter geeignet dreht. Metallische Oberfläche polarisieren dagegen das von ihnen reflektierte Licht nicht linear, und daher werden Reflexe auf metallischen Oberflächen von Polarisationsfiltern nicht beeinflusst.
Bei Farbaufnahmen kann man mit einem Polarisationsfilter einen blassblauen Himmel in einen dunkelblauen verwandeln, da das Himmelslicht durchweg polarisiert ist.

7.3.10 Polarisiertes Licht

Seite
314

1 Wie groß ist der Brewster-Winkel für Wasser, Schwerflint und Diamant ($\rightarrow$ *Tab. 318.2*)?

Lösung:
$\tan \alpha_B = n$;
$$\alpha_B = \arc\tan n = \begin{cases} \arc\tan 1{,}33 = 53{,}06° \\ \arc\tan 1{,}76 = 60{,}40° \\ \arc\tan 2{,}42 = 67{,}56° \end{cases}$$

2 Wo liegen die Orte mit dem höchsten Polarisationsgrad des Himmelslichtes **a)** bei Sonnenaufgang, **b)** bei Sonnenuntergang, **c)** beim höchsten Sonnenstand mittags?

Lösung:
Sie liegen immer dort, wo der Winkelabstand zur Sonne 90° beträgt, also **a)**: auf einer Linie (Großkreis) vom Nordpunkt über den Zenit zum Südpunkt, **b):** wie a), **c)**: vom Ostpunkt nördlich über den Meridian zum Westpunkt.

*3 Unpolarisiertes Licht trifft unter dem Brewster-Winkel auf einen Glasplattensatz von 12 Platten ($n = 1{,}5$).
a) Wie hoch ist der Polarisationsgrad des durchgelassenen Lichts?
b) Wie viele Platten benötigt man, um zu 95% polarisiertes Licht herzustellen?
(*Hinweis*: Von Licht, das senkrecht zur Reflexionsebene polarisiert ist, werden jeweils 4% reflektiert.)

Lösung:
a) Vom Licht, das senkrecht zur Reflexionsebene polarisiert ist, wird insgesamt ein Anteil von

$$0{,}04 + 0{,}04 \cdot 0{,}96 + 0{,}04 \cdot 0{,}96^2 + \dots$$
$$+ 0{,}04 \cdot 0{,}96^{11}$$
$$= 0{,}04 \cdot (1 + 0{,}96^2 + \dots + 0{,}96^{11})$$
$$= 0{,}04 \frac{1 - 0{,}96^{12}}{1 - 0{,}96} = 1 - 0{,}96^{12} = 0{,}387$$
$$= 38{,}7\%$$

reflektiert, d. h. 61,3% durchgelassen.

Licht, das parallel zur Reflexionsebene polarisiert ist, wird nicht reflektiert (Brewsterwinkel!), also vollständig durchgelassen.

Da vor der Reflexion $I_\perp = I_\parallel = 0{,}5 \cdot I_0$ war, wird der Polarisationsgrad p des durchgelassenen Lichtes

$$p = \frac{I_\parallel}{I_\perp + I_\parallel} = \frac{0{,}5\, I_0}{0{,}613 \cdot 0{,}5\, I_0 + 0{,}5\, I_0}$$

$$= \frac{1}{1 + 0{,}613} = 62{,}0\%$$

b) Man entnimmt *Aufg. a)*: $p = \dfrac{1}{1 + 0{,}96^n}$

$$n = \frac{\log\left(\dfrac{1}{p} - 1\right)}{\log 0{,}96} = 72{,}12.$$

Man benötigt also 73 Platten.

*4 Schickt man einen unpolarisierten Lichtstrahl durch eine trübe Flüssigkeit und betrachtet die Anordnung seitlich durch ein Polarisationsfilter, dann ändert sich beim Drehen des Filters die Intensität (**„Tyndall-Effekt"**). Erklären Sie diese Erscheinung.

Lösung:
Wie beim Sonnenlicht erläutert, ist jedes Streulicht polarisiert.

Seite
320

7.3.12 Strahlenoptik

1 Zeigen Sie, dass sich bei der Drehung eines Spiegels um eine in der Spiegelebene gelegene Achse um den Winkel α der reflektierte Strahl um den doppelten Winkel dreht.

Lösung:
Bei der Drehung eines Spiegels um den Winkel α dreht sich das Einfallslot um α. Daher ändert sich sowohl der Einfallswinkel als auch der Reflexionswinkel um α, ihre Differenz also um $2\,\alpha$.

2 Licht der Fraunhofer-Linie A bzw. F fällt unter dem Einfallswinkel $\alpha = 30°$ von Luft auf **a)** Flintglas, **b)** Schwefelkohlenstoff. Berechnen Sie die Brechungswinkel und die Lichtgeschwindigkeiten in dem neuen Medium.

Lösung:
$\sin\alpha / \sin\beta = n; \quad \sin\beta = (\sin\alpha)/n$

		c in km/s
a)	$A\,(n = 1{,}603): \beta = 18{,}17°$	187 019
	$F\,(n = 1{,}625): \beta = 17{,}92°$	184 487
b)	$A\,(n = 1{,}609): \beta = 18{,}10°$	186 322
	$F\,(n = 1{,}652): \beta = 17{,}62°$	181 472

3 Wie groß ist der absolute Brechungsindex von Ölsäure, wenn der relative Brechungsindex für den Übergang von Wasser in Ölsäure 0,91 und der absolute Brechungsindex des Wassers 1,33 betragen?

Lösung:
$$n_{12} = \frac{n_2}{n_1}$$

$$0{,}91 = \frac{1{,}33}{n_1}; \quad n_1 = 1{,}46.$$

4 Welches ist der Winkel der Totalreflexion, wenn Licht
a) von Glas in Wasser,
b) von schwerstem Flint in Schwerkron übergeht?

Lösung:
$$\sin\beta_T = \frac{n_2}{n_1}$$

a) $\beta_T = 62{,}5°$
b) $\beta_T = 57{,}9°$

5 In optischen Geräten verwendet man zur Reflexion vorwiegend die Totalreflexion. Welche Vor-, welche Nachteile hat die Totalreflexion gegenüber der Reflexion an normalen Spiegeloberflächen?

Lösung:
Vorteile: s. Text.
Nachteile: Sie tritt nur unter bestimmten Winkeln auf und nur beim Übergang in Richtung von Glas nach Luft.

6 Wie groß ist die Dielektrizitätskonstante von Wasser für die Frequenzen des sichtbaren Lichtes?

Lösung:
$\varepsilon = n^2 = 1{,}33^2 = 1{,}77.$

*7 Vom Boden eines Gefäßes, in dem Schwefelkohlenstoff, Wasser und Benzol aufeinander geschichtet sind, ohne sich zu vermischen, durchläuft ein Lichtstrahl die erste Schicht (aus Schwefelkohlenstoff) unter dem Winkel α zur Senkrechten nach oben.
a) Unter welchem Winkel tritt der Strahl nach Durchlaufen der drei Schichten oben aus, wenn $\alpha = 5°$ war?
b) Für welchen kleinsten Wert $\alpha = \alpha_0$ wird der Lichtstrahl an der Grenzfläche von Schwefelkohlenstoff und Wasser bzw. an der von Benzol und Luft totalreflektiert?

Lösung:
a) $\beta = 8{,}16°$
$\beta_2 = 5{,}43°$
$\beta_1 = 6{,}13°$

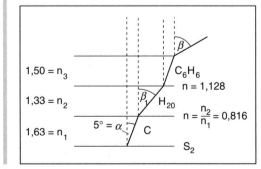

b) $\sin \beta_T = 0{,}816$ $\beta_T = 54{,}7° = \alpha_0$
$\sin \beta_1 = \sin \alpha / 0{,}816$
$\sin \beta_2 = \sin \beta_1 / 1{,}128$
$\qquad = \sin \alpha_0 / (1{,}128 \cdot 0{,}816), \ \alpha_0 = 67°$

*8 Unter einem Prisma versteht man in der Optik einen keilförmigen Glaskörper, dessen Flächen um den „Prismenwinkel" ε gegeneinander geneigt sind.

a) Berechnen Sie die Ablenkung δ, die ein Lichtstrahl beim Durchgang durch ein Prisma erfährt, in Abhängigkeit von ε und vom Einfallswinkel. Die Ablenkung δ ist minimal, wenn der Strahlengang symmetrisch ist, d. h. wenn der Strahl beim Eintritt in das Prisma ebenso weit von der Prismenkante entfernt ist wie beim Austritt.

b) Wie groß ist für ein Prisma aus Flintglas F3 mit einem Prismenwinkel von 60° bei symmetrischem Strahlengang die Breite $\Delta \delta$ des Spektrums zwischen den Fraunhofer- Linien A und H?

Lösung:

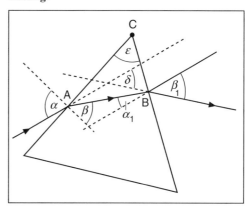

a) $\sin \beta = \dfrac{\sin \alpha}{n}$

in $\triangle ABC$:
$90° - \beta + \varepsilon + (90° - \alpha_1) = 180°$
$\Leftrightarrow \alpha_1 = \varepsilon - \beta$
$\sin \beta_1 = n \cdot \sin \alpha_1;$

Ablenkung:
$\delta = \alpha - \beta + \beta_1 - \alpha_1$
$\delta = \alpha - \arcsin(\sin \alpha / n)$
$\qquad + \arcsin(n \cdot \sin(\varepsilon - \beta)) - \varepsilon + \beta;$

b) symmetrischer Strahlengang:
$\delta = 2(\alpha - \varepsilon / 2)$
$\quad = 2(\arcsin(n \cdot \sin \varepsilon / 2) - \varepsilon / 2)$

$\Delta \delta = \delta(H) - \delta(A) = 60{,}67° - 46{,}55°$
$\qquad = 4{,}12°.$

7.4.3 Röntgenstrahlen

Seite
329

1 a) Röntgenlicht der Wellenlänge $\lambda = 150$ pm wird an einem NaCl-Kristall reflektiert. In welchem Bereich muss dazu der Netzebenenabstand d im NaCl-Kristall liegen?

b) Bestimmen Sie für $d = 278$ pm die Glanzwinkel ϑ, unter denen eine starke Reflexion zu erwarten ist.

Lösung:
a) $2d \sin \vartheta = n \cdot \lambda$ $\sin \vartheta \le 1$
$2d = n\lambda / \sin \vartheta \ge n\lambda$
also $d \ge \lambda / 2 = 75$ pm.

b) $\sin \vartheta_n = n\lambda / (2d)$
$\qquad = n \, 150 \, \text{pm} / (2 \cdot 278 \, \text{pm}) = n \cdot 0{,}2698$
$\vartheta_1 = 15{,}65°, \quad \vartheta_2 = 32{,}65°, \quad \vartheta_3 = 54{,}03°.$

2 Um Blutbahnen mit Röntgenstrahlen zu erfassen, spritzt man besondere Kontrastmittel ins Blut. Welche Eigenschaften müssen diese Flüssigkeiten haben?

Lösung:
Sie müssen ein hohes Absorptionsvermögen für Röntgenstrahlen haben und ungiftig sein (z. B. Bariumsulfat $BaSO_4$).

3 Geben Sie ein Verfahren an, mit dem aus weißem Röntgenlicht monochromatisches Röntgenlicht ausgesondert werden kann.

Lösung:
Durch Bragg-Reflexion an einem Einkristall: Nur die Wellenlängen, die der Bragg-Bedingung genügen, werden dabei reflektiert.

4 Welche Eigenschaften machen Röntgenlicht für Lebewesen gefährlich?

Lösung:
Die Ionisation: Sie erzeugt somatische und genetischen Schäden, s. Text.

5 Berechnen Sie die Abstände der Kristallebenen von *Abb. 329.1b)*. Der Abstand der Li-Atome im LiF beträgt 208 pm.

Lösung:
Man findet elementargeometrisch:

$$d_{120} = a/\sqrt{5} = 89{,}9 \text{ pm}$$
$$d_{121} = a/\sqrt{6} = 82{,}1 \text{ pm}.$$

1 Schreiben Sie ein Computerprogramm, das die ersten 50 Werte der Verhulst-Folge berechnet und vergleichen Sie die Ergebnisse mit *Abb. 338.1*.

Lösung:

```
program verhulst;

{ Verhulst'scher Wachstumsprozess }

USES crt,graph;

type string40 = string[40];

var x,Xnext,r:                real;
    i,n,n1,n2,x1,x2,yl,y2:    integer;
    Antw:                     Char;
    Nmr:                      string[4];
    Titel:                    string[80];
    graphdriver,graphmode,errorcode: INTEGER;

BEGIN
 REPEAT
  ClrScr;
  writeln('VERHULST-Prozess:');
  writeln('x(n+1) <== r x(n) (1-x(n))');
  writeln;
  writeln;
  write('x0: (0:Ende)');readln(x);
  IF x=0 THEN exit;
  write('r:');readln(r);
  write('n1:');readln(n1);
  graphdriver:=detect;
  InitGraph(GraphDriver,GraphMode,C:\TP6\
                                  BGI');
  n:=0;
  Titel:=' Verhulst'+chr(39)+'scher
                            Wachstumsprozess ';
  str(r:3:1,Nmr);
  Titel:=titel+'r='+Nmr;
  str(y:3:1,Nmr);
  titel:=titel+' x0='+Nmr;
  SetTextJustify(LeftText, LeftText);
  SetTextStyle(DefaultFont,Horizdir,1);
  outTextXY(10,10,titel);
  rectangle(20,20,getmaxX-20,getmaxY-20);
  outTextXY(10,getmaxy div 2,'x');
  outtextxy(10,getmaxy-20-round((getmaxy-40)/
                              1.5),'1');
  outTextXY(getmaxx div 2,getmaxy-10,'n');
  str(n 1:4,Nmr);
  outTextXY(10,getmaxy-10,Nmr);
  str(n1+50:4,Nmr);
  outTextXY(getmaxx-40,getmaxy-10,Nmr);

  IF n1 > 1 THEN
```

Seite **339**

```
  BEGIN
   REPEAT
    n:=n+1;
    x:=r*x*(1-x);
   UNTIL n>=n1;
  END;

  FOR i:=0 to 50 DO
  BEGIN
   xnext:=r*x*(1-x);
   x1:=20+round((getmaxx-40)/50*i);
   y1:=getmaxy-20-round((getmaxy-40)/
                        1.5*y);
   x2:=20+round((getmaxx-40)/50*(i+1));
   y2:=getmaxy-20-round((getmaxy-40)/
                        1.5*ynext);
   IF (x1>=0) and (x1<=getmaxx-20) and
      (x2>=0) and (x2<=getmaxx-20)
      and (y1>=0) and (y1<=getmaxy) and
      (y2>=0) and (y2<=getmaxy)
    THEN line(x1,y1,x2,y2);
   x:=xnext;
  END;
  readln;
  closegraph;
 UNTIL false;
END.
```

2 Zeigen Sie, dass die Fixpunkte der Verhulst-Folge den Wert $x_\infty = (r-1)/r$ haben. (*Hinweis*: Der Fixpunkt ist erreicht, wenn $x_{n+1} = x_n$ ist.)

Lösung:

$$x = r \cdot x \cdot (1-x) \quad | \div x$$
$$1 = r(1-x) = r - rx \Leftrightarrow x = \frac{r-1}{r}$$

3 Schreiben Sie ein Computerprogramm, das für $2{,}9 \le r \le 4$ ein Bifurkationsdiagramm zeichnet.

Lösung:

```
PROGRAM bifurkation;

{ Bifurkations-Diagramm des
Verhulst-Prozesses }

USES CRT,GRAPH;

VAR x,r,dr:REAL;
    t,m,i,k,aa,maxx,maxy:INTEGER;
    s:STRING;

BEGIN
 DetectGraph(t,m);
 InitGraph(t,m,'c:\tp6\bgi');
 maxx:=GetMaxX;
 maxy:=GetMaxY;
```

```
s:=' ';
r:=2.5;   {Anfangsparameter der Verhulst-
           Dynamik}
dr:=1.5/maxx;
FOR i:=1 TO maxx DO {den ganzen Bildschirm
                     füllen}
BEGIN
  x:=0.5;  {Anfangswert der Verhulst-
           Dynamik}
  FOR k:=1 TO 300 DO
   BEGIN
     x:=r*x*(1−x);   { Einschwingen }
   END;
  FOR k:=1 TO maxy DO
  BEGIN
    x:=r*x*(1-x);
    PutPixel(i,Round(x*200),15);
  END
  SetColor(black);
  OutTextXY(5,5,s);
  Str(r:10:5,s);
  SetColor(white);
  OutTextXY(5,5,s);
  r:=r+dr;
 END;
 Readln;
 CloseGraph;
END.
```

4 Schreiben Sie ein Programm, das die Bifurkationspunkte der Verhulst-Dynamik möglichst genau berechnet und vergleichen Sie die Ergebnisse mit Tab. 339.2.

Lösung:
PROGRAM feigenbaum;

{ Halbautomatische Suche nach Bifurkationspunkten im Verhulst-Diagramm. dr, einschwingzahl und delta muessen sorgfaeltig kontrolliert werden. }

```
USES crt;
VAR x,nextx,delta,r,dr:REAL;
    i,k,l,z,astzahl,
    einschwingzahl    :INTEGER;
    xgrenzwert        :ARRAY[1..50]OF REAL;
    istschondagewesen :BOOLEAN;
BEGIN
 clscr;
 FOR i:=1 TO 50 DO xgrenzwert[i]:=100;
```

```
r:=2.990;   {Anfangsparameter der Verhulst-
             Dynamik}
dr:=0.001;  {r-Inkrement}
delta:=1.E-5;
einschwingzahl:=10 000;

FOR i:=1 TO 1000 DO

BEGIN
 x:=0.5;  {Anfangswert der Verhulst-
          Dynamik}

 FOR k:=1 TO einschwingzahl DO
 BEGIN
   x:=r*x*(1−x);     {Einschwingen}
 END {k};

 astzahl :=1;
 xgrenzwert[1]:=x;

 FOR l:=1 TO 40 DO {Bestimme astzahl =
                    die Zahl der Werte,
                    die x annimmt}

 BEGIN

  nextx:=r*x*(1-x);
  istschondagewesen :=false;

  {Vergleiche nextx mit allen schon vorgekom-
  menen x-Werten, um festzustellen, ob nextx
  ein neuer x-Wert ist}

  z:=1;
  REPEAT
   istschondagewesen :=(abs(xgrenzwert[z]-
                        nextx)<delta);
   inc(z);
  UNTIL (istschondagewesen OR (z>50));

  IF (NOT istschondagewesen) THEN
   BEGIN
    inc(astzahl);
    xgrenzwert[astzahl]:=nextx;
   END;

  x:=nextx;

 END {l};

 Writeln(r:7:3,' ',astzahl);
 readln;
 r:=r+dr;
END {i};
END.
```

9.1.1 Absoluter Raum und absolute Zeit

Seite
343

1 Nennen Sie Beispiele für Inertialsysteme und für beschleunigte Bezugssysteme.

Lösung:
Auf der Erde bildet die Horizontale – und gleichförmig auf ihr bewegte Körper, wie z. B. ein mit konstanter Geschwindigkeit $\vec{v}$ fahrender ICE-Zug – ein zweidimensionales Inertialsystem, da man normalerweise die Beschleunigung aufgrund der Erdrotation, der Bewegung um die Sonne oder gar der Bewegung um das Zentrum des Milchstraßensystems vernachlässigen kann. (Die entsprechenden Beschleunigungen sind $a_{\mathrm{Erdrot}} = 3{,}37 \cdot 10^{-2}\,\mathrm{m/s^2}\cos\varphi$, φ ist der Breitengrad), $a_{\mathrm{Sonnensystem}} = 5{,}9 \cdot 10^{-3}\,\mathrm{m/s^2}$ und $a_{\mathrm{Milchstr.}} = 1{,}8 \cdot 10^{-10}\,\mathrm{m/s^2}$).
Nimmt man die Vertikale als dritte Dimension hinzu, so ist der Raum auf der Erde wegen der Gravitationskräfte kein Inertialsystem. Erst ein im Schwerefeld frei fallendes Bezugssystem, z. B. in einem Satelliten, stellt ein *lokales* Inertialsystem dar ($\rightarrow$Allgemeine Relativitätstheorie, S. 367).
Fahrstuhl, anfahrende Straßenbahn oder Karussell sind typische Beispiele für beschleunigte Bezugssysteme.

2 Welche Beobachtungen zeigen, dass die Erde wegen ihrer Rotationsbewegung kein Inertialsystem ist ?

Lösung:
Jean Bernard Léon FOUCAULT (1819 – 1868) führte 1850 in der Pariser Sternwarte und 1851 im Pantheon zu Paris seinen berühmten Pendelversuch durch, mit dem er die Rotation der Erde nachwies. Der Versuch ist heute nach FOUCAULT benannt, obwohl er bereits 1661, also bereits 18 Jahre nach dem Tode GALILEIS, erstmals von VIVIANI durchgeführt wurde.
Die Auswirkungen der Corioliskraft ($\rightarrow$ *1.2.9*) und das Auftreten von Ebbe und Flut weisen ebenfalls auf die Rotation der Erde hin.

3 Zeigen Sie an einigen Beispielen aus der Mechanik die Gültigkeit des Galilei'schen Relativitätsprinzips.

Lösung:
Berühmt ist das Gedankenexperiment GALILEIS mit dem Stein, der sowohl bei ruhendem als auch bei gleichförmig fahrenden Schiff stets an der selben Stelle des Schiffes niederfällt (aus *Dialogo*, 1632). 1640 führte Pierre GASSENDI im Golf von Lyon das Experiment mit dem von GALILEI vorhergesagten Ergebnis durch.
Im Speisewagen eines ICE kann man wie in einem üblichen Restaurant problemlos an einer gedeckten Tafel speisen; der Zug darf nur seine Geschwindigkeit weder nach Betrag noch nach Richtung ändern.

9.1.2 Das Michelson-Experiment

Seite
344

1 Berechnen Sie die Geschwindigkeit, mit der sich die Erde um die Sonne bewegt. Die Erde läuft näherungsweise auf einem Kreis mit $r = 149{,}6$ Mio. km.

Lösung:
$$v = 2\pi r/(1\,\mathrm{a})$$
$$= 2\pi\, 149{,}6 \cdot 10^6\,\mathrm{km}/(365{,}25 \cdot 24 \cdot 3600\,\mathrm{s})$$
$$= 29{,}8\,\mathrm{km/s}$$

2 In dem von MICHELSON durchgeführten Experiment betrug die effektive Länge der Spektrometerarme $d = 11$ m.
a) Berechnen Sie die erwartete Laufzeitdifferenz $t_{\mathrm{par}} - t_{\mathrm{senk}}$; vergleichen Sie sie mit der Schwingungsdauer von Licht.
b) Um welchen Phasenwinkel sollten sich die Schwingungen der beiden Teilbündel bei einer Drehung der Apparatur um 90° gegeneinander verschieben?

Lösung:
a) $t_{\mathrm{par}} - t_{\mathrm{senk}}$
$$= 2d/c \cdot (1 - \sqrt{1 - v^2/c^2})/(1 - v^2/c^2)$$
$$\approx d\,v^2/c^3 = 3{,}6 \cdot 10^{-16}\,\mathrm{s}$$

Die Schwingungsdauer von grünem Licht beträgt
$$T = \lambda/c = 550\,\mathrm{nm}/3 \cdot 10^8\,\mathrm{m/s}$$
$$= 1{,}83 \cdot 10^{-15}\,\mathrm{s}.$$

b) $\Delta\varphi/360° = (t_{\mathrm{par}} - t_{\mathrm{senk}})/T$
$$= 3{,}6 \cdot 10^{-16}\,\mathrm{s}/1{,}83 \cdot 10^{-15}\,\mathrm{s}$$
$$\Rightarrow \Delta\varphi = 71°$$

9.1.3 Das Grundprinzip der Relativitätstheorie

1 Wie erklären die Postulate der Relativitätstheorie den negativen Ausgang des Michelson-Experiments?

Lösung:
Hat das Licht in einem Inertialsystem in jeder Richtung die gleiche Ausbreitungsgeschwindigkeit, wie es das zweite Postulat fordert, so hat eine Drehung des Michelson-Interferometers keine Änderung der Laufzeiten zur Folge, und eine Verschiebung der Interferenzstreifen ergibt sich nicht.

2 Was würde man klassisch und was relativistisch in einem Handspiegel beobachten, wenn man – wie EINSTEIN es sich vorstellte – mit nahezu Lichtgeschwindigkeit läuft?

Lösung:
Relativistisch würde sich wegen der Konstanz der Lichtgeschwindigkeit das Spiegelbild nicht verändern. Nach der klassischen Äther-Theorie würde sich das Licht auf dem Weg vom Gesicht zum Spiegel zunehmend verspäten – eine Zeit, die auf dem Rückweg nicht wieder eingeholt werden könnte. Bei Annäherung an die Lichtgeschwindigkeit würde man sich zunehmend *rückblickend* im Spiegel sehen!

9.2.1 Die relative Gleichzeitigkeit

Seite
347

1 Der *Relativitätsexpress* rast mit nahezu Lichtgeschwindigkeit dahin, als ein Blitz in das vordere und einer in das hintere Ende des Zuges einschlägt. Ein Reisender, der sich in der Mitte des Zuges befindet, und ein Bahnwärter draußen am Bahndamm sehen die Blitze gleichzeitig. Beim Eintreffen der von den Blitzen ausgesandten Lichtsignale befinden sich der Reisende und der Bahnwärter auf gleicher Höhe. Welche Schlüsse ziehen beide daraus über die Zeiten, zu denen die Blitze einschlugen?

Lösung:
Anschaulich kann man die Frage anhand von *Abb. 347.1 a)* beantworten, wenn man die Abfolge der Bilder von unten nach oben betrachtet, den zeitlichen Ablauf also gerade umgekehrt, womit sich alle Bewegungsrichtungen umkehren. Der Reisende sitzt in der Mitte der unteren (ruhenden) Rakete: Für ihn sind, da ihn die Blitzsignale gleichzeitig erreichen, die beiden Blitze auch gleichzeitig an den Enden eingeschlagen. Der Bahnwärter steht draußen und beobachtet die obere (bewegte) Rakete: Für ihn ist der Blitz eher in die Spitze der Rakete (also das Ende des Zuges) eingeschlagen und später in den Anfang des Zuges.

2 Zwei Raumschiffe fliegen mit halber Lichtgeschwindigkeit durch das Sonnensystem. Ihr Abstand im Sonnensystem beträgt konstant 600 000 km. Geben Sie ein Verfahren an, mit dem die Besatzung der beiden Raumschiffe die Uhren an Bord synchronisiert. Um wie viel werden die Uhren im hinteren Raumschiff für einen Beobachter auf einem Planeten eher in Gang gesetzt?

Lösung:
Die Besatzungen betrachten die beiden Raumschiffe als Inertialsystem und nehmen die Synchronisation wie folgt vor: Vom hinteren Raumschiff wird ein Lichtsignal ausgesandt, gleichzeitig werden die Uhren dort in Gang gesetzt. Am vorderen Raumschiff wird das Signal reflektiert und gleichzeitig werden dort die Uhren in Gang gesetzt. Beim Eintreffen des Lichts im hinteren Raumschiff wird die gesamte Laufzeit gemessen und dem vorderen Raumschiff mitgeteilt, dass dessen Uhren um die halbe Laufzeit zu spät in Gang gesetzt wurden, um diese Zeit also *vor* zu stellen sind.

Im Sonnensystem muss das Signal auf dem Hinweg zusätzlich zur Strecke $s = 600\,000$ km den Weg $\Delta s_1 = T_1\,c/2$ durchlaufen, den das vordere Raumschiff während der Laufzeit T_1 zurücklegt:

$$s + \Delta s_1 = c\,T_1 \Rightarrow s + \tfrac{1}{2}c\,T_1 = c\,T_1 \Rightarrow$$
$$T_1 = 2s/c = 2 \cdot 600\,000 \text{ km}/300\,000 \text{ km/s} = 4\text{ s}.$$

Auf dem Rückweg braucht das Signal die Strecke $\Delta s_2 = T_2\,c/2$ weniger zu durchlaufen, um die das hintere Raumschiff ihm entgegen kommt:

$$s + \Delta s_2 = c\,T_2 \Rightarrow s + \tfrac{1}{2}c\,T_2 = c\,T_2 \Rightarrow T_2 = 2s/3c$$
$$= 2 \cdot 600\,000 \text{ km}/(3 \cdot 30\,000 \text{ km/s}) = 1\tfrac{1}{3}\text{ s}.$$

Die gesamte Laufzeit beträgt also $4\text{ s} + 1\tfrac{1}{3}\text{ s} = 5\tfrac{1}{3}\text{ s}$. Für den Beobachter im Sonnensystem müssten die Uhren im vorderen Raumschiff um 4 s vor gestellt werden, um synchron mit denen im hinteren Raumschiff zu gehen. Aufgrund des Verfahrens der Besatzung werden die Uhren nach seinen Berechnungen im vorderen Raumschiff aber nur um $5\tfrac{1}{3}\text{ s} : 2 = 2\tfrac{2}{3}\text{ s}$ vorgestellt. Sie gehen also um $1\tfrac{1}{3}\text{ s}$ nach.

9.2.2 Die Zeitdilatation

Seite
349

1 Berechnen Sie die Geschwindigkeit v, mit der sich in *Abb. 349.1* die Uhr C bewegt.

Lösung:
Mit $\Delta t = \Delta t_R \sqrt{1 - v^2/c^2}$ folgt
$$2\text{ ns}[= 4\text{ ns}\sqrt{1 - v^2/c^2}$$
$$\Rightarrow v/c = \sqrt{3}/2 \approx 0{,}866$$

2 Ein 30-jähriger Weltraumfahrer startet im Jahre 1999 zu einer Reise durch das Weltall. Seine durchschnittliche Reisegeschwindigkeit beträgt relativ zur Erde gemessen $v = \tfrac{40}{41}\,c$. Wie alt ist der Weltraumfahrer, wenn er im Jahre 2030 zurückkehrt?

Lösung:
Für den Weltraumfahrer vergehen

$$\Delta t = (2030 - 1999)\,\text{a}\,\sqrt{1 - (40/41)^2}$$
$$= 31\,\text{a} \cdot 9/41 \approx 6{,}8\,\text{a}$$

Als Sechsunddreißigjähriger (30 a + 6,8 a) kommt er nach 30 Jahren im Jahr 2030 zurück.

3 Zwei synchronisierte Uhren A und B haben auf der Erde einen Abstand von 600 km. Eine Rakete fliegt mit der Geschwindigkeit $v = \frac{12}{13}\,c$ über die Erde hinweg und kommt erst an Uhr A, dann an Uhr B vorbei. Bei A zeigt eine Uhr in der Rakete die gleiche Zeit wie Uhr A an. Welche Zeit zeigt die Raketenuhr im Vergleich zur Uhr B an, wenn sie über diese hinwegfliegt?

Lösung:

Während des Fluges der Rakete von Uhr A zur Uhr B vergeht auf der Erde die Zeit
$\Delta t_R = \Delta s / \frac{12}{13}\,c = 13 \cdot 600\,\text{km}/(12 \cdot 300\,000\,\text{km/s})$
$\quad = \frac{13}{6}\,\text{ms} = 2\frac{1}{6}\,\text{ms}.$

Währenddessen vergeht in der Rakete nur die Zeit

$\Delta t = \Delta t_R \sqrt{1 - v^2/c^2} = \frac{13}{6}\,\text{ms}\sqrt{1 - (\frac{12}{13})^2} = \frac{5}{6}\,\text{ms}.$

Die Uhr in der Rakete zeigt daher $2\frac{1}{6}\,\text{ms} - \frac{5}{6}\,\text{ms} = 1\frac{1}{3}\,\text{ms}$ weniger an als die Uhr B, wenn sie über diese hinwegfliegt.

Zusatzaufgaben

4 Im Jahre 1995 startet ein 20-jähriger Astronaut zu einer Weltraumreise. Da seine Rakete mit $v = (60/61)\,c$ fliegt und damit fast Lichtgeschwindigkeit erreicht, kann er während seiner 33 Jahre dauernden Reise auch den 9,7 Lichtjahre entfernten Sirius besuchen.

a) Welches Jahr schreibt man auf der Erde, wenn der Astronaut als 53-jähriger zurückkehrt?

b) Wie alt ist der Astronaut, wenn er auf seinem direkten Flug zu Sirius diesen Stern passiert?

c) Wie schnell hätte der Astronaut fliegen müssen, um während seiner 33 Jahre dauernden Weltraumreise den 2 Millionen Lichtjahre entfernten Andromedanebel zu besuchen?

Lösung:

a) Auf der Erde sind 183 Jahre vergangen; man schreibt das Jahr 2178:

$$\Delta t_R = \Delta t / \sqrt{1 - (v/c)^2}$$
$$= 33\,\text{a} / \sqrt{1 - (60/61)^2} = 183\,\text{a}$$

b) In Erdzeit vergehen für die Reise zum Sirius $\Delta t_R = 9,7\,\text{Lj} : (60\,c/61) = 9,86\,\text{a};$ für den Astronauten vergehen jedoch nur $\Delta t = 9,86\,\text{a}\sqrt{1 - (60/61)^2} = 1,78\,\text{a};$ als Einundzwanzigjähriger kommt er am Sirius vorbei.

c) Aus $\Delta t = \Delta t_R \sqrt{1 - v^2/c^2}$ folgt mit $\Delta t_R = 33\,\text{a}$ und $\Delta t_R = 2\,e/v\;(e = 2\,\text{Mio. Lj} = 2 \cdot 10^6\,c\,\text{a})$:

$$\frac{v}{c} = \frac{1}{\sqrt{1 + \left(\dfrac{33}{4 \cdot 10^6}\right)^2}}$$

$$\approx 1 - \frac{1}{2}\left(\frac{33}{4 \cdot 10^6}\right)^2 = 1 - 34 \cdot 10^{-12}$$

Auf 34 Billionstel von c muss sich die Geschwindigkeit des Raumschiffs der Lichtgeschwindigkeit nähern.

Seite
350
9.2.3 Myonen im Speicherring

1 Wie groß wäre die Halbwertszeit der Myonen, wenn sie mit derselben Geschwindigkeit $v = 0,999\,999\,997\,c$ im Ring kreisen würden wie Elektronen im Deutschen Elektronensynchrotron (DESY) in Hamburg?

Lösung:

Die Halbwertszeit der Myonen wäre
$\Delta t_R = 1,52\,\mu\text{s}/\sqrt{1 - 0,999\,999\,997^2} = 19,6\,\text{ms}$

2 Angenommen, die Myonen hätten eine Lebenserwartung von 70 Jahren. Wie lang lebten sie dann im Speicherring?

Lösung:

$70\,\text{a}/\sqrt{1 - 0,9994^2} = 2021\,\text{Jahre}$
Man stelle sich vor, ein Mensch würde seit dem Jahre 0 im Speicherring kreisen; er könnte heute noch leben.

3 Wie schnell muss ein Elektron in einem Beschleuniger sein, dass dessen Länge für das Elektron auf ein Viertel kontrahiert erscheint ($\rightarrow$ 9.2.4)?

Lösung:

Aus $l_K = l\sqrt{1 - v^2/c^2}$ folgt
$$v/c = \sqrt{1 - (l_K/l)^2}$$
$$= \sqrt{1 - (\tfrac{1}{4})^2} = 0,968.$$

9.2.4 Die Längenkontraktion

1 Wie würden Sie die Frage nach Schein oder Wirklichkeit der Längenkontraktion beantworten?

Lösung:
Die Längenkontraktion ist nicht in dem Sinne real, als dass ein bewegter Körper in seiner Längsrichtung verformt würde. So ähnlich hatte der niederländische Physiker Hendrik Antoon Lorentz um 1900 argumentiert und erklärte damit den negativen Ausgang des Michelson-Versuchs: Die Strömung des Äthers durch die Materie sollte die Kräfte zwischen den Molekülen vergrößern und dadurch den Körper kontrahieren.
Die Relativitätstheorie erklärt dies anders: Die Grundprinzipien haben zur Folge, dass Raum und Zeit eine andere Symmetrie besitzen als in der klassischen Physik zu Grunde gelegt. Daher haben Raum und Zeit auch andere, unserer täglichen Erfahrung scheinbar widersprechende Eigenschaften. Die Längenkontraktion ist eine dieser Eigenschaften, die wir im täglichen Leben nicht beobachten können. (Siehe hierzu z. B. R. Sexl und H. K. Schmidt, Raum-Zeit-Relativität, vieweg-studium; 8.2 Schein oder Wirklichkeit?; 8.3 Die Unsichtbarkeit der Längenkontraktion.)

2 Berechnen Sie die Eigenlänge l und die kontrahierte Länge l_K der Rakete in *Abb. 352.1*.

Lösung:
Die synchronisierten Uhren in dem Raumschiff messen für das Überfliegen der Uhr C die Zeit $\Delta t_R = 250$ ns. Daraus berechnet sich die Eigenlänge zu $l = \frac{3}{5} c \cdot 250$ ns $= 45$ m. Mit der Anzeige der Uhr C $\Delta t = 200$ ns berechnet man die kontrahierte Länge zu $l_K = \frac{3}{5} c \cdot 200$ ns $= 36$ m. Dies folgt auch aus der Formel für die Längenkontraktion

$$l_K = 45 \,\mathrm{m} \sqrt{1 - (\tfrac{3}{5})^2} = 36 \,\mathrm{m}.$$

3 Myonen werden in 20 km Höhe erzeugt und fliegen mit $v = 0{,}9998\,c$ auf die Erde zu. Welche Ausdehnung hat für die Myonen die Atmosphärenschicht von 20 km?

Lösung:
$$l_K = 20 \,\mathrm{km} \sqrt{1 - 0{,}9998^2} = 340 \,\mathrm{m}$$

4 Warum tritt senkrecht zur Bewegungsrichtung keine Längenkontraktion auf?

Lösung:
Uhren, die senkrecht zur Bewegungsrichtung eines anderen Inertialsystems I′ aufgestellt und in ihrem Ruhesystem I synchronisiert sind, gehen auch dem anderen System I synchron. Daher messen sie keine Längenkontraktion:
Auch im bewegten System I′ erreichen die Lichtsignale gleichzeitig die Uhren A_1 und A_2. Hinterlassen daher die beiden Uhren gleichzeitig Marken in den beiden Bezugssystemen, so wird deren Abstand in jedem System gleich gemessen.

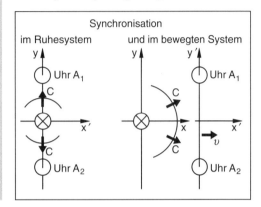

Zusatzaufgaben

5 Ein Raumschiff fliegt mit $v = 0{,}6\,c$ über eine synchronisierte Uhrenkette hinweg. Anfang und Ende des Raumschiffs befinden sich gleichzeitig über zwei Uhren, die einen Abstand von 48 m haben. Wie lang ist das Raumschiff für einen Astronauten, der sich im Raumschiff aufhält? Wie erklärt er sein anderslautendes Ergebnis?

Lösung:
Die Eigenlänge der Rakete beträgt $l_R = 60$ m:

$$l_R = 48 \,\mathrm{m} / \sqrt{1 - 0{,}6^2} = 60 \,\mathrm{m}.$$

Für den Astronauten ist die Uhrenkette nicht synchronisiert; in Flugrichtung gesehen geht jede nachfolgende Uhr um eine bestimmte Zeitspanne gegenüber der davor stehenden Uhr **vor!** Anfang und Ende des Raumschiffs werden daher für den Astronauten nicht gleichzeitig markiert, sondern der Anfang zu früh, das Ende zu spät. Die Länge wird zu klein gemessen (s. umseitige *Abb.*).

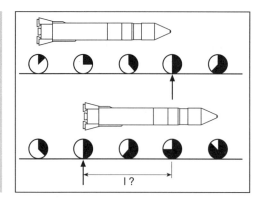

6 In einem Linearbeschleuniger wird ein Elektron auf die Geschwindigkeit $v = 0,6\,c$ beschleunigt. Anschließend durchfliegt es mit konstanter Geschwindigkeit eine Strecke AB von 9 m Länge.
  a) Wie lange braucht das Elektron, um diese Strecke zu durchfliegen?
  b) Wie lang ist die Strecke im Ruhsystem des Elektrons?
  c) Welche Zeit vergeht im Ruhsystem des Elektrons, bis die Strecke durchflogen ist?

Lösung:
  a) $t_R = s/v = 9\,\text{m}/(0,6 \cdot 3 \cdot 10^8\,\text{m/s})$
  $= 5 \cdot 10^{-8}\,\text{s} = 50\,\text{ns}.$
  b) $l = l_R \sqrt{1 - v^2/c^2} = 9\,\text{m}\sqrt{1 - 0,36} = 7,2\,\text{m}.$
  c) $t = t_R \sqrt{1 - v^2/c^2} = 40\,\text{ns}$
  oder
  $t = l/v = 7,2\,\text{m}/0,6\,\text{c} = 40\,\text{ns}.$

7 Ist es möglich, mit einem 15 m langen Panzer einen 10 m breiten Graben mit einer Geschwindigkeit von $v = 0,8\,c$ zu überqueren? Aus der Sicht des Panzerfahrers ist der Graben auf 6 m kontrahiert, und die Mitte des Panzers, dort sei der Schwerpunkt, steht noch fest auf der einen Seite, wenn die Vorderkante des Panzers die andere Grabenseite erreicht. Aus der Sicht der Verteidiger ist der Panzer auf 9 m kontrahiert. Er schwebt also einen Moment frei in der Luft und müsste in den Graben fallen! Wie löst sich dieser Widerspruch?

Lösung:
Dieses Problem wurde von W. Rindler 1961 aufgeworfen (Am. J. Phys. **29**, 365 (1961)). Natürlich fällt der Panzer in den Graben, da er aus der Sicht der Verteidiger für einen Moment frei schwebt. Wie erklärt sich dieser Sachverhalt aus der Sicht des Panzerfahrers? Mit der Lorentz-Transformation zeigt Rindler, dass sich der Panzer in den kontrahierten Graben biegt. Anschaulich hilft hier ein Minkowski-Diagramm. In der Abbildung sind das

Ruhsystem I des Panzers und das relativ dazu nach links bewegte System I' des Grabens gezeichnet. Wir betrachten das Ereignis E ($t = 0$; die Panzerspitze fährt über den Grabenrand) und nehmen an, die zwischenmolekularen Kräfte im Panzer übertragen sich mit Lichtgeschwindigkeit. Nach $16\frac{2}{3}$ Sekunden hat erst ein Drittel des Panzers Kenntnis von dem Ereignis E und nur dieses Drittel kann demnach Kräfte ausüben und den über dem Graben befindlichen Teil halten. Das Diagramm zeigt, dass sich bereits 80% dieses Drittels über dem Graben befindet. Der Panzer kann demnach nicht starr bleiben, sondern biegt sich von Anfang an (parabelförmig) in den Graben.

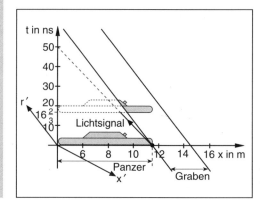

8 Zeigen Sie, dass sich in *Abb. 349.1* kein Widerspruch ergibt, wenn man die Uhr C als ruhend und die Uhren A und B als mit der Geschwindigkeit v nach links bewegt ansieht. Berücksichtigen Sie dabei, dass der Abstand der Uhren A und B nun längenkontrahiert ist und die Uhren A und B nun nicht mehr synchron gehen.

Lösung:
Eine sorgfältige Diskussion dieser nicht einfachen Aufgabe kann den Abschluss des Themenkreises „Relative Gleichzeitigkeit, Zeitdilatation und Lorentz-Kontraktion" bilden. Geht es doch hier um den von Kritikern erhobenen Vorwurf, dass die Symmetrie der Zeitdilatation bezüglich zweier Inertialsysteme bereits einen inneren Widerspruch darstellt.
In Abb. 349.1 geht die bewegte Uhr nur halb so schnell wie die ruhenden Uhren, woraus sich die Relativgeschwindigkeit $v/c = \sqrt{3}/2 = 0,866$ ergibt. Der Abstand der beiden Uhren A und B beträgt demnach in deren Ruhsystem $d = 4\,\text{ns} \cdot v$; diese Form ist aussagekräftiger als der daraus berechnete Wert von 104 cm.

Betrachten wir nun die Uhr C als ruhend, so ist der Abstand der bewegten Uhren A und B Lorentz-kontrahiert: $d_K = 2\,\mathrm{ns} \cdot v$. Die beiden Uhren A und B gehen nicht mehr synchron; welche Zeitdifferenz sie anzeigen, ergibt sich aus der Betrachtung der in ihrem Ruhesystem erfolgten Einstein-Synchronisation:

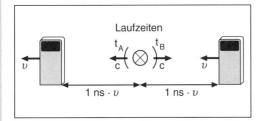

Die Uhr B wird vor der Uhr A in Gang gesetzt; seien t_A und t_B die Laufzeiten der Synchronisationsblitze (gemessen von der Uhr C), so ergibt die Rechnung:

Aus
$$c\,t_A = 1\,\mathrm{ns} \cdot v + v\,t_A \quad \text{folgt} \quad (c - v_A)\,t_A = 1\,\mathrm{ns} \cdot v,$$
und aus
$$c\,t_B = 1\,\mathrm{ns} \cdot v - v\,t_B \quad \text{folgt} \quad (c - v_B)\,t_B = 1\,\mathrm{ns} \cdot v,$$
sodass sich ergibt
$$t_A - t_B = 1\,\mathrm{ns} \cdot v \left(\frac{1}{c - v} - \frac{1}{c + v} \right)$$
$$= 1\,\mathrm{ns}\, \frac{2}{c^2/v^2 - 1} = 6\,\mathrm{ns}.$$

Diese von der Uhr C gemessene Zeitdifferenz von 6 ns wird jedoch nicht von den bewegten Uhren A und B angezeigt; sie gehen um den Faktor $\frac{1}{2}$ langsamer, sodass B nur um 3 ns gegenüber A vorgeht. Kommt die Uhr A an der Uhr C vorbei, so zeigt sie 100 ns an; Uhr B zeigt demnach (gleichzeitig für C) 103 ns. Bis die Uhr B an C vorbeikommt, vergehen 2 ns; für die langsamer gehende Uhr B vergeht jedoch nur 1 ns, sodass sie dann 104 ns wie in *Abb. 349.1* anzeigt.

9.2.5 Die Zeitdilatation *Rämm-Zeit-Diagramme*

Seite **353**

1 Lesen Sie für das Ereignis „*Das vordere Ende des Busses befindet sich in der Mitte der Straßenbahn*" in *Abb. 353.1* die Koordinaten in allen drei Bezugssystemen ab.

Lösung:
Das Ereignis hat die Koordinaten
$\mathrm{E}\,(t = 2\,\mathrm{s} \,|\, x = 30\,\mathrm{m}) = \mathrm{E}\,(t' = 2\,\mathrm{s} \,|\, x' = 20\,\mathrm{m})$
$= \mathrm{E}\,(t'' = 2\,\mathrm{s} \,|\, x'' = 40\,\mathrm{m})$.

2 Bestimmen Sie in *Abb. 353.1* im Ruhesystem des Busses die Geschwindigkeit der Bahn und im Ruhesystem der Bahn die des Busses.

Lösung:
Der Bus hat in I'' die Geschwindigkeit
$v'' = (50\,\mathrm{m} - 20\,\mathrm{m})/3\,\mathrm{s} = 10\,\mathrm{m/s}$.
Der Bahn hat in I' die Geschwindigkeit
$v' = (0\,\mathrm{m} - 30\,\mathrm{m})/3\,\mathrm{s} = -10\,\mathrm{m/s}$.

3 Welche Bewegung stellt eine gekrümmte Weltlinie dar, deren Steigung zunehmend geringer wird?

Lösung:
Im Minkowski-Diagramm stellt dies eine positiv beschleunigte Bewegung dar.

4 Was lässt sich über eine Weltlinie sagen, die die Form einer nach unten geöffneten Parabel hat?

Lösung:
Ein solcher Körper wäre gleichzeitig (z. B. in den Schnittpunkten mit der x-Achse an zwei verschiedenen Orten. Das ist nicht möglich.

Zusatzaufgaben

5 Ein Fluss hat eine Strömungsgeschwindigkeit von 50 m/min. Zeichnen Sie ein rechtwinkliges Koordinatensystem, das das Inertialsystem „Ufer" darstellt ($0 \le x \le 400\,\mathrm{m}$; $0 \le t \le 3\,\mathrm{min}$). Zeichnen Sie ein schiefwinkliges Koordinatensystem hinein, das das Inertialsystem „Fluss" darstellt. Lösen Sie damit die folgenden Aufgaben graphisch: Ein Motorbootfahrer startet am Bootshaus H (250 m; 0 min) zu einer Fahrt stromaufwärts. Sein Boot fährt relativ zum Wasser mit einer Geschwindigkeit von 200 m/min. Nach einer Minute bemerkt er, dass ihm eine halbvolle Whiskyflasche über Bord gefallen ist. Er kehrt um und holt die Flasche 100 m unterhalb des Bootshauses ein. Allerdings war ihm kurz nach dem Wenden der Motor für eine halbe Minute ausgefallen, und am Bootshaus musste er 38 Sekunden wegen einer Fähre anhalten. Wann und wo fiel die Flasche über Bord? Zeichnen Sie in beiden Inertialsystemen ein Netz von Parallelen zu den Achsen und konstruieren Sie die Weltlinien von Boot und Flasche.

Lösung:

Aus dem Diagramm liest man ab, dass die Flasche 15 Sekunden nach dem Start, etwa 37 m oberhalb des Bootshauses über Bord gefallen war.

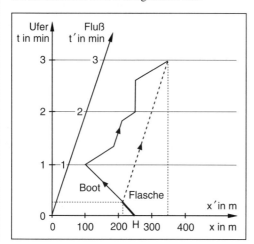

6 Tragen Sie in ein rechtwinkliges Koordinatensystem die Punkte A (3,5; 1,8), B (5,5; –5,5) und C (–5; 0) ein. Zeichnen Sie in das erste Koordinatensystem ein zweites schiefwinkliges System,

dessen Achsen einen Winkel von 120° einschließen. Beide Koordinatensysteme sollen dabei dieselbe Winkelhalbierende haben. Geben Sie die Koordinaten der Punkte im stumpfwinkligen System an, wenn dessen Einheitsstrecken 1,5 mal größer als im rechtwinkligen System sind.

Lösung:

Im schiefwinkligen Koordinatensystem liest man folgende Koordinaten ab:

A (3; 2), B (3; –3), C (–3; 7; –1).

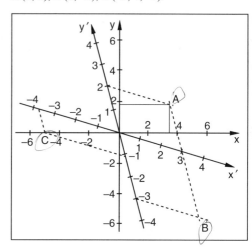

Seite
355

9.2.6 Minkowski-Diagramme

1 Zeichnen Sie in einem Minkowski-Diagramm ein rechtwinkliges Koordinatensystem I und ein System I′, das sich relativ zu I mit $v = 0,8\,c$ bewegt. Zeigen Sie, dass aus der Sicht eines jeden Systems die Uhren im anderen System langsamer gehen. Zeigen Sie, dass auch die Lorentz-Kontraktion in diesem Sinne symmetrisch ist.

Lösung:

Wir sehen zunächst das System I als ruhend an, was bedeutet, dass die Uhren in diesem System synchron gehen und Gleichzeitigkeit parallel zur x-Achse abgelesen wird. Dann vergeht z. B. vom Zeitnullpunkt an in diesem System die Zeitspanne $\Delta t_R = 5\,\text{s}$, während dessen in I′ nur die Zeit $\Delta t' = 5\,\text{s}\sqrt{1 - 0,8^2} = 5\,\text{s} \cdot 0,6 = 3\,\text{s}$ vergeht. Sei I′ das ruhende System, so vergehen während $\Delta t'_R = 3\,\text{s}$ in I nur $\Delta t = 3\,\text{s}\sqrt{1 - 0,8^2} = 3\,\text{s} \cdot 0,6 = 1,8\,\text{s}$. Zwei Körper, die in I bzw. I′ ruhend dort die Eigenlänge $l = 1$ Ls haben, haben im jeweils anderen relativ mit $v = 0,8\,c$ bewegten System die kontrahierte Länge $l_K = 0,6$ Ls.

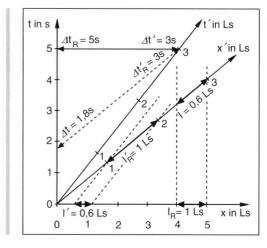

2 Zwei Raumschiffe fliegen in entgegengesetzter Richtung mit den Geschwindigkeiten $v_1 = 0,6\,c$ und $v_2 = 0,3\,c$ an der Erde vorbei. Zeichnen Sie ein Minkowski-Diagramm, in dem das Erdsystem (rechtwinklig) und die Ruhesysteme der beiden

Raumschiffe eingetragen sind. Lesen Sie ab, um welchen Faktor die Uhren des einen Raumschiffs langsamer im Vergleich zu den Uhren des anderen Raumschiffs gehen. Zeigen Sie, dass der Effekt symmetrisch ist. Zeigen Sie, dass die Raumschiffe um den gleichen Faktor längenkontrahiert sind.

Lösung:
Das erste Raumschiff (I′) bewegt sich mit $0,6\,c$ nach rechts, das zweite (I″) mit $0,3\,c$ nach links. Vergeht im System I″ die Zeit $\Delta t_R'' = 10\,\text{s}$, so liest man in I′ dafür die Zeit $\Delta t' = 6,5\,\text{s}$. Daraus ergibt sich der Faktor $\sqrt{1 - v^2/c^2} = 0,65$ für die Zeitdilatation und die Längenkontraktion.
(Diesen Faktor wird man mit dem Additionstheorem für Geschwindigkeiten → 9.2.8 berechnen können: Für die Relativgeschwindigkeit zwischen I″ und I′ ergibt sich und daraus
$v/c = (0,6 + 0,3)/(1 + 0,6 \cdot 0,3) = 0,763$
und daraus $\sqrt{1 - v^2/c^2} = \sqrt{1 - 0,763^2} = 0,647$.)

Ein Körper mit der Eigenlänge $l = 2\,\text{Ls}$ wird im jeweils anderen System zu $l_K = 1,3\,\text{Ls}$ verkürzt gemessen.

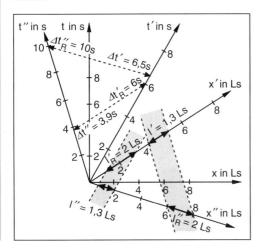

Zusatzaufgaben

3 Um 8.00 Uhr passiert ein Raumschiff mit $v = 0,8\,c$ die Erde. Dabei wird auch die Raumschiffsuhr auf 8.00 Uhr gestellt. Um 9.30 Uhr fliegt das Raumschiff an einer Raumstation vorbei, die konstanten Abstand zur Erde hat. Die Uhren in der Station zeigen Erdzeit an.
a) Wie viel Uhr ist es während des Vorbeiflugs im Raumschiff?

b) Welche Entfernung hat die Raumstation von der Erde für einen Beobachter auf der Erde?
Zeichnen Sie ein Minkowski-Diagramm.

Lösung:
a) Im Raumschiff vergeht die Zeitspanne $\Delta t'$ $= 90\,\text{min}\sqrt{1 - 0,8^2} = 54\,\text{min}$; beim Vorbeiflug an der Station ist es also 8.54 Uhr im Raumschiff.
b) Die Station hat von der Erde die Entfernung $\Delta x = 90\,\text{min} \cdot 0,8\,c = 72\,\text{Lmin}$.

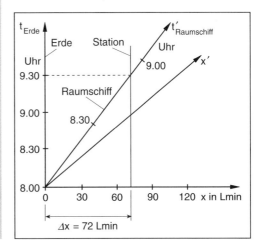

4 Ein Raumschiff der Eigenlänge $l = 100\,\text{m}$ fliegt mit $v = 0,6\,c$ an einer interplanetaren Station vorbei. Als die Spitze des Raumschiffs einen Sendemast der Raumstation passiert, wird ein Radiosignal ausgesandt.
a) Nach welcher Zeit erreicht das Signal das Heck des Raumschiffs?
b) Nach welcher Zeit passiert das Heck des Raumschiffs den Sendemast?
Geben Sie die Zeiten jeweils in Raumschiffzeit und Stationszeit an. Lösen Sie rechnerisch und zeichnerisch mit einem Minkowski-Diagramm.

Lösung:
Die Spitze des Raumschiffs soll zur Zeit $t = t' = 0$ den Sendemast passieren, dessen Weltlinie durch die t-Achse im System I dargestellt sei.
a) Das Signal erreicht im Ruhesystem I′ des Raumschiffs das Heck nach 333 ns:
$\Delta t' = 100\,\text{m} : c = 333\,\text{ns}$.
Im relativ dazu bewegten System der Raumstation bewegen sich das Ende des auf 80 m längenkontrahierten Raumschiffs und das Signal aufeinander zu; sie treffen sich nach $\Delta t = 167\,\text{ns}$:
$v\,\Delta t + c\,\Delta t = l_K \Rightarrow$
$\Delta t = l_K/(v + c) = l\sqrt{1 - v^2/c^2}/(v + c)$
$= 80\,\text{m}/(0,6\,c + c) = 167\,\text{ns}$.

b) Im System I der Raumstation kommt das Heck des Raumschiffs nach 444 ns am Sendemast vorbei: $\Delta t = l_K/0{,}6\,c = 444$ ns. Im Raumschiff vergehen $\Delta t' = l/0{,}6\,c = 556$ ns, bis der Sendemast am hinteren Ende vorbeifliegt.

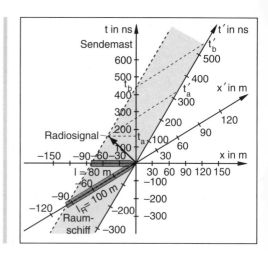

Seite 356

9.2.7 Die Lorentz-Transformation

1 Für Geschwindigkeiten im Alltag ist $v \ll c$, sodass man Terme mit v/c vernachlässigen kann. Zeigen Sie, dass damit die Lorentz-Transformation in die Galilei-Transformation der (x, t)-Diagramme in Abb. 353.1 übergeht.

Lösung:
Für $v \ll c$ wird $k = 1/\sqrt{1 - v^2/c^2} \approx 1$. Vernachlässigt man Terme mit v/c^2, so erhält man:
$t = t'$ und $x = x' + v\,t'$ bzw. $x' = x - v\,t$, also die klassische Galilei-Transformation.
Aus $x' = x - v\,t$ folgt z. B. mit $x' = 0$ die Gleichung der roten t'-Achse im x-t-System in Abb. 353.1 zu $t = x/v$.

2 Leiten Sie mit den Lorentz-Transformationsgleichungen die Formel für die Zeitdilatation her. Legen Sie zwei Ereignisse für die Ablesung einer in I bewegten, in I′ ruhenden Uhr fest. Beachten Sie:

Die Ablesung erfolgt in I′ am gleichen Ort ($x'_1 = x'_2$), in I an verschiedenen Orten.

Lösung:
Eine Uhr bewegt sich im Inertialsystem I mit der Geschwindigkeit v. Zu den Zeiten t_1 und t_2 befindet sich die Uhr an den Orten x_1 bzw. x_2. In ihrem Ruhesystem I' werden diese beiden Ereignisse durch die Koordinaten (x'_1/t'_1) und (x'_2/t'_2) beschrieben, wobei $(x'_1 = x'_2)$. Für die Zeitspanne $t'_2 - t'_1$ im Inertialsystem I ergibt sich:
$$t_2 - t_1 = k(t'_2 + (v/c^2)\,x'_2) - k(t'_1 + (v/c^2)\,x'_1)$$
$$= k(t'_2 - t'_1).$$

Bezeichnen wir die Zeitspanne im System I wie üblich mit $\Delta t_R = t_2 - t_1$ und die Eigenzeit mit $\Delta t = t'_2 - t'_1$, so ergibt sich mit $k = 1/\sqrt{1 - v^2/c^2}$ die bekannte Formel für die Zeitdilatation $\Delta t = \Delta t_R \sqrt{1 - v^2/c^2}$.

Seite 357

9.2.8 Die Addition der Geschwindigkeiten

1 Zeigen Sie, dass Licht, das von einem mit $0{,}99\,c$ fliegenden Ion ausgesandt wird, sowohl in als auch entgegen der Flugrichtung Lichtgeschwindigkeit hat.

Lösung:
Aus $u = \dfrac{u' + v}{1 + \dfrac{u'v}{c^2}}$ folgt $u = \dfrac{\pm c + 0{,}99\,c}{1 \pm \dfrac{c \cdot 0{,}99\,c}{c^2}} = \pm c$.

2 Ein radioaktiver Kern fliegt mit $v = 0{,}8\,c$ und sendet in seinem Ruhesystem Elektronen mit einer Geschwindigkeit von $0{,}6\,c$ aus. Welche Geschwindigkeiten haben die Elektronen im Laborsystem in der Flugrichtung des Kerns und entgegen der Flugrichtung?

Lösung:
Werden die Elektronen in der Flugrichtung des Kerns ausgesandt, so fliegen sie mit $u_1 = 0{,}946\,c$

dem Kern voraus. Werden sie entgegen der Flugrichtung ausgesandt, so fliegen sie mit $u_2 = 0,385\,c$ dem Kern hinterher:

$$u_1 = \frac{0,6\,c + 0,8\,c}{1 + \dfrac{0,6\,c \cdot 0,8\,c}{c^2}} = 0,946\,c;$$

$$u_2 = \frac{-0,6\,c + 0,8\,c}{1 + \dfrac{-0,6\,c \cdot 0,8\,c}{c^2}} = 0,385\,c;$$

Zusatzaufgaben

3 Ein Flugzeug fliegt mit einer Geschwindigkeit von 1000 km/h und feuert in Vorausrichtung ein Geschoss mit ebenfalls 1000 km/h ab. Wie genau müsste eine Geschwindigkeitsmessung des Geschosses sein, wollte man den relativistischen Effekt nachweisen?

Lösung:
Mit $v = 1000$ km/h $= 278$ m/s folgt für die relativistische Geschwindigkeit u des Geschosses:

Aus $u = \dfrac{2\,v}{1 + \left(\dfrac{v}{c}\right)^2} \approx 2\,v\left(1 - \left(\dfrac{v}{c}\right)^2\right)$ folgt durch

Umformen der Näherung

$$\frac{2\,v - u}{2\,v} = \left(\frac{v}{c}\right)^2 = \left(\frac{278}{3 \cdot 10^8}\right)^2 = 8,6 \cdot 10^{-13}$$

Die relative Geschwindigkeitsänderung beträgt $8,6 \cdot 10^{-13}$; mit dieser Genauigkeit ist eine Geschwindigkeitsmessung nicht möglich!

4 Ein Raumschiff fliegt mit $0,2\,c$ durch die Milchstraße, als es von einer gegnerischen Rakete überholt wird, die mit $0,8\,c$ die Galaxie durchquert. Sofort löst der Kommandant des Raumschiffs ein $0,7\,c$-Geschoss aus, das die Rakete kurze Zeit später einholt und zerstört. – Prüfen Sie im Inertialsystem „Galaxie" und im System „Raumschiff", ob diese Geschichte wahr sein kann.

Lösung:
Das Geschoss holt die Rakete nicht ein. Im galaktischen System hat das Geschoss die Geschwindigkeit $v = (0,2\,c + 0,7\,c)/(1 + 0,2 \cdot 0,7)$
$= 0,79\,c < 0,8\,c$;
im Ruhesystem des Raumschiffs hat die Rakete die Geschwindigkeit $u = (0,8\,c - 0,2\,c)/(1 - 0,8 \cdot 0,2)$
$= 0,71\,c > 0,7\,c$.

9.2.9 Der optische Doppler-Effekt

Seite
359

1 Eine Wasserstofflinie im Spektrum des Spiralnebels Hydra hat eine Wellenlänge von 475 nm, während man im Labor die Linie mit der Wellenlänge 394 nm misst. Wie groß ist die Fluchtgeschwindigkeit des Spiralnebels?

Lösung:
Der Spiralnebel Hydra entfernt sich mit 18,5 % der Lichtgeschwindigkeit:

$$\frac{v}{c} = \frac{(\lambda_E/\lambda_s)^2 - 1}{(\lambda_E/\lambda_s)^2 + 1} = \frac{(475/394)^2 - 1}{(475/394)^2 + 1} = 0,185.$$

2 Ein mit der Geschwindigkeit $v = 0,6\,c$ fliegendes K-Meson zerfällt in zwei π-Mesonen. Im Ruhesystem des K-Mesons haben die π-Mesonen eine Geschwindigkeit von $0,85\,c$. Welche Geschwindigkeit haben die π-Mesonen maximal und minimal im Laborsystem?

Lösung:
In der Flugrichtung des K-Mesons haben die Pi-Mesonen die größte Geschwindigkeit mit
$v = (0,6\,c + 0,85\,c)/(1 + 0,6 \cdot 0,85) = 0,96\,c$;
die entgegen der Flugrichtung ausgesandten Pi-Mesonen haben die Geschwindigkeit
$u = (0,6\,c - 0,85\,c)/(1 - 0,6 \cdot 0,85) = -0,51\,c$;
sie fliegen nach hinten mit $0,51\,c$.

3 Der nächste Fixstern ist Alpha-Centauri am südlichen Sternenhimmel. Seine Entfernung beträgt 4,5 Lichtjahre.
a) Wie lange braucht ein Raumschiff mit der Geschwindigkeit $v = 0,5\,c$, um zu dem Stern zu gelangen?
b) Wie lange dauert der Flug für die Astronauten?
c) Welche Geschwindigkeit müsste das Raumschiff haben, wenn für die Besatzung nur ein Jahr verginge?

Lösung:

a) Das Raumschiff bräuchte 9 Jahre: $\Delta t_{\text{Erde}} = 4{,}5\,\text{a}\,c/0{,}5\,c = 9\,\text{a}$.

b) Für die Astronauten vergingen nur 7,8 Jahre, was sich allerdings erst bei deren Rückkehr zeigen würde:
$$\Delta t_{\text{Astr.}} = \Delta t_{\text{Erde}} \sqrt{1 - v^2/c^2} = 9\,\text{a}\sqrt{1 - 0{,}5^2}$$
$$= 7{,}8\,\text{a}$$

c) Aus $\Delta t_{\text{Astr.}} = \Delta t_{\text{Erde}} \sqrt{1 - v^2/c^2}$
folgt $1\,\text{a} = (4{,}5\,\text{a}\,c/v)\sqrt{1 - (v/c)^2}$
und daraus $v/c = 0{,}9762$.
Für die Erdbewohner würde der Flug 4,61 a dauern.

4 Werden Uhren bewegt, so gehen sie langsamer. Man könnte daher annehmen, dass der Uhrentransport zur Synchronisation entfernter Uhren eine ungeeignete Methode sei. Tatsächlich werden aber Atomuhren zur Synchronisation entfernter Uhren transportiert. Zeigen Sie, dass die dabei auftretende Zeitabweichung kleiner als jeder vorgegebene Wert gemacht werden kann, wenn der Uhrentransport nur genügend langsam erfolgt. Ersetzen Sie in der Rechnung den Wurzelterm durch die Näherung $(1+x)^{1/2} \approx 1 + \frac{1}{2}\,x$. Mit welcher Geschwindigkeit darf demnach höchstens eine Uhr von Tokio nach Paris gebracht werden (Entfernung ca. 12000 km), wenn der auftretende Zeitfehler kleiner als 10^{-8} s sein soll?

Lösung:
Der Zeitfehler soll kleiner als 10^{-8} Sekunden sein!
Die Uhr darf dann höchstens mit einer Geschwindigkeit von 540 km/h transportiert werden:
Aus $t = t_R(1 - v^2/2c^2)$ folgt $t_R - t = t_R\,v^2/(2c^2)$
$$= (s/v)\,v^2/2c^2 < 10^{-8}\,\text{s};$$
damit $v \leqq (2c^2/s)\cdot 10^{-8}\,\text{s}$
$$= 2\,(3\cdot 10^8\,\text{m/s})^2/(1{,}2\cdot 10^7\,\text{m})\,10^{-8}\,\text{s}$$
$$= 150\,\text{m/s} = 540\,\text{km/h}.$$

5 Astronauten benötigen für die Hin- und Rückreise zum Mond vier Tage. Berechnen Sie die mittlere Geschwindigkeit und die dadurch auftretende Zeitdilatation. Könnte man die Zeitdilatation mit Atomuhren messen? Die Ganggenauigkeit neuester Atomuhren beträgt $\Delta t/t = 10^{-14}$; die kleinste messbare Zeitspanne ist 1 ns.

Lösung:
Die mittlere Geschwindigkeit beträgt
$v = 2\cdot 384\,400\,\text{km}/4\,\text{d} = 2225\,\text{m/s}$.
Für die Zeiten t_{Rakete} und t_{Erde} gilt
$$t_{\text{Rakete}} = t_{\text{Erde}} \sqrt{1 - v^2/c^2}, \quad \text{oder}$$
$$t_{\text{Rakete}} \approx t_{\text{Erde}}(1 - \tfrac{1}{2}(v/c)^2) = t_{\text{Erde}} - \tfrac{1}{2}(v/c)^2\,t_{\text{Erde}}.$$

Die relative Zeitabweichung berechnet sich also zu
$$(t_{\text{Erde}} - t_{\text{Rakete}})/t_{\text{Erde}} = \tfrac{1}{2}(v/c)^2$$
$$= \tfrac{1}{2}(2{,}2\,\text{km/s}/300\,000\,\text{km/s})^2$$
$$= 2{,}75\cdot 10^{-11};$$

dieser Wert ist 2750 mal größer als $\Delta t/t = 10^{-14}$. Die absolute Zeitabweichung beträgt
$$t_{\text{Erde}} - t_{\text{Rakete}} = \tfrac{1}{2}(v/c)^2\,t_{\text{Erde}}$$
$$= 2{,}75\cdot 10^{-11}\cdot 4\,\text{d} = 9{,}5\,\mu\text{s}$$

und ist damit 9500-mal größer als die kleinste, von der Atomuhr meßbare Zeitspanne von 1 ns.

6 Ein Raumschiff nähert sich mit $v = 0{,}6\,c$ der Erde. Während einer Fernsehübertragung vergeht im Raumschiff eine Stunde. Wie lange dauert die Sendung auf der Erde?

Lösung:
Auf der Erde dauert die Übertragung eine halbe Stunde:
Bei Annäherung gilt
$$T_{\text{E}} = T_{\text{S}}\sqrt{\frac{1 - v/c}{1 + v/c}} = 1\,\text{h}\,\sqrt{\frac{1 - 0{,}6}{1 + 0{,}6}} = \tfrac{1}{2}\,\text{h}.$$

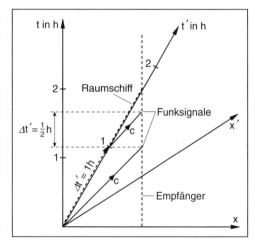

7 Ein Raumschiff startet am Neujahrstag des Jahres 2000 und fliegt mit der Geschwindigkeit $v = 0{,}8\,c$ zu dem etwa 4 Lichtjahre entfernten Stern Alpha-Centauri. Nach einem Aufenthalt von 2 Jahren kehrt das Raumschiff mit der Geschwindigkeit $v = 0{,}6\,c$ zur Erde zurück. Jeweils zur Jahreswende werden Neujahrsgrüße per Funk ausgetauscht. Zeichnen Sie in einem Minkowski-Diagramm den Verlauf der Weltraumreise. Tragen Sie die Funksprüche zu Neujahr in das Diagramm ein. In welchem Jahr kehrt das Raumschiff zur Erde zurück? Wie viele Botschaften werden ausgetauscht? Deuten Sie das Ergebnis mithilfe des Doppler-Effekts.

Lösung:

Das Raumschiff kehrt nach $13\frac{2}{3}$ Jahren im Jahre 2013 zur Erde zurück. Für die Astronauten sind nur $10\frac{1}{3}$ Jahre vergangen.

Für die Neujahrsgrüße per Funk ergeben sich mit der Formel für den Doppler-Effekt die folgenden Zeitabstände T_E, die für die Empfänger zwischen zwei aufeinanderfolgenden Funksprüchen vergehen:

$$T_E = 1\,\mathrm{a}\sqrt{\frac{1 + v/c}{1 - v/c}}$$

v/c	$+0{,}8$	0	$-0{,}6$
T_E	$3\,\mathrm{a}$	$1\,\mathrm{a}$	$\frac{1}{2}\,\mathrm{a}$

Die beiden Minkowski-Diagramme, in die links die Funksprüche von der Erde zum Raumschiff und rechts vom Raumschiff zur Erde eingezeichnet sind, bestätigen dieses Ergebnis.

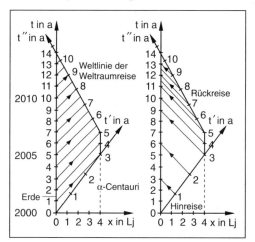

Zusatzaufgabe

8 Zeichnen Sie den Graphen für die Rotverschiebung der Lichtwellenlänge $v/c \rightarrow \lambda_E/\lambda_s$. Bis zu welchen Werten v/c darf man die klassische Formel für den Doppler-Effekt $\lambda_E = \lambda_s(1 + v/c)$ verwenden? Tragen Sie diese Funktion ebenfalls in das Diagramm ein.

Lösung:

Mit der Näherungsformel lässt sich bis 30% der Lichtgeschwindigkeit rechnen; dann ist der Fehler kleiner als 5%.

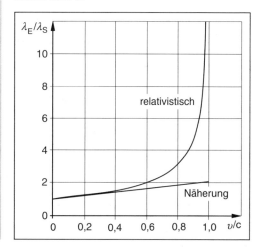

Seite
361

9.3.1 Die relativistische Massenzunahme

1 Wie groß ist der prozentuale Fehler, wenn man bei einer Geschwindigkeit von 0,1 c die relativistische Massenzunahme nicht berücksichtigt?

Lösung:
Der prozentuale Fehler berechnet sich zu

$(m - m_0)/m_0 = m/m_0 - 1$

$= 1/\sqrt{1 - v^2/c^2} - 1 = 0,005 = 0,5\,\%$

für $v/c = 0,1$.

Weitere Werte:

v/c	0,2	0,4	0,6	0,8	0,9	0,99
Fehler	2,1%	9,1%	25%	67%	129%	609%

2 Berechnen Sie die Massenzunahme eines Satelliten ($m_0 = 1000\,\text{kg}$), der auf seiner Erdumlaufbahn eine Geschwindigkeit von 28 000 km/h hat.

Lösung:
Die Massenzunahme beträgt nur 0,34 Milligramm:
Da auch hier noch $v \ll c$ ist, darf man die Näherung $1/\sqrt{1 - v^2/c^2} \approx 1 + v^2/2\,c^2$ benutzen.
Aus $m = m_0/\sqrt{1 - v^2/c^2} \approx m_0(1 + \frac{1}{2}(v/c)^2)$ folgt
$\Delta m = m - m_0 = \frac{1}{2}(v/c)^2\,m_0$
$= \frac{1}{2}(7,8\,\text{km/s}/300\,000\,\text{km/s})^2 \cdot 1000\,\text{kg}$
$= 3,4 \cdot 10^{-7}\,\text{kg}$.

3 Im deutschen Elektronensynchrotron DESY bei Hamburg werden Elektronen auf eine Geschwindigkeit von $v = 0,999\,999\,997\,c$ beschleunigt. Um welchen Faktor ist die dynamische Masse dann größer als die Ruhemasse?

Lösung:
Die dynamische Masse der Elektronen ist nahezu 13 000-mal größer als ihre Ruhemasse:
Aus: $v/c = 1 - 3 \cdot 10^{-9}$ folgt $(v/c)^2 \approx 1 - 6 \cdot 10^{-9}$;
also $m/m_0 = 1/\sqrt{6 \cdot 10^{-9}} = 12\,910$.

4 Auf welche Geschwindigkeit muss ein Elementarteilchen beschleunigt werden, damit sich seine Masse verdoppelt, verzehnfacht, verhundertfacht?

Lösung:
Aus $m/m_0 = 1/\sqrt{1 - v^2/c^2}$ folgt
$v/c = \sqrt{1 - (m_0/m)^2}$:

m/m_0	2	10	100
v/c	0,866	0,995	0,999 95

Zusatzaufgaben

5 In einer Röhre werden Elektronen mit einer Spannung $U = 20\,\text{kV}$ beschleunigt. Wie groß ist der prozentuale Fehler bei der Berechnung der Endgeschwindigkeit, wenn man die relativistische Massenzunahme nicht berücksichtigt?

Lösung:
Mit $E_\text{kin} = e\,U = 20\,\text{keV}$ berechnet man klassisch aus $E_\text{kin} = \frac{1}{2}\,m v^2$

$v = \sqrt{2\,E_\text{kin}/m} = 8,39 \cdot 10^7\,\text{m/s} = 0,280\,c$

relativistisch aus der Formel für die kinetische Energie

$\dfrac{v}{c} = \sqrt{1 - \dfrac{1}{\left(1 + \dfrac{E_\text{kin}}{m_0\,c^2}\right)^2}}$

$= \sqrt{1 - \dfrac{1}{\left(1 + \dfrac{20\,\text{keV}}{511\,\text{keV}}\right)^2}} = 0,272$.

Der Fehler beträgt 2,6 %.

Weitere Werte:

U in kV		2,5	10	40	100	1000
v/c	klassisch	0,099	0,198	0,396	0,626	1,978
	relativistisch	0,099	0,195	0,374	0,548	0,941

6 Ein Elektron hat eine Geschwindigkeit von 99,997% der Lichtgeschwindigkeit. Wie groß ist sein Impuls? Geben Sie den Impuls in kgm/s und in GeV/c an.

Lösung:
$p = m_0 \cdot v/(\sqrt{1 - v^2/c^2}) = 3,53 \cdot 10^{-20}\,\text{kg m/s}$.

Multipliziert man mit
$(e/1,60 \cdot 10^{-19}\,\text{As}) \cdot (3 \cdot 10^8\,\text{m/s})/c = 1$,
so erhält man $p = 66,0\,\text{MeV}/c = 0,066\,\text{GeV}/c$.

7 Stößt ein Proton, dessen Geschwindigkeit kleiner als ein Zehntel der Lichtgeschwindigkeit ist, gegen ein ruhendes Proton, so fliegen die beiden Protonen unter einem Winkel von 90° auseinander. Zeigen Sie dies mit den klassischen Erhaltungssätzen für den Impuls und für die kinetische Energie. Ist das stoßende Proton relativistisch, so ist der Winkel kleiner als 90°. Erklären Sie dies qualitativ.

Lösung:

Für die Impulse $\vec{p}_1$ des stoßenden Protons vor dem Stoß und $\vec{p}_1'$ und $\vec{p}_2'$ der Protonen nach dem Stoß führt das Vektordreieck der Impulserhaltung klassisch nur dann auf den Erhaltungssatz der kinetischen Energie $p_1^2/(2\,m) = p_1'^2/(2\,m) + p_2'^2/(2\,m)$, wenn der Winkel α, den die Impulse $\vec{p}_1'$ und $\vec{p}_2'$ einschließen, ein Rechter ist.

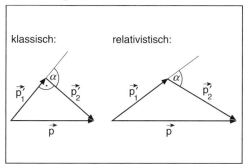

Werden die Geschwindigkeiten relativistisch, so wächst der Impuls $\vec{p}_1$ stärker an als die Impulse $\vec{p}_1'$ und $\vec{p}_2'$, weil zu ihm die größere Geschwindigkeit und damit auch die größere Massenzunahme gehört. Das Vektordreieck wird stumpfwinklig und der Winkel α wird kleiner als 90°.

8 1963 wurde an der Universität Zürich ein Präzisionsexperiment zur relativistischen Massenzunahme durchgeführt. Ziel des Experimentes war es, die Formel

$$m = m_0/\sqrt{1 - v^2/c^2}$$

mit einer Messgenauigkeit von 0,5 Promille zu testen. Die Messungen zeigten, dass im Rahmen dieser Genauigkeit die experimentellen Ergebnisse mit den berechneten Werten übereinstimmen.

Der Versuchsaufbau ist in der Abb. skizziert. Mit einer Spannung von maximal 5,5 Millionen Volt werden Elektronen beschleunigt. Dabei erreicht die dynamische Masse etwa den sechsfachen Wert der Ruhmasse. Die Elektronen durchfliegen ein homogenes Magnetfeld, das so eingestellt ist, dass die Elektronen, auf einem genau vorgegebenen Sollkreis fliegend, um 180° abgelenkt werden. Anschließend gelangen die Elektronen in einen zylindersymmetrischen Plattenkondensator, dessen elektrische Feldstärke ebenfalls so eingestellt wird, dass die Elektronen, auf einem Sollkreis fliegend, um 90° abgelenkt werden. Die genaue Einstellung wird mit einem Detektor kontrolliert, in den die Elektronen gelangen.

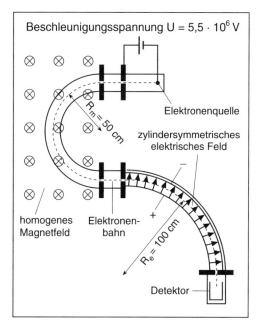

Aus einer genauen Messung der magnetischen Feldstärke B, der elektrischen Feldstärke E und der beiden Kreisradien R_m und R_e können die dynamische Masse m und die Geschwindigkeit v bestimmt werden, wie folgende Rechnung zeigt:

Bei der Bewegung auf einer Kreisbahn (Radius R) wird die ablenkende Zentripetalkraft

$$F_z = m\,v^2/R$$

im magnetischen Fall durch die Lorentzkraft

$$F_m = e\,v\,B$$

und im elektrischen Fall durch die Coulombkraft

$$F_e = e\,E$$

aufgebracht (e ist die Elementarladung). Aus der Gleichsetzung der Kräfte

$F_z = F_m$ (gemessener Radius R_m)

und $F_z = F_m$ (gemessener Radius R_e)

folgen die beiden Gleichungen

$$m\,v^2/R_m = e\,v\,B$$

und $m\,v^2/R_e = e\,E$.

Die Division beider Gleichungen liefert

$$R_e/R_m = v\,B/E.$$

Daraus folgt für die Geschwindigkeit

$$v = E\,R_e/(B\,R_m).$$

Setzt man diese Gleichung in eine der beiden oberen Gleichungen ein, so erhält man für die dynamische Masse die Beziehung

$$m = e\,B^2\,R_m^2/(E\,R_e).$$

a) Erklären Sie, warum die Elektronen in beiden Feldern auf Kreisbahnen fliegen.

b) Der Versuch wurde so durchgeführt, dass zunächst das Magnetfeld auf genau $B = 20\,\text{mT}$ eingestellt wurde. Dann wurde die Beschleunigungsspannung so eingeregelt, dass die Elektronen auf dem Sollkreis durch das Magnetfeld flogen, und anschließend wurde das elektrische Feld so eingestellt, dass die Elektronen auch auf ihrem Sollkreis im elektrischen Feld flogen; das elektrische Feld hatte dann den Wert $E = 2{,}95529 \cdot 10^6\,\text{v/m}$. Berechnen Sie die dynamische Masse der Elektronen und ihre Geschwindigkeit. Rechnen Sie mit den genauen Werten für die Naturkonstanten.

c) Zeigen Sie mit einer Formel, dass nur Elektronen mit einem ganz bestimmten Impuls auf der vorgegebenen Kreisbahn durch das auf $B = 20\,\text{mT}$ eingestellte Magnetfeld fliegen können. Berechnen Sie diesen Impuls.

d) Berechnen Sie mit der dynamischen Masse die Gesamtenergie und mit (c) die Ruheenergie der Elektronen. Berechnen Sie die Ruhemasse.

e) Zeigen Sie mit den Ergebnissen aus (b) und (d), dass die Formel für die relativistische Massenzunahme erfüllt ist.

f) Berechnen Sie die kinetische Energie und daraus die Beschleunigungsspannung.

Lösung:

a) Wirkt in jedem Moment eine dem Betrage nach konstante Kraft senkrecht zur Bewegungsrichtung auf das Elektron, so bewegt es sich auf einer Kreisbahn. Eine solche Kraft ist im homogenen magnetischen Feld durch die Lorentzkraft und im zylindersymmetrischen elektrischen Feld durch die Coulomb-Kraft gegeben, wenn das Elektron jeweils senkrecht zum Feld eingeschossen wird.

b) Mit der hergeleiteten Formel berechnet man aus den Versuchsdaten die folgende dynamische Masse:

$$m = \frac{B^2\,R_\text{m}^2}{E\,R_e}\,e$$

$$= \frac{(20 \cdot 10^{-3}\,\text{T})^2 \cdot (0{,}5\,\text{m})^2}{2{,}95529 \cdot 10^6\,\text{V/m} \cdot 1{,}0\,\text{m}} \cdot 1{,}602177 \cdot 10^{-19}\,\text{As}$$

$$= 5{,}421386 \cdot 10^{-30}\,\text{kg}.$$

Nimmt man den Wert für die Ruhemasse des Elektrons, den allerdings erst die weitere Versuchsauswertung liefern soll, vorweg, so berechnet man $m = 5{,}95\,m_0$ und daraus $v = 0{,}985\,c$.

c) Aus der Gleichsetzung der Lorentzkraft mit der Zentripetalkraft ergibt sich

$e\,v\,B = m\,v^2/R_\text{m}$ und daraus $p = m\,v = e\,R_\text{m}\,B$;

$$p = e\,R_\text{m}\,B$$
$$= 1{,}602177 \cdot 10^{-19}\,\text{As} \cdot 0{,}5\,\text{m} \cdot 20 \cdot 10^{-3}\,\text{T}$$
$$= 1{,}602177 \cdot 10^{-21}\,\text{kgm/s}$$
$$= 2{,}997925\,\text{MeV}/c.$$

d) Aus der dynamischen Masse m bzw. der Gesamtenergie E und dem Impuls p lässt sich mit der Impuls-Energie die Ruheenergie berechnen:

$$E_0 = \sqrt{E^2 - (c\,p)^2}$$

$$= \sqrt{(5{,}421386 \cdot 10^{-30}\,\text{kg} \cdot c^2)^2 - (2{,}997925\,\text{MeV})^2}$$

$$= \sqrt{(3{,}041174\,\text{MeV})^2 - (2{,}997925\,\text{MeV})^2}$$

oder $E_0 = 0{,}511066\,\text{MeV}$.

Dieser Wert weicht um weniger als 0,5 Promille vom Literaturwert für die Ruheenergie des Elektrons ab.

Damit ist die Formel für die relativistische Massenzunahme bestätigt, denn dieses Gesetz ist in der soeben benutzten Impuls-Energie enthalten:

e) Aus $E^2 - (c\,p)^2 = E_0^2$ folgt mit $E = m\,c^2$, $E_0 = m_0\,c^2$ und $p = m\,v$

$(m\,c^2)^2 - (c\,m\,v)^2 = (m_0\,c^2)^2$; dividiert durch c^4 ergibt

$m^2\,(1 - v^2/c^2) = m_0^2$; aufgelöst nach m erhält man die Formel für die relativistische Massenzunahme.

f) $E_\text{kin} = E - E_0 = 3{,}0412\,\text{MeV} - 0{,}5111\,\text{MeV}$
$= 2{,}530\,\text{MeV} = e\,U.$

Die Beschleunigungsspannung betrug $U = 2{,}530 \cdot 10^6\,\text{V}$. (Der Versuch wurde bei verschiedenen Spannungen bis maximal 5,5 Mio. Volt durchgeführt.)

9.3.2 Die Trägheit der Energie

1 Wie groß ist die Ruheenergie eines Elektrons? Auf welche Geschwindigkeit muss man das Elektron beschleunigen, um seine Energie zu verdoppeln?

Lösung:
$$E = m_0 c^2 = 9{,}109 \cdot 10^{-31}\,\text{kg} \cdot (2{,}9979\ 10^8\,\text{m/s})^2$$
$$= 8{,}187 \cdot 10^{-14}\,\text{J}$$
$$= 511\,\text{keV} = 0{,}511\,\text{MeV}.$$

In *Aufgabe 361/4* hatten wir gezeigt, dass man ein Elementarteilchen auf $v = 0{,}866\,c$ beschleunigen muss, damit sich seine Masse verdoppelt; das gleiche gilt für die Energie.

2 Wie groß ist die dynamische Masse der Elektronen, wenn sie im Beschleuniger die Energie 20,5 GeV erhalten?

Lösung:
Die Elektronen haben mehr als die 40 000fache Ruhemasse:
$$m/m_0 = (E_0 + E_{\text{kin}})/(m_0 c^2) = 1 + E_{\text{kin}}/(m_0 c^2)$$
$$= 1 + 20{,}5\,\text{GeV}/511\,\text{keV} = 40\,118.$$

3 Um wie viel schwerer wird 1 kg Eis, wenn es schmilzt? Kann man diese Massenzunahme messen ($Q_S = 333{,}5\,\text{J/g}$)?

Lösung:
Die Schmelzwärme von Eis beträgt 335 kJ/kg. Damit nimmt 1 kg Eis beim Schmelzen um folgende Masse zu:
$$m = 335\,\text{kJ}/(3 \cdot 10^8\,\text{m/s})^2 = 3{,}7 \cdot 10^{-9}\text{g} = 3{,}7\,\text{ng}.$$
3,7 Nanogramm lassen sich nicht messen.

4 Zeigen Sie, dass für kleine Geschwindigkeiten die relativistische Formel für die kinetische Energie in die klassische Formel übergeht.

Lösung:
$$E_{\text{kin}} = m_0 c^2 \left(1/\sqrt{1 - v^2/c^2} - 1\right)$$
$$\approx m_0 c^2 \left(1 + \tfrac{1}{2}(v/c)^2 - 1\right) = \tfrac{1}{2}\,m_0 v^2.$$

5 Im deutschen Elektronensynchrotron DESY werden Elektronen auf eine Energie von 7,5 GeV beschleunigt.
a) Wie schnell sind dann die Elektronen?
b) Wie lang ist der Beschleunigungstunnel für die Elektronen? (Der ringförmige Beschleuniger hat einen Durchmesser von 100 m.)

Lösung:
a) Aus $E = m_0 c^2/\sqrt{1 - v^2/c^2} = E_0 + E_{\text{kin}}$ folgt
$$v^2/c^2 = 1 - 1/(1 + E_{\text{kin}}/E_0)^2$$
$$\approx 1 - (E_0/E_{\text{kin}})^2, \text{ da } E_{\text{kin}} \gg E_0.$$
$$v/c \approx 1 - \tfrac{1}{2}(E_0/E_{\text{kin}})^2$$
$$= 1 - \tfrac{1}{2}(511\,\text{keV}/7{,}5\,\text{GeV})^2$$
$$= 0{,}999\,999\,998,$$

wobei die Wurzel wegen $E_0 \ll E_{\text{kin}}$ näherungsweise berechnet werden kann.
b) $l = l_0 \sqrt{1 - v^2/c^2} \approx l_0 \sqrt{1 - (1 - (E_0/E_{\text{kin}})^2)}$
$$= l_0\,E_0/E_{\text{kin}} = 100\,\text{m} \cdot \pi\ 511\text{keV}/7{,}5\,\text{GeV}$$
$$= 21\,\text{mm};$$
für die Elektronen ist der Beschleuniger nur 21 mm statt 314 m lang.

6 Zwei Teilchen gleicher Ruhemasse m_0 und gleicher kinetischer Energie $E_{\text{kin}} = 2\,m_0 c^2$ stoßen zentral zusammen und bilden ein neues Teilchen. Wie groß ist die Ruhemasse M_0 des neuen Teilchens?

Lösung:
Das neu gebildete Teilchen hat die Ruhemasse $M_0 = 6\,m_0$, da die gesamte kinetische Energie in Ruheenergie umgesetzt wird.

9.3.3 Die Raum-Zeit und die Impuls-Energie

1 Drei Ereignisse haben im Inertialsystem I die Koordinaten $E_1(1\,\text{Ls}|2\,\text{s})$, $E_2(6\,\text{Ls}|3\,\text{s})$ und $E_3(5\,\text{Ls}|6\,\text{s})$.

   a) Transformieren Sie die Koordinaten der drei Ereignisse in das System I', das sich mit $v = 0,6\,c$ bewegt.

   b) Bilden Sie in beiden Inertialsystemen die räumlichen Abstände Δx, die zeitlichen Abstände Δt und die raum-zeitlichen Abstände s_{RZ} der drei Ereignisse.

Lösung:

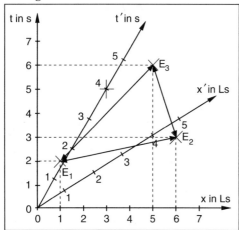

a) Mit $x' = (x - 0,6\,c\,t)/0,8$ und $t' = (t - 0,6\,x/c)/0,8$ berechnet man

	x in Ls	t in s	x' in Ls	t' in s
E_1	1	2	$-0,25$	1,75
E_2	6	3	5,25	$-0,75$
E_3	5	6	1,75	3,75

b) Damit berechnet man die räumlichen Abstände Δx und $\Delta x'$, die zeitlichen Abstände Δt und $\Delta t'$ und die raum-zeitlichen Abstände Δs_{RZ} und $\Delta s'_{RZ}$:

	Δt in Ls	Δt in s	$\Delta x'$ in Ls	$\Delta t'$ in s	Δs_{RZ} in Ls	$\Delta s'_{RZ}$ in Ls
$E_1 E_2$	5	1	5,5	$-2,5$	$4,90\,\sqrt{-1}$	$4,90\,\sqrt{-1}$
$E_2 E_3$	-1	3	$-3,5$	4,5	2,83	2,83
$E_3 E_1$	-4	-4	-2	-2	0	0

Die beiden Ereignisse E_1 und E_2 können keine Wirkung aufeinander ausüben; ihr raum-zeitlicher Abstand ist in jedem Inertialsystem gleich jedoch *imaginär*. Die beiden Ereignisse E_2 und

E_3 haben in jedem System einen raum-zeitlichen Abstand von 2,83 Ls; E_2 findet vor E_3 statt und kann dieses bewirken. Die beiden Ereignisse E_1 und E_3 haben den raum-zeitlichen Abstand null, sie können durch die Weltlinie eines Lichtsignals miteinander verbunden werden.

2 Ein Teilchen hat eine Energie von 5600 MeV und einen Impuls von 5520,6 MeV$/c$. Kann es sich bei dem Teilchen um ein Neutron handeln?

Lösung:
Das Teilchen hat die Ruheenergie des Neutrons:

$$E_0 = \sqrt{E^2 - (p\,c)^2}$$
$$= \sqrt{(5600\,\text{MeV})^2 - (5520,6\,\text{MeV})^2}$$
$$= 940\,\text{MeV}.$$

*3 Im Superprotonensynchrotron des europäischen Kernforschungszentrums CERN werden Protonen auf eine maximale kinetische Energie von 400 GeV beschleunigt. Bei dem Stoß eines beschleunigten Protons (p) gegen ein ruhendes Proton (p) soll ein neues Teilchen X erzeugt werden: $p + p \rightarrow p + p + X$. Wie groß kann maximal die Ruheenergie M_0 des neuen Teilchens X sein?

Lösung:
Die Ruheenergie des Protons sei E_0, die Energie des stoßenden Protons E_1, dessen Impuls p_1 und die Ruheenergie des erzeugten Teilchens sei E_{X0}. Das erzeugte Teilchen hat dann die größte Ruhemasse, wenn die drei Teilchen nach dem Stoß nicht auseinanderfliegen. Die Impuls-Energie lässt sich dann vor dem Stoß im Laborsystem und nach dem Stoß im Schwerpunktsystem aufschreiben und gleichsetzen:

$$(E_1 + E_0)^2 - (c\,p_1)^2 = (2\,E_0 + E_{X0})^2.$$

Mit $E_1 = E_0 + E_{kin}$, wobei $E_{kin} = 400\,\text{GeV}$ ist, und $(c\,p_1)^2 = E_1^2 - E_0^2 = E_{kin}^2 + 2\,E_{kin}\,E_0$ folgt aus obiger Gleichung

$$E_{X0} = 2\,E_0(\sqrt{1 + E_{kin}/2\,E_0} - 1)$$
$$= 2\,E_0(\sqrt{1 + 400\,\text{GeV}/2 \cdot 938\,\text{MeV}} - 1)$$
$$= 27,3\,E_0 = 25,6\,\text{GeV}.$$

Nur 25,6 GeV können maximal in Ruheenergie umgesetzt werden, der Rest $(400 - 25,6)$ GeV tritt als kinetische Energie auf.

9.3.4 Eine Anwendung der Impuls-Energie

Seite
367

1 Wie groß ist der Impuls eines Elektrons, dessen Energie zehnmal so groß wie seine Ruheenergie ist?

Lösung:
Aus $E^2 - (pc)^2 = E_0^2$ folgt
$$p = \sqrt{E^2 - E_0^2}/c = \sqrt{(10E_0)^2 - E_0^2}/c = \sqrt{99}\, E_0/c.$$

2 Ein Proton hat einen Impuls von 6 GeV/c. Wie groß ist seine Geschwindigkeit?

Lösung:
Aus $\quad p = (m_0/\sqrt{1 - v^2/c^2})\, v \quad$ folgt
$$v/c = 1/\sqrt{1 + (m_0\, c^2/p\, c)^2}.$$

Mit der Ruhemasse des Protons von 938 MeV = $m_0\, c^2$ erhält man
$$v/c = 1/\sqrt{1 + (938\,\text{MeV}/6\,\text{GeV})^2} = 0{,}988.$$

3 Ein Elementarteilchen hat bei einer Geschwindigkeit von $2{,}996 \cdot 10^8$ m/s eine Masse von 28,1155 atomaren Masseeinheiten. Um welches Teilchen handelt es sich?

Lösung:
Die Ruhemasse berechnet sich zu
$$\begin{aligned}
m_0 &= m\sqrt{1 - v^2/c^2} \\
&= 28{,}1155\,\text{u}\sqrt{1 - (2{,}996/2{,}997925)^2} \\
&= 1{,}0074\,\text{u}.
\end{aligned}$$

Das ist die Ruhemasse des Protons.

Zusatzaufgaben

4 Ein Photon der Energie $E = 2m_0\, c^2$ trifft auf ein ruhendes Teilchen der Ruhmasse m_0 und wird von ihm absorbiert.
Wie groß ist die Geschwindigkeit des Teilchens nachher?

Lösung:
Durch die Absorption des Photons entsteht ein neues „angeregtes" Teilchen, das eine größere Ruhenergie E_0' im Vergleich zur Ruhenergie E_0 des Teilchens zuvor hat:

$$E_0' = \sqrt{E'^2 - (cp')^2}.$$

Für die Energie E' und den Impuls p' des angeregten Teilchens gilt

$$E' = E_{\text{Ph}} + E_0 = 3m_0\, c^2; \quad p' = p_{\text{Ph}} = 2m_0\, c.$$

Damit wird

$$E_0' = \sqrt{(3m_0\, c^2)^2 - (2m_0\, c^2)^2} = \sqrt{5}\, m_0\, c^2.$$

Für die Geschwindigkeit erhält man:

$$v/c = \sqrt{1 - (m_0'/m')^2} = \sqrt{1 - (\sqrt{5}/3)^2} = \tfrac{2}{3}.$$

5 Ein K-Meson zerfällt in zwei Pi-Mesonen. Ein Pi-Meson ist nach dem Zerfall in Ruhe, d. h., das andere Pi-Meson übernimmt den gesamten Impuls des K-Mesons. Berechnen Sie die Energie des K-Mesons und des davonfliegenden Pi-Mesons (Ruhemasse des K-Mesons = 494 MeV; Ruhemasse des Pi-Mesons 137 MeV).

Lösung:
Mit $E_K = E_{K_0} + E_{K_{\text{kin}}}$ und $E_\pi = E_{\pi_0} + E_{\pi_{\text{kin}}}$ folgt aus dem Energieerhaltungssatz die Gleichung

$$\begin{aligned}
E_K &= E_{\pi_0} + E_\pi \\
E_{K_{\text{kin}}} + E_{K_0} &= 2E_{\pi_0} + E_{\pi_{\text{kin}}} \\
E_{\pi_{\text{kin}}} - E_{K_{\text{kin}}} &= E_{K_0} - 2E_{\pi_0} = 220\,\text{MeV} \quad (1)
\end{aligned}$$

Aus der Gleichheit der Impulse $p_k = p_\pi$ folgt mit der Impuls-Energie

$$\begin{aligned}
(cp_K)^2 &= (cp_\pi)^2 \\
E_K^2 - E_{K_0}^2 &= E_\pi^2 - E_{\pi_0}^2 \\
2E_{K_0} E_{K_{\text{kin}}} + E_{K_{\text{kin}}}^2 &= 2E_{\pi_0} E_{\pi_{\text{kin}}} + E_{\pi_{\text{kin}}}^2 \quad (2)
\end{aligned}$$

Aus den beiden Gleichungen (1) und (2) erhält man die Werte für die kinetische Energie des K-Mesons $E_{K_{\text{kin}}} = 396\,\text{MeV}$ und für das Pi-Meson $E_{\pi_{\text{kin}}} = 616\,\text{MeV}.$

Seite
373

10.1.1 Der lichtelektrische Effekt

1 Die *Abbildung S. 373* unten zeigt eine mit UV-Strahlung (links) und sichtbarem Licht (rechts) gleicher Intensität beleuchtete Metallplatte, ähnlich Versuch 2.
Welche Ergebnisse wären zu erwarten, wenn die Energie des Lichts gleichmäßig an die Elektronen der Zinkplatte verteilt würde?

Lösung:
Wenn die Energie gleichmäßig an die Elektronen der Zinkplatte verteilt wird, erhalten alle Elektronen die gleiche Energie. Bei gleicher Intensität gilt dies für sichtbares Licht wie für UV-Licht. Nach einer längeren Zeitspanne müssten alle Elektronen gleichzeitig aus der Zinkplatte ausgelöst werden und einen elektrischen Strom bewirken.

Seite
375

10.1.2 Das Planck'sche Wirkungsquantum

1 Welchen Energiebetrag können Radiostrahlung ($\lambda = 200$ m), Infrarotstrahlung ($\lambda = 10^{-6}$ m) und Röntgenstrahlung ($\lambda = 10^{-9}$ m) an ein Elektron übertragen?

Lösung:
Licht einer Radiowelle ($\lambda = 200$ m) überträgt $E = 9{,}93 \cdot 10^{-28}$ J, von Infrarotstrahlung ($\lambda = 10^{-6}$ m) $E = 1{,}99 \cdot 10^{-19}$ J und von Röntgenstrahlung ($\lambda = 10^{-9}$ m) $E = 1{,}99 \cdot 10^{-16}$ J.

2 Die Spannung am Kondensator in Abb. 374.1 ändert sich schrittweise mit jedem Fotoelektron. Wie hängt der zeitliche Verlauf der Kondensatorspannung während der Aufladung von der Intensität, wie von der Frequenz des Lichts ab?

Lösung:
Mit der Intensität des Lichts erhöht sich die Zahl der Photoelektronen pro Zeiteinheit, also der Aufladestrom. Bei einem Kondensator ist die Spannungsänderung pro Zeit proportional zum Strom. Also ist die Spannungsänderung pro Zeit am Kondensator ein Maß für die Intensität.
Bei gleicher Intensität und großer Frequenz werden weniger Photoelektronen ausgelöst als bei kleiner Frequenz. Bei blauem Licht wird der Kondensator also langsamer aufgeladen als bei rotem Licht gleicher Intensität. Der Ladevorgang erfolgt bei blauem Licht (hohe Frequenz) bis zu höheren Spannungen, da die Photoelektronen im Vergleich zur Beleuchtung mit rotem Licht eine höhere kinetische Energie besitzen.

Zusatzaufgaben

3 Natriumatome emittieren oder absorbieren Strahlung der Wellenlänge $\lambda = 5{,}9 \cdot 10^{-7}$ m. Berechnen Sie die Energie der Photonen.

Lösung:
$E_{\text{Ph}} = hf = 2{,}1$ eV.

4 Berechnen Sie Frequenz und Wellenlänge von Photonen, die von folgenden Systemen absorbiert werden:
a) Atomkerne absorbieren Energie der Größenordnung 10^3 eV.
b) Ein Atom absorbiert etwa 1 eV.
c) Ein Molekül absorbiert ca. 10^{-2} eV.

Lösung:
a) $f = 2{,}4 \cdot 10^{17}$ Hz, $\lambda = 1{,}24 \cdot 10^{-9}$ m,
b) $f = 2{,}4 \cdot 10^{14}$ Hz, $\lambda = 1{,}24 \cdot 10^{-6}$ m,
c) $f = 2{,}4 \cdot 10^{12}$ Hz, $\lambda = 1{,}24 \cdot 10^{-4}$ m,

5 Welche Höhe muß ein Körper der Masse $m = 10^{-8}$ kg (Sandkorn) durchfallen (ohne Berücksichtigung des Luftwiderstandes), um eine kinetische Energie zu erhalten, die gleich der Energie eines Photons der Frequenz $f = 5 \cdot 10^{14}$ Hz (blaues Licht) ist?

Lösung:
Für die Höhe H gilt mit $mgH = hf$, $H = 3{,}4 \cdot 10^{-12}$ m.
(Der Durchmesser eines Atoms beträgt ungefähr 10^{-10} m.)

10.1.4 Umkehrung des lichtelektrischen Effekts mit Leuchtdioden

Seite 377

1 Eine Diode weist eine Durchlassspannung von $U_0 = 0,65$ V auf. Welche Wellenlänge hat das von der Diode abgestrahlte Licht?

Lösung:
Bei einer Einsatzspannung von 0,65 V strahlt die Diode mit der Wellenlänge $\lambda = 1,91$ μm.

2 Die in *Abb. 377.1* gezeigte untere Leuchtdiode für 950 nm leuchtet trotz der Stromstärke 10 mA nicht. Welche Einsatzspannung ist bei dieser Wellenlänge zu erwarten? Warum ist kein Leuchten festzustellen?

Lösung:
Die Diode für 950 nm hat eine Einsatzspannung von 1,31 V. Sie sendet Infrarotstrahlung aus, die für das Auge nicht sichtbar ist.

10.1.5 Die kurzwellige Grenze der Röntgenstrahlung

Seite 379

1 a) In einer Röntgenröhre durchlaufen Elektronen eine Potentialdifferenz $U_A = 40$ kV. Berechnen Sie die kurzwellige Grenze λ_{min} der Röntgenstrahlung.

b) Zeigen Sie, dass zwischen der kurzwelligen Grenze λ_{min} und der Beschleunigungsspannung U_A die Beziehung $\lambda_{min} = 1240$ V/U_A nm gilt.

Lösung:
a) Die kurzwellige Grenze der Röntgenstrahlung beträgt $\lambda_{min} = 31,0$ pm.

b) Setzt man in $eU = hf$ für die Frequenz $f = c/\lambda$ ein und löst nach λ auf, erhält man $\lambda = 1239,84$ V/U_A nm.

2 Die vom Zählrohr registrierten Impulse unterstützen die Sichtweise, dass Licht in Form einzelner Photonen absorbiert wird. Wie würde sich das Messergebnis von Versuch 1 ändern, wenn sich der Wert von h halbieren ließe?

Lösung:
Wenn der Wert von h halbiert wird, ändert sich entsprechend $E = hf$ bei gleicher Frequenz die Energie entsprechend. Bei gleicher Intensität wird dann die gleiche Gesamtenergie übertragen, wenn sich die Zahl der Photonen verdoppelt. Das Zählrohr zeigt dann die doppelte Zählrate.

3 Mithilfe der Bragg-Reflexion an einem Lithiumfluoridkristall mit der Gitterkonstanten $d = 201$ pm werden bei verschiedenen fest eingestellten Reflexionswinkeln die Beschleunigungsspannungen gemessen, bei denen eine Emission von Röntgenstrahlung einsetzt:

ϑ	8°	9°	10°	11°	12°	13°
U_A in kV	19,8	17,6	15,8	14,6	13,5	12,5

a) Berechnen Sie zunächst mit der Bragg-Gleichung die Wellenlängen, und stellen Sie dann die Spannung in Abhängigkeit von der Frequenz grafisch dar.

b) Bestimmen Sie aus der grafischen Darstellung den Wert von h, dem Planck'schen Wirkungsquantum.

Lösung:
a) Die Wellenlängen betragen 55,9 pm, 62,9 pm, 69,8 pm, 76,7 pm, 83,6 pm und 90,4 pm. Die Frequenzen berechnen sich mit $f = c/\lambda$ zu $5,36 \cdot 10^{18}$ Hz; $4,77 \cdot 10^{18}$ Hz; $4,29 \cdot 10^{18}$ Hz; $3,91 \cdot 10^{18}$ Hz; $3,59 \cdot 10^{18}$ Hz; $3,32 \cdot 10^{18}$ Hz.

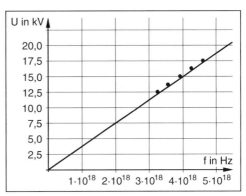

b) Die Steigung des Graphen ist $h = 6 \cdot 10^{-34}$ Js.

Zusatzaufgaben

4 Welche Spannung muss wenigstens an eine Röntgenröhre gelegt werden, um eine Strahlung zu erzeugen, deren Quanten gleich der Ruhmassenenergie von Elektronen sind?

Lösung:

$E_{\text{ruh}} = m_{0e}\, c^2, hf = e\, U_a, U_a = 511\ \text{kV} = 0{,}511\ \text{MV}$

5 Warum ist die Existenz einer kurzwelligen Grenze bei der Röntgenbremsstrahlung nicht mit der Wellenvorstellung vom Licht vereinbar?

Lösung:
Die Röntgenbremsstrahlung besitzt ein kontinuierliches Spektrum, das bei einer bestimmten kleinsten Wellenlänge in Abhängigkeit von der Anodenspannung endet. Die Strahlung entsteht beim Abbremsen der Elektronen. Wenn also ein beschleunigter Körper Energie durch Strahlung verliert, sollte die Wellenlänge der Strahlung keiner Einschränkung unterliegen.

Seite **381**

10.1.6 Der Compton-Effekt

1 Der Schweif eines Kometen ist stets von der Sonne weg gerichtet. Erklären Sie dieses Verhalten durch die Wechselwirkung von Photonen mit Materie.

Lösung:
Photonen und der Sonnenwind (Protonen) übertragen Impuls auf die aus dem Kometen strömende Materie. Der auf die Elektronen übertragene Impuls hat die Richtung der Lichtausbreitung.

2 Welche Energie wurde bei einem Compton-Prozess an die Elektronen abgegeben, wenn die Frequenz der gestreuten Strahlung $f = 0{,}990 \cdot 10^{19}$ Hz und die der ursprünglichen Strahlung $f = 1{,}000 \cdot 10^{19}$ Hz beträgt?

Lösung:
$E = h\,(f - f') = 414\ \text{eV}$

3 Die Frequenz der einfallenden Strahlung beträgt bei einem Compton-Prozess $f = 1{,}2 \cdot 10^{20}$ Hz. Wie groß ist dann die Frequenz der gestreuten Strahlung, wenn die Geschwindigkeit der Elektronen nach dem Stoß $v = 1{,}5 \cdot 10^8$ m/s beträgt?

Lösung:
Die abgegebene Energie ist gleich der kinetischen Energie der Elektronen, die jedoch relativistisch zu berechnen ist.

$\Delta E = E_{\text{kin}} = E_{\text{ges}} - E_{\text{ruh}}$
$= m_{0e}\, c^2 / \sqrt{1 - (v/c)^2} - m_{0e}\, c^2 = 0{,}15 \cdot m_{0e}\, c^2$
$= 7{,}9 \cdot 10^4\ \text{eV},$

$f' = (hf - \Delta E)/h = 1{,}01 \cdot 10^{20}\ \text{Hz}.$

4 Wie groß ist die maximale Wellenlängenänderung beim Compton-Prozess? Unter welchem Winkel tritt die Strahlung mit der größten Wellenlängenänderung auf?
Warum bemerkt man beim sichtbaren Licht keinen Effekt, der dem Compton-Effekt entspricht?

Lösung:
Größte Wellenlängenänderung bei $\varphi = 180°$. Sie beträgt $\lambda = 4{,}8$ pm. Die Masse von Photonen des sichtbaren Lichts ist verglichen mit der Masse von Elektronen zu klein, um eine Übergabe von Energie an die Elektronen im elastischen Stoß zu ermöglichen.

5 γ-Quanten radioaktiver Präparate rufen ebenso den Compton-Effekt hervor wie Röntgenquanten.
a) Welche Energie geben Photonen von $E = 1{,}92 \cdot 10^{-13}$ J $= 1{,}2$ MeV an Elektronen ab, wenn sie um 180° zurückgestreut werden?
b) Welche Geschwindigkeit besitzen die gestoßenen Elektronen?

Lösung:
a) Für den Compton-Effekt gilt:

$$\frac{1}{f'} - \frac{1}{f} = \frac{h}{m_{0e}\, c^2}\,(1 - \cos\varphi),$$

und für $\varphi = 180°$ ergibt sich:

$$\frac{1}{f'} - \frac{1}{f} = \frac{2h}{m_{0e}\, c^2}.$$

Umformungen liefern:

$$\frac{1}{hf'} = \frac{1}{hf} + \frac{2}{m_{0e}\, c^2},$$

$$hf' = \frac{hf\, m_{0e}\, c^2}{m_{0e}\, c^2 + 2\,hf} = hf\,\frac{1}{1 + \dfrac{2\,hf}{m_{0e}\, c^2}},$$

$$E' = 1{,}2\ \text{MeV}\ \frac{1}{1 + \dfrac{2{,}4}{0{,}511}} = 0{,}21\ \text{MeV}.$$

An die Elektronen wird eine Energie von $\Delta E = 0{,}99$ MeV abgegeben.

b) Die Gesamtenergie der Elektronen beträgt dann

$$E_{ges} = E_{kin} + E_{ruh}$$

$$E_{ges} = 0{,}99 \text{ MeV} + 0{,}51 \text{ MeV}.$$

Aus $E_{ges} = E_{ruh}/\sqrt{1-(v/c)^2}$ folgt

$$v = c\sqrt{1-(E_{ruh}/E_{ges})^2}, \quad \text{also } v = 0{,}94 \, c.$$

Zusatzaufgaben

6 Die Wirkungsweise von Szintillationszählern beruht auf der Erzeugung von Lichtquanten im sichtbaren Bereich durch schnelle Elektronen in Kristallen. Bestrahlt man den Kristall eines Szintillationszählers mit monochromatischer γ-Strahlung, so erhält man ein Spektrum der Art in *Abb. 485.2*.
Wie ist dieses Spektrum zu erklären?

Lösung:
Die γ-Strahlung erzeugt im Photoeffekt Elektronen, deren Energie ungefähr gleich der Energie der γ-Quanten ist, oder sie gibt ihre Energie in mehreren aufeinanderfolgenden Comptonprozessen und einem abschließenden Photoeffekt an Elektronen ab. Die höchste bei einem Compton-Effekt auf ein Elektron übertragene Energie ergibt sich bei einer Streuung des γ-Quants um 180°.
Also erzeugen monoenergetische γ-Quanten Elektronen gleicher Energie und Elektronen geringerer Energie bis zu einem Höchstwert, der kleiner ist als die Energie der γ-Quanten. Alle diese Elektronen geben ihre Energie im Kristall ab und erzeugen dabei Photonen im sichtbaren Bereich. Dabei ist die Anzahl der erzeugten Photonen der Energie des Elektrons proportional. Die Photonen erzeugen in der Zählerelektronik einen ihrer Anzahl proportionalen Spannungsimpuls.
Das Spektrum der *Abb. 485.2* entsteht also durch die Registrierung vieler γ-Quanten, die einen Photoeffekt hervorgerufen haben. Ferner werden Ereignisse registriert, die auf dem Compton-Effekt beruhen.

7 Ein Körper der Masse m und der Geschwindigkeit v stoße elastisch mit einem ruhenden Körper der Masse x.
Bestimmen Sie unter Verwendung der Beziehungen für den elastischen Stoß zweier Körper, für welche Masse x die abgegebene Energie ein Maximum hat.

Lösung:
Nach den Formeln für den zentralen elastischen Stoß zweier Körper ergibt sich für den gestoßenen Körper die Geschwindigkeit

$$v_x = 2\,mv/(m+x).$$

Die übertragene Energie ist am größten, wenn die kinetische Energie des gestoßenen Körpers am größten ist. Suche also das Maximum für die kinetische Energie:
Es ist

$$\begin{aligned}
E_{kin,x} &= \tfrac{1}{2}\,x v_x^2 = \tfrac{1}{2}\,x\,4\,m^2\,v^2/(m+x)^2 \\
&= \tfrac{1}{2}\,mv^2\,4\,m\,x/(m+x)^2 \\
&= E_{kin}\,4\,m\,x/(m+x)^2,
\end{aligned}$$

und abgeleitet

$$E'_{kin,x} = E_{kin}\,4\,m\,(m-x)/(m+x)^3,$$

also

$$x_e = m.$$

Die übertragene Energie ist am größten, wenn der gestoßene Körper gleiche Masse hat.

10.2.1 Die Photonenverteilung hinter dem Doppelspalt

1 Die kleinste Lichtintensität, die das menschliche Auge noch wahrnehmen kann, liegt bei 10^{-10} W/m². Wie viele Photonen ($\lambda = 560$ nm) treten bei dieser Intensität pro Sekunde in eine Pupille der Fläche $A = 0,5$ cm² ein?

Lösung:
Energie eines Photons $E_{ph} = 3,55 \cdot 10^{-19}$ J $= 2,2$ eV.
Zahl der pro Sekunde durch die Pupille tretenden Photonen $n \approx 14\,077$.

2 Ein Laser habe eine Strahlungsleistung von 1 mW bei 632,8 nm und einen Strahlquerschnitt von 4 mm².
a) Wie groß ist die Anzahl der Photonen, die pro Sekunde auf 1 mm² treffen?
b) Vergleichen Sie die Intensität des Laserlichtes mit der des Sonnenlichts ($I = 1,36$ kW/m²).

Lösung:
a) Für die Intensität gilt
$I = E/(\Delta A\,\Delta t) = n\,E_{Ph}/(\Delta A\,\Delta t)$ und $I = P/\Delta A$.

Mit $\Delta A_1 = 4$ mm² und $\Delta A_2 = 1$ mm² ergibt sich
$n = P\,\Delta A_2\,\Delta t/(\Delta A_1\,E_{Ph}) = 7,95 \cdot 10^{14}$

b) $I_L = 250$ W/m², $\quad I_s = 5,44\,I_L$.

3 Warum kann man aus der Art und Weise, in der ein Film geschwärzt ist, schließen, dass die Energie des Lichtes ungleichmäßig über die Wellenfront verteilt ist?

Lösung:
Wäre die Energie des Lichtes gleichmäßig über eine Wellenfront verteilt, so dürften im belichteten Film nicht unveränderte Kristalle unmittelbar neben veränderten liegen.

Zusatzaufgabe

4 Monochromatisches Licht der Wellenlänge 550 nm und der Intensität 1 kW/m² fällt auf eine Metallschicht und löst Elektronen aus.
a) Wie groß ist die Anzahl der Photonen, die pro Sekunde auf einen cm² treffen?
b) Welche Energie wird durch die ausgelösten Elektronen pro Sekunde und cm² abgeführt, wenn die Austrittsenergie $E = 2$ eV beträgt, und 15% der auftreffenden Photonen einen Photoeffekt bewirken?

Lösung:
a) Für die Intensität gilt mit $E = n\,E_{Ph}$
$I = n\,E_{Ph}/(\Delta A\,\Delta t)$.

Daraus ergibt sich mit $E_{Ph} = hf$ und $c = \lambda f$
$n = I\,\Delta A\,\Delta t\,\lambda/(hc)$ die Anzahl der Photonen
$n = 2,82 \cdot 10^{17}$.

b) Anzahl der ausgelösten Elektronen
$n_e = 4,22 \cdot 10^{16}$, gesamte Austrittsenergie $E_{ges} = 8,45 \cdot 10^{16}$ eV $= 0,0135$ J, gesamte Energie der Photonen, die einen Photoeffekt bewirken, $E_{ges} = n_e\,hf = 0,015$ J, Energie der Elektronen $E_e = 1,49 \cdot 10^{-3}$ J.

10.2.2 Photonenverteilung bei geringer Intensität

1 a) Welche Aussage kann man auf Grund der Kenntnis der Intensitätsverteilung hinter einem Doppelspalt über einzelne Photonen machen?
b) Welche weitere Aussage lässt sich über sehr viele Photonen machen?

Lösung:
a) Die Wahrscheinlichkeit, ein einzelnes Photon in einem Teilvolumen einer Registriereinrichtung nachzuweisen, ist proportional zur Intensität der Strahlung.
b) Die Energieverteilung, die sich bei der Registrierung sehr vieler Photonen ergibt, zeigt den Verlauf der Intensitätsverteilung der Strahlung.

10.3.1 De-Broglie-Wellen

Seite
387

1 Berechnen Sie die De-Broglie-Wellenlänge von Elektronen, die verschiedene Beschleunigungsspannungen durchlaufen haben:
$U_1 = 1\,V$; $U_2 = 10^3\,V$; $U_3 = 10^6\,V$.
Geben Sie dazu in Tabellenform kinetische Energie, Geschwindigkeit, Impuls und De-Broglie-Wellenlänge an.

Lösung:
$E_{ges} = E_{ruh} + E_{kin}$, $\quad E_{ruh} = 0,511\,MeV$

Für relativistische Teilchen gilt

$$p = \sqrt{E_{ges}^2 - E_{ruh}^2}/c \quad und \quad v = c\sqrt{1 - (E_{ruh}/E_{ges})^2},$$

für nichtrelativistische gilt

$$p = \sqrt{2m_{0e}E_{kin}} \quad und \quad v = p/m$$

U in V	1	10^3	10^6
E_{kin} in eV	1	10^3	10^6
E_{ges} in MeV	0,511	0,512	1,511
p in MeV/c	$1,01 \cdot 10^{-3}$	$3,20 \cdot 10^{-2}$	1,42
v in c	0,002	0,062	0,941
λ in pm	1230	38,8	0,875

2 Berechnen Sie für Lichtquanten und Elektronen der Wellenlänge $\lambda = 0,1\,nm$ den Impuls und die kinetische Energie.

Lösung:
Photonen:
$p = 6,6 \cdot 10^{24}\,m\,kg/s$, $\quad E_{kin} = 1,24 \cdot 10^4\,eV$.
Elektronen:
$p = 6,6 \cdot 10^{24}\,m\,kg/s$, $\quad E_{kin} = 150\,eV$.

3 a) Angenommen, der Wert der Planck'schen Konstanten h ändert sich um den Faktor 10 (um $\frac{1}{10}$) Wie würden sich in dem Fall die Versuchsergebnisse von Versuch 1 verändern?

b) Mit welchem angenommenen Wert von h wären keine Interferenzerscheinungen zu beobachten?

Lösung:
Wegen $\lambda = h/p$ ist die De-Broglie-Wellenlänge der Elektronen bei konstantem Impuls p proportional zu h. Wird h um den Faktor 10 vergrößert, verstärkt sich die Ablenkung zum ersten Maximum. Mit einem kleineren Anstand L ergibt sich ein gleichwertiges Interferenzbild. Bei einem um den Faktor $\frac{1}{10}$ geänderten Wert von h ist es schwierig, das breite Hauptmaximum vom ersten Nebenmaximum zu trennen.

10.3.2 Welleneigenschaften von Elektronen

Seite
388

1 Zum Versuch von Jönsson: Elektronen werden mit einer Spannung von $U_A = 54,7\,kV$ beschleunigt, bewegen sich durch einen sehr feinen Doppelspalt mit dem Spaltabstand $d = 2\,\mu m$ und werden im Abstand von $e = 40\,cm$ registriert. Berechnen Sie die Wellenlänge λ der Elektronen und den Abstand a der Interferenzmaxima auf dem Bildschirm.

Lösung:
Die De-Brogie-Wellenlänge $\lambda = 5,24\,pm$ (klassisch, also nicht relativistisch gerechnet) führt zu Maxima in Abstand $a = 1,05\,\mu m$. Die Angaben im Aufgabentext beziehen sich auch einen vereinfachten Versuch. Jönsson benutze in seinem Experiment elektrische Linsen zur Fokussierung.

2 Der Versuch von Jönsson (Aufgabe 1) soll mit Protonen statt mit Elektronen bei sonst gleichen Aufbauwerten durchgeführt werden. Berechnen Sie die Wellenlänge und den Abstand der Interferenzmaxima.

Lösung:
Die De-Brogie-Wellenlänge $\lambda = 0,122\,pm$ bei Protonen führt zu Maxima in Abstand 24,5 nm.

3 Berechnen Sie die De-Broglie-Wellenlänge einer Metallkugel der Masse 1 g, die sich mit $v = 1\,m/s$ bewegt. Warum ist es praktisch unmöglich, in diesem Fall Interferenzen nachzuweisen?

Lösung:
Die De-Brogie-Wellenlänge $\lambda = 6,6 \cdot 10^{-31}\,m$ ist zu klein, als dass an Beugungsobjekten selbst mit atomaren Abständen messbare Abstände von Interferenzen zu erzeugen sind.

10.4.1 Das Unschärfeprinzip

1 Bei einem Farbmonitor werden Elektronen mit $U = 25$ kV beschleunigt, treten durch eine Streifenmaske, deren Spaltöffnungen 0,25 mm betragen, und erreichen nach einem Weg von 1 cm den Leuchtschirm.

a) Vergleichen Sie die De-Broglie-Wellenlänge der Elektronen mit der Spaltbreite.

b) Wie groß ist die Breite des mittleren Streifens des Beugungsbildes auf dem Leuchtschirm aufgrund der Unschärferelation?

Lösung:

a) Mit $p = \sqrt{2\,m_e\,e\,U}$ ist $\lambda = h/p = 7{,}76$ pm. Der Wert ist sehr klein im Vergleich zur Spaltbreite von 0,25 mm.

b) Mit $\Delta x\,\Delta p = \frac{1}{2}$ und $\Delta x = 125\,\mu$m ist $\Delta p = 2{,}65 \cdot 10^{-30}$ m kg/s. Für die Breite des Hauptmaximums d in $y = 10$ mm Abstand ergibt sich mit $p_x/p = d/y$ und $p = 8{,}54 \cdot 10^{-23}$ m kg/s der Wert $d = 310$ pm. Die Welleneigenschaften der Elektronen lassen sich in diesem Fall vernachlässigen.

10.4.2 Messung der Unschärfe bei Photonen

1 Das Licht von der Sonne besitzt eine Kohärenzlänge von $2\,\Delta x = 600$ nm bei einer mittleren Wellenlänge von 500 nm.

a) Wie groß ist die Frequenzunschärfe Δf?

b) Welche Wellenlängen begrenzen das Spektrum?

Lösung:

a) Die Frequenzunschärfe beträgt mit $\Delta x\,\Delta p = \frac{1}{2}$ und $\Delta f = c/h\,\Delta p = 5 \cdot 10^{14}$ Hz.

b) Das Sonnenspektrum wird begrenzt durch 272 nm und 3000 nm.

2 Die spektrale Breite der Linie eines He-Ne-Lasers beträgt $2\,\Delta f = 100$ Hz. Welche Kohärenzlänge ist zu erwarten?

Lösung:

Die Kohärenzlänge beträgt $2\,\Delta x = 6 \cdot 10^6$ m.

3 Für eine Na-Dampf-Lampe wird eine Kohärenzlänge von 0,3 m gemessen. Wie lange dauert der Emissionsvorgang eines Photons? Wie groß ist die Energieunschärfe?

Lösung:

Die Dauer der Emission ist $2\,\Delta t = 1$ ns. Die Energieunschärfe beträgt $\Delta E = 6{,}6 \cdot 10^{-25}$ J $= 4\,\mu$eV.

11.1.1 Die quantenhafte Absorption

Seite
402

1 Angeregte Quecksilberatome senden UV-Strahlung der Wellenlänge $\lambda = 253{,}6$ nm aus.

   a) Vergleichen sie den Wert der Wellenlänge mit der gemessenen Anregungsenergie.

   b) Wie ändert sich die Intensität der UV-Strahlung, wenn die Beschleunigungsspannung U_B von 0 V auf 30 V erhöht wird?

Lösung:

   a) Mit $\Delta E = hc/\lambda$ erhält man $7{,}83 \cdot 10^{-19}$ J $=$ $4{,}9$ eV. Der Wert entspricht genau der gemessenen Energiedifferenz von $4{,}9$ eV.

   b) Die Intensität der UV-Strahlung vergrößert sich stufenweise mit jedem Vielfachen der Anregungsenergie bzw. Vielfachen von $4{,}9$ V der Beschleunigungsspannung.

2 **a)** Welche Geschwindigkeit hat ein Elektron nach einer Beschleunigung mit 10 V in der Franck-Hertz-Röhre? Warum sind Fallunterscheidungen erforderlich?

   b) Zeichnen sie ein Zeit-Geschwindigkeit-Diagramm.

Lösung:

   a) Die Formel $\frac{1}{2} m v^2 = e U$ liefert $v = 1{,}88 \cdot 10^6$ m/s.

   b) Bis die Potentialdifferenz von 6,9 V durchlaufen ist, steigt die Geschwindigkeit näherungsweise linear bis $1{,}31 \cdot 10^6$ m/s an. Im Fall eines unelastischen Stoßes geht sie auf Null zurück und steigt mit der gleichen Steigung.

11.1.2 Die quantenhafte Emission

Seite
403

1 **a)** Welche Frequenzen ergeben sich aus der Balmer-Formel für $m = 7$ und $m = 8$?

   b) Welche Grenzfrequenz f bzw. Grenzwellenlänge λ ergibt sich für große Werte von m?

Lösung:

   a) $f_7 = 7{,}55 \cdot 10^{14}$ Hz, $f_8 = 7{,}71 \cdot 10^{14}$ Hz

   b) Für $1/m = 0$ erhält man $f = 8{,}22 \cdot 10^{14}$ Hz bzw. $\lambda = 365$ nm.

2 Welche Spektrallinien des Wasserstoffs sind nach der Balmer-Formel (1) im Infrarotbereich zu erwarten?

Lösung:

Da mit steigendem Wert von m die Wellenlänge kürzer wird, ist $m = 3$ die längste Wellenlänge. Ihr Wert liegt bei 656 nm im sichtbaren Bereich des Spektrums. Nach der Balmer-Formel kann es keine längeren Wellenlängen geben.

*3 Im Spektrum des einfach ionisierten Heliums He$^+$ findet man Linien mit $\lambda_1 = 656$ nm, $\lambda_2 = 541$ nm, $\lambda_3 = 486$ nm, $\lambda_4 = 454$ nm und $\lambda_5 = 434$ nm. Welcher mathematische Zusammenhang ähnlich der Balmer-Formel beschreibt die Folge der zugehörigen Frequenzen?

Lösung:

Durch systematisches Probieren erhält man mit der Formel $f = 4 C (1/4^2 - 1/m^2)$ für $m = 6, 7, 8, 9, 10$ die genannten Frequenzen bzw. Wellenlängen.

Zusatzaufgabe

4 **a)** Welche Werte von m in der Balmer-Formel (1) sind den Wasserstofflinien H$_\alpha$ bis H$_\delta$ zuzuordnen?

   b) Welche Energie haben die Photonen der Wasserstofflinien H$_\alpha$ bis H$_\delta$?

Lösung:

   a) Für m sind die Werte 3, 4, 5, 6 einzusetzen.

   b) Mit der Formel $E = hf = h C (1/2^2 - 1/m^2)$ erhält man die Energiewerte $3{,}0 \cdot 10^{-19}$ J; $4{,}1 \cdot 10^{-19}$ J; $4{,}6 \cdot 10^{-19}$ J und $4{,}8 \cdot 10^{-19}$ J bzw. 1,89 eV; 2,55 eV; 2,86 eV und 3,02 eV.

11.1.3 Die Resonanzabsorption

1 **a)** Die Na-Dampflampe sendet Licht der Wellenlänge $\lambda = 589$ nm aus. Welche Energie überträgt ein Photon dieser Strahlung?

b) Die Photonen der Strahlung mit $\lambda = 589$ nm werden in Versuch 2 nicht auf dem Schirm nachgewiesen. Wohin wird ihre Energie transportiert?

Lösung:

a) Mit $E = hc/\lambda$ erhält man
$E = 3{,}37 \cdot 10^{-19}$ J $= 2{,}1$ eV.

b) Die Energie wird mit der Strahlung, die sich ausgehend von der Na-Dampf-Röhre isotrop im Raum verteilt, wegtransportiert.

2 In Versuch 2 wird die Halogenlampe durch eine Na-Lampe ersetzt. Diese Lampe sendet ausschließlich das in Versuch 1 gezeigte gelbe Licht aus.

a) Wie ändert sich das Spektrum gegenüber Versuch 2?

b) Wie erscheint der Glaskolben mit Na-Dampf im Licht der Na-Dampflampe?

Lösung:

a) Das Spektrum ist dunkel, von einer schwachen gelben Natriumlinie abgesehen.

b) Der Na-Dampf, der im weißen Licht durchsichtig erscheint, leuchtet nun milchig gelb. Die aufgenommene Energie wird in alle Raumrichtungen isotrop abgegeben.

11.2.2 Der Rutherford'sche Streuversuch

Seite
406

1 Warum muss die Folie, die man für den Rutherford'schen Streuversuch verwendet, sehr dünn sein?

Lösung:
Damit aufeinander folgende Streuprozesse eines einzelnen α-Teilchens an verschiedenen Atomkernen (Mehrfachstreuung) statistisch nicht ins Gewicht fallen.

2 Vor dem Beobachtungsmikroskop im Rutherford'schen Streuversuch wird eine enge, spaltförmige Blende eingesetzt. Wie ändern sich die Messergebnisse, wenn diese Blende fehlt?

Lösung:
Die Blende vor dem Beobachtungsmikroskop grenzt den Beobachtungsbereich auf Teilchen mit nahezu gleichem Ablenkwinkel ein. Ein zu breiter Bereich ohne die Blende mittelt über den beobachteten Bereich des Ablenkwinkels und verfälscht dadurch die Ergebnisse.

3 Ein α-Teilchen stößt zentral auf einen ruhenden Goldkern. Die Geschwindigkeit des α-Teilchens beträgt in großer Entfernung vom Kern $2 \cdot 10^7$ m/s. Welchen Impuls und welche Geschwindigkeit bekommt der Goldkern durch den Stoß?

Lösung:
Der nächste Punkt ist erreicht, wenn die kinetische Energie vollständig als potentielle Energie vorliegt:

Aus $\frac{1}{2} m_\alpha v^2 = Q_\alpha Q_{\text{gold}}/(4 \pi \varepsilon_0 r)$ mit
$r = Q_\alpha Q_{\text{gold}} \cdot 2/(4 \pi \varepsilon_0 m_\alpha \cdot v^2)$ wird

$$r = \frac{2 \cdot 1{,}602 \cdot 10^{-19}\,\text{C} \cdot 79 \cdot 1{,}602 \cdot 10^{-19}\,\text{C} \cdot 2}{4 \cdot \pi \cdot 8{,}82 \cdot 10^{-12}\,\text{C (Vm)}^{-1} \cdot 6{,}64 \cdot 10^{-27}\text{kg} \cdot (2 \cdot 10^7\,\text{m/s})^2}$$

$r = 2{,}75 \cdot 10^{-14}$ m.

Impuls:
$p = 2 m_\alpha v = 2 \cdot 6{,}64 \cdot 10^{-27}\,\text{kg} \cdot 2 \cdot 10^7\,\text{m/s}$
$p = 2{,}656 \cdot 10^{-19}\,\text{kg m/s}.$

Geschwindigkeit:
$p = m_{\text{Au}} v_{\text{Au}} \Rightarrow$
$$v_{\text{Au}} = \frac{p}{m_{\text{Au}}} = \frac{2{,}656 \cdot 10^{-19}\,\text{kg m/s}}{196{,}97 \cdot 1{,}6603 \cdot 10^{-27}\,\text{kg}}$$
$$= 812\,\text{km/s}.$$

Im Experiment stößt das α-Teilchen nicht mit einem freien Goldkern, sondern mit einem Goldatom in einem Kristallverband. Für den Stoßvorgang ist hier die Masse des Kristalls anzusetzen, die als sehr groß anzusehen ist. Die Geschwindigkeit des Kristalls ist nach dem Stoß deshalb Null.

*4 Begründen Sie, warum es nicht sinnvoll ist, Rutherford'sche Streuversuche in Gasen der Elemente H, He, Li, N oder O usw. statt mit Metallfolien durchzuführen.

Lösung:
Da die Atome der ersten Elemente im Periodensystem Massen gleicher Größenordnung wie die der α-Teilchen haben, erhält man einen großen Energieaustausch. Die Streuzentren sind dann nicht mehr ruhend.

*5 Vergleichen Sie die De-Broglie-Wellenlängen von α-Teilchen und Elektronen gleicher Energie. Warum sind α-Teilchen für Streuexperimente besser geeignet?

Lösung:
Mit $\lambda_e = h/\sqrt{2 m_e E}$ und $\lambda_\alpha = h/\sqrt{2 m_\alpha E}$ lässt sich $\lambda_e/\lambda_a = 85{,}7$ bestimmen. Die De-Broglie-Wellenlänge des α-Teilchens ist bei gleicher Energie um den Faktor 86 kleiner. Das gleiche Beugungsbild wie bei der Elektronenbeugung erhält man bei der Beugung von α-Teilchen an einer um den Faktor 86 kleineren Struktur.

11.2.3 Das Atommodell von RUTHERFORD

Seite
407

1 Angenommen, die Kernmaterie wäre im gesamten Atom gleichmäßig verteilt. Welche Ergebnisse wären dann bei der Streuung von α-Teilchen an Atomen zu erwarten? Vergleichen Sie mit Abb. 407.1.

Lösung:
Außerhalb des Atoms wäre die Bahn der α-Teilchen gleich mit *Abb. 407.1*. Innerhalb des Atoms wäre eine sehr viel geringere Ablenkung zu verzeichnen, da sich die positiven Ladungen des Kerns teilweise kompensieren.

*2 Die Hüllenelektronen eines neutralen Atoms haben den gleichen Betrag der elektrischen Ladung wie der Kern. Warum kann man die Elektronen bei der Streuung von α-Teilchen an Atomen vernachlässigen?

Lösung:
Da die Masse der Hüllenelektronen $4 \cdot 1836$-mal geringer ist als die der α-Teilchen, können sie die α-Teilchen nicht beeinflussen.

Seite **409**

11.2.4 Das Bohr'sche Atommodell

1 Berechnen sie die Radien der ersten drei Bohr'schen Bahnen im Wasserstoffatom.

Lösung:
Mit der Formel $r_n = h^2 \varepsilon_0 n^2 / (\pi m_e e^2)$ sind die Werte für die Radien mit $n = 1, 2, 3$ in der Reihenfolge $r_1 = 5,29 \cdot 10^{-11}$ m, $r_2 = 2,12 \cdot 10^{-10}$ m und $r_3 = 4,76 \cdot 10^{-10}$ m.

2 Berechnen Sie die potentielle und die kinetische Energie eines Elektrons auf der ersten und zweiten Bahn des Wasserstoffatoms.

Lösung:
Auf der ersten Bohr'schen Bahn ist
$E_{kin} = 2,18 \cdot 10^{-19}$ J $= 13,6$ eV,
$E_{pot} = -4,36 \cdot 10^{-19}$ J $= -27,2$ eV.
Für die zweite Bohr'sche Bahn ist
$E_{kin} = 5,45 \cdot 10^{-19}$ J $= 3,4$ eV,
$E_{pot} = -1,09 \cdot 10^{-18}$ J $= -6,8$ eV.

3 Berechnen Sie das Verhältnis von Coulomb-Kraft und Gravitationskraft zwischen Elektron und Kern in einem Wasserstoffatom.

Lösung:
$F_{Coulomb} = e^2 / (4 \pi \varepsilon_0 r^2)$, $F_{Grav.} = \gamma\, m_e m_p / r^2$,
$F_{Coulomb} = 8,24 \cdot 10^{-8}$ N   und
$F_{Grav.} = 3,63 \cdot 10^{-47}$ N,
$F_{Coulomb} : F_{Grav.} \approx 2 \cdot 10^{39}$.

*4 Bestimmen Sie die Umlauffrequenz des Elektrons auf der ersten Bahn im Wasserstoffatom. Vergleichen Sie das Ergebnis mit der Frequenz des Photons, das für die Ionisierung eines Wasserstoffatoms im Grundzustand benötigt wird.

Lösung:
Die mit $E = h f$ berechnete Frequenz des Photons von $f = 3,29 \cdot 10^{15}$ Hz ist halb so groß wie die Frequenz $f_1 = 6,58 \cdot 10^{15}$ Hz für die erste Bohr'sche Bahn.

Seite **411**

11.2.5 Die Spektralserien des Wasserstoffatoms

1 Wie groß ist die kleinste vom Wasserstoffatom emittierte Wellenlänge?

Lösung:
Die kürzeste Wellenlänge ist $\lambda = h c / E = 91$ nm.

2 In den Spektren des H-Atoms und des He$^+$-Atoms ist eine Linie bei 656 nm zu finden. Welche Werte der Quantenzahlen n und m sind jeweils zugeordnet?

Lösung:
Die Wellenlänge $\lambda = 656$ nm tritt beim Wasserstoff zwischen den Zuständen $n = 2$ und $m = 3$ bzw. beim Helium zwischen $n = 4$ und $m = 6$ auf.

3 Beim Übergang von $n = 2$ auf $n = 1$ werden Photonen emittiert, deren Energie von der Zahl Z der Protonen im Kern abhängt. Berechnen Sie die Energien für $Z = 1$; 10 und 100. Um welche Elemente handelt es sich?

Lösung:
Die Energiewerte vergrößern sich mit Z^2. Für $Z = 1$, 10, 100 erhält man 10,2 eV, 1,02 keV und 102 keV für die Elemente H (Wasserstoff), Ne (Neon) und Fm (Fermium)

Zusatzaufgaben

4 Wenden Sie die Bohr'schen Postulate auf Ionen mit nur einem Elektron in der Hülle an. Bestimmen Sie die Gesamtenergie dieser Elektronen E_n im n-ten Quantenzustand für He$^+$, Li^{++} und Be^{+++}.

Lösung:

He$^+$: $E_n = -\dfrac{m_e e^4\, 4}{8\, \varepsilon_0^2 h^2 n^2} = -54,4\,\text{eV}\,\dfrac{1}{n^2}$.

Li^{++}: $E_n = -\dfrac{m_e e^4\, 9}{8\, \varepsilon_0^2 h^2 n^2} = -122,4\,\text{eV}\,\dfrac{1}{n^2}$.

$$\text{Be}^{+++}: E_n = -\frac{m_e\, e^4}{8\, \varepsilon_0^2\, h^2}\frac{16}{n^2} = -217{,}6\,\text{eV}\,\frac{1}{n^2}\,.$$

*5 Die Aufgabe: „Bestimmen Sie die Energieniveaus des Heliumatoms" fehlt hier.
Warum eigentlich?

Lösung:
Beim Heliumatom befinden sich zwei Elektronen in der Hülle. Sie stoßen sich gegenseitig ab, werden aber beide vom Kern angezogen. Dieses so genannte Dreikörperproblem ist mit der Bohr'-schen Theorie nicht zu behandeln.

11.3.1 Der lineare Potentialtopf

1 Betrachten sie das Wasserstoffatom in erster Näherung als einen linearen Potentialtopf mit der Länge $a = 10^{-10}$ m. Wie groß ist die Energie im Grundzustand? Wie groß ist sie im Kern, wenn $a = 10^{-15}$ m beträgt?

Lösung:
$a = 10^{-10}$ m in $E = h^2 \cdot n^2 / (8\, m\, a^2)$ eingesetzt ergibt $E = 37{,}6$ eV. Mit $a = 10^{-15}$ m ist $E = 376$ GeV.

2 Wie verändern sich die Energiedifferenzen zweier aufeinanderfolgender Zustände im linearen Potentialtopf mit zunehmendem Wert der Quantenzahl n?

Lösung:
$E(n+1) - E(n) = h^2 (1 + 2n)/(8\, m\, a^2)$.

Die Energiebeträge werden mit steigendem n größer, für große Werte von n nahezu proportional zu n.

3 Statt Elektronen können auch ein Protonen oder Neutronen in einem linearen Potentialtopf eingeschlossen sein. Berechnen Sie die ersten drei Energiestufen für Protonen und Neutronen mit $a = 10^{-15}$ m.

Lösung:
$E = h^2 \cdot n^2 / (8\, m_P\, a^2)$ liefert für $n = 1, 2, 3$ die Werte $E_1 = 2{,}05 \cdot 10^8$ eV, $E_2 = 8{,}18 \cdot 10^8$ eV und $E_3 = 18{,}43 \cdot 10^8$ eV.
Die Werte für Neutronen unterscheiden sich davon nur geringfügig.

11.3.2 Anwendungen des Potentialtopfmodells

1 H_2^+ ist ein ionisiertes H_2-Molekül. Es besteht aus nur einem Elektron und zwei Protonen. Vergleichen Sie die Bindungsenergie von H_2^+ mit der von H_2. Kann es ein zweifach ionisiertes Molekül H_2^{2+} geben?

Lösung:
Aus dem Text: $E_1 = 9{,}4$ eV, $E_2 = 2{,}35$ eV, $\Delta E = 7{,}05$ eV. Die Bindungsenergie ist geringer, da nur ein Elektron durch den größeren Aufenthaltsbereich die Energiedifferenz von 7,05 eV abgeben kann. Die experimentellen Ergebnisse zeigen eine Bindungsenergie von 2,65 eV.
Ein stabiles H_2^{2+}-Molekül kann es nicht geben, da das Molekül keine Elektronen mehr besitzt, die durch eine Vergrößerung des Potentialtopfes Energie abgeben können.

2 Der angeregte Cyanin-Farbstoff besitzt ein Elektron im Zustand $n = 5$. Mit welcher Energie lässt sich der Zustand mit $n = 6$ anregen? Wie groß müsste die Wellenlänge der Strahlung sein?

Lösung:
Zur Anregung mit $E = 2{,}83$ eV wird Strahlung der Wellenlänge $\lambda = 439$ nm benötigt.

3 a) Ein Farbstoffmolekül hat eine typische Länge von $a = 1{,}0$ nm. Berechnen Sie die ersten sechs Energiestufen. Welche Energiedifferenzen führen zu einer Absorption im sichtbaren Bereich des Spektrums (ca. 1,8 eV bis 3,0 eV)?

b) Wie ändern sich Energie und Wellenlänge der Absorption von $n = 5$ auf $n = 6$, wenn die Länge a von 1,0 nm auf 1,5 nm vergrößert wird?

Lösung:
a) Die ersten sechs Energiewerte sind 0,376 eV; 1,5 eV; 3,38 eV; 6,02 eV, 9,4 eV und 13,5 eV. Der sichtbare Bereich des Spektrums wird mit 1,8 eV und 3 eV eingegrenzt. Die Energiedifferenz ausgehend vom Zustand mit $n = 1$ in diesem Bereich hat den Wert 1,13 eV, die für $n = 2$ den Wert 1,88 eV. Ab $n = 3$ treten keine Werte im sichtbaren Bereich auf.

b) Die Energie ΔE ändert sich von 4,14 eV auf 1,84 eV, sie verringert sich also deutlich. Die zugehörigen Wellenlängen sind 300 nm und 674 nm.

11.3.3 Schrödinger-Gleichung

1 Berechnen Sie die Ergebnisse des dritten Iterationsschritts in *Abb. 419.1* für $E = 1 \cdot 10^{-18}$ J.

Lösung:
Iterationsvorschrift für den linearen Potentialtopf:
$$\Psi(x) = \Psi(x - \Delta x) + \Psi'(x - \Delta x)\Delta x$$
$$\Psi'(x) = \Psi'(x - \Delta x) + \Psi''(x - \Delta x)\Delta x$$
$$\Psi''(x) = -1{,}6382 \cdot 10^{38}\, E\, \Psi(x)$$

Startwerte mit $E = 1 \cdot 10^{-18}$ und $\Delta x = 10^{-11}$:
$x = 0; \Psi(0) = 0; \Psi'(0) = 1; \Psi''(0) = 0$

Ergebnisse des 1. Iterationsschrittes:
$x = \Delta x; \ \Psi(\Delta x) = 1 \cdot 10^{-11}; \ \Psi'(\Delta x) = 1;$
$\Psi''(\Delta x) = -1{,}6382 \cdot 10^{9}$

Ergebnisse des 2. Iterationsschrittes:
$x = 2\Delta x; \ \Psi(2\Delta x) = 2 \cdot 10^{-11};$
$\Psi'(2\,\Delta x) = 0{,}9836; \ \Psi''(2\,\Delta x) = -3{,}2764 \cdot 10^{9}$

Ergebnisse des 3. Iterationsschrittes:
$x = 3\Delta x; \Psi(3\Delta x) = 2{,}9836 \cdot 10^{-11};$
$\Psi'(3\,\Delta x) = 0{,}9509; \ \Psi''(3\,\Delta x) = -4{,}8878 \cdot 10^{9}$

2 Wiederholen Sie die Iteration entsprechend *Abb. 419.1* für größere Energiewerte. Welches ist der nächstgrößere Energiewert, für den $\Psi(a) = 0$ gilt?

Lösung:
Die nächste Lösung ergibt sich bei der Energie $E_2 = 4\, E_1 = 24 \cdot 10^{-18}$ J.

*3 Vergleichen Sie den in *Aufgabe 2* berechneten Energiewert mit $E = n^2 h^2/(8\, m_e\, a^2)$ ($\rightarrow$ *11.3.1*).

Lösung:
Die Lösung von *Aufgabe 2* ist der Wert der Formel
$$E = h^2 n^2/(8\, m\, a^2)$$
für $n = 2$.

Zusatzaufgabe

4 Berechnen Sie die Ergebnisse des dritten Iterationsschritts in *Abb. 419.2* für $E = -15 \cdot 1{,}602 \cdot 10^{-19}$ J.

Lösung:
Iterationsvorschrift zum Wasserstoffatom
$$\Psi(r) = \Psi(r - \Delta r) + \Psi'(r - \Delta r)\Delta r$$
$$\Psi'(r) = \Psi'(r - \Delta r) + \Psi''(r - \Delta r)\Delta r$$
$$\Psi''(r) = -2\,\Psi'(r)/r - 1{,}6382 \cdot 10^{38}(E + 2{,}30708 \cdot 10^{-28}/r)\Psi(r)$$

Startwerte mit $E = -15 \cdot 1{,}602 \cdot 10^{-19}$ und $\Delta r = 10^{-12}$:
$r_0 = 10^{-12}; \ \Psi(r_0) = 1; \ \Psi'(r_0) = -10^{10};$
$\Psi''(r_0) = -1{,}7401 \cdot 10^{22}$

Ergebnisse des 1. Iterationsschrittes:
$r = r_0 + \Delta r; \Psi(r_0 + \Delta r) = 0{,}99;$
$\Psi'(r_0 + \Delta r) = -2{,}7401 \cdot 10^{10};$
$\Psi''(r_0 + \Delta r) = 9{,}0823 \cdot 10^{21}$

Ergebnisse des 2. Iterationsschrittes:
$r = r_0 + 2\Delta r; \Psi(r_0 + 2\Delta r) = 0{,}9626;$
$\Psi'(r_0 + 2\,\Delta r) = -1{,}8319 \cdot 10^{10};$
$\Psi''(r_0 + 2\,\Delta r) = 4{,}6432 \cdot 10^{20}$

Ergebnisse des 3. Iterationsschrittes:
$r = r_0 + 3\,\Delta r; \Psi(r_0 + 3\,\Delta r) = 0{,}9443;$
$\Psi'(r_0 + 3\,\Delta r) = -1{,}7854 \cdot 10^{10};$
$\Psi''(r_0 + 3\,\Delta r) = 3{,}7669 \cdot 10^{20}.$

11.3.5 Analytische Lösung der Schrödinger-Gleichung für den linearen Potentialtopf

1 Ein Potentialtopf hat die Länge $a = 10^{-10}$ m.
  a) Zeigen Sie, dass die Summe der Antreffwahrscheinlichkeiten $w_1(x)$ in Intervallen der Länge $\Delta x = 10^{-11}$ m den Wert eins ergibt.
  b) Wie groß ist die Antreffwahrscheinlichkeit $w_1(x)$ im Bereich vom $x = 0$ bis $x = 3 \cdot 10^{-11}$ m?

Lösung:
  a) Siehe *Tab. 420.1*. Die Summe der Werte ist eins.
  b) Die Summe der Werte für die Intervalle um $0{,}5 \cdot 10^{-11}$ m bis $2{,}5 \cdot 10^{-11}$ m ist 0,146, die Antreffwahrscheinlichkeit beträgt etwa 15%.

2 Berechnen Sie für einen Potentialtopf der Länge $a = 10^{-10}$ m die Wahrscheinlichkeiten $w_2(x)$ in Intervallen der Länge $\Delta x = 10^{-11}$ m für den angeregten Zustand mit $n = 2$.

Lösung:
Die normierten Antreffwahrscheinlichkeiten für $n = 2$ in den Intervallen von $0{,}5 \cdot 10^{-11}$ m bis $9{,}5 \cdot 10^{-11}$ m betragen 0,0190983; 0,130902; 0,2; 0,130902; 0,0190983; 0,0190983; 0,130902; 0,2; 0,130902; 0,0190983.

3 Zeigen sie, dass $\frac{1}{2}(x - \sin(x)\cos(x))$ eine Stammfunktion von $\sin^2(x)$ ist. Berechnen sie damit A aus der Gleichung

$$A^2 \int_0^a \sin^2\left(\frac{\pi x}{a}\right) dx = 1.$$

Lösung:
Die Ableitung von $\frac{1}{2}(x - \sin(x)\cos(x))$ nach x liefert mit der Produktregel und dem Ersetzen von $\cos^2(x)$ durch $1 - \sin^2(x)$ den Funktionsterm $\sin^2(x)$.
Zur Berechnung des Integrals ist die Stammfunktion $a/\pi \frac{1}{2}(\pi x/a - \sin(\pi x/a)\cos(\pi x/a))$ in den Grenzen 0 und a zu berechnen. Mit dem Ergebnis $a/2$ folgt $A = \sqrt{2/a}$.

4 Betrachtet man die Antreffwahrscheinlichkeit für Elektronen im angeregten Zustand nach Abb. 421.2, dann stellt sich folgende Frage: Wie können die Elektronen vom linken Bereich in den rechten und umgekehrt gelangen, wenn die Antreffwahrscheinlichkeit in der Mitte null ist?

Lösung:
Die Ausbreitung von Quantenobjekten wie Elektronen oder Photonen wird durch Wellen beschrieben. Bei einer stehenden Welle ist die Amplitude an einem Knotenpunkt null. Sich vorzustellen, dass es sich um Teilchen handelt, die sich schnell im Potentialtopf bewegen, führt zu gedanklichen Schwierigkeiten ähnlicher Art wie bei der Beschreibung der Bewegung von Elektronen durch einen Doppelspalt ($\rightarrow 10.2$). Offensichtlich entspricht diese Vorstellung nicht der physikalischen Realität.

Seite **423** ### 11.3.6 Analytische Lösung für Wasserstoff

1 Mit welcher Wahrscheinlichkeit trifft man ein Elektron im Grundzustand im Intervall $0 < r < 5 \cdot 10^{-11}$ m an?

Lösung:
Die Wahrscheinlichkeit berechnet sich aus der Summe der Intervallwahrscheinlichkeiten zu $0{,}293 = 29{,}3\%$.

2 Für welchen Bereich beträgt die Wahrscheinlichkeit 50%? Wie groß ist die Wahrscheinlichkeit für $r = 0$?

Lösung:
Durch Addieren der Werte in *Tabelle 423.1* erhält man mit guter Genauigkeit den Bereich von 0 m bis $7 \cdot 10^{-11}$ m für 50% Antreffwahrscheinlichkeit.
Für $r = 0$ ist die Antreffwahrscheinlichkeit null, da das Antreffvolumen in $w = \Psi^2 \Delta V$ null ist.

Seite **425** ### 11.3.7 Die Winkelabhängigkeit der Antreffwahrscheinlichkeit im H-Atom

1 a) Bestimmen Sie die Anzahl der unterschiedlichen Zustände für $n = 1$ bis $n = 2$ aus *Abb. 424.2* und geben sie die zugehörigen vier Quantenzahlen an.
b) Vergleichen Sie die Ergebnisse mit dem Aufbau des Periodensystems der Elemente.

Lösung:
a) Für $n = 1$ sind 2 Zustände vorhanden:
$n = 1, l = 0, m = 0, s = 1/2$ und
$n = 1, l = 0, m = 0, s = -1/2$
Für $n = 2$ sind 8 Zustände vorhanden:

$n = 2, l = 0, m = 0, s = 1/2$ und
$n = 2, l = 0, m = 0, s = -1/2$,
$n = 2, l = 1, m = -1, s = 1/2$ und
$n = 2, l = 1, m = -1, s = -1/2$,
$n = 2, l = 1, m = 0, s = 1/2$ und
$n = 2, l = 1, m = 0, s = -1/2$,
$n = 2, l = 1, m = 1, s = 1/2$ und
$n = 2, l = 1, m = 1, s = -1/2$

b) Die Zahl der Zustände mit den Quantenzahlen $n = 1$ und $n = 2$ entspricht der Zahl der Elemente mit der Periode 1 bzw. 2 (siehe *Abb. 426.1*)

Seite **427** ### 11.3.9 Das Periodensystem der Elemente

1 Im H-Atom ist die Energie eines 2 s-Elektrons und eines 2 p-Elektrons gleich. Warum ist die Energie der 2 s- und 2 p-Elektronen beim Element Li unterschiedlich, wo doch in beiden Fällen die für die Energie bedeutsame Quantenzahl $n = 2$ ist?

Lösung:
Im Wasserstoffatom wird das eine vorhandene Elektron durch keine weiteren Elektronen beeinflusst. Es hat die durch die Quantenzahl n festgelegte Energie. Im Lithiumatom wird das Elektron im Zustand $n = 2$ durch die Elektronen im Zustand $n = 1$ beeinflusst. Abhängig vom Zustand 2 s oder 2 p ist die Abschirmung des positiv geladenen Kerns durch die inneren Elektronen unterschiedlich.

*2 Das Periodensystem der Elemente im Anhang zeigt für das Element Kalium eine scheinbare Unregelmäßigkeit bei der Besetzung der Zustände. Um welche Unregelmäßigkeit handelt es sich? Welche Unterschiede zeigt die Abschirmung für s- und p-Elektronen?

Lösung:
Das Element Kalium hat ein Elektron im Zustand $n = 4$, obwohl die Zustände mit $n = 3$ noch nicht vollständig aufgefüllt sind. Die Abschirmung der inneren Elektronen wirkt sich ähnlich wie in *Abb. 427.1* gezeigt aus. Die Zustände mit $n = 3$ spalten energetisch auf, und zwar so weit, dass das 3 f-Niveau oberhalb des 4 s-Niveaus liegt. Deshalb wird 4 s vor 3 f besetzt.

11.4.2 Absorption von Röntgenstrahlung

Seite
429

1 Bestimmen Sie Energie, Frequenz und Wellenlänge der charakteristischen Röntgenstrahlung einer Silberplatte.

Lösung:

Mit der Formel $E = \dfrac{m_e (Z-1)^2 e^4}{8 \varepsilon_0^2 h^2} \dfrac{1}{n^2}$

wird mit $Z = 47$ die Energie für den Übergang von $n = 2$ auf $m = 1$ berechnet. $\Delta E = 3{,}46 \cdot 10^{-15}$ J $= 21{,}6$ keV. Die Frequenz der zugehörigen Strahlung ist $f = 5{,}22 \cdot 10^{18}$ Hz, die Wellenlänge $\lambda = 57{,}4$ pm.

2 Eine genaue Untersuchung zeigt, dass die charakteristische Röntgenstrahlung eines Elements mehrere diskrete Spektrallinien enthält. Wie lässt sich dieses Phänomen erklären?

Lösung:
Die einzelnen Linien der charakteristischen Röntgenstrahlung lassen sich den möglichen Zustandsänderungen hin zum Zustand $n = 1$ zuordnen. Es sind die Übergänge $n = 2$ nach $n = 1$, dann $n = 3$ nach $n = 1$ und $n = 4$ nach $n = 1$ möglich. Die Folge der Linien endet, wenn die Zustände nicht mehr besetzt sind, z. B. bei Silber ab $n = 6$.

*3 Das Element Sr zeigt neben der Absorptionskante bei 78 pm eine weitere bei deutlich größerer Wellenlänge λ_2. Wie ist sie zu erklären? Berechnen Sie den Wert von λ_2?

Lösung:
Eine größere Wellenlänge weist auf einen Übergang zwischen Zuständen hin, an denen der Grundzustand nicht beteiligt ist. Die Rechnung mit $n = 2$ zeigt, dass für $m = 6$ bzw. $m = \infty$ Strahlung mit Wellenlängen in der Größenordnung 300 pm auftritt.
Mit $n = 2$ und $m = 6$: $f = 1{,}00 \cdot 10^{18}$ Hz; $\lambda = 300$ pm.
Mit $n = 2$ und $m = \infty$: $f = 1{,}13 \cdot 10^{18}$ Hz; $\lambda = 266$ pm

11.4.3 Spektren im sichtbaren Bereich

Seite
430

1 Berechnen Sie mit den Angaben aus *Abb. 430.1* die Energie des 3 p_1-Zustands.

Lösung:
Aus *Abb. 430.1* lässt sich $E = -3{,}1$ eV ablesen.

*2 Die Spektren der Elemente K, Rb und Cs sind hier nicht gezeigt. Suchen Sie nach einem dieser Spektren in der Fachliteratur. Vergleichen Sie mit dem Na-Spektrum und schätzen Sie die effektive Kernladungszahl Z^* ab.

Lösung:
Die gesuchten Spektren findet man beispielsweise in Bergmann-Schäfer: Experimentalphysik, die Werte für Abschirmzahlen im Handbuch der experimentellen Schulphysik Bd. 8. Für die effektive Kernladungszahl $Z^* = Z - \sigma$ sind für die Abschirmzahl σ die Werte 0,98 bei $Z = 20$, 0,90 bei $Z = 30$, 0,86 bei $Z = 40$ und 0,24 bei $Z = 50$ angegeben. Für höhere Werte von Z erhält man negative Werte für σ. Hier überwiegt der Einfluss der äusseren Elektronen die Abschirmung durch die inneren.

Seite
431

11.4.4 Lumineszenz

1 Die Anregung der Lumineszenz durch beschleunigte Elektronen (Elektrolumineszenz) wird bei Bildschirmen (Fernseher, Monitor, Oszilloskop) benutzt, um ein optisches Bild zu erhalten.

a) Mit welcher Spannung müssen die auftreffenden Elektronen mindestens beschleunigt werden?

b) Welche Verweildauer im metastabilen Niveau ist bei einer Fernsehbildröhre mit für 50 Hz bzw. 100 Hz Bildwechselfrequenz günstig?

Lösung:

a) Zur Erzeugung von sichtbarem Licht sind ca. 2 V erforderlich, da die Energie der Photonen $E = h\,f = h\,c/\lambda$ etwa 2 eV beträgt. Die Beschleunigungsspannung ist mit ca. 25 kV sehr viel größer.

b) Eine Nachleuchtdauer von 0,02 s (0,01 s) bewirkt, dass der jeweilige Bildpunkt mit 50 Hz (100 Hz) Bildwechselfrequenz genau dann neu angeregt wird, wenn das Nachleuchten der vorherigen Anregung beendet ist.

Seite
433

11.4.5 Der Helium-Neon-Laser

1 Ein He-Ne-Laser hat einen Spiegelabstand von 0,5 m. Bestimmen Sie den Frequenzabstand benachbarter Resonanzfrequenzen dieses optischen Resonators im Bereich der Laserlinie ($\lambda = 633$ nm). Vergleichen Sie die so abzuschätzende Linienbreite mit der natürlichen Linienbreite der Neonlinie.

Lösung:
Die Länge l ist das 789 889,42fache der Laserwellenlänge $\lambda = 633$ nm. Die Wellenlänge kann also nicht erzeugt werden. Die nächstgelegenen Wellenlängen sind $789\,889{,}5 \cdot \lambda_1 = 0{,}5$ m mit $\lambda_1 = 632{,}999932269$ nm und $789\,889{,}0 \cdot \lambda_2 = 0{,}5$ m mit $\lambda_2 = 633{,}000332958$ nm. Der Frequenzabstand ist $\Delta f = 3{,}0 \cdot 10^8$ Hz. Der Linienabstand der Laserlinien ist 300 MHz, die Linienbreite der Laserlinie aus dem Text beträgt 800 MHz. Es können also mehrere unterschiedliche Frequenzen die Laserbedingung erfüllen.

***2** Will man monochromatische Laserlinien erhalten, bevorzugt man kurze optische Resonatoren von 0,1 m bis 0,2 m Länge. Welche Konsequenzen hat die Länge des Lasers für die möglichen stehenden Wellen?

Lösung:
Wird der Resonanzraum kleiner gemacht, wächst die Frequenzdifferenz zwischen benachbarten Linien. Wird der Frequenzabstand der Linien größer als die natürliche Linienbreite, dann kann nur noch die eine Linie innerhalb der Linienbreite der Laserlinien die Laserbedingung erfüllen.

3 Nach welchen Gesichtspunkten sollte man Gase für einen Gas-Laser aussuchen?

Lösung:
Eine Emissionsline des Pumpgases muss mit einer Absorptionslinie des Lasergases, die bei der Herstellung der Besetzungsinversion benötigt wird, nahezu übereinstimmen.

4 Ein Puls-Laser sendet Impulse von 10 ns Dauer bei einer Strahlungsleistung von 10 GW aus. Welche Energie enthält ein Puls? Warum ist ein solcher Puls gefährlich?

Lösung:
Mit $E = P\,t$ erhält man aus $P = 10^{10}$ W und $t = 10^{-8}$ s die Energie $E = 100$ J. Die Energie wird auf eine kleine Fläche in einer kurzen Zeit abgegeben. In dieser Zeit findet keine Wärmeabgabe an die Umgebung statt, das Material verdampft.

5 Quick-Switch-Laser können Impulse von nur 3 ps Dauer bei 0,5 ps Anstiegszeit abgeben. Wie genau könnte man damit eine Entfernung nach dem Laufzeitprinzip messen?

Lösung:
In 0,5 ps bewegt sich das Licht 0,15 mm weit.

11.4.6 Berechnung der Absorptionsspektren von Farbstoffmolekülen

Seite
435

1 Laserdioden emittieren im Bereich um 800 nm. Die Strahlung soll auf einer beschreibbaren CD mit einem Farbstoff absorbiert werden. Nach welchen Gesichtspunkten ist der Farbstoff auszuwählen?

Lösung:

Der Farbstoff sollte sein Absorptionsmaximum bei der Wellenlänge haben, bei der der Laser emittiert. In diesem Fall wird die Energie bevorzugt vom Farbstoff aufgenommen.

2 Welcher Farbstoff eignet sich zur Absorption der He-Ne-Laserlinie bei 632,8 nm?

Lösung:

Die Absorptionswellenlänge berechnet sich nach

$$\lambda = \frac{8\, m_e\, c\, l^2}{h} \frac{(z+2f)^2}{(z+4)}$$

für einen Farbstoff mit $f = 1,83$ und $l = 139$ pm in Abhängigkeit von der Zahl der Kettenglieder z zu

$z = 3, \quad \lambda = 404$ nm
$z = 5, \quad \lambda = 531$ nm
$z = 7, \quad \lambda = 658$ nm

$z = 9, \quad \lambda = 785$ nm
$z = 11, \quad \lambda = 913$ nm

Der Farbstoff mit $z = 7$ Kettengliedern ist zur Absorption der Laserlinie bei 632,8 nm geeignet.

Weitere Informationen zu Farbstoffen finden sich z. B. im Handbuch der experimentellen Physik, Bd. 8.

*3 Cyanin-Farbstoffe sind empfindlich gegenüber UV-Strahlung. Sie verringern ihre Kettenlänge beispielsweise um zwei Elemente. Welchen Verlauf hat das geänderte Absorptionsspektrum dieser Farbstoffe?

Lösung:

Wenn der Farbstoff seine Kettenlänge um zwei Kettenglieder verkürzt, verringert sich die Wellenlänge der Absorption um ca. 127 nm hin zu niedrigeren Wellenlängen. Ein Farbstoffgemisch absorbiert also bei der Wellenlänge, die sich aus dem längsten Farbstoffmolekül ergibt sowie bei um 127 nm verringerten Wellenlängen.

Seite
441

12.1.1 Halbleiter und Dotierung

1 Warum wird bei sehr hohen Temperaturen dotiert?

Lösung:
Nur bei sehr hohen Temperaturen tritt eine merkliche Diffusion der Atome im Festkörper auf, sonst sind die Atome ortsfest.

2 Wie verändert sich der Leitungsmechanismus eines dotierten Halbleiters (p-Leiter oder n-Leiter) bei sehr hohen bzw. sehr niedrigen Temperaturen?

Lösung:
Bei sehr hohen Temperaturen verringert sich der Einfluss der durch Dotierung hinzugefügten Ladungsträger. Bei sehr niedrigen Temperaturen verringert sich die Leitfähigkeit.

Seite
443

12.1.3 p-n-Übergang und Dioden

1 Zeichnen Sie die Diodenkennlinie mit $I_0 = 10$ pA für die Temperaturen $T = -50\,°C$, $20\,°C$ und $100\,°C$.

Lösung:
Die Spannung U an der Diode in Abhängigkeit von der Temperatur gibt

$$U(T) = kT/e$$

an. Für den Diodenstrom I_D gilt

$$I_D = I_0\, e^{U_D/U(T)} = I_0\, e^{eU_D/kT}$$

Mit $I_0 = 10$ pA erhält man für $T_1 = 223$ K, $T_2 = 293$ K und $T_3 = 373$ K die folgenden Graphen:

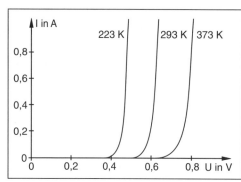

Die Graphen zeigen richtig die Verschiebung des Kurvenverlaufs bei Temperaturänderungen. Tatsächlich verringert sich die Spannung U bei konstantem Strom mit steigernder Temperatur, was auf die Temperaturabhängigkeit von I_0 zurückzuführen ist.

2* Wie ändert sich die Spannung an einer Diode bei festem Strom durch Temperaturerhöhung? Welche Spannungsänderung verursacht eine Temperaturdifferenz von 1 K bei $T = 293$ K und $U = 0,6$ V?

Lösung:
Die Spannung verringert sich bei Temperaturerhöhung.
Die Steigung des Graphen von $U(T)$ ist
$dU/dT = (k/e)\ln(I/I_0)$.
Mit $I = 1$ A (als typischem Durchlassstrom) und $I_0 = 10$ pA (aus Aufgabe 1) erhält man den realistischen Wert $dU/dT = 2$ mV/K. Andere Werte liegen in dieser Größenordnung. Bei einer Temperaturerhöhung um 1 K verringert sich U_D um etwa 2 mV.

3* Welche elektrischen Eigenschaften hat eine Diode
a) aus einem undotierten und einem n-dotierten Halbleiter,
b) aus einem Metall und einem p-dotierten Halbleiter?

Lösung:
a) In einem undotierten Halbleiter sind p- und n-Leitung gleichzeitig vorhanden. Ein Kontakt mit einem n-Leiter führt zu einer Sperrschicht für die p-Ladungsträger des undotierten Halbleiters. Die n-Leitung zwischen den beiden Bereichen erhöht den Sperrstrom.
b) Ein Metall verhält sich ähnlich einem n-Leiter. Der Kontakt mit einem p-leitenden Material zeigt vergleichbare Eigenschaften wie ein p-n-Übergang. Allerdings vergrößert sich der Sperrstrom gegenüber einem p-n-Übergang deutlich.

12.1.4 Der bipolare Transistor

Seite
445

1 In der Verstärkerschaltung von *Abb. 445.1* sollen alle Widerstände um den Faktor 10 vergrößert werden.
a) Wie ändert sich der Verstärkungsfaktor?
b) Wie ändern sich Eingangs- und Ausgangswiderstand?
c) Welche Konsequenzen ergeben sich bei der Anpassung an eine hochohmige Signalspannung bzw. an ein niederohmiges Bauelement am Ausgang?

Lösung:
a) Wenn die Widerstände um den Faktor 10 größere Werte haben, ist der Eingangsstrom $I_B = 4,3\ \mu A$ und $I_C = 0,923$ mA. Die Werte der Ströme verringern sich um den Faktor 10, die Spannungswerte bleiben konstant. Die Verstärkung bleibt damit gleich.
b) Der Eingangswiderstand ist wie der Ausgangswiderstand um den Faktor 10 angestiegen.

c) Für eine hochohmige Signalquelle ist der Eingangswiderstand groß zu wählen. Bei gleicher Verstärkung sind dann alle Widerstände um den gleichen Faktor zu vergrößern. Beim Verkleinern um den gleichen Faktor lässt sich ein niederohmiges Bauelement (Lastwiderstand) am Ausgang anpassen.

2* In der Verstärkerschaltung von *Abb. 445.1* wird der Transistor durch einen anderen mit der Stromverstärkung $B = 300$ ersetzt. Wie ändert sich die Verstärkung und die Amplitude der Ausgangswechselspannung?

Lösung:
Der Anstieg der Stromverstärkung von $B_1 = 220$ auf $B_2 = 300$ erfordert die Anpassung des Wertes von R_1 von 330 kΩ auf 450 kΩ. Bei gleichen Ausgangswiderstand und gleicher Verstärkung erhöht sich der Eingangswiderstand um den Faktor $B_2/B_1 = 1,36$.

12.1.5 Der Feldeffekttransistor

Seite
447

1 Der Eingangswiderstand der Schaltung in *Abb. 464.4* ergibt sich aus der Parallelschaltung von $R_1 = 1$ MΩ und $R_2 = 240$ kΩ.
a) Wie groß ist der Eingangswiderstand der Schaltung? Wie groß ist der Eingangswiderstand der MOSFET?
b) Wie lässt sich der Eingangswiderstand 10fach vergrößern, ohne die Verstärkung der Schaltung zu verändern?

Lösung:
a) Der Eingangswiderstand beträgt 194 kΩ. Der Eingangswiderstand vom MOSFET ist unendlich.
b) Der Eingangswiderstand wird 10fach, wenn die beiden Widerstandswerte R_1 und R_2 ebenfalls verzehnfacht werden.

2 Berechnen Sie die Leistungsverstärkung der Schaltung von *Abb. 446.4*.

Lösung:
Die Leistungsverstärkung des MOSFET ist unendlich, da der Eingangsstrom und damit die Eingangsleistung null sind. Durch die Beschaltung mit Widerständen sinkt der Eingangswiderstand auf 194 kΩ (siehe *Aufgabe 1*), der Ausgangswiderstand ist 1 kΩ, wenn der Widerstand der Drain-Source-Strecke vernachlässigt wird. Mit der Spannungsverstärkung $V = 210$ erhält man

$$V_P = (U_A^2/U_E^2)\,(R_E/R_A) = 210^2 \cdot 194/1 \approx 8,6 \cdot 10^6.$$

3 Im eingeschalteten Zustand wird bei einem MOSFET die Spannung $U_{DS} = 0,1$ V bei einem Strom $I_{DS} = 10$ A gemessen. Wie groß ist der Widerstand des MOSFET?

Lösung:
Der Widerstand der MOSFET beträgt 0,01 Ω.

4 Stellen Sie Vorzüge und Nachteile eines MOSFET gegenüber einem bipolaren Transistor zusammen?

Lösung:
Der MOSFET besitzt den großen Vorteil, dass sein Eingangsstrom null ist. Dieser Vorteil ist nur bei Gleichspannung und Wechselspannung niedriger Frequenz entscheidend. Bei höheren Frequenzen ist der MOSFET dem bipolaren Transistor durch seine große Eingangskapazität im Nachteil.
Ein weiterer Vorteil des MOSFET ist die geringe Temperaturabhängigkeit der Parameter.

5* Im Gegensatz zu bipolaren Transistoren lassen sich MOSFETs problemlos parallel schalten. Welche

Eigenschaften der Parallelschaltung bleiben im Vergleich zu einem einzelnen MOSFET erhalten, welche Änderungen sind zu erwarten?

Lösung:

Bei der Parallelschaltung zweier MOSFETs verdoppelt sich die Steilheit S der Strom-Spannungs-Kennlinie, halbiert sich der Ausgangswiderstand.

Leistungs-MOSFET bestehen intern aus einer Parallelschaltung von MOSFET-Strukturen und erreichen so eine hohe Steilheit und einen kleinen Einschaltwiderstand.

Für hohe Frequenzen ist die verdoppelte Eingangskapazität der Parallelschaltung nachteilig.

12.2.1 Zustände im Elektronengas

Seite
449

1 Die Energieniveaus in *Abb. 449.1* sollen mit drei Elektronen aufgefüllt sein.

  a) Welche Energie hat das energiereichste Elektron in einem 3D-Potentialtopf mit den Kantenlängen 1 nm.

  b) Welche Möglichkeiten bestehen für die Verteilung der Antreffwahrscheinlichkeit? Skizzieren Sie eine ausgewählte Verteilung.

Lösung:

  a) Die Energie im Zustand (2, 1, 1) beträgt $3{,}61 \cdot 10^{-19}$ J.

  b) Die Skizze ergibt sich aus der Überlagerung von zwei Verteilungen im Grundzustand (Abb. 448.1 a) und einer Verteilung (Abb. 448.1 b), die im Raum unterschiedlich orientiert sein kann.

2 In *Abb. 449.1* sind die ersten sechs Energieniveaus eingezeichnet. Welche Tripel von Quantenzahlen gehören zum nächsthöheren Energieniveau?

Lösung:
Nach $n_x, n_y, n_z = 1, 2, 3$ mit $1 + 4 + 9 = 14$ folgt 2, 2, 3 mit $4 + 4 + 9 = 17$. Die drei Tripel der Quantenzahlen sind also (3, 2, 2), (2, 3, 2) und (2, 2, 3).

3 Ein 3D-Potentialtopf mit den Kantenlängen 1 nm ist mit einem Elektron besetzt. Welches ist die niedrigste Anregungsenergie für diesen Zustand?

Lösung:
Die niedrigste Anregungsenergie ist $\Delta E = 1{,}8 \cdot 10^{-19}$ J vom Zustand (1, 1, 1) in der Zustand (2, 1, 1).

12.2.2 Die Fermi-Energie

Seite
451

1 Berechnen Sie die Werte der Fermi-Energie für Aluminium mit einer Elektronendichte von $n_e = 18{,}1 \cdot 10^{28}$ m^{-3}. Wie ändert sich die Fermi-Energie, wenn die Zahl der freien Elektronen z. B. durch Temperaturerhöhung zunimmt?

Lösung:
Die Fermi-Energie von Aluminium beträgt 11,7 eV. Sie steigt mit den Zahl der freien Elektronen.

*2 Berechnen Sie mit den Angaben aus *Tab. 451.1* den Abstand zweier Energieniveaus nahe der Fermi-Energie für einen Kupferwürfel mit der Kantenlänge 10 nm.

Lösung:
In einem Kupferwürfel der Kantenlänge $a = 10$ nm und $E_F = 7{,}04$ eV $= 1{,}23 \cdot 10^{-18}$ J folgt mit $n_x = n_y = n_z = n_0$ aus

$$E = \frac{h^2}{8\, m_e\, a^2}\, (n_x^2 + n_y^2 + n_z^2)$$

aufgerundet $n_0 = 25$. Die Energie des nächsten Zustands $(n_x, n_y, n_z) = (25, 25, 26)$ ist $1{,}16 \cdot 10^{-18}$ J. Damit beträgt der Abstand der Energieniveaus $\Delta E = 3 \cdot 10^{-20}$ J $= 0{,}2$ eV.

12.2.3 Supraleitung

Seite
452

1 Berechnen Sie ΔE_G von Quecksilber.

Lösung:
Die Energiedifferenz für Quecksilber beträgt 1,3 meV.

2* Welche magnetische Feldstärke B erreichen supraleitende Magnete beim DESY in Hamburg?

Lösung:
Informationen aus dem Internet liefern den Wert von $B = 24$ T.

12.2.4 Absorptionsverhalten von Festkörpern

Seite
454

1 Welche Halbleiter *(Tab. 454.2)* zeigen eine Absorptionskante im sichtbaren Bereich des Spektrums? Welche Farbe erscheint in der Durchsicht?

Lösung:
Nur CdS und Se zeigt im sichtbaren Spektrum zwischen 1,8 eV und 3 eV eine Absorptionskante. In der Durchsicht erscheint der CdS-Kristall Gelb-Rot ($\Delta E = 2{,}3$ eV), der Se-Kristall Rot ($\Delta E = 2{,}1$ eV).

2 Ein Selen-Kristall wird von Licht durchstrahlt. Welchen Wellenlängen- bzw. Frequenzbereich umfasst das durchgelassene Licht?

Lösung:
Mit $\lambda = h c / \Delta E$ erhält man 590 nm. Strahlung mit Wellenlängen größer 590 nm wird von Se durchgelassen.

3 Begründen Sie die Durchlässigkeit der Halbleiter wie Si und Ge für Infrarotstrahlung.

Lösung:
Halbleiter wie Si ($\Delta E = 1{,}15$ eV) und Ge ($\Delta E = 0{,}65$ eV) absorbieren unterhalb von 1,9 µm bzw. 1,1 µm.

Die Strahlung mit Wellenlängen oberhalb von 1,9 µm (Ge) bzw. 1,1 µm (Si) wird durchgelassen, weil die Energie der Photonen kleiner als die materialabhängige Mindestenergie ist.

4 Warum sind Metalle für Mikrowellen ($\lambda \approx 1$ µm) bzw. Radiowellen ($\lambda \approx 1$ µm) undurchlässig?

Lösung:
In einem makroskopischen Metallstück sind die Energieniveaus in einem Abstand von 10^{-22} eV angeordnet. Radiowellen mit der Wellenlänge $\lambda = 1$ m liefern Photonen mit der Energie $\Delta E = h c / \lambda = 1{,}2 \cdot 10^{-6}$ eV.

Seite **455**
12.2.5 Leitfähigkeit von Halbleitern

1 Will man die Eigenleitung von Halbleitern bestimmen, muss man bei tiefen Temperaturen sehr auf Verunreinigungen durch andere Stoffe achten. Warum ist dies bei hohen Temperaturen nicht so wichtig?

Lösung:
Bei tiefen Temperaturen ist die Eigenleitung außerordentlich gering, der Halbleiter wird zum Isolator. Verunreinigungen in geringster Konzentration würden das Ergebnis bereits verfälschen. Bei höheren Temperaturen nimmt die Eigenleitung um mehrere Zehnerpotenzen zu, sodass die Leitung durch Verunreinigungen kaum ins Gewicht fällt.

2 Glas wird bei höherer Temperatur zum Halbleiter, bei sehr hoher sogar zum Leiter. Wie ist dies zu erklären?

Lösung:
Das verbotene Band wird bei hohen Temperaturen von einer zunehmenden Anzahl von Elektronen überbrückt. Die Elektronen im Leitungsband tragen zur Leitung bei.

3 Nicht alle Halbleitermaterialien eignen sich als Fotowiderstand. Worauf ist zu achten?

Lösung:
Die materialabhängige Mindestenergie ΔE sollte geringer sein als die Energie der Photonen an der langwelligen Grenze der Strahlung.

Seite **461**
12.2.8 Kontaktspannung

1 Welche Kontaktspannung entsteht, wenn sich die Metalle Barium mit $E_{A1} = 5{,}2$ eV und Nickel $E_{A2} = 2{,}5$ eV berühren?

Lösung:
Es entsteht eine Kontaktspannung von
$(E_{A1} - E_{A2})/e = (5{,}2\,\text{eV} - 2{,}5\,\text{eV})/e = 2{,}7$ V.

2 Untersuchen Sie den Aufbau des Peltier-Elements *(Abb. 461.2)* hinsichtlich Parallel- und Serienschaltung in elektrischer und thermischer Sicht. Welche Konsequenzen hat die gewählte Anordnung?

Lösung:
Die Halbleiterkontakte des Peltierelement sind in elektrischer Hinsicht in Serie geschaltet. Damit lässt sich bei einer Spannung von einigen mV an der Kontaktstelle eine Betriebsspannung von einigen Volt verwenden. In thermischer Sicht sind die Elemente parallelgeschaltet. Die Parallelschaltung der Wärmewiderstände vergrößert den möglichen Strom der Wärmeenergie bei gleicher Temperaturdifferenz.

12.3.1 Der Operationsverstärker

Seite
463

1 Mit welcher Beschaltung lässt sich bei einem OV die Verstärkung 1; 10; 100 einstellen?

Lösung:
Mit $R_1 = 1$ kΩ ist für die Verstärkung von 1, 10, 100 der Wert von R_2 zu 0 Ω, 9 kΩ und 99 kΩ bestimmt.

2 Welche Verstärkung ergibt sich in *Abb. 463.1* für $R_2 = 0$ bzw. $R_1 = 0$?

Lösung:
Für $R_2 = 0$ ist die Verstärkung $V = 1$. Für $R_1 = 0$ ist die Verstärkung nach der Verstärkungsformel unendlich. Hier gilt die Vereinfachung

$V_0 \cdot R_1/(R_1 + R_2) \gg 1$

nicht mehr. Deshalb ist die reale Verstärkung endlich und hat den Wert V_0 der Verstärkung des Operationsverstärkers.

Seite
469

12.4.1 Computerbaugruppen

1 Berechnen Sie Taktzeiten und Taktfrequenzen für die beiden Mikroprozessoren in *Abb. 469.1* und *Abb. 469.2*.

> **Lösung:**
> Die Taktfrequenz des 4004 Prozessors ist bei $T = 10,8\ \mu s$ Taktzeit $f = 1/T = 92,6$ kHz. Die Taktzeit bei einem 300 MHz Pentium-Prozessor ist 3,3 ns.

*2 Zur Leistungssteigerung von Computersystemen lassen sich 2 bzw. 4 Prozessoren parallel an einem gemeinsamen Speicher betreiben. In welchen Fällen sind zwei Prozessoren doppelt so schnell wie ein einzelner?

> **Lösung:**
> Durch mehrere Prozessoren lässt sich die Rechenzeit verkürzen, wenn die eine Teilrechnung nicht die Ergebnisse der zweiten verwendet. Es ist deshalb bei aufwendigen Rechnungen ein Ziel der Informatik, die Teilrechnungen zur parallelisieren.

Seite
471

12.4.2 Digitale Grundschaltungen

1 Vergleichen Sie mit *Abb. 470.2* und *Abb. 471.1*:
   a) Wie lässt sich eine NAND-Schaltung mit CMOS-Transistoren realisieren?
   b) Wie lässt sich eine NOR-Schaltung mit bipolaren Transistoren aufbauen?

> **Lösung:**

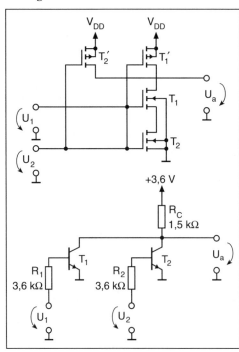

2 In welchen Anwendungen empfiehlt sich ist der Einsatz von TTL-Schaltungen bzw. CMOS-Schaltungen?

> **Lösung:**
> TTL-Schaltungen eignen sich für schnelle Schaltanwendungen. Bei niedrigen Frequenzen bzw. einer starken Miniaturisierung sind CMOS-Schaltungen aufgrund ihrer geringeren Verlustleistung besser geeignet.

3 Die Exclusive-Oder-Schaltung (XOR) gleicht der ODER-Schaltung bis auf Q = L bei A = B = H. Stellen Sie die XOR-Funktion aus Grundschaltungen her.

> **Lösung:**
> Wie *Abb. 472.1 a* mit den Eingängen A und B und dem Ausgang S.

12.4.3 CPU und Rechenschaltungen

Seite
473

1 Eine Spannungsquelle U lädt über einen Widerstand R den Kondensator C auf. Von welchen Größen hängt die im Widerstand umgesetzte Energie ab?

Lösung:
Aus $I(t) = \dfrac{U}{R}\,e^{-\frac{t}{RC}}$, $\quad U_R(t) = R \cdot I(t)\quad$ und

$P_R(t) = U_R(t) \cdot I(t)\quad$ lässt sich $P_R(t) = \dfrac{U^2}{R}\,e^{-\frac{2t}{RC}}$

herleiten. Das Integral von $P_R(t)$ ist die Energie

$$E = \int\limits_{0}^{\infty} P_R(t) = \tfrac{1}{2}CU^2$$

Die Energie hängt quadratisch von der Spannung U ab und ist unabhängig vom Widerstand R. Um die Energie zur reduzieren muss die Spannung U verringert werden.

12.4.4 RAM und ROM

Seite
475

1 Ermitteln Sie für einen PC die Geschwindigkeit der Datenübertragung in MB/s von der CPU zum CPU-Cache, zum externen Cache, zum Hauptspeicher und zur Festplatte und vergleichen Sie mit der jeweiligen Speicherkapazität.

Lösung:
Typische Angaben entsprechend den aktuellen Datenblättern (siehe z. B. www.intel.com, www. asus.com.tw) sind:
1000 MB/s von der CPU zum ersten Cache

100 MB/s vom ersten Cache zum zweiten Cache
50 MB/s von zweiten Cache zum RAM
10 MB/s vom RAM zur Festplatte
Speicherkapazität:
Für den ersten Cache: 16 kB
Für den zweiten Cache: 250 kB
Für den Hauptspeicher: 128 MB
Für die Festplatte: 10 GB
Der größeren Speicherkapazität steht die geringere Datenübertragungsrate gegenüber.

13.1.1 Ionisierende Wirkung radioaktiver Strahlung

Zusatzaufgaben

1 Aus welchem Grunde ist der axiale Draht eines Zählrohres im allgemeinen mit dem Pluspol der Spannungsquelle verbunden? Berücksichtigen Sie bei Ihrer Überlegung die Form des Feldes und die Bedeutung der Elektronen.

Lösung:
Bei einem im Auslösebereich arbeitenden Zählrohr ruft jedes Strahlungsteilchen eine Entladung hervor. Diese entsteht dadurch, dass die vom Strahlungsteilchen bei der Ionisation des Zählrohrgases erzeugten Elektronen im elektrischen Feld zwischen Zählrohrmantel und Zählrohrdraht beschleunigt werden, Energie aufnehmen und durch Ionisation weitere Ladungsträger erzeugen. Die positiven Ionen sind aufgrund ihrer geringeren Beweglichkeit weit weniger wirksam.
Da der Draht sehr dünn ist, ist die elektrische Feldstärke in der unmittelbaren Umgebung des Drahtes sehr hoch. In diesen Raumbereich gelangen alle im Zählrohr erzeugten Elektronen und können somit durch die Energieaufnahme aus dem Feld zur Stoßionisation beitragen.

2 **a)** Erklären sie das Zustandekommen der Totzeit eines Zählrohres. Die Totzeit beginnt im Augenblick des Anstiegs eines Spannungsimpulses, der durch die von einem Teilchen erzeug-

ten Ladungen entsteht, und endet, wenn nahezu alle Ladungen abgeflossen sind.

b) Die Totzeit einer Zählapparatur betrage 10^{-4} s. Die angezeigte Impulsrate sei 1200 s^{-1}. Wie viel Impulse werden nicht angezeigt?

Lösung:

a) Die im Zählrohr vorhandenen Elektronen erzeugen weitere Ladungsträger durch Stoßionisation in unmittelbarer Umgebung des positiven Zählrohrdrahtes. Aufgrund der geringeren Beweglichkeit der positiven Ionen bildet sich um den Draht eine positive Raumladungswolke. Werden nun von einem weiteren Strahlungsteilchen im Raum zwischen der Zählrohrwand und der positiven Wolke Ionen und Elektronen erzeugt, so befinden sich diese in einem Bereich sehr geringer Feldstärke und beeinflussen den Vorgang der Entladung nicht. Dieser Zustand bleibt bestehen, bis alle positiven Ladungsträger zur Zählrohrwand abgewandert sind.

b) Bei der Registrierung von 1200 Entladungsprozessen in einer Sekunde ist das Zählrohr insgesamt $1200 \cdot 10^{-4}$ s $= 0,12$ s nicht zählbereit. Es sind also 1200 Prozesse in 0,88 s ausgelöst worden, wozu ($1200/0,88 = 1364$) Strahlungsteilchen, die einen Prozeß ausgelöst hätten, eingefallen sind. Demnach wurden 164 Impulse nicht angezeigt.

13.1.3 Eigenschaften der Strahlungen

1 Bei der vollständigen Abbremsung von α-Teilchen in Luft wird je 35 eV ein Ionenpaar erzeugt, obwohl die zur Ionisation erforderliche Energie nur 15 eV beträgt.

a) Welche Energie haben α-Teilchen, die bei einem Ionisationsvermögen von 2000 Ionenpaaren/mm eine Reichweite von 6,8 cm besitzen?

b) Welche anderen Prozesse außer der Ionisation können für den Energieverlust der α-Teilchen beim Durchgang durch Luft verantwortlich sein?

c) Welche Sättigungsstromstärke ist in einer Ionisationskammer möglich, wenn ein Präparat pro Sekunde 10^8 α-Teilchen emittiert?

Lösung:

a) E $= 2000 \cdot 68$ mm $\cdot 35$ eV/mm $= 4,76$ MeV

b) Es findet Anregung von Atomen und Molekülen statt, wobei Elektronen der Hülle auf höhere Energieniveaus gehoben werden.

c) $I = \Delta Q / \Delta t$
$= 10^8 \cdot 68$ mm $\cdot 2000 \cdot 2 \cdot 1,6 \cdot 10^{-19}$ As$/($s mm$)$
$= 4,352$ µA

2 Für die Reichweite von α-Teilchen in Gasen gilt die Formel $R = a v^3$ (R Reichweite, v Geschwindigkeit). Für Luft ist $a = 9,67 \cdot 10^{-24}$ s^3/m^2. Welche Energie haben α-Teilchen eines Polonium-Präparats, deren Reichweite in Luft 3,7 cm beträgt?

Lösung:
$v = 1,56 \cdot 10^7$ m/s, $E_{\text{kin}} = 5,08$ MeV

3 Warum ist das Ionisationsvermögen für β-Teilchen (Elektronen) mit einer Energie von 8 MeV mit nur 6,5 Ionenpaaren/mm so viel geringer als das von α-Teilchen mit gleicher Energie?

Lösung:
Die Ionisation findet aufgrund der Coulomb-Wechselwirkung statt. Diese ist bei α-Teilchen mit ihrer doppelten Ladung verglichen mit der von Elektronen und wegen ihrer geringeren Geschwindigkeit erheblich größer.

4 Bei der Untersuchung der β-Strahlung eines Radiumpräparats in einem Magnetfeld der Stärke $B = 2,25 \cdot 10^{-2}$ T ergibt sich eine Verschiebung des Maximums der Impulsrate um 20°. Die unter diesem Winkel registrierten β-Teilchen bewegen sich auf einer Kreisbahn mit dem Radius $r = 11,7$ cm.
Berechnen Sie unter Berücksichtigung der relativistischen Massenveränderlichkeit die Geschwindigkeit der β-Teilchen.

Lösung:
$m v^2/r = e v B, \quad m_0 v/\sqrt{1 - v^2/c^2} = e v B;$
$v = e r B c^2 / \sqrt{m_0^2 c^2 + e^2 r^2 B^2} = 2,5 \cdot 10^8$ m/s

5 Zur Ausfilterung von β-Teilchen mit einer bestimmten Geschwindigkeit durchlaufen diese ein Wien-Filter aus zwei gekreuzten Feldern. Zur Erzeugung des elektrischen Feldes wird eine Spannung von $U = 2,8$ kV an zwei Platten mit einem Abstand von $d = 0,9$ mm gelegt. Senkrecht zum elektrischen Feld besteht ein Magnetfeld von $B = 0,011$ T.
Welchen Radius hat eine Kreisbahn, auf der sich die ausgefilterten β-Teilchen in einem weiteren Magnetfeld mit der Stärke $B = 0,036$ T bewegen? Bei der Rechnung ist die relativistische Massenveränderlichkeit zu berücksichtigen.

Lösung:
$e E = e v B, \quad v = E/B, v = 2,83 \cdot 10^8$ m/s.

Aus $m v = e r B, \quad m = \gamma m_0$ und $\gamma = 3$ folgt $r = 0,13$ m.

*6 β-Teilchen eines Präparats werden radial in eine flache zylindrische Kammer geschossen, die von einem regelbaren Magnetfeld durchsetzt ist.
a) Zeigen Sie, dass diese Anordnung zur Aufnahme eines Energiespektrums geeignet ist.
b) Durch ein Geschwindigkeitsfilter ausgesonderte Teilchen von $v = 0,6\,c$ durchlaufen die Anordnung bei $B = 6,85$ mT. Berechnen Sie die spezifische Ladung dieser Teilchen.

Lösung:
a) Ein Energiespektrum ist eine Darstellung der Intensität in Abhängigkeit von der Energie. Im Magnetfeld B durchlaufen die β-Teilchen einen Kreisbogen vom Radius R mit $r/R = \tan(\alpha/2)$. Für den Impuls p der Teilchen gilt $p = m\,v = e R B$. Also gehören zu jeder magnetischen Feldstärke B Teilchen mit bestimmtem Impuls p. Die Energie der Teilchen ergibt sich aus $E^2 - p^2 c^2 = m_0^2 c^4$.

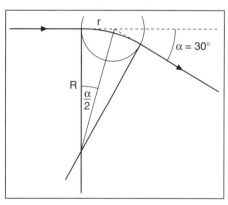

b) $e/m = v/(R B)$ mit $m = m_0/\sqrt{1 - v^2/c^2}$ folgt
$e/m = v/R B\sqrt{1 - v^2/c^2} = 1,76 \cdot 10^{11}$ As/kg

13.1.4 Strahlungsdetektoren

Seite
487

1 Zwischen Halbleiterdetektoren und Ionisationskammern besteht eine gewisse Analogie: Alle entstehenden Ladungsträger werden auf den Elektroden gesammelt. Worin bestehen die Unterschiede der beiden Nachweisinstrumente und welche Folgerungen ergeben sich daraus?

Lösung:
Die Dichte ist sehr verschieden, so dass im Festkörper die Strahlung völlig absorbiert werden kann. Pro erzeugtes Ladungsträgerpaar werden im Halbleiter nur ca. 3 eV, im Gas jedoch ca. 35 eV benötigt, worauf die größere Energieauflösung der Halbleiterdetektoren beruht. Daher wer-

den Halbleiterdetektoren als Spektrometer eingesetzt.

2 Detektoren sind Geräte, die nur zum Nachweis von
Teilchen geeignet sind. Als Spektrometer bezeichnet man Geräte, die es ermöglichen, spezielle Eigenschaften der Teilchen, wie z. B. Masse, Energie
oder Impuls zu bestimmen. Überlegen Sie, welche
der bisher besprochenen Geräte bzw. Versuchsan-
ordnungen als Detektoren, welche als Spektrometer anzusehen sind.

Lösung:
Detektoren: GM-Zählrohr, Ionisationskammer
Spektrometer: Anordnungen zur Ablenkung im
Magnetfeld, Szintillationszähler,
Halbleiterdetektor

3 Was versteht man unter dem Energieauflösungsvermögen eines Detektors? Worauf beruht das höhere
Auflösungsvermögen eines Halbleiterdetektors?

Lösung:
Das Energieauflösungsvermögen ist der Quotient
$\Delta E/E$, wobei ΔE die Breite des Fotopeaks in halber Höhe ist. Das höhere Auflösungsvermögen ei-
nes Halbleiterdetektors beruht darauf, dass zur Erzeugung eines Ladungsträgerpaares nur der kleine
Energiebetrag von ca. 3 eV nötig ist und ferner alle
erzeugten Ladungsträger auch registriert werden.

*4 Monoenergetische α-Strahlung erzeugt in einem
Szintillationszähler einen Photopeak *(Abb. 485.2)*
und ein kontinuierliches Spektrum, das auf der Entstehung von Elektronen durch den Compton-Effekt
beruht. Welche Energie können γ-Quanten von
1 MeV höchstens auf Elektronen im Compton-
Effekt übertragen?

Lösung:
Für den Compton-Effekt gilt:
$$\frac{1}{f'} - \frac{1}{f} = \frac{h}{m_{0e} c^2} (1 - \cos\varphi).$$

Für $\varphi = 180°$ ergibt sich:

$$\frac{1}{hf'} - \frac{1}{hf} = \frac{2}{m_{0e} c^2}.$$

Umformungen liefern:

$$hf' = hf \frac{1}{1 + \dfrac{2hf}{m_{0e} c^2}}$$

$$\Delta E = hf - hf' = hf \left(1 - 1 / \left(1 + \frac{2hf}{m_{0e} c^2} \right) \right)$$

$$\Delta E = hf \cdot 0{,}8 = 0{,}8 \text{ MeV}.$$

*5 Ein Americium-Präparat emittiert außer den α-
Teilchen mit den in Tab. 487.2 angegebenen Energien γ-Quanten der Energien 0,026 eV; 0,033 MeV;
0,043 MeV; 0,0595 MeV; 0,099 MeV; 0,103 MeV
und 0,125 MeV. Wie ist diese Strahlung zu erklären?

Lösung:
Durch Emission von α-Teilchen wandelt sich
Am241 in Np237 um. Dabei entstehen nicht nur
Neptuniumkerne im Grundzustand, sondern auch
in höheren Energiezuständen. Entsprechend den
in *Tab. 487.2* angegebenen Energien der α-Teil-
chen existieren fünf verschiedene Energiezustände
des Neptuniumkerns. Beim Übergang von einem
Zustand zu einem niedrigeren wird dann ein γ-
Quant emittiert.

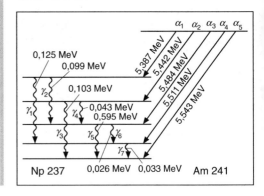

13.1.5 Wechselwirkung von Strahlung mit Materie

1 Wie erklärt man, dass das spezifische Ionisationsvermögen von α-Teilchen längs ihrer Bahn
zunimmt und kurz vor ihrem Ende ein Maximum
erreicht?

Lösung:
Mit dem zurückgelegten Weg verringert sich aufgrund ihrer Wechselwirkung mit der Materie die
Geschwindigkeit der α-Teilchen, sodass sie sich
zunehmend länger in der Nähe eines zu ionisieren-
den Atoms oder Moleküls befinden und auf diese
über die Coulomb-Kraft einwirken können.

2 Woran liegt es, dass auch β-Teilchen einheitlicher Energie keine einheitliche Reichweite besitzen?

Lösung:

Die β-Teilchen werden aufgrund ihrer geringen Masse bei Wechselwirkungen mit Atomen oder Molekülen stark aus ihrer ursprünglichen Bewegungsrichtung abgelenkt und in verschiedene Richtungen gestreut.

3 Wieso wächst die Absorption von γ-Strahlung mit der Ordnungszahl des Materials?

Lösung:

Die Absorption von α-Strahlung beruht u. a. auf ihrer Wechselwirkung mit Elektronen (Fotoeffekt, Compton-Effekt). Mit zunehmender Ordnungszahl der Atome des Materials wächst auch die Dichte der Elektronen und damit die Wahrscheinlichkeit der Wechselwirkung.

4 Die Halbwertsdicke für Röntgenstrahlen der Wellenlänge 12 pm ist bei Aluminium $d_H = 1,44$ cm.

a) Welchen Wert hat der Schwächungskoeffizient?

b) Welcher Bruchteil der Strahlung durchdringt eine Aluminiumschicht von 2,5 cm Dicke?

Lösung:

a) $n/2 = n\,e^{-k\cdot 1,44\,\text{cm}}$, $k = 0,48$ cm^{-1}

b) $n = n_0\,e^{-k\cdot 2,5\,\text{cm}}$, $n = 0,3\,n_0$

*5 Für den Energieverlust ΔE geladener Teilchen beim Durchgang durch Materie längs der Strecke Δx gilt: $\Delta E/\Delta x$ ist proportional zur Dichte n_e der Elektronen im Stoff.

Zeigen Sie, dass für Materie der Dichte ϱ, die aus Atomen der Ordnungszahl Z besteht, der Zusammenhang $n_e = (Z/A)\varrho\,N_A$ gilt und dass der Energieverlust ΔE pro $\varrho\,\Delta x$ für alle Stoffe annähernd konstant ist.

Lösung:

Für die Dichte der Elektronen gilt $n_e = Z \cdot n_A$, wenn n_A die Dichte der Atome mit $n_A = N_A/V_{mol}$ ist. Das Molvolumen ergibt sich zu $V_{mol} = A/\varrho$, sodass gilt: $n_A = (N_A \cdot \varrho)/A$.

Wenn $\Delta E/\Delta x$ proportional zu n_e ist und $n_e = Z \cdot (N_A \cdot \varrho)/A$ ist, so ist die Behauptung bewiesen.

Zusatzaufgaben

6 Bei einem Röntgengerät wird ein mit Luft gefüllter Kondensator durchstrahlt. Das durchstrahlte Volumen beträgt 10 cm^3, die Stromstärke ist $6 \cdot 10^{-10}$ A. Berechnen Sie die Ionendosisleitung (Ionendosis/Zeit) in den Einheiten A/kg und Röntgen/s und die Energiedosisleistung mit Hilfe der Beziehung $D = (34,1\ \text{Gy}/(\text{C/kg})) \cdot D_{ion}$.

Lösung:

Masse des durchstrahlten Volumens
$m = 1,293 \cdot 10^{-6}\,\text{kg/cm}^3 \cdot 10\,\text{cm}^3 = 1,293 \cdot 10^{-5}\,\text{kg}$,
in der Sekunde erzeugte Ladung eines Vorzeichens
$Q = 3 \cdot 10^{-10}$ C,
Ionendosisleistung
$$D_{ion}/\Delta t = 3 \cdot 10^{-10}\,\text{C}/(1,293 \cdot 10^{-5}\,\text{kg} \cdot \text{s})$$
$$= 2,32 \cdot 10^{-5}\,\text{A/kg} = 0,09\,\text{R/s}$$
Energiedosisleistung
$$D/\Delta t = 2,32 \cdot 10^{-5}\,\text{A/kg} \cdot 34,1\,\text{Gy}/(\text{As/kg})$$
$$= 7,9 \cdot 10^{-4}\,\text{Gy/s}$$

7 Worüber macht die Äquivalentdosis eine Aussage?

Lösung:

Die Äquivalentdosis charakterisiert die pro Zeiteinheit von einer Strahlung verursachte Schädigung.

13.2.2 Proton und Neutron als Kernbausteine

1 Aus Streuversuchen ergaben sich folgende Kernradien: $r_{He} = 3 \cdot 10^{-15}$ m; $r_O = 4,6 \cdot 10^{-15}$ m; $r_{Sr} = 7 \cdot 10^{-15}$ m; $r_{Sb} = 7,8 \cdot 10^{-15}$ m; $r_{Au} = 8,5 \cdot 10^{-15}$ m und $r_{Bi} = 8,9 \cdot 10^{-15}$ m.

a) Untersuchen Sie, ob der Radius der Kerne proportional zur dritten Wurzel aus der Massenzahl ist.

b) Bestimmen Sie aus der Gleichung $r = r_0\, A^{1/3}$ den Radius eines Nukleons.

Lösung:

a) und **b)** Zur Untersuchung der Proportionalität bildet man den Quotienten $r/A^{1/3} = r_0$. Es ergeben sich folgende Werte für r_0 in 10^{-15} m: 1,89; 1,83; 1,58; 1,57; 1,46; 1,50. Also liegt näherungsweise Proportionalität vor.

2 Beim Beschuss von Goldfolie mit α-Teilchen der Energie $E_{kin} = 5,49$ MeV werden einige α-Teilchen um 180° gestreut. Da α-Teilchen dieser Energie noch nicht in den Wirkungsbereich der Kernkräfte geraten, kann man den Radius des Goldkerns abschätzen, indem man den kürzesten Abstand der α-Teilchen vom Kern berechnet. Bestimmen Sie den Abstand, in dem die gesamte kinetische Energie in potentielle Energie umgewandelt ist.

Lösung:

Aus $E_{kin} = E_{pot} = 1/(4\,\pi\,\varepsilon_0) \cdot Q_1\, Q_2/r$ folgt $r = 41 \cdot 10^{-15}$ m

*3 Um zu zeigen, dass sich in einem Atomkern keine Elektronen aufhalten können, vergleicht man die potentielle Energie eines Elektrons, das sich im Abstand $r_0 = 2 \cdot 10^{-15}$ m um ein Nukleon bewegt, mit der kinetischen Energie eines Elektrons. Diese bestimmt man mit Hilfe der Welleneigenschaften des Elektrons, das sich in einem linearen Potentialtopf der Länge $2\,r_0$ bewegt. Für Systeme aus zwei Körpern, zwischen denen eine anziehende Kraft existiert, gilt $E_{pot} = -2\,E_{kin}$.
Bestimmen Sie die potentielle Energie und über den Impuls unter Anwendung der relativistischen Impuls-Energie-Beziehung die kinetische Energie des Elektrons und vergleichen Sie die Energien.

Lösung:

Aus $E_{pot} = 1/(4\,\pi\,\varepsilon_0)\, e^2/r$ folgt $E_{pot} = 0,72$ MeV. Die kinetische Energie ergibt sich aus $E_{kin} = E - E_{Ruh}$ und $E = (p^2 c^2 - m_0^2 c^4)^{1/2}$ mit $p = h/\lambda$ und $\lambda/2 = 2\,r_0$ zu $E_{kin} = 154,6$ MeV.
Es ist also keinesfalls $E_{pot} = 2\,E_{kin}$, woraus folgt,

dass sich keine Elektronen im Kern aufhalten können.

*4 Neutronen übertragen bei einem zentralen Stoß mit Wasserstoff- bzw. Stickstoffatomen diesen einen Teil ihrer kinetischen Energie. Aus den dabei in einer Nebelkammer entstehenden Spuren lässt sich diese zu $E_H = 5,7$ MeV und $E_N = 1,6$ MeV bestimmen.

a) Stellen Sie unter der Annahme eines zentralen Stoßes für den Stoß der Neutronen mit Wasserstoff bzw. mit Stickstoff unter Anwendung der Erhaltungssätze für Impuls und Energie zwei Gleichungssysteme auf.

b) Lösen Sie diese Gleichungssysteme unter Verwendung der (nicht-relativistischen) Impuls-Energie-Beziehung nach den unbekannten kinetischen Energien der Neutronen auf und bestimmen Sie unter Verwendung der angegebenen Messwerte die Masse der Neutronen.

Lösung:

Stoß mit H:
$E_{kin} = E'_{kin} + E_H, \quad p = p' + p_H;$
Stoß mit N:
$E_{kin} = E''_{kin} + E_N, \quad p = p'' + p_N;$
Aus $E_{kin} = p^2/2\,m; \quad E'_{kin} = p'^2/2\,m = (p - p_H)^2/2\,m$ folgt:
$p\, p_H = p_H^2/2 + E_H\, m$ und mit $p_H^2 = 2\, m_H\, E_H;$
$p = E_H (m_H + m)/\sqrt{(2\, m_H\, E_H)}$.
Daraus folgt $E_{kin} = E_H (m_H + m)^2/(4\, m\, m_H)$.
Ebenso ergibt sich $E_{kin} = E_N (m_N + m)^2/(4\, m\, m_N)$.
Aus den beiden Termen für E_{kin} ergibt sich $m = (m_H \sqrt{m_N E_H} - m_N \sqrt{m_H E_N})/(\sqrt{m_H E_N} - \sqrt{m_N E_H})$
und daraus mit $m_H = 1$ u, $m_N = 14$ u, $E_H = 5,7$ MeV und $E_N = 1,6$ MeV die Masse des stoßenden Teilchens zu $m = 1,14$ u.

Zusatzaufgaben

5. Die atomare Masseneinheit u ist als $\frac{1}{12}$ der Masse eines Atoms des Kohlenstoffisotops ^{12}C definiert. Andererseits ist bekannt, dass die Zahl der Teilchen in 1 kmol eines Elements $N_A = 6,02 \cdot 10^{26}$ kmol^{-1} ist. Daraus berechnet sich die atomare Masseneinheit zu u $= 1/N_A$ kg/kmol.

a) Wie viele Nukleonen bzw. Protonen enthalten 1 g ^{12}C?

b) Wie viele Neutronen gibt es in 1 g ^{1}H, 1 g ^{16}O, 1 g ^{235}U?

Lösung:

a) 1 g ^{12}C enthält $5,02 \cdot 10^{22}$ Kohlenstoffatome, also $6,02 \cdot 10^{23}$ Nukleonen und $3,01 \cdot 10^{23}$ Protonen.

b) 1 g ^{1}H enthält keine Neutronen, 1 g ^{16}O enthält $3,01 \cdot 10^{23}$ und 1 g ^{235}U enthält $3,66 \cdot 10^{23}$ Neutronen.

6. Bestimmen Sie für die Kerne aus *Aufgabe 1* die Dichten.

Lösung:

Die Dichte ergibt sich zu $\varrho = m/V$ mit $V = 4/3\, \pi\, r^3$. m und V sind Masse und Volumen des Kerns.

Es ergeben sich folgende Dichten in 10^{16} kg/m^3:

He: 5,8; O: 6,5; Sr: 10,1; Sb: 10,2; Au: 12,7; Bi: 11,7.

13.3.1 Die natürlichen Zerfallsreihen

1 a) Stellen Sie mit Hilfe der Nuklidkarte aus dem Anhang die Zerfallsreihe für Americium 241 auf.

b) Stellen Sie mit Hilfe der Nuklidkarte aus dem Anhang die Zerfallsreihe für Radium 226 auf.

c) Warum kann kein Nuklid gleichzeitig zwei verschiedenen Zerfallsreihen angehören?

Lösung:

a) ^{241}Am $\xrightarrow{\alpha}$ ^{237}Np $\xrightarrow{\alpha}$ ^{233}Pa $\xrightarrow{\beta}$ ^{233}U $\xrightarrow{\alpha}$ ^{229}Th $\xrightarrow{\alpha}$ ^{225}Ra $\xrightarrow{\beta}$ ^{225}Ac $\xrightarrow{\alpha}$ ^{221}Fr $\xrightarrow{\alpha}$ ^{217}At $\xrightarrow{\alpha}$ ^{213}Bi $\xrightarrow{\beta}$ ^{213}Po $\xrightarrow{\alpha}$ ^{209}Pb $\xrightarrow{\beta}$ ^{209}Bi

b) ^{226}Ra $\xrightarrow{\alpha}$ ^{222}Rn $\xrightarrow{\alpha}$ ^{218}Po $\xrightarrow{\alpha}$ ^{214}Pb $\xrightarrow{\beta}$ ^{214}Bi $\xrightarrow{\beta}$ ^{214}Po $\xrightarrow{\alpha}$ ^{210}Pb $\xrightarrow{\beta}$ ^{210}Bi $\xrightarrow{\beta}$ ^{210}Po $\xrightarrow{\alpha}$ ^{206}Pb

c) Die Massenzahlen der Nuklide einer Zerfallsreihe genügen alle derselben Formel $4n + k$ mit $k = 0, 1, 2, 3$. Es kann jedoch nie $4n + k = 4m + l$ sein mit $k, l \in \{0, 1, 2, 3\}$ und $k \neq l$, denn 4 teilt nie $(k - l)$.

2 Welches Isotop entsteht aus Thorium 232 nach vier α- und zwei β-Zerfällen?

Lösung:
^{216}Po

3 Worin liegt die Ursache dafür, dass die Elemente der Neptuniumreihe in der Natur nicht mehr gefunden werden?

Lösung:
Die Halbwertszeit der Elemente der Neptuniumreihe ist verglichen mit dem Alter der Erde klein, sodass bereits alle Elemente der Reihe zerfallen sind.

*4 Erklären Sie unter Verwendung von *Abb. 497.1*, warum in den Zerfallsreihen β-Zerfälle vorkommen.

Lösung:
Beim α-Zerfall werden stets zwei Protonen und zwei Neutronen emittiert, sodass der relative Neutronenanteil des Tochterkerns größer ist als der des Mutterkerns. Der Neutronenüberschuss kann nur durch β-Zerfall abgebaut werden.

13.3.2 Gesetz des radioaktiven Zerfalls

1 Bei der Umwandlung von Protaktinium 234 in Uran 234 unter β-Emission wurden folgende bereits um die Nullrate bereinigte Zählraten gemessen:

t in s	30	60	90	120	150	180	210	240	270
n in $\frac{1}{10}$ s	236	173	128	98	71	56	38	30	19

a) Bestimmen Sie mit einer graphischen Darstellung die Zerfallskonstante λ und die Halbwertszeit.

b) Berechnen Sie Zählraten nach 6 min. Nach welcher Zeit beträgt die Zählrate nur noch $\frac{1}{10}$ bzw. $\frac{1}{100}$ ihres Anfangswertes?

Lösung:
a)

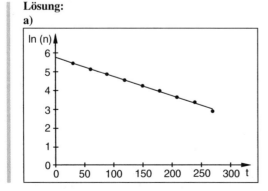

$\lambda = 0,01$ s^{-1}, $t_H = 68,1$ s

b) $n(6\text{ min}) = 12,7/(10\text{ s})$, $t = 213$ s, $t = 427$ s

2 Welcher Bruchteil einer Menge ^{226}Ra mit $t_H = 1600$ a ist nach 10 Jahren noch nicht zerfallen?

Lösung:
$n/n_0 = e^{-(\ln 2/t_H) t}$, $n/n_0 = 99,6\%$

3 Wie viel Blei ist seit Bestehen der Erde ($4,55 \cdot 10^9$ a) aus 1 kg ^{238}U mit $t_H = 4,5 \cdot 10^9$ a entstanden?

Lösung:
238 g Uran $= 6,02 \cdot 10^{23}$ Teilchen,
1 kg Uran $= 2,53 \cdot 10^{24}$ Teilchen,
Zahl der zerfallenen Kerne:
$n_0 - n = n_0(1 - e^{-(\ln 2/t_H) t}) = 1,27 \cdot 10^{24} = 2,12$ mol
(Kerne ^{206}Pb), $m_{Pb} = 436$ g

4 Aus der Messung der Masse und der Aktivität lässt sich die Halbwertszeit der sehr langlebigen Substanz ^{232}Th zu $t_H = 1,39 \cdot 10^{10}$ a bestimmen.
Wie groß ist die Zahl der in einer Sekunde zerfallenden Kerne bei einer Thoriummasse von 1 g?

Lösung:
$A = \lambda n = (\ln 2/t_H) n = 4103$ s^{-1}

5 **a)** Berechnen Sie die Masse eines Americium 241-Präparats mit einer Aktivität von 333 kBq.

b) Welche Aktivität haben $2\,\mu g$ ^{210}Po $(t_H = 138\,d)$?

Lösung:

a) $n = A/(\ln 2/t_H) = 6{,}56 \cdot 10^{15}$
$= 1{,}09 \cdot 10^{-8}\,mol = 2{,}63\,\mu g$

b) $A = (\ln 2/t_H)\,n = 333\,MBq$

*6 Radon 220 entsteht durch α-Zerfall aus Radium 24 und zerfällt in Polonium 216.

a) Zeigen Sie an diesem Beispiel, dass in einer Zerfallsreihe mit den Kernen (1), (2) und (3) für die Anzahlen N_1, N_2 und N_3 die Beziehung $\lambda_1 N_1 = \lambda_2 N_2 = \lambda_3 N_3$ gilt.

b) Bestimmen Sie unter Anwendung der in Aufgabenteil a) gegebenen Formel, welche Radiummenge in einer alten Lagerstätte auf 1 g Uran 238 entfällt $(t_{H,\,U238} = 4{,}5 \cdot 10^9$ a, $t_{H,\,Ra226} = 1600$ a).

Lösung:

a) In der Zeit Δt besteht für die zerfallenden Kerne Radon und Radium Gleichgewicht, also $\Delta N_{Ra} = \Delta N_{Rn}$. Mit $\Delta N = \lambda\,N\,\Delta t$ folgt $\lambda_{Ra}\,N_{Ra} = \lambda_{Rn}\,N_{Rn}$ usw.

b) Da Gleichgewicht besteht, gilt $N_{Ra} = (N_U\,t_{H,\,Ra})/t_{H,\,U}$, $m_{Ra} = 0{,}34\,\mu g$

Zusatzaufgaben

7. Natürliches Uranerz enthält ein Radiumatom auf $2{,}79 \cdot 10^6$ Uranatome. Berechnen Sie die Halbwertszeit des Urans, wenn die Halbwertszeit des Radium 1600 a beträgt.

Lösung:

Nach der Gleichgewichtsbedingung ergibt sich $t_H = 4{,}46 \cdot 10^9$ a.

Seite
503

13.4.1 Massendefekt und Bindungsenergie

1 a) Berechnen Sie die Bindungsenergie der Nuklide Tritium ^{3}H und Helium ^{3}He. Entnehmen Sie dazu die Massen aus der Tabelle der Nuklide im Anhang.

b) Erklären Sie das Ergebnis des Aufgabenteils a).

Lösung:
$\Delta m = Z(m_p + m_e) + m_n - m_A$, $E_B = \Delta m\, c^2$

a) ^{3}H: $\Delta m = 9{,}1 \cdot 10^{-3}$ u, $E_B = 8{,}48$ MeV;
^{3}He: $\Delta m = 8{,}3 \cdot 10^{-3}$ u, $E_B = 7{,}72$ MeV

b) Die Bindungsenergie des Heliumkerns ist geringer als die des Tritiumkerns, weil der Heliumkern zwei Protonen enthält. Diese besitzen zusammen potentielle elektrische Energie, sodass beim Zusammenfügen der Nukleonen weniger Energie frei wird.

2 Berechnen Sie für folgende Nuklide die Bindungsenergie pro Nukleon nach dem Massendefekt: ^{14}N, ^{16}O, ^{20}Ne, ^{24}Mg und ^{28}Si. Entnehmen Sie die Massen der Nuklidtabelle ($\rightarrow$ S. 577).

Lösung:
$\Delta m = Z(m_p + m_e) + m_n - m_A$, $E_B = \Delta m\, c^2$
$E_B/A(^{14}$N$) = 7{,}48$ MeV;
$E_B/A(^{16}$O$) = 7{,}98$ MeV;
$E_B/A(^{20}$Ne$) = 8{,}03$ MeV;
$E_B/A(^{24}$Mg$) = 8{,}26$ MeV;
$E_B/A(^{28}$Si$) = 8{,}45$ MeV

3 Berechnen Sie die Bindungsenergie des zweiten Neutrons eines ^{4}He-Kerns aus den Massen der beteiligten Teilchen.

Lösung:
$\Delta m = m(^3$He$) + m_n - 2m_e - (m(^4$He$) - 2m_e)$,
$E_B = 20{,}6$ MeV

Seite
505

13.4.2 Das Tröpfchenmodell des Atomkerns

1 In einem Heliumkern haben die Nukleonen voneinander einen mittleren Abstand von 10^{-14} m.

a) Wie groß sind die abstoßenden elektrischen Kräfte zwischen zwei benachbarten Nukleonen?

b) Wie groß sind die Gravitationskräfte zwischen den Teilchen?

Lösung:
$F_{ab} = e^2/(4\pi\,\varepsilon_0\, r^2) = 2{,}3$ N;
$F_{an} = \gamma\, m^2/r^2 = 1{,}8 \cdot 10^{-36}$ N

2 Berechnen Sie für die Nuklide ^{6}Li, ^{7}Li, ^{12}C, ^{17}O die Bindungsenergien pro Nukleon nach der Formel $E_B/A = 14$ MeV $- 13$ MeV $A^{-1/3} - 0{,}12$ MeV $A^{2/3}$.

Lösung:
^{6}Li: 6,45 MeV; ^{7}Li: 6,76 MeV;
^{12}C: 7,69 MeV; ^{17}O: 8,15 MeV

*3 a) Berechnen Sie die Bindungsenergie pro Nukleon für ^{235}U mit dem Massendefekt auf zweierlei Weise: einmal, indem Sie sich den Kern aus einzelnen Nukleonen zusammengesetzt denken, und zum anderen, indem Sie sich den Urankern durch den Einbau weiterer Nukleonen aus einem Kern des Bleiisotops ^{207}Pb entstanden denken.

b) Wie sind die unterschiedlichen Ergebnisse zu erklären?

Lösung:
a) Bei Zusammenbau des Kerns aus einzelnen Nukleonen ergibt sich $E_B/A = 7{,}59$ MeV, denkt man sich den Urankern aus dem ^{207}Pb-Kern und 28 weiteren Nukleonen aufgebaut, so ergibt sich $E_B/A = 5{,}53$ MeV.

b) Der erste Wert gibt die mittlere Bindungsenergie pro Nukleon an, ohne zu berücksichtigen, wo die Nukleonen im Kern liegen. Beim zweiten Wert geht in die Berechnung die Masse des Bleikerns ein, in der sich die auf der abstoßenden Coulomb-Kraft zwischen den Protonen beruhende potentielle elektrische Energie stark bemerkbar macht. Die Rechnung ergibt, dass beim Einbau der letzten Nukleonen eines großen Kerns im Mittel ein geringerer Wert der Bindungsenergie frei wird, als wenn man das Mittel über die Gesamtzahl der Nukleonen bildet.

*4 Wenn ein Atomkern ein α-Teilchen emittiert, so verwandelt er sich in einen Kern mit einer jeweils um 2 niedrigeren Zahl von Protonen und Neutronen. Dabei stellt man sich vor, dass sich das α-Teilchen vor seiner Emission im Kern als eigenständiges Teilchen gebildet hat.

a) Berechnen Sie die Bindungsenergie bzw. die Separationsenergie für ein α-Teilchen, das von einem ^{220}Rn-Kern emittiert wird, nach der Formel

$$E_B(\alpha) = E_B(N,Z) - E_B(N-2, Z-2)$$
$$- E_B(N=2, Z=2).$$

b) Geben Sie eine Begründung für die Formel.

c) Unter welcher Bedingung nur kann von einem Kern ein α-Teilchen emittiert werden?

Lösung:

a)
$$E_B(\alpha) = E_B(134,86) - E_B(132,84) - E_B(2,2)$$
$$= 1697,8\,\text{MeV} - 1675,9\,\text{MeV} - 28,3\,\text{MeV}$$
$$= -6,42\,\text{MeV}$$

b) Um ein α-Teilchen von einem Kern aus N Neutronen und Z Protonen abzutrennen, ist Energie nötig. Diese Energie ist gleich der Differenz der Bindungsenergien des Ausgangskerns $E_B(N, Z)$ und der Summen der entstehenden Kerne $E_B(N-2, Z-2) - E_B(N=2, Z=2)$. Wenn diese Differenz $E_B(N, Z) - E_B(N-2, Z-2) - E_B(N=2, Z=2)$ negativ ist, wird zusammen mit der α-Emission Energie frei.

c) Ein Kern emittiert nur dann α-Teilchen, wenn

die Differenz der Bindungsenergien (s. Aufgabe b)) negativ ist, das bedeutet, dass die Masse des Ausgangskerns größer sein muss als die Summe der Massen der entstehenden Kerne.

*5 Suchen Sie für die Bindungsenergie pro Nukleon einen von der Massenzahl A abhängigen Term unter der Annahme, dass jedes Nukleon im Kern mit jedem anderen wechselwirkt.

Lösung:
Die mittlere Bindungsenergie pro Nukleon ist mit ungefähr 8 MeV ungefähr konstant.
Wenn jedoch in einem Kern mit A Nukleonen ein Nukleon mit allen anderen $(A-1)$ Nukleonen wechselwirkte, würde die Bindungsenergie proportional zu $(A-1)$ sein. Da dies für alle A Nukleonen gälte, wäre die Bindungsenergie proportional zu $A(A-1)$ und die Bindungsenergie pro Nukleon proportional zu $(A-1)$. Da dies nicht der Fall ist, wechselwirken nicht alle in einem Kern vorhandenen Nukleonen miteinander.

13.4.5 Der α-Zerfall

Seite
508

1 Welche kinetische Energie hat ein α-Teilchen, das aus einem ^{226}Ra-Kern emittiert wird?

Lösung:
Mit den Werten $m_{\text{Ra}\,226} = 226,0254\,\text{u}$ und $m_{\text{Ra}\,222} = 222,0176\,\text{u}$ ergibt sich $E_{\text{kin}} = 4,94\,\text{MeV}$.

2 Das von einem ^{235}U-Kern emittierte α-Teilchen hat eine kinetische Energie von 4,58 MeV. Welche Masse hat der entstehende ^{231}Th-Kern?

Lösung:
Masse des Thorium 231-Kerns: 230,987 u.
Masse des Thorium 231-Atoms: 231,036 u.

*3 Schätzen Sie mit Hilfe der Unschärferelation die Größenordnung der kinetischen Energie eines Teilchens in einem Atomkern ab.

Lösung:
$\Delta p\,\Delta x \approx h$, $\quad \Delta p = 2\,p$, $\quad \Delta x = 10^{-14}\,\text{m}$, also
$p = h/(2\,\Delta x) = 3,3 \cdot 10^{-20}\,\text{kgm/s}$,
$E_{\text{kin}} = p^2/(2\,m) = 2,1\,\text{MeV}$.

*4 Die folgende Tabelle enthält Energien von α-Teilchen und die Halbwertszeiten von Elementen, die dem α-Zerfall unterliegen:

Element	Energie der α-Teilchen in MeV	Halbwertszeit
^{216}Rn	8,05	45 μs
^{218}Rn	7,12	30 ms
^{220}Rn	6,29	55,6 s
^{222}Rn	5,49	3,824 d
^{219}Rn	6,55	4 s
^{222}Ra	6,56	38 s
^{225}Th	6,5	8 min

Alle Nuklide im oberen Teil der Tabelle haben gleiche Kernladungszahl, dagegen nimmt die Kernladungszahl der drei Nuklide im unteren Teil der Tabelle zu. Wie erklärt man die unterschiedlichen Halbwertszeiten unter Anwendung des Potentialtopfmodells des Atomkerns?

Lösung:
Die ersten vier Nuklide haben aufgrund der gleichen Kernladungszahl für ein α-Teilchen einen gleichen Potentialtopf. Diesen Topf kann das α-Teilchen im Tunnel-Effekt verlassen. Die Breite des zu durchtunnelnden Walls ist jedoch um so geringer, je größer die kinetische Energie des α-Teilchens ist. Also nimmt die Zerfallswahrscheinlichkeit mit der Energie zu und die Halbwertszeit ab.

Die drei letzten Kerne emittieren α-Teilchen gleicher Energie, jedoch nimmt bei diesen Kernen die Kernladungszahl und die Höhe des Potentialwalls zu, sodass dementsprechend die Zerfallswahrscheinlichkeit ab- bzw. die Halbwertszeit zunimmt.

13.5.1 Kernreaktionen

Seite
510

1 Beim Beschuss von Li-Kernen mit Deuteronen finden folgende Reaktionen statt:
$_3^6\text{Li} + _1^2\text{H} \rightarrow _4^7\text{Be} + _0^1\text{n}$, $_3^6\text{Li} + _1^2\text{H} \rightarrow _2^4\text{He} + _1^3\text{H} + _0^1\text{n}$

a) Welche Energiebeträge werden frei ohne Berücksichtigung der kinetischen Energie der Geschosse?

b) Warum sind die Energiebeträge verschieden?

Lösung:

a) $E_1 = 3,36\,\text{MeV}$, $E_2 = 1,8\,\text{MeV}$

b) Je mehr Nukleonen miteinander in Wechselwirkung treten, um so größer ist bei kleinen Kernen die mittlere Bindungsenergie pro Nukleon. Die Bindungsenergie des Be-Kerns ist größer als die Summe der Bindungsenergien der beiden He-Kerne.

2 Wie groß muss die Mindestenergie der γ-Quanten sein, damit die angegebenen Reaktionen ablaufen?

a) $_3^7\text{Li} + \rightarrow _3^6\text{Li} + _0^1\text{n}$,

b) $_4^9\text{Be} + \rightarrow 2\,_2^4\text{He} + _0^1\text{n}$

Lösung:

a) $E = 7,25\,\text{MeV}$

b) $E = 1,58\,\text{MeV}$

3 a) Wie hoch ist die Mindestenergie, die zur Abspaltung eines Protons bzw. eines Neutrons von einem ^{4}He-Kern erforderlich ist?

b) Warum sind die Energien verschieden?

Lösung:

a) Zur Abspaltung eines Neutrons werden 20,6 MeV benötigt, zur Abspaltung eines Protons 19,3 MeV.

b) Die Energie zur Abspaltung eines Protons ist wegen der elektrostatischen Abstoßung geringer.

*4 Beim Stoß eines Deuterons der Energie $E = 1,2\,\text{MeV}$ mit einem ruhenden Deuteron findet die Reaktion $_1^2\text{H} + _1^2\text{H} \rightarrow _1^3\text{H} + _1^1\text{p}$ statt. Dabei stehen die Bewegungsrichtungen des stoßenden Deuterons und des entstehenden Protons senkrecht aufeinander.

a) Wie groß ist die Reaktionsenergie?

b) Wie groß ist die kinetische Energie des Protons?

Lösung:

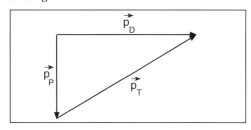

a) Aus dem Massendefekt ergibt sich die Reaktionsenergie $E_R = 4,54\,\text{MeV}$.

b) Die Reaktionsenergie und die kinetische Energie des Deuterons verteilen sich als kinetische Energie auf das Proton und den Tritiumkern
$E_T + E_p = 1,2\,\text{MeV} + 4,54\,\text{MeV}$.
Für die Impulse der an der Reaktion beteiligten Teilchen gilt $p_T^2 = p_D^2 + p_p^2$.
Unter Verwendung der Beziehung $p^2 = 2\,m\,E_{kin}$ ergibt sich $2\,m_T\,E_T = 2\,m_D\,E_D + 2\,m_p\,E_p$ mit $E_D = 1,2\,\text{MeV}$.
Bei Verwendung der Massen der Teilchen ergibt sich $E_p = 2,96\,\text{MeV}$.

13.5.2 Künstliche Radioaktivität

Seite
512

1 Natürliches Silber besteht zu 52% aus dem Isotop ^{107}Ag und zu 48% aus ^{109}Ag. Ein Silberzylinder wird in einer Neutronenquelle bestrahlt. Anschließend wird das Abklingen der Aktivität untersucht (Nulleffekt: 24 min^{-1}):

t in s	0	10	20	30	40
n	0	240	430	600	730
t in s	50	60	70	80	90
n	850	950	1040	1120	1190

t in s	100	110	120	150	180
n	1250	1310	1360	1492	1609
t in s	210	240	270		
n	1711	1801	1882		

a) Erstellen Sie aus der Messreihe eine Tabelle für die Impulsrate in Abhängigkeit von der Zeit, und stellen Sie den Logarithmus der Impulsrate in Abhängigkeit von der Zeit graphisch dar.

b) Bestimmen Sie unter Berücksichtigung der Tatsache, dass sich hier die Zerfallsvorgänge zweier Nuklide überlagern und dass das Isotop ^{108}Ag schneller zerfällt als ^{110}Ag, die Halbwertszeiten beider Isotope.

c) Stellen Sie die für die Aktivierung und für den Zerfall geltenden Reaktionsgleichungen auf.

Lösung:

a) Durch Differenzbildung ergeben sich die Impulsraten zu den jeweiligen Intervallmitten:

t in s	5	15	25	35	45	55	65	75
$\Delta n/\Delta t$ in $(10\,\text{s})^{-1}$	240	190	170	130	120	100	90	80

t in s	85	95	105	115	135	165	195	225	255
$\Delta n/\Delta t$ in $(10\,\text{s})^{-1}$	70	60	60	50	44	39	34	30	27

Unter Berücksichtigung des Nulleffekts von $4/(10\,\text{s})$ ergeben sich die Zählraten, die halblogarithmisch dargestellt sind.

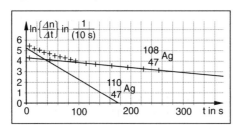

b) Verbindet man die Punkte, die sich aus der Darstellung der Wertepaare mit den höheren Zeiten ergeben, so ergibt sich eine Gerade. Extrapoliert man diese für die niedrigen Zeiten, so kann man die Zählraten entnehmen, die allein aufgrund des Zerfalls von ^{108}Ag entstehen und diese von den Gesamtwerten subtrahieren. Es ergeben sich die Zählraten für das Silberisotop ^{110}Ag *(siehe Abb.)* und eine zweite Gerade. Aus den Geraden entnimmt man die Zerfallskonstanten. Es ergeben sich die Halbwertzeiten für ^{108}Ag: $T_H = 142$ s und für ^{110}Ag: $T_H = 34$ s.

c) $^{107}_{47}\text{Ag} + ^1_0\text{n} \rightarrow ^{108}_{47}\text{Ag} \xrightarrow{\beta^-} ^{108}_{48}\text{Cd}$

$^{109}_{47}\text{Ag} + ^1_0\text{n} \rightarrow ^{110}_{47}\text{Ag} \xrightarrow{\beta^-} ^{108}_{48}\text{Cd}.$

2 ^{22}Na ist ein Positronenstrahler.

a) Berechnen Sie die Mindestenergie, die zur Umwandlung eines Protons in ein Neutron und ein Positron zur Verfügung stehen muss.

b) Sollte der Überschuss an Protonen durch Emission eines Protons abgebaut werden, so müsste

sich ^{22}Na in ^{21}Ne umwandeln. Bestimmen Sie die Differenz der Bindungsenergien dieser beiden Nuklide ($m_{\text{Na22}} = 21{,}9944$ u, $m_{\text{Ne21}} = 20{,}99384$ u). Welche Bedeutung hat dieser Wert, und was folgt daraus für diesen Prozess?

Lösung:

a) $^1_1\text{p} \rightarrow ^2_0\text{n} + ^0_1\text{e} + \nu$, $E = 1{,}8$ MeV

b) $E_B(^{22}\text{Na}) = 174{,}14$ MeV;
$E_B(^{22}\text{Ne}) = 167{,}41$ MeV;
$\Delta E_B = 6{,}73$ MeV.

Diese Energie müsste zugeführt werden, um ein Proton aus dem Kern zu lösen. Es ist die Separationsenergie für ein Proton. Die Emission eines Positrons ist also energetisch günstiger.

3 Mit energiereichen γ-Quanten können Elektron-Proton-Paare erzeugt werden. Zeigen Sie, dass unter ausschließlicher Beteiligung eines γ-Quants und der beiden erzeugten Teilchen nicht zugleich der Energie- und der Impulserhaltungssatz erfüllt sein können. (Bei der Rechnung ist der Zusammenhang $E^2 = (p\,c)^2 + m_0 c^2$ zu verwenden.).

Lösung:

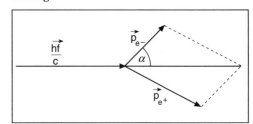

$E = \sqrt{p^2 c^2 + m_0^2 c^4}$

Energiesatz: $hf = E_{\text{e}^-} + E_{\text{e}^+}$,

Impulssatz: $\dfrac{\overrightarrow{hf}}{c} = \overrightarrow{p}_{\text{e}^-} + \overrightarrow{p}_{\text{e}^+}$

$c^2 p_{\text{e}^+}^2 = (hf)^2 + c^2 p_{\text{e}^-}^2 - 2\,c\,hf\,p_{\text{e}^-} \cdot \cos\alpha$,

$E_{\text{e}^+}^2 = p_{\text{e}^+}^2 c^2 + m_0^2 c^4$

$\underbrace{c^2 p_{\text{e}^+}^2 + m_0^2 c^4}_{E_{\text{e}^+}^2} = (hf)^2 + \underbrace{c^2 p_{\text{e}^-}^2 + m_0^2 c^4}_{E_{\text{e}^-}^2}$

$E_{\text{e}^+}^2 = (hf - E_{\text{e}^-})^2$

$-2\,c\,hf\,p_{\text{e}^-} - \cos\alpha$

$(hf)^2 - 2\,hf\,E_{\text{e}^-} + E_{\text{e}^-}^2$
$= (hf)^2 + E_{\text{e}^-}^2 - 2\,c\,hf\,p_{\text{e}^-}\cos\alpha$

$2\,hf\,E_{\text{e}^-} = 2\,hf\,c\,p_{\text{e}^-}\cos\alpha$

$E_{\text{e}^-} = c\,p_{\text{e}^-}\cos\alpha$

$E_{\text{e}^-}^2 = c^2 p_{\text{e}^-}^2 \cos^2\alpha$

$$c^2 p_{e^-}^2 + m_0^2 c^4 = c^2 p_{e^-}^2 \cdot \cos^2 \alpha$$

$$\cos^2 \alpha = 1 + \frac{m_0^2 c^4}{p_{e^-}^2 c^2} > 1$$

Da $|\cos \alpha|$ stets $\leqq 1$ ist, ist der Prozess nicht möglich.

13.5.3 Anwendung von Radionukliden

Seite **513**

1 Die Aktivität lebenden Holzes beträgt aufgrund seines ^{14}C-Gehaltes $A = 0{,}208$ s^{-1} je Gramm Kohlenstoff. Die Halbwertszeit von ^{14}C ist $t_H = 5760$ a.

a) Welche Aktivität hat vor 50 Jahren geschlagenes Holz je Gramm Kohlenstoff?

b) Welches Alter hat Holz aus einem ägyptischen Königsgrab mit einer Aktivität von $6{,}5$ min^{-1} je Gramm Kohlenstoff?

Lösung:
a) $A = 0{,}207$ Bq;
b) $A = 5421$ a

2 Die Halbwertszeit von Uran beträgt $4{,}5 \cdot 10^9$ a. Berechnen Sie das Alter eines Minerals, das ein Bleiatom auf zwei Uranatome enthält!

Lösung:
$N = N_0 \, e^{-(\ln 2 / t_H) t}$, $N_0 = 3$; $N = 2$;
$\ln(2/3) = -(\ln 2 / t_H) \, t$; $t = 2{,}6 \cdot 19^9$.

13.5.4 Kernspaltung

Seite **516**

*1 a) Berechnen Sie unter Anwendung der Formel für die Bindungsenergie ($\rightarrow$ 13.4.2) mit den Konstanten $b = 17$ MeV und $c = 0{,}69$ MeV die Differenz der Bindungsenergien zweier Spaltbruchstücke ($A_1 = 140$, $Z_1 = 55$, $A_2 = 95$, $Z_2 = 37$) und des Ausgangskerns.

b) Wie groß sind die Änderungen der Oberflächenenergie und der Coulomb-Energie? Geben Sie dafür eine Erklärung.

Lösung:
a) $E_{Sp} = E_E(A_1, Z_1) + E_B(A_2, Z_2)$
$\qquad - E_B(A_1 + A_2, Z_1 + Z_2)$
mit $E_B = aA - bA^{2/3} - cZ^2/A^{1/3}$;
$E_{Sp} = -164{,}9$ MeV $+ 337{,}4$ MeV $= 172{,}5$ MeV

b) Die Oberflächenenergie nimmt bei der Spaltung des großen Kerns in zwei kleinere um 165 MeV zu, die Coulomb-Energie nimmt um 337 MeV ab, sodass insgesamt 172 MeV frei werden.

Die Gesamtoberfläche der Spaltbruchstücke ist größer als die des ungespaltenen Kerns; es liegen relativ mehr Nukleonen an der Oberfläche und wechselwirken daher mit weniger anderen Nukleonen, da die Kernkraft nur kurze Reichweite hat. Die Coulomb-Energie nimmt ab, da insgesamt jedes einzelne Proton mit weniger anderen Protonen mit der langreichweitigen Coulomb-Kraft wechselwirkt.

13.6.1 Funktionsprinzipien von Reaktoren

1 Welchen Bruchteil kinetischer Energie kann ein Neutron beim elastischen Stoß mit den in Ruhe befindlichen Nukliden ^{2}H, ^{9}Be, ^{12}C, ^{238}U maximal abgegeben?

Lösung:

Unter Verwendung der Beziehungen für die Geschwindigkeiten beim zentralen elastischen Stoß ergibt sich für die Energie des gestoßenen Körpers:

$$E_k = \tfrac{1}{2}\, m_n\, v_n^2\, \frac{4\, m_n\, m_k}{(m_n + m_k)^2} \quad \text{also} \quad \frac{E_k}{E_n} = \frac{4\, m_n\, m_k}{(m_n + m_k)^2},$$

^{2}D: 0,89, ^{9}Be: 0,36, ^{12}C: 0,29, ^{238}U: 0,017.

2 Welche Masse U235 wird bei der Explosion einer Kernspaltungsbombe gespalten, deren Sprengkraft 30 000 t TNT entspricht? (Bei der Explosion von 1 kg TNT werden ca. 4 kJ frei.)

Lösung:

$m = 1,46 \cdot 10^{-3}$ kg Uran werden gespalten, wenn man pro Kernspaltung mit 200 MeV rechnet.

14.4.3 Teilchenprozesse im Standardmodell

Seite
540

1 Welche Masse müsste ein Kraftträger-Teilchen haben, das die Reichweite der Kernkräfte ($\Delta s \approx 10^{-15}$ m) hat (Yukawa-Teilchen)? Gibt es ein Teilchen mit etwa dieser Masse?

Lösung:
$h/4\pi \lesssim \Delta E \cdot \Delta t = mc^2 \cdot \Delta s/c = mc\,\Delta s$, also
$m \gtrsim h/(4\pi c\,\Delta s)$
$= 6{,}626 \cdot 10^{-34}\,\mathrm{Js}/(4\pi \cdot 3 \cdot 10^8\ \mathrm{m/s} \cdot 10^{-15}\ \mathrm{m})$
$= 1{,}76 \cdot 10^{-28}\,\mathrm{kg} \approx 200\,m_e$
Dies ist etwa die Masse der Myonen und der Pionen.

2 Ergänzen Sie *Abb. 537.3* um *alle* möglichen Gluonenaustauschprozesse.

Lösung:
Von den farbändernden Gluonen fehlen in *Abb. 537.3* lediglich das „rot-gelbe" und das „grün-gelbe" Gluon:

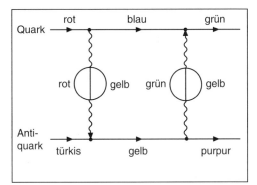

3 Die (nahezu) konstante Kraft zwischen zwei gebundenen Quarks beträgt etwa 10^5 N. Auf welchen Abstand muss man zwei Quarks auseinanderziehen, damit die potentielle Energie des Gluonenbandes zur Erzeugung eines geladenen Pions ausreicht?

Lösung:
$s = W/F = mc^2/F$
$= 206\,m_e \cdot c^2/10^5\,\mathrm{N} = 1{,}7 \cdot 10^{-16}\,\mathrm{m}$

4 Beschreiben Sie die folgenden Teilchenprozesse der schwachen Wechselwirkung wie in *Abb. 539.1* mit Feynman-Diagrammen:
a) $\mu^+ \to e^+ + \nu_e + \bar{\nu}_\mu$
b) $\pi^+ \to \mu^+ + \nu_\mu$
c) $\Lambda^0 \to p + \pi^-$
d) $p \to n + e^+ + \nu_e$
e) $p + \bar{\nu}_e \to n + e^+$
(erster Nachweis des Neutrinos!)

Lösung:

a)
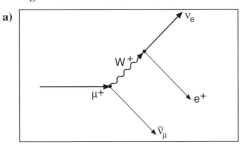

b)
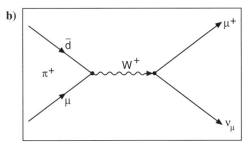

c)
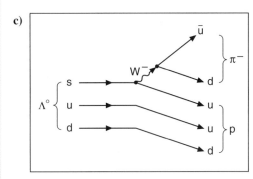

d)
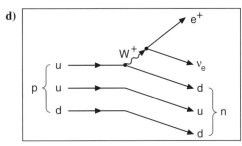

e)
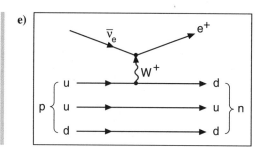

5 Beschreiben Sie die folgenden Teilchenprozesse der starken Wechselwirkung wie in *Abb. 539.2* mit Feynman-Diagrammen:

a) $\Delta^{++} \rightarrow \pi^+ + p$
b) $n \rightarrow p + \pi^-$
c) $\pi^+ + n \rightarrow K^+ + \Lambda^0$

Lösung:

a)
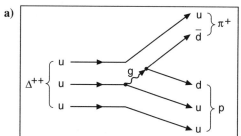

b)
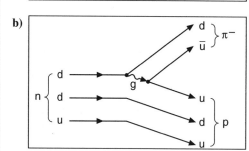

c)
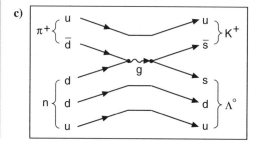

Zusatzaufgaben

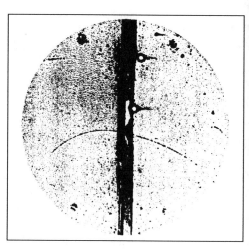

6 Die Abbildung zeigt die Nebelkammeraufnahme, mit der Anderson das Positron entdeckte. Die Nebelkammer befand sich in einem Magnetfeld senkrecht zur Bildebene.

a) Wie bewegte sich das Positron und wie war das Magnetfeld gerichtet?
Die Auswertung der Bahnkurven des Teilchens in den beiden Bahnhälften ergab die Werte $B r = 2{,}1 \cdot 10^5$ Gauß cm und $B r = 7{,}5 \cdot 10^4$ Gauß cm (es gilt: 1 Gauß $= 10^{-4}$ T).

b) Zeigen Sie, dass sich das Teilchen mit relativistischen Geschwindigkeiten bewegte.

c) Berechnen Sie die Gesamtenergie des Teilchens in den beiden Bahnhälften. Als Ruhemasse soll immer die Masse des Elektrons angenommen werden.

Lösung:

a) Beim Durchlaufen der Wand wird das Teilchen langsamer. Es bewegte sich daher von der Seite mit der kleineren Bahnkrümmung zu der Seite mit der größeren Bahnkrümmung. Das Magnetfeld war daher in die Bildebene hinein gerichtet.

b) Klassisch folgt
$$v = e B \cdot r / m_e = e \cdot 0{,}21 \,\text{Tm} / m_e$$
$$= 3{,}69 \cdot 10^{10} \,\text{m/s}.$$

c) $p \cdot c = m \cdot v \cdot c = e \cdot B \cdot r \cdot c$
$$= 0{,}21 \,\text{Tm} \cdot e \cdot 3 \cdot 10^8 \,\text{m/s} = 63 \,\text{MeV}$$
Wegen $m_0 c^2 = 0{,}511 \,\text{MeV} \ll p c$ folgt
$$E = \sqrt{(p c)^2 + (m_0 c^2)} \approx p c = 63 \,\text{MeV}$$
Ebenso folgt $E = p c = 22{,}5 \,\text{MeV}$.

15.1.1 Optische Astronomie heute

Seite
543

1 Zeichnen Sie den Strahlengang in einem Linsenteleskop (Refraktor) und einem Spiegelteleskop (Reflektor).

Lösung:

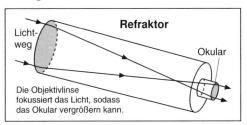

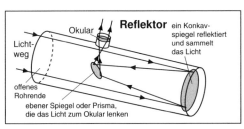

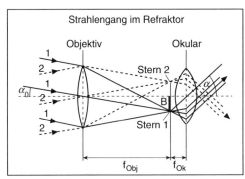

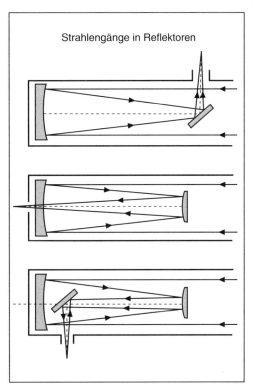

Strahlengänge in Reflektoren

2 Was bestimmt die Vergrößerung eines Fernrohrs?

Lösung:
Unter der Vergrößerung V eines Fernrohrs versteht man das Verhältnis der Winkel, unter denen man einen Gegenstand mit Fernrohr (α) und ohne Fernrohr sieht (α_0): $V = \alpha/\alpha_0$.

Da die Winkel stets klein sind, kann man bei der Herleitung $\tan \alpha \approx \alpha$ setzen. Dem Strahlengang im Refraktor (Aufgabe 1) entnimmt man, dass man durch das Okular den Abstand B des Sterns 1 von der optischen Achse unter dem Winkel α sieht. Es gilt: $\alpha = B/f_{Ok}$, wobei f_{Ok} die Okularbrennweite ist. Für den Winkel α_0 gilt $\alpha_0 = B/F_{Obj}$ mit der Objektivbrennweite f_{Obj}. Daraus folgt

$$V = \alpha/\alpha_0 = B/f_{Ok}/(B/f_{Obj}) = f_{Obj}/f_{Ok}.$$

Diese Formel gilt auch für den Reflektor, wobei f_{Obj} jetzt die Brennweite des Primärspiegels ist.

3 Wie groß ist der theoretische Durchmesser eines Sternscheibchens beim 5,08 m-Palomar-Reflektor ($f = 8,5$ m)?

Lösung:
In 7.3.6 wird der Durchmesser D eines Beugungsscheibchens zu $D = 2R = b \cdot 2{,}44 \, \lambda/d$ angegeben ($\rightarrow$ *Abb. 303.2*); für b ist hier die Objektivbrennweite $f_{Obj} = 8{,}5$ m und für d der Spiegeldurchmesser $d = 5{,}08$ m zu nehmen. Für grünes Licht ($\lambda = 550$ nm) erhält man

$$D = 8{,}5\,\text{m} \cdot 2{,}44 \cdot 550\,\text{nm}/5{,}08\,\text{m} = 2{,}25\,\mu\text{m}.$$

4 Der Primärspiegel des Hubble-Teleskops wurde mit einer Genauigkeit von $\frac{1}{78}$ einer Wellenlänge geschliffen und poliert. Angenommen der 2,4 m-Spiegel des Hubble-Teleskops wäre auf 3500 km vergrößert (Durchmesser Europas). Wie groß wären dann seine Unebenheiten?

Lösung:
Wäre Europa so glatt wie der Teleskopspiegel, so hätten es nur Erhebungen von 1,4 cm.

$$x/3500\,\text{km} = 10\,\text{nm}/2{,}5\,\text{m}; \text{daraus folgt } x = 1{,}4\,\text{cm}.$$

Seite **547** ### 15.1.3 Die Entfernung der Sterne und der Galaxien

1 Procyon hat die Parallaxe $\pi = 0{,}286''$. Bestimmen Sie seine Entfernung in Parsec und in Lichtjahren.

Lösung:
$$\begin{aligned}
d_{\text{Procyon}} &= 1{,}496 \cdot 10^{11}\,\text{m}/0{,}286'' \\
&= 1{,}496 \cdot 10^{11}\,\text{m}/(0{,}286 \cdot \pi/180 \cdot 3600) \\
&= 1{,}079 \cdot 10^{17}\,\text{m} = 3{,}50\,\text{pc} = 11{,}4\,\text{Lj}
\end{aligned}$$

2 Bei größter Helligkeit hat δ Cephei (291 pc entfernt) eine scheinbare Helligkeit von $3{,}^{\text{m}}7$. Welche Magnitudo hätte er in der Magellan'schen Wolke (180 000 Lj entfernt)?

Lösung:
Die Entfernung von δ Cephei beträgt 291 pc = 949 Lj. Die scheinbare Helligkeit eines Sterns nimmt ab mit dem Quadrat der Entfernung. Ein gleich heller Stern in der Magellan'schen Wolke hätte daher eine um $(180\,000\,\text{Lj}/949\,\text{Lj})^2 = 36\,000$-mal kleinere scheinbare Helligkeit.

Seite **549** ### 15.1.4 Die Expansion des Universums

1 Wie weit ist eine Galaxie entfernt, deren Spektrum eine Rotverschiebung von $z = 1{,}4$ zeigt ($H = 75\,\text{km/s/Mpc}$)?

Lösung:
Mit der Formel für die Fluchtgeschwindigkeit $v/c = ((1+z)^2 - 1)/((1+z)^2 + 1)$ folgt für $z = 1{,}4$ die Fluchtgeschwindigkeit $v = 211\,000$ km/s. Mit dem Hubble-Gesetz folgt für die Entfernung
$$\begin{aligned}
r = v/H &= 211\,000\,\text{km/s}/(75\,\text{km/s/Mpc}) \\
&= 2800\,\text{Mpc} = 9{,}2\,\text{Mrd. Lj.}
\end{aligned}$$

2 Berechnen Sie aus der Fluchtgeschwindigkeit $v = 274\,000$ km/s des Quasars OQ 172 dessen Entfernung.

Lösung:
Mit dem Hubble-Gesetz folgt für die Entfernung des Quasars OQ 172

$$\begin{aligned}
r = v/H &= 274\,000\,\text{km/s}/(75\,\text{km/s/Mpc}) \\
&= 3650\,\text{Mpc} = 12\,\text{Mrd. Lj.}
\end{aligned}$$

3 Setzen Sie im Hubble-Gesetz die Fluchtgeschwindigkeit $v = c$ und berechnen Sie so den *kosmischen Rand* r. Was soll dieser Begriff ausdrücken?

Lösung:
$$\begin{aligned}
r = c/H &= 300\,000\,\text{km/s}/(75\,\text{km/s/Mpc}) \\
&= 4000\,\text{Mpc} = 13\,\text{Mrd. Lj.}
\end{aligned}$$

Seit das Universum existiert, kann Licht nur diese Entfernung von 13 Mrd. Lj zurückgelegt haben (vorausgesetzt die Hubble-Konstante hat den angenommenen Wert). Von größeren Entfernungen kann uns noch kein Licht bis heute erreicht haben. Daher die Bezeichnung *kosmischer Rand*.

15.2.1 Leuchtkraft und Temperatur der Sterne

Seite
551

1 Zeichnen Sie ein Hertzsprung-Russell-Diagramm und tragen Sie die folgenden Sterne ein: Alderamin (α Cephei) 17 $L_\odot$/8500 K; Schedir (α Cassiopeiae) 200 $L_\odot$/4100 K; γ Lyrae 200 $L_\odot$/13 500 K; Cygni 2000 $L_\odot$/5600 K; Algenib (α Persei) 5400 $L_\odot$/5800 K; Castor (α Geminorum) 22 $L_\odot$/10 600 K; Pollux (β Geminorum) 24 $L_\odot$/4900 K. Entscheiden Sie, zu welchem Typ die einzelnen Sterne gehören.

2 Aus dem Maximum des spektralen Strahlungsstroms der Sonne berechnet man deren Oberflächentemperatur zu $T_\odot = 5780$ K. Welchen Wert hat λ_{max}?

Lösung (zu 2):
$\lambda_{max} = 2{,}898 \cdot 10^{-3}$ mK/5780 K = 501 nm

Lösung (zu 1):

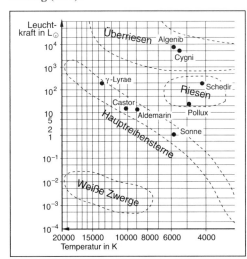

15.2.2 Die scheinbare Helligkeit

Seite
552

1 Um welchen Faktor unterscheiden sich die Strahlungsströme zweier Sterne, deren scheinbare Helligkeiten sich um $\Delta m = 1$ unterscheiden?

Lösung:
Ist die Größenklasse um eins kleiner, so hat der Strahlungsstrom den 2,512fachen Wert:
$m_1 - m_2 = -2^m{,}5 \cdot \log_{10}(s_1/s_2)$
$\qquad = 1^m \rightarrow s_1/s_2 = 10^{-1/2,5} = 1/2{,}512.$

2 Die Venus erreicht ihre Maximalhelligkeit von $-4^m{,}4$ etwa 5–6 Wochen vor oder nach der größten Annäherung (untere Konjugation) und ist dann 136 Mio. km von der Erde entfernt. Berechnen Sie den Strahlungsstrom S und die absolute Helligkeit M der Venus bei dieser Phase.

Lösung:
Die Venus hat bei größter scheinbarer Helligkeit auf der Erde den 57,5fachen Strahlungsstrom der Wega. In einer Entfernung von 10 pc wäre die Venus für uns nur ein äußerst schwacher Stern; ihre absolute Helligkeit M ist nur von 27. Größenklassen (Magnitudo).
Aus $m = -2{,}5 \lg(S_{Venus}/S_{Wega})$ folgt $S_{Venus} = 10^{-4,4/-2,5} S_{Wega} = 57{,}5 \, S_{Wega}.$

Mit der Entfernung
$r = 136 \,\text{Mio} \,\text{km} = (1{,}36 \cdot 10^{11} \,\text{m} / 3{,}086 \cdot 10^{16} \,\text{m}) \cdot 1 \,\text{pc}$
$\qquad = 4{,}41 \cdot 10^{-6} \,\text{pc}$
folgt die absolute Helligkeit
$M = m + 5 - 5 \lg(r/pc)$
$\qquad = -4{,}4 + 5 - 5 \lg 4{,}41 \cdot 10^{-6} = 27{,}4$

3 Berechnen Sie die Leuchtkraft von Regulus, dem Hauptstern im Sternbild Löwe (α Leonis), der 85 Lj entfernt ist und eine scheinbare Helligkeit von $1^m{,}3$ besitzt.

Lösung:
Mit der Formel für die Leuchtkraft $L = 4\pi r^2 S$, wobei r die Entfernung und S der Strahlungsstrom ist, folgt mit den Werten für Wega (α Lyrae) ($\rightarrow$ Tab. 552.1):
$L/L_{Wega} = (r/r_{Wega})^2 \, S/S_{Wega}$
$\Rightarrow L = 48{,}7 \, L_\odot \, (r/25{,}3 \,\text{Lj})^2 \cdot 10^{-m/2,5}$

$\Rightarrow L = 48{,}7 \, L_\odot \, (85 \,\text{Lj}/25{,}3 \,\text{Lj})^2 \cdot 10^{-1,3/2,5}$
$\qquad = 166 \, L_\odot$

Regulus (α Leonis) hat die 166fache Leuchtkraft der Sonne.

15.2.3 Die Masse der Sterne

1 α Centauri ist mit 4,3 Lj Entfernung der sonnennächste Stern. Es ist ein Doppelsternsystem mit den scheinbaren Helligkeiten $0^{m},3$ und $1^{m},7$. Die beiden Komponenten haben einen Abstand von 17,6 Bogensekunden und eine Umlaufzeit von 80,1 Jahren. Die Entfernungen zum gemeinsamen Drehzentrum stehen im Verhältnis 9 : 13.

a) Berechnen Sie den Abstand der beiden Komponenten in Astronomischen Einheiten (AE).

b) Berechnen Sie die Massen der beiden Sterne.

Lösung:

a) Der Abstand der beiden Komponenten beträgt
$r = 17,6'' \cdot 4,3 \text{ Lj } 3,7 \cdot 10^{-4} \text{ Lj}$
$= 3,47 \cdot 10^{12} / 149,6 \text{ Mio km} \cdot 1 \text{ AE} = 23 \text{ AE}.$

b) Für das Massenverhältnis der beiden Komponenten gilt $M/m = b/a = 13/9$. Um die Masse M in Sonnenmassen $M_\odot$ zu berechnen, kann man die Gleichung $M = 4\pi^2 \, r^3 / (\gamma \, T^2 (1 + a/b))$ ($\to$ *15.2.3*) für das System Sonne – Erde aufschreiben:
$M_\odot = 4\pi^2 (1 \text{ AE})^3 / (\gamma (1 \text{ a})^2 (1 + 0)).$
Bildet man aus beiden Gleichungen den Quotienten, so erhält man:
$M/M_\odot = (r/1 \text{ AE})^3 \cdot (1 \text{ a}/T)^2 \, 1/(1 + \frac{a}{b})$
$= 23^3 \cdot (1/80,1)^2 \, 1/(1 + \frac{9}{13}) = 1,1.$

Die größere Komponente hat die 1,1fache Sonnenmasse und die kleinere die 0,8fache.

15.2.4 Radius und Dichte der Sterne

1 α Leonis oder Regulus (lat., kleiner König) ist 85 Lj entfernt und der hellste Stern $1^{m},3$ im Sternbild Löwe. Seine Oberflächentemperatur beträgt 13400 K. Berechnen Sie Leuchtkraft und Radius in Sonneneinheiten.

Lösung:

Mit der in *Aufgabe 552/3* berechneten Leuchtkraft $L = 166 L_\odot$ für α Leonis folgt für den Radius
$R = R_\odot \sqrt{L/L_\odot} \, (T_\odot/T)^2$
$= R_\odot \sqrt{166} \cdot (5780 \text{ K}/13\,400 \text{ K})^2 = 2,4 R_\odot.$

2 Zeigen Sie, dass die Dichte von Hauptreihensternen mit zunehmender Masse abnimmt; es gilt $R_{\text{Stern}} \sim M_{\text{Stern}}$.

Lösung:

Da der Radius eines Hauptreihensterns proportional zur Masse ist, $R_{\text{Stern}} \sim M_{\text{Stern}}$, gilt für die Dichte $\varrho_{\text{Stern}} = M_{\text{Stern}}/V_{\text{Stern}} \sim R_{\text{Stern}}/R_{\text{Stern}}^3 \sim 1/R_{\text{Stern}}^2$.

15.2.5 Sterneigenschaften und Masse

1 Geben Sie Leuchtkraft, Temperatur, Radius und Lebensdauer zweier Hauptreihensterne in Einheiten der Sonne an, welche die 0,2- bzw. 20fache Sonnenmasse besitzen.

Lösung:

	$L \sim M^{3,5}$	$T \sim M^{3/8}$
$0,2 \, M_\odot$	$0,004 \, L_\odot$	3 160 K
$20 \, M_\odot$	$36\,000 \, L_\odot$	17 800 K

	$R \sim M$	$t \sim 1/M^{2,5}$
$0,2 \, M_\odot$	$0,2 \, R_\odot$	$60 \, t_\odot$
$20 \, M_\odot$	$20 \, R_\odot$	$0,0006 \, t_\odot$

2 Leiten Sie den Zusammenhang $L = f(T)$ für Sterne auf der Hauptreihe im HR-Diagramm her.

Lösung:

Aus der Masse-Leuchtkraft-Beziehung $L \sim M^{3,5}$ und der Beziehung $T \sim M^{3/8} \Leftrightarrow M \sim T^{8/3}$ folgt $L \sim (T^{8/3})^{3,5}$ und daraus näherungsweise $L \sim T^9$.

15.2.6 Wolken aus interstellarer Materie

Seite
557

1 Erklären Sie den Unterschied im Erscheinungsbild und in der Anregung von Reflexions- und Emissionsnebeln.

Lösung:
Reflexionsnebel entstehen durch das von einer Staubwolke gestreute Licht eines Sterns. Da blaues Licht stärker gestreut wird als rotes Licht (so entsteht auch das Blau des Himmels durch das gestreute Sonnenlicht) leuchten Reflexionsnebel bläulich. Bei den *Emissionsnebeln* wird Gas – meist Wasserstoff – von der starken UV-Strahlung eines heißen Sterns ionisiert. Bei der Rekombination leuchtet es in charakteristischer rötlicher Farbe.

*2 Welcher Bedingung muss die thermische Energie der Teilchen einer Gaswolke genügen, damit diese unter ihrer Gravitation kollabiert (Jeans'sches Kriterium)?

Lösung:
Wir betrachten dazu eine Gaskugel mit dem Radius R, dem Volumen V, der Masse M und der Dichte ϱ. Ein Atom der Masse m hat denn an der Kugeloberfläche gegenüber einem unendlich weit entfernten Punkt die negative potentielle Gravitionsenergie $-\gamma\, m M/R$ ($\rightarrow$ 2.2.2); γ ist die Gravitionskonstante. Soll das Atom aus der Kugel entfernt werden, so ist demnach die Energie $\gamma\, m M/R$ aufzuwenden. Ist die kinetische Energie der Teilchen aufgrund ihrer Temperaturbewegung im Mittel größer, so wird sich die Gaswolke ausdehnen; ist sie hingegen kleiner, so zieht sich die Wolke zusammen. Mit $E_{kin} = \frac{3}{2} k T$ ($\rightarrow$ 4.2.1), wobei k die Boltzmannsche Konstante und T die absolute Temperatur ist, folgt dann die Bedingung

$$\tfrac{3}{2}\, k T < \gamma\, m M/R.$$

Aus $V = M/\varrho = \frac{4}{3}\pi R^3$ folgt $R = \sqrt[3]{3M/(4\pi\varrho)}$; setzt man dies in die obige Ungleichung ein und löst nach M auf, so folgt die als *Jeanssches Kriterium* bekannte Bedingung:

$$M > \sqrt{\frac{81}{32\pi}\left(\frac{k}{\gamma\, m}\right)^3} \cdot \sqrt{\frac{T^3}{\varrho}}.$$

In der ersten Wurzel stehen nur konstante Werte. Die zweite Wurzel zeigt, dass die Masse um so größer sein muß, je höher die Temperatur des Gases ist; bei größeren Gasdichten kann die Gesamtmasse dagegen kleiner sein. Setzt man typische Werte für die Temperatur $T = 100\,\text{K}$ und die Dichte $\varrho = 10^{-20}\,\text{kg/m}^3 = 10^{-23}\,\text{g/cm}^3$, das entspricht 6 H-Atomen/cm^3 ($m_\text{H} = 1{,}7 \cdot 10^{27}\,\text{kg}$), ein, so folgt

$$M > \sqrt{\frac{81}{32\pi}\left(\frac{1{,}38 \cdot 10^{-23}\,\text{JK}^{-1}}{6{,}6 \cdot 10^{-11}\,\text{Nm}^2\,\text{kg}^{-2} \cdot 1{,}7 \cdot 10^{-27}\,\text{kg}}\right)^3}$$
$$\cdot \sqrt{\frac{(100\,\text{K})^3}{10^{-20} \cdot \text{kgm}^{-3}}},$$

$$M > 1{,}22 \cdot 10^{34}\,\text{kg} = 6100\, M_\odot.$$

Die anfängliche Gaswolke muss die Masse von Tausenden von Sonnenmassen enthalten, um durch ihre eigene Gravitation zu kontrahieren.

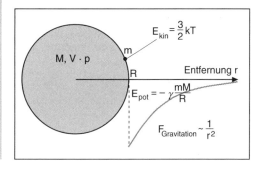

15.2.7 Die Sternentstehung

Seite
559

1 Berechnen Sie aus der Solarkonstanten (1,37 kW/m^2) den Massenverlust der Sonne in jeder Sekunde.

Lösung:
Aus der Solarkonstanten, das ist der auf der Erde gemessene Strahlungsstrom der Sonne $S_\odot = 1{,}37\,\text{kW/m}^2$ berechnet man die Leuchtkraft $L_\odot$, das ist die gesamte abgegebene Strahlungsleistung zu ($\rightarrow$ 15.2.1):

$L_\odot = 4\pi r^2 \cdot S_\odot$
$S_\odot = 4\pi \cdot (1{,}496 \cdot 10^{11}\,\text{m})^2 \cdot 1{,}37\,\text{kW/m}^2$
$\quad = 3{,}85 \cdot 10^{26}\,\text{W}.$

Mit der Formel $E = m c^2$ ergibt sich eine Masseverlust von

$\Delta m/\Delta t = L_\odot/c^2 = 3{,}85 \cdot 10^{26}\,\text{J/s}/(3 \cdot 10^8\,\text{m/s})^2$
$\quad = 4{,}3 \cdot 10^9\,\text{kg/s}$
$\quad = 4{,}3\ \text{Mio Tonnen/s}.$

Während ihrer bisherigen Lebensdauer von 4,5 Mrd. Jahren hat die Sonne demnach eine Masse von $6,3 \cdot 10^{26}$ kg verloren; das sind 0,3 Promille der Sonnenmasse.

2 Schreiben Sie den Proton-Proton-Zyklus in einzelnen kernchemischen Reaktionsgleichungen auf.

Lösung:
Der Proton-Proton-Zyklus besteht aus den folgenden Reaktionen:

$$_1^1\mathrm{H} + {}_1^1\mathrm{H} \rightarrow {}_1^2\mathrm{H} + {}_1^0\mathrm{e} + \nu_\mathrm{e}$$

$$_1^1\mathrm{H} + {}_1^2\mathrm{H} \rightarrow {}_2^3\mathrm{He} + \gamma$$

$$_2^3\mathrm{He} + {}_2^3\mathrm{He} \rightarrow {}_2^4\mathrm{He} + {}_1^1\mathrm{H} + {}_1^1\mathrm{H}$$

Zunächst vereinen sich zwei Wasserstoffkerne ^{1}H zu einem Deuteriumkern ^{2}H, wobei ein Positron und ein Neutrino entstehen. Anschließend vereinigt sich der Deuteriumkern ^{2}H mit einem Wasserstoffkern ^{1}H zu einem Heliumkern ^{3}He. Schließlich bilden zwei ^{3}He-Kerne einen ^{4}He-Kern und zwei Wasserstoffkerne ^{1}H. Als Nettoeffekt vereinigen sich demnach vier ^{1}H-Kerne zu einem ^{4}He-Kern, wobei insgesamt die Energie von 25,8 MeV frei wird:

$$4\,{}_1^1\mathrm{H} \rightarrow {}_2^4\mathrm{He} + 2\,{}_1^0\mathrm{e} + 2\,\nu_\mathrm{e} + \gamma$$

Seite 563 **15.2.8 Endstadien der Sternentwicklung**

1 Warum üben bei einem Weißen Zwerg die Elektronen und nicht die Protonen den Entartungsdruck aus?

Lösung:
Wegen der rund 2000-mal geringeren Masse der Elektronen im Vergleich zur Masse der Protonen sind die Energiewerte der Elektronen im Potentialtopf nach der Formel $E_n = h^2 n^2/(8\, m_\mathrm{e(p)}\, a^2)$ sehr viel höher als die der Protonen ($\rightarrow$ Abb. 560.1). Die Energie für die geringen Energiewerte der Protonen könnten von der bei der Kontraktion abnehmenden Gravitationsenergie geliefert werden, sodass bei einer Verkleinerung der Potentialtopfbreite a kein Druck von den Protonen entstehen kann, der dem Gravitationsdruck des Gleichgewichts halten würde.

2 Berechnen Sie den Schwarzschild-Radius der Erde. Erklären Sie, was der berechnete Wert bedeutet.

Lösung:
Mit der Masse der Erde $m_\mathrm{E} = 6,0 \cdot 10^{24}$ kg berechnet man den Schwarzschild-Radius zu 9 mm:

$$R_\mathrm{S} = \frac{2\,\gamma\,M}{c^2}$$

$$= \frac{2 \cdot 667 \cdot 10^{-11}\,\dfrac{\mathrm{m}^3}{\mathrm{kg\,s}^2} \cdot 6 \cdot 10^{24}\,\mathrm{kg}}{\left(3 \cdot 10^8\,\dfrac{\mathrm{m}}{\mathrm{s}}\right)^2} = 9\ \mathrm{mm}.$$

Würde es gelingen, die Materie der Erde auf eine Kugel von 9 mm Radius zu komprimieren, so wäre ein Schwarzes Loch entstanden.

3 Wie groß wäre der Schwarzschild-Radius eines Schwarzen Lochs im Zentrum einer Galaxie mit $5 \cdot 10^6\,M_\odot$?

Lösung:
Mit einer Masse von $M = 5 \cdot 10^6\,M_\odot = 5 \cdot 10^6 \cdot 2 \cdot 10^{30}\,\mathrm{kg} = 1 \cdot 10^{37}\,\mathrm{kg}$ berechnet man den Schwarzschild-Radius entsprechend *Aufgabe 2* zu $R_\mathrm{S} = 1,5 \cdot 10^{10}\,\mathrm{m} = 21\,R_\odot$.
Ein Schwarzes Loch, dessen Ausdehnung nicht größer als 21 Sonnenradien wäre, könnte sich durchaus im Zentrum einer Galaxie ‚verbergen‘.